Marco Lunari

2 Le vie della civiltà

Da Augusto all'anno Mille

- **LE GRANDI EREDITÀ**
- **COME VIVEVANO GLI ANTICHI**
- **PAESI DI IERI, PAESI DI OGGI**

W0030406

Per sapere quali risorse digitali integrano il tuo libro,
e come fare ad averle, connettiti a Internet e vai su:

http://my.zanichelli.it/risorsedigitali

Segui le istruzioni e tieni il tuo libro a portata di mano:
avrai bisogno del codice ISBN*, che trovi nell'ultima
pagina della copertina, in basso a sinistra.

Realizzazione editoriale:
– Coordinamento redazionale: Rossana Delogu
– Redazione: Rossana Delogu, Elisa Donin, Chiara Lambertini
– Segreteria di redazione: Deborah Lorenzini
– Progetto grafico e impaginazione: Studio Ampa, Bologna
– Grafici e cartine: Bernardo Mannucci
– Ricerca iconografica: Matteo Pasini
– Disegni: Giulio Peranzoni
– Rilettura dei testi: Il Nove, Bologna
– Revisione dei testi: Elisa Donin

Contributi:
– Schede *Cittadinanza e Costituzione*: Anna Lia Celli

Realizzazione delle risorse digitali:
– Redazione: Jacopo Bassi
– Segreteria di redazione: Deborah Lorenzini
– Sceneggiature delle carte animate: Elisa Donin
– Cartine: Bernardo Mannucci
– Realizzazione carte animate: Roberto Roda
– Progettazione esecutiva e sviluppo software: duDAT s.r.l., Bologna
– Sceneggiatura dei video *Ciak, si impara!*: Valentina Brancone
– Testi animazioni: Valentina Brancone
– Realizzazione dei video *Ciak, si impara!* e delle animazioni: App&ars s.r.l., Bologna

Copertina:
– Progetto grafico: Miguel Sal & C., Bologna
– Realizzazione: Roberto Marchetti e Francesca Ponti
– Immagine di copertina: **Ricostruzione del Colosseo Passato e presente**. © Foto/Ricostruzione Vision s.r.l.
  Tutti i diritti riservati. Vision s.r.l. tel. 06 44292688 - http://www.visionpubl.com - info@visionpubl.com

Prima edizione: marzo 2015

Ristampa:
5 4 3   2017   2018   2019

Zanichelli editore S.p.A. opera con sistema qualità
certificato CertiCarGraf n.477
secondo la norma UNI EN ISO 9001:2008

Questo libro è stampato su carta che rispetta le foreste.
www.zanichelli.it/la-casa-editrice/carta-e-ambiente/

Stampa: La Fotocromo Emiliana
Via Sardegna 30, 40060 Osteria Grande (Bologna)
per conto di Zanichelli editore S.p.A.
Via Irnerio 34, 40126 Bologna

Marco Lunari

2 Le vie della civiltà

Da Augusto all'anno Mille

- LE GRANDI EREDITÀ
- COME VIVEVANO GLI ANTICHI
- PAESI DI IERI, PAESI DI OGGI

ZANICHELLI

Indice

MAPPA
CONCETTUALE

ZTE ONLINE

CIAK VIDEO

CARTA
ANIMATA

Unità 8   Uno sguardo oltre l'Europa

MAPPA
CONCETTUALE

ZTE ONLINE

1

La Roma imperiale

 VIDEO

Gaio Giulio Cesare Ottaviano

1. Quali magistrature ricoprì Ottaviano Augusto?
2. Quale titolo onorifico fu concesso a Ottaviano dal senato?

Augusto, protagonista assoluto della scena politica romana dal 31 a.C. al 14 d.C., segna il passaggio dal sistema repubblicano a un regime di fatto monarchico. Augusto non sopprime le magistrature repubblicane, ma ne limita i poteri decisionali: il *princeps* è il vero signore di Roma. L'impero romano è una struttura complessa: centro e periferie sono strettamente connessi da un efficiente apparato burocratico e amministrativo, del quale fanno parte anche rappresentanti delle classi dirigenti provinciali. Tutti i territori soggetti al dominio di Roma prosperano, anche grazie alla stabilità garantita dalla *pax romana*. I commerci riprendono impulso e il benessere economico fornisce ai più intraprendenti nuove opportunità di arricchimento e di ascesa sociale.

 IERI/OGGI

Durante l'età imperiale la plebe smise di intervenire sulla scena politica di Roma. Appagato dalle concessioni di *panem et circenses* – cioè dalle distribuzioni di cibo e dagli svaghi gratuiti che gli imperatori finanziavano e usavano a fini propagandistici – la plebe rinunciò a ogni rivendicazione, divenendo così facilmente manipolabile.

Anche ai giorni nostri, talvolta, la ricerca disimpegnata del divertimento sembra essere preferita alla partecipazione alla vita pubblica: esistono infatti molte persone che seguono con maggiore interesse le cronache sportive, o le disavventure di personaggi più o meno famosi, piuttosto che le vicende politiche e di attualità. Solo il 49,4% degli Italiani sopra i quindici anni

‹ L'aquila, simbolo dell'esercito romano e del potere degli imperatori.

⌃ L'imperatore e la sua corte assistono a una corsa dei carri nel Circo Massimo.

⌄ Uno stadio gremito di tifosi durante una partita di calcio in notturna.

acquista un quotidiano almeno una volta alla settimana. Questo calo di lettori non è stato adeguatamente controbilanciato da coloro che utilizzano Internet come fonte di informazioni (quotidiani online, siti di informazione, agenzie, social network ecc.): questo non è un segnale positivo perché un popolo disinformato rischia di compiere scelte discutibili.

a. Tu leggi abitualmente i quotidiani? E se non lo fai, quali altri canali usi per informarti?

b. Molti ragazzi della tua età dicono di non leggere i quotidiani perché i giornalisti usano un linguaggio complesso o si riferiscono ad avvenimenti che i più giovani non conoscono: è così anche per te?

c. Tanto meno un cittadino è informato, tanto più diventa vulnerabile. Sei d'accordo con questa affermazione? Motiva la tua risposta.

Augusto e la dinastia Giulio-Claudia

 IL PROTAGONISTA

OTTAVIANO
Dopo aver sconfitto Antonio, torna a Roma e conquista il potere. Il senato gli riconosce il titolo di Augusto: con questo nome governerà sino al 14 d.C.

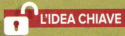 **L'IDEA CHIAVE**

IL PRINCIPATO
Augusto mantiene formalmente in vita le istituzioni repubblicane, ma concentra il potere nelle proprie mani: si chiude il periodo repubblicano e nasce il principato.

 IL LUOGO

L'ARA PACIS
È il monumento simbolo del periodo augusteo, e ribadisce i temi fondamentali della propaganda di Augusto: la gloria di Roma e la pacificazione, garantita dal buon operato del principe.

 L'EVENTO

L'INCENDIO DI ROMA
Nel 64 d.C. un colossale incendio distrugge una vasta zona di Roma. L'imperatore Nerone attribuisce la responsabilità della sciagura alla comunità cristiana presente nella capitale.

CARTA ANIMATA

Lo Stato romano nel 31 a.C.
Conquiste di Ottaviano Augusto (30 a.C.-14 d.C.)
Confini delle province

27 a.C.-14 d.C.
Principato di Augusto

14 d.C.-37 d.C.
Tiberio imperatore

41 d.C.-54 d.C.
Claudio imperatore

54 d.C.-68 d.C.
Nerone imperatore

31 a.C.
Vittoria di Ottaviano ad Azio

19 a.C.
Virgilio completa l'Eneide

9 a.C.
Battaglia di Teutoburgo

37 d.C.-41 d.C.
Caligola imperatore

64 d.C.
Incendio di Roma

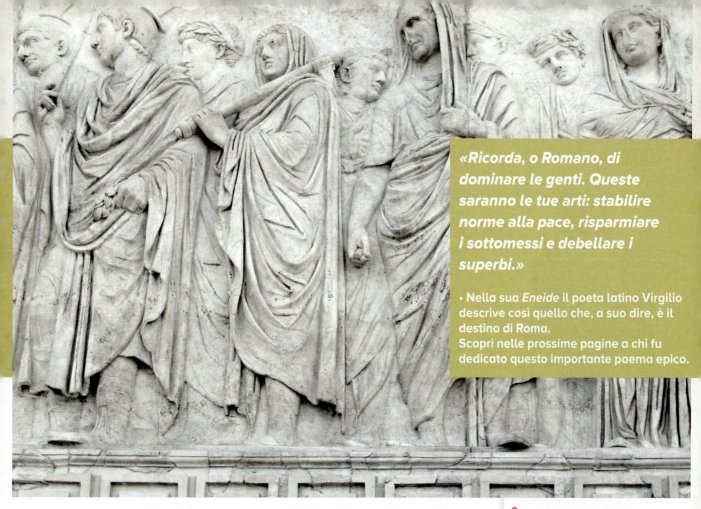

«*Ricorda, o Romano, di dominare le genti. Queste saranno le tue arti: stabilire norme alla pace, risparmiare i sottomessi e debellare i superbi.*»

• Nella sua *Eneide* il poeta latino Virgilio descrive così quello che, a suo dire, è il destino di Roma.
Scopri nelle prossime pagine a chi fu dedicato questo importante poema epico.

1 Il principato augusteo

Ottaviano garante della pace • La vittoria di Ottaviano su Marco Antonio nella battaglia di Azio (31 a.C.) portò alla conquista dell'Egitto e segnò la conclusione di un lungo periodo di conflitti. Ottaviano era ormai privo di avversari: rientrato a Roma nel 29 a.C., nell'arco di pochi anni assunse un potere pressoché assoluto, lo gestì in forme nuove (pur riuscendo, a differenza di Cesare, a non inimicarsi il senato e il popolo romano) e lo conservò sino alla sua morte, avvenuta nel 14 d.C.

Dopo decenni di scontri fratricidi, devastazioni, guerre civili e liste di proscrizione, i Romani desideravano soprattutto la fine delle violenze. Ottaviano lo comprese, e seppe presentarsi come l'unico in grado di garantire la pace. Non a caso, uno dei primi atti che compì al suo ritorno in città fu un gesto dall'alto valore simbolico: fece chiudere le porte del tempio di Giano che, secondo la tradizione, rimanevano aperte quando Roma era in guerra.

Dalla repubblica al principato: Ottaviano diventa Augusto • Ottaviano, agendo con grande intelligenza, evitò di dare al proprio potere una chiara connotazione monarchica. Da un punto di vista formale, anzi, egli restaurò gli antichi ordinamenti repubblicani, che erano stati compromessi nell'età delle guerre civili. Ma questa restaurazione fu più che altro una finzione giuridica: Ottaviano infatti svuotò le istituzioni della repubblica dei loro poteri decisionali, e ricoprì personalmente le principali magistrature.

Augusto e i suoi famigliari partecipano a una processione. Bassorilievo dell'*Ara Pacis*. L'imperatore è raffigurato nelle vesti di pontefice massimo, con il capo rispettosamente coperto in segno di rispetto per le divinità. (Roma, Museo dell'*Ara Pacis*)

Ritratto equestre di Ottaviano. Statua frammentaria in bronzo ripescata nel mar Egeo, I secolo a.C. (Atene, Museo Archeologico Nazionale)

Ritratto di Augusto nelle vesti di pontefice massimo, I secolo d.C. Questa statua servì da modello per molte altre, di identico soggetto, realizzate per essere collocate nelle più importanti città dell'impero. (Roma, Museo Nazionale Romano)

Augusto

Il termine *augustus*, prima di allora usato solo in ambito religioso, deriva dal verbo latino *augere*, cioè «innalzare», «aumentare», ed è traducibile come «sacro», «venerabile», «superiore a tutto». Questo appellativo indicava dunque la superiorità di Ottaviano su ogni altra personalità dello Stato. Il titolo passò poi a indicare, per estensione, anche gli imperatori romani che gli succedettero.

Sin da quando il secondo triumvirato era stato sciolto, nel 32 a.C., Ottaviano aveva rivestito ogni anno la carica di **console**, che però non era sufficiente a garantirgli un pieno dominio sullo Stato. Nel 28 a.C. gli fu attribuito il titolo onorifico di ***princeps senatus***, ovvero «primo fra i senatori»; in questa veste, poteva convocare e presiedere l'assemblea, e – votando per primo – influenzarne di fatto le decisioni. Ma, con una mossa molto abile, tesa a evitare di entrare in conflitto con il senato, nel **27 a.C.** egli restituì formalmente all'assemblea tutti i poteri straordinari che gli erano stati attribuiti durante la guerra civile. I senatori, in cambio, lo onorarono riconoscendogli il titolo di Augusto, che egli aggiunse al suo nome (e proprio con questo appellativo ci riferiremo a Ottaviano da ora in avanti), così come fece con gli altri titoli di *imperator* – che indicava il generale vittorioso – e di *Caesar* – in onore di Giulio Cesare.

Tuttavia, per definire il proprio ruolo istituzionale, Augusto preferì sempre il termine *princeps* – traducibile in italiano come «principe» – che già in epoca repubblicana era stato utilizzato per omaggiare i cittadini più prestigiosi. Per questo motivo la forma di governo da lui creata e che fu poi adottata dai suoi successori è indicata dagli storici come **principato**.

I poteri del principe ▪ Augusto sovrappose al vecchio ordine delle istituzioni repubblicane un ordinamento nuovo, incentrato sul suo potere personale. Mostrando un apparente rispetto per la tradizione, scelse di non ricoprire (né creare) alcuna carica che non fosse già prevista nella costituzione di Roma: ma, una dopo l'altra, assommò nelle proprie mani cariche che non avrebbero potuto essere accumulate.

Nel 23 a.C. si fece attribuire la **potestà tribunizia**, ossia i poteri dei tribuni della plebe, grazie ai quali divenne inviolabile, poté presentare proposte di legge ai comizi e porre il veto a eventuali provvedimenti non di suo gradimento.

Ricoprì per ben otto anni consecutivi la carica di console: ben sapendo di non poter avere il consolato a vita, sempre nel 23 a.C. ottenne l'**imperio proconsolare**, cioè la nomina – con un incarico illimitato – a proconsole per tutte le province dell'impero; ciò gli garantiva anche di conservare il **comando militare assoluto** sull'esercito. A questo punto, potendo contare su un potere più grande ed esteso rispetto a quello di qualunque altro magistrato, Augusto lasciò la carica di console disponibile per i membri del senato: un gesto apparentemente magnanimo e, per lui, privo di rischi, dato che ormai esercitava un controllo fortissimo sui senatori.

Le nomine ottenute nel 23 a.C., dunque, rinsaldarono le basi costituzionali del principato. Ma il potere di Augusto assunse anche connotazioni religiose quando, nel 12 a.C., egli divenne **pontefice massimo**; infine, nel 2 a.C., il senato e il popolo gli attribuirono l'appellativo di «**padre della patria**».

Apparentemente Roma continuò a essere definita come una repubblica, ma di fatto divenne una monarchia. Nonostante questo, Augusto insistette nel presentarsi non come un sovrano, ma come un *princeps*, un *primus inter pares* («primo tra i pari»): un normale cittadino, superiore agli altri solo per le qualità personali che lo rendevano in grado di governare.

Gli accordi con il senato e con l'esercito ▪ Il nuovo sistema di potere introdotto da Augusto poté reggere a lungo perché poggiava saldamente su due pilastri: l'accordo con il senato e quello con l'esercito.

Augusto fu ben attento a rispettare formalmente il prestigio del senato: coinvolse i senatori nell'amministrazione dell'impero, li ricoprì di onori e cariche importanti, ma ne ridusse il numero da 900 a 600, rimuovendo dalla carica coloro che considerava meno fedeli. In qualità di *princeps senatus* aveva il diritto di esprimere per primo il suo voto – e dunque la sua volontà – in occasione delle votazioni: questo ovviamente scoraggiava gli altri senatori dal sostenere posizioni diverse. Di fatto, il senato perse la sua centralità.

 LEGGERE LA STORIA

Il testo ufficiale della propaganda augustea

Augusto fece stendere un resoconto delle proprie imprese (*Res gestae Divi Augusti*, «Le gesta del Divino Augusto»). Quest'opera venne trascritta su tavole di bronzo che furono inviate nelle principali città dell'impero, per garantirne la massima diffusione. Le tavole originali sono andate perdute, ma il testo ci è pervenuto grazie a una sua copia incisa nel tempio dedicato ad Augusto e alla dea Roma ad Ankara, in Turchia.

❝Nel mio sesto e settimo consolato [cioè fra il 28 e il 27 a.C.], dopo aver posto fine alle guerre civili, avendo ottenuto il potere supremo per consenso universale, trasferii lo Stato dal mio potere personale al controllo del senato e del popolo romano. Per questo mio merito ottenni il titolo di Augusto per decreto del senato, gli stipiti della mia casa furono coronati di alloro a spese pubbliche, sulla mia porta di casa fu appesa la corona civica e nella curia Giulia fu posto uno scudo d'oro che, come attesta l'iscrizione sullo scudo stesso, mi fu conferito dal senato e dal popolo romano in riconoscimento del mio valore, della clemenza, della giustizia e della pietà. In seguito fui superiore a tutti per autorità, pur non possedendo un potere superiore a quello degli altri che mi furono colleghi nelle magistrature.

Mentre esercitavo il mio tredicesimo consolato, il senato e l'ordine equestre e tutto il popolo romano mi chiamarono Padre della Patria, e decretarono che quell'appellativo fosse iscritto nel vestibolo della mia casa e nella curia Giulia e nel Foro Augusto sotto la quadriga che in mio onore vi fu posta per decreto del senato.❞

(*Res gestae*, 34-35, trad. di G. Geraci e A. Marcone in *Fonti per la storia romana*, Le Monnier, Milano 2006)

a. A quale atto fa riferimento Augusto quando dice di aver trasferito lo Stato dal suo potere personale al controllo del senato e del popolo romano?

b. In questo brano Augusto sottolinea ripetutamente come tutti gli onori ricevuti gli siano stati liberamente assegnati dal senato: trova i punti in questione e spiega per quali ragioni il principe ritiene tanto importante tale precisazione.

c. La frase «fui superiore a tutti per autorità, pur non possedendo un potere superiore a quello degli altri» rappresenta alla perfezione il cuore del compromesso alla base del principato augusteo. Spiega perché.

❮ L'inizio delle *Res gestae*; iscrizione dal tempio di Augusto e della dea Roma ad Ankara, I secolo d.C.

Con metodi analoghi Augusto si assicurò l'appoggio dei soldati: garantì loro il regolare arrivo della paga, assegnò ai veterani terre da coltivare, offrì ai migliori la possibilità di una rapida carriera. Ma, al contempo, mantenne sull'esercito un ferreo controllo. Durante il periodo delle guerre civili le legioni, schierandosi di volta in volta a fianco dei comandanti più ambiziosi, si erano rivelate un elemento di instabilità. Per questo motivo Augusto ne diminuì il numero da 50 a 28, e ne affidò il comando a ufficiali di provata fedeltà, molti dei quali imparentati con lui. Tutte le legioni di stanza in Italia furono dislocate nelle province, così da diminuire il pericolo di un colpo di Stato. A Roma restò solo un contingente di soldati scelti: i **pretoriani**, che, agli ordini di un comandante detto **prefetto del pretorio**, costituivano la guardia del corpo personale di Augusto.

2 Il governo dell'impero

La riorganizzazione amministrativa a Roma e in Italia ▪ Il programma politico di Augusto prevedeva una radicale riorganizzazione dello Stato: mise quindi in atto una serie di riforme che resero più efficienti l'amministrazione dell'impero, sia a livello centrale sia a livello locale.

Il compito di amministrare Roma, la capitale, fu affidato a un funzionario di nomina imperiale, il *praefectus Urbi*, cioè il **prefetto alla città**, che coordinava le attività dei magistrati cittadini alle sue dipendenze. Fra essi c'era il **prefetto dell'annona**, che doveva assicurare alla città i rifornimenti alimentari e sovrintendere alle distribuzioni gratuite di grano; il suo era un compito particolarmente delicato, dal momento che le distribuzioni venivano utilizzate per ingraziarsi la plebe urbana e mantenere così la pace sociale. Al *curator aquarum* spettavano invece il controllo degli acquedotti e la gestione delle risorse idriche. Il **prefetto dei vigili** si occupava del mantenimento dell'ordine pubblico e del servizio di vigilanza contro gli incendi (frequentissimi a Roma, dove la maggior parte delle abitazioni era costruita in legno). Di norma il prefetto alla città apparteneva all'aristocrazia senatoria, mentre gli altri potevano essere scelti anche fra i cavalieri.

Per quanto riguarda l'Italia, Augusto estese la cittadinanza romana a tutte le popolazioni della Pianura Padana e affidò il governo delle varie città a magistrati locali. L'intervento del potere centrale nei territori italici si manifestava soprattutto nella cura delle strade, considerate un elemento cruciale per la sicurezza militare di Roma.

L'amministrazione delle province ▪ Augusto riformò profondamente anche l'amministrazione delle province. Per prima cosa, esse furono suddivise in due gruppi. Le **province senatorie** – come la Sicilia, la Macedonia, la Grecia (o Acaia) e l'Africa – erano le più antiche e pacificate: come nella tarda età repubblicana, continuarono a essere governate da **proconsoli** scelti dal senato fra gli ex consoli e gli ex pretori.

Le **province imperiali**, invece, erano quelle di più recente acquisizione o disposte lungo i confini: lì, la facilità con cui scoppiavano rivolte e la possibilità di attacchi dall'esterno rendevano necessaria la presenza di

Ritratto di pretoriano. I pretoriani erano l'unica forza militare presente a Roma. Assunsero con il tempo un ruolo rilevante nelle lotte per la successione al trono: il loro appoggio era decisivo nella scelta dei nuovi imperatori. (Roma, Museo della Civiltà Romana)

Italia

Dal punto di vista amministrativo, all'epoca di Augusto (e fino al IV secolo d.C.) con questo nome si indicavano solo i territori della penisola. Sicilia e Sardegna non facevano parte dell'Italia, ma avevano lo statuto di province.

Denario di Augusto con la scritta *Aegypto capta* («L'Egitto è conquistato»), emesso nel 28 a.C. (Collezione privata)

una legione agli ordini di un governatore (il **legato**) che veniva scelto da Augusto fra i membri del senato.

Dato che in passato le province erano state spesso depredate dalla rapacità di proconsoli corrotti e pubblicani disonesti, Augusto tolse a questi ultimi il potere di riscuotere le imposte, affidandolo invece a funzionari statali detti **procuratori**. In questo modo pose un freno ai soprusi condotti a danno dei provinciali.

Un caso a parte fu rappresentato dall'**Egitto**: sin dalla sua costituzione in provincia, nel 29 a.C., questo territorio fu posto sotto il controllo diretto – anche dal punto di vista fiscale – di Augusto, che ne affidò il governo a un **prefetto** di sua stretta fiducia, che rispondeva solo a lui ed era rigorosamente scelto tra i cavalieri (questi, infatti, erano considerati potenzialmente meno pericolosi dei senatori, ai quali fu addirittura vietato per un certo periodo di mettere piede in Egitto senza autorizzazione imperiale).

Pubblicani

Come forse ricorderai, erano funzionari originari delle province conquistate. Acquistavano dai Romani l'appalto per la riscossione dei tributi su un certo territorio, poi recuperavano il denaro pagato per ottenere tale licenza esigendo i pagamenti dai loro concittadini.

LEGGERE LA STORIA

Il giudizio di Tacito su Augusto

Con una notevole finezza di analisi, lo storico romano Tacito (55-120 d.C.) ricostruisce sia l'ascesa di Augusto sia i motivi per cui i Romani accettarono la sua autorità.

❝Quando, uccisi Bruto e Cassio, non ci fu più nessun esercito dello stato, al partito cesariano, spogliato Lepido di ogni potere e ucciso Antonio, restò come unico capo Cesare Ottaviano. Egli allora, deposto il titolo di triumviro e presentandosi come console e come uno che per difendere la plebe si accontentava del diritto tribunizio, si conquistò via via i soldati con le gratifiche, il popolo con i donativi di grano e tutti con la dolcezza della pace, attuando una progressiva scalata al potere che si fondava sull'attribuzione a se stesso delle prerogative del senato, dei magistrati, delle leggi. E nessuno faceva opposizione, poiché i più determinati erano caduti nelle battaglie o in seguito a proscrizioni e gli altri appartenenti alle famiglie nobili, in continua ascesa grazie alle ricchezze e agli onori, tanto più quanto più disponibili a lasciarsi asservire, e gratificati dal recente rivolgimento, preferivano la sicurezza del presente ai pericoli del passato. Neppure le province rifiutavano il nuovo assetto dello stato per la sfiducia nell'autorità del senato e del popolo romano, dopo tante lotte di potere e tanta avidità dei magistrati, senza un valido intervento delle leggi, sconvolte da violenza, intrighi e infine dalla corruzione. [...] Roma era quieta; le magistrature mantenevano gli stessi nomi; i più giovani erano nati dopo la vittoria di Azio e la maggior parte dei vecchi in mezzo alle guerre civili: quanti restavano, dunque, di quelli che avevano visto la Repubblica?❞

(Tacito, *Annali*, I)

^Cammeo con ritratto di Augusto.
(Londra, British Museum)

a. Ricordi chi sono i personaggi citati all'inizio del brano, e in che modo Ottaviano riuscì a conquistare il potere?

b. In vari punti Tacito accenna alla fine delle violenze e all'instaurarsi della pace. Individua tali passaggi e quindi spiega perché il ritorno della pace fu così importante per l'affermazione del potere di Augusto.

c. Tacito scrive che «le magistrature mantenevano gli stessi nomi»: perché questo fu un fattore fondamentale nel principato augusteo?

d. Secondo Tacito anche le province accettarono di buon grado il predominio di Augusto: spiega perché, integrando il testo con quanto hai studiato nel Paragrafo 2.

CARTA ANIMATA

Province imperiali

Province senatorie

Tale particolarità di trattamento era legata al **ruolo cruciale dell'Egitto**: non solo questa provincia garantiva i rifornimenti di grano per Roma con i suoi abbondanti raccolti, ma era anche ricchissima e – come aveva dimostrato la vicenda di Marco Antonio – avrebbe potuto essere un ottimo punto di partenza per chi avesse voluto contendere il potere all'imperatore.

L'atteggiamento verso il senato, i cavalieri e la plebe ▪ Il successo di Augusto si spiega anche con la sua capacità di trovare un equilibrio tra i ceti che componevano la società romana del suo tempo, guadagnandosi la loro fiducia e il loro appoggio. Così, come abbiamo già visto, egli seppe **compensare i senatori** (che aveva privato di un reale potere decisionale) concedendo incarichi prestigiosi ai più fedeli tra loro. Ovviamente, i rappresentanti dell'aristocrazia senatoria si guardavano bene dall'inimicarsi il principe, dal cui favore dipendevano le loro possibilità di carriera.

In modo analogo, Augusto **garantì ai cavalieri nuove opportunità professionali e di ascesa sociale**, scegliendo fra le loro file alcuni dei prefetti incaricati dell'amministrazione di Roma e i governatori di alcune province.

Seppe infine **conservare il favore della plebe** – la componente sociale più volubile e potenzialmente più pericolosa, per la facilità con cui poteva essere manipolata e spinta a ribellarsi – tenendola a bada con la politica del *panem et circenses*, ovvero attraverso le distribuzioni gratuite di grano e gli spettacoli di gladiatori.

3 L'immagine del principe e la propaganda

La difesa della morale tradizionale ▪ Nel sistema di governo augusteo un ruolo fondamentale fu svolto dalla propaganda, che Augusto utilizzò con estrema abilità per fornire un'immagine di sé in grado di attirare il consenso dei Romani e delle popolazioni sottomesse.

Come abbiamo già visto, egli legittimò il proprio potere presentandosi

Un gladiatore rende omaggio all'imperatore prima di un combattimento. Statuetta in bronzo del II secolo d.C. (Michael C. Carlos Museum, Atlanta)

❮ Bambini che giocano.
Bassorilievo da un
sarcofago romano. (Vienna,
Kunsthistorisches Museum)

come il restauratore della tradizione repubblicana e il garante della pace.
Ma si propose anche come il **difensore dei valori tradizionali** che avevano reso grande Roma e che, nei decenni delle guerre civili, avevano rischiato di essere accantonati: la morigeratezza dei costumi, il rispetto della morale e della religione tradizionale, la difesa della famiglia, l'attaccamento
alla terra come fonte di sostentamento moralmente accettabile (e più de-
gno rispetto all'arricchimento sfrenato derivante dai commerci).

Nell'intento di ripristinare l'antica morale, Augusto fece approvare alcune **leggi suntuarie** – che cioè limitavano il lusso nelle vesti e nei gioielli – e altre **in favore della famiglia**, come quelle che incoraggiavano la
natalità (penalizzando chi non si sposava o non aveva figli) e punivano severamente l'adulterio, che fosse commesso tanto dalla moglie quanto dal
marito (sino a quel momento solo l'adulterio femminile era punito). Gli
effetti pratici di questi provvedimenti furono molto limitati: i nuovi modelli comportamentali derivati dal mondo ellenistico si erano diffusi a tal
punto nella società che era impensabile cancellarli ricorrendo a un semplice atto legislativo. Per ironia della sorte, Augusto fu indirettamente vittima delle stesse leggi che aveva introdotto: nel 2 a.C. fu infatti costretto a
dare l'esempio inviando in esilio Giulia, la sua unica figlia, i cui comportamenti disinvolti avevano dato luogo a vari scandali.

Il culto imperiale

La propaganda augustea evitò sempre di divinizza-
re Augusto, ma riuscì ugualmente a dare al potere del principe un carattere sacro. Così come aveva fatto Cesare, anche Augusto ricoprì la carica di
pontefice massimo. E come per onorare Cesare il quinto mese dell'anno
era stato chiamato *Iulius*, così il sesto fu in suo onore ribattezzato *Augustus*. Cesare, però, dopo la sua morte era stato divinizzato – mentre finché
Augusto era ancora vivo non era possibile venerarlo come *divus*. Almeno,
non in Occidente (dato che nell'Oriente ellenistico era invece considerato
normale adorare i sovrani come esseri divini).

Per superare questo ostacolo si cominciò dunque ad associare sempre
più spesso il nome di Augusto alla **dea Roma** (personificazione dell'impero) nel culto ufficiale. Fu imposta anche la venerazione dei **Lari della famiglia imperiale** e del **Genio di Augusto** (cioè lo spirito soprannaturale

✔ **CONFRONTARE**

Ricordi quale uomo
politico aveva difeso i
valori tradizionali nel II
secolo a.C., dopo che
Roma aveva conquistato
la Grecia "importandone"
nuovi modelli culturali e di
comportamento?

Iulius / Augustus

Per i Romani l'anno cominciava
il 21 marzo; dai nuovi nomi del
quinto e del sesto mese romano derivano i termini italiani «luglio» e «agosto».

Ritratto in marmo di Augusto, realizzato all'inizio del I secolo. (Gerusalemme, Museo di Israele)

che lo proteggeva e ne ispirava le azioni): se prima queste divinità tutelari erano adorate privatamente dalle famiglie romane, ora il loro culto in forma pubblica veniva imposto come obbligatorio a tutti i sudditi, e legato alla figura dell'imperatore in carica.

L'immagine di Augusto nelle arti

Un ruolo fondamentale nella propaganda augustea fu svolto dalla letteratura. **Gaio Cilnio Mecenate**, ricco e colto cavaliere di origini etrusche che fu tra i principali consiglieri di Augusto, raccolse attorno a sé un **circolo di intellettuali** – come Tito Livio, che scrisse una monumentale storia di Roma dalle origini alla guerra civile, o come i poeti Orazio, Properzio e Virgilio, autore dell'*Eneide* – che attraverso le loro opere costruirono e diffusero una lusinghiera immagine ufficiale del principe.

Così come fu pronto a proteggere gli scrittori che lo appoggiavano, Augusto fu deciso nel punire coloro che non si allineavano alle posizioni del regime: per fare un esempio, nell'8 d.C. il poeta Ovidio fu esiliato sul Mar Nero, presumibilmente perché le sue poesie esaltavano il piacere dell'amore carnale e non erano quindi in linea con la campagna augustea a favore della moralità. Una sorte peggiore toccò a Tito Labieno, storico che non faceva mistero della propria nostalgia per la repubblica: nel 10 d.C. il senato ordinò che le sue opere fossero rimosse da tutte le biblioteche e date alle fiamme.

Per ribadire la grandezza del proprio potere, Augusto non utilizzò solo la letteratura, ma fece ricorso a molti altri strumenti di propaganda: per esempio, alle **epigrafi** (iscrizioni pubbliche) che celebravano i suoi meriti; alle **monete** che resero familiare la sua effigie anche ai sudditi che vivevano nelle più remote province dell'impero; ai numerosi **ritratti statuari** che lo raffiguravano di volta in volta nelle vesti di comandante vittorioso, di saggio capo di Stato, di pio sacerdote supremo.

Augusto cambia il volto di Roma

Sempre nel quadro della celebrazione del potere imperiale, Augusto promosse la realizzazione di numerose opere pubbliche mirate a rendere l'Urbe magnifica agli occhi del mondo.

La Gemma augustea: in questo magnifico cammeo, realizzato verso il 10 d.C., Augusto siede in trono attorniato dalla dea Roma e dai suoi famigliari. In basso sono raffigurati soldati romani e barbari sconfitti. (Vienna, Kunsthistorisches Museum)

Nei secoli precedenti, in assenza di un piano urbanistico, Roma si era ingrandita in maniera disordinata: molte delle strade cittadine erano in terra battuta e persino i templi, per lo più realizzati in legno e mattoni, erano ben lontani dallo splendore degli edifici che abbellivano le capitali dei regni ellenistici – tanto che nel 180 a.C. alcuni ambasciatori macedoni avevano criticato l'aspetto della città, dicendo che «non era ancora stata abbellita».

Durante il suo principato Augusto diede quindi un forte impulso all'attività edilizia: lo storico Svetonio scrisse, a tale proposito, che Augusto «giustamente si vantò di lasciare in marmo la città che aveva trovato fatta di mattoni». I templi già esistenti furono restaurati e ne sorsero di nuovi. Fu costruito il nuovo Foro di Augusto (un'ampia piazza rettangolare chiusa su un lato da un tempio dedicato a Marte e sugli altri due da un elegante portico), al cui centro troneggiava una statua del principe vittorioso su un cocchio trainato da quattro cavalli. Nel 17 a.C. fu inaugurato il Teatro di Marcello (dedicato a Marco Claudio Marcello, nipote di Augusto) – uno dei primi teatri in muratura della città. Un enorme mausoleo, destinato a ospitare le tombe di Augusto e quelle dei suoi parenti e dei suoi migliori generali, fu eretto lungo le rive del Tevere. Inoltre, il letto e il greto del fiume furono ripuliti dai detriti e i suoi argini rinforzati, così da limitare i danni legati alle sue frequenti esondazioni.

Sebbene in maniera meno vistosa, anche le altre città italiane risentirono dello stesso fervore edilizio e furono abbellite con nuovi e splendidi edifici pubblici.

Pax romana e «guerre giuste»

Il principato augusteo inaugurò un lungo periodo di stabilità, prosperità e sostanziale assenza di conflitti entro i confini dell'impero; un periodo definito *pax romana* (e, nei primi tempi, *pax Augusta*) che Augusto volle celebrare con la costruzione di un imponente monumento proprio nel cuore di Roma: l'*Ara Pacis*, ovvero l'Altare della Pace – le cui ricche decorazioni allegoriche riassumevano i principali temi della propaganda augustea.

Per mantenere la pace interna, tuttavia, occorreva difendere l'impero dai popoli che potevano costituire per esso una minaccia: per questo l'espansione territoriale di Roma proseguì. Le **numerose campagne militari** condotte da Augusto furono presentate, in chiave propagandistica, come *bella iusta*: ovvero guerre giuste, di difesa, che miravano a neutralizzare i potenziali nemici assoggettandoli alla legge e all'ordine.

La politica estera di Augusto

Durante il suo principato Augusto promosse diverse campagne di conquista che estesero i domini di Roma. Agì però con strategie diverse sui diversi fronti.

Il Teatro di Marcello a Roma, eretto da Augusto in onore del nipote prediletto Marcello (morto nel 23 a.C.). La struttura nel Cinquecento fu utilizzata come sostegno di un soprastante palazzo, costruito da Baldassarre Peruzzi.

In **Europa**, dopo aver pacificato definitivamente la Spagna e la Gallia, Augusto mosse guerra alle popolazioni delle regioni alpine e conquistò i territori oggi corrispondenti alla Svizzera, alla Germania meridionale e all'Austria; poi si impadronì anche della regione corrispondente all'odierna Ungheria. Il principe mirava a estendere i confini dell'impero in Germania verso nord-est, fino a raggiungere il fiume **Elba** – dove, in effetti, il suo esercito riuscì ad arrivare –, così da sottomettere le bellicose tribù dei Germani. Tuttavia, il controllo romano sulla regione compresa tra i fiumi Reno ed Elba rimase precario, tanto che nel 9 d.C. tre legioni romane al comando del generale Varo furono annientate dai guerrieri germanici guidati da **Arminio** nella battaglia della **selva di Teutoburgo**. La cocente sconfitta costrinse i Romani ad arretrare, abbandonando parte dei territori appena conquistati; da allora in poi e per diversi secoli **il confine dell'impero si stabilizzò** in corrispondenza dei fiumi Reno e Danubio. Lo stesso Augusto sconsigliò ai suoi successori di spingersi a nord oltre questi due fiumi, e il suo suggerimento fu seguito.

In **Oriente**, invece, Roma si trovò ad affrontare un quadro politico completamente diverso, caratterizzato dalla presenza di un impero concorrente forte e organizzato: quello dei **Parti**, con cui c'erano già stati forti attriti nella tarda età repubblicana. In questo caso, Augusto preferì l'impiego della diplomazia all'uso della forza: nel 20 a.C. stipulò con gli avversari un accordo che delimitava le rispettive zone di influenza.

In quell'occasione ottenne dai Parti la restituzione delle insegne militari sottratte a Crasso nel 53 a.C.: questo episodio, di scarsa rilevanza politica, fu però presentato dalla sua propaganda come un'importante rivincita, densa di significati simbolici.

Il Trofeo delle Alpi a La Turbie, in Francia, ai confini con l'attuale Principato di Monaco: fu edificato nel 6 a.C. per celebrare le vittorie di Augusto su numerose popolazioni alpine. (A. Sarto)

Poi, sempre ricorrendo a trattative diplomatiche, Augusto favorì la formazione lungo i confini dell'impero di **regni** più piccoli – quelli del Ponto, della Tracia, della Cappadocia e del Bosforo – **sui quali regnavano sovrani appoggiati da Roma** e legati al principe da un rapporto di dipendenza. Anche in Asia la linea adottata da Augusto fu poi seguita dai suoi successori: malgrado alcune sporadiche scaramucce lungo i confini, gli accordi con i Parti rimasero in vigore per tutto il I secolo; i **"regni clienti"**, invece, furono progressivamente inglobati nell'impero.

Una gigantesca statua di Arminio, che umiliò i Romani a Teutoburgo, orna il monumento in suo onore a Detmold, in Germania.

LEGGERE LA STORIA

La disfatta di Teutoburgo

La battaglia di Teutoburgo costituì un punto di svolta nella storia del nostro continente, perché portò all'arresto dell'espansionismo di Roma in Europa centrale. Gli storici del tempo imputarono la sconfitta all'incapacità del comandante romano Quintilio Varo e all'inganno di Arminio che, dopo essersi alleato con i Romani, li attirò in una trappola. Secondo l'antropologo e archeologo Peter S. Wells, in realtà la causa prima della disfatta fu dovuta ai pregiudizi di Augusto e dei Romani che, considerando i Germani un popolo barbaro, avevano sottovalutato la loro capacità di evolversi e le loro abilità belliche.

"Fino al 9 d.C., l'impero romano aveva riportato una serie di stupefacenti vittorie militari, in Europa e altrove. Certo, aveva subito anche battute d'arresto, ma la propaganda ufficiale si limitava a enfatizzare i successi. In effetti, Augusto si dava da fare per regalare al popolo romano magnifici monumenti, elaborate iscrizioni e splendide monete per glorificare i successi delle legioni. Al contempo, egli minimizzava e sviliva le sconfitte. [...] L'atteggiamento rispetto alle tribù germaniche rifletteva questo concetto di superiorità, infatti non venivano mai rappresentate come nemici in grado di opporsi alla potenza imperiale. Dalle prime menzioni di Cesare, che sviliva i Germani a paragone dei Celti (i quali vivevano in comunità molto più complesse), non ci sono testi latini in cui vengano considerati come forza militare. [...] I reperti archeologici non dimostrano soltanto che le tribù germaniche erano molto più abili, in senso tecnico-organizzativo, di quanto pensassero i Romani, ma anche che furono in grado di apportare, nei decenni antecedenti alla battaglia del 9 d.C., dei cambiamenti nella loro economia, nel loro armamentario e negli atteggiamenti di fronte all'invasore. Era errata anche l'idea che si era fatta Cesare delle popolazioni transrenane. L'archeologia attesta infatti, dal tempo di quest'ultimo in poi, un incremento notevole nella produzione di armi e strumenti bellici, e nelle comunicazioni interne fra i gruppi stanziati in quelle regioni che Roma cercava di conquistare. Questi mutamenti avrebbero dovuto essere facilmente compresi dai Romani. Le importazioni imperiali di numerosissimi beni indicano l'esistenza di frequenti rapporti tra mondo romano e regioni settentrionali. I mercanti e gli altri viaggiatori avrebbero potuto riferire ai funzionari le loro osservazioni sui mutamenti in atto nelle società indigene dell'Età del ferro. Senonché, le prove esistenti a Roma suggeriscono che Augusto e i suoi consiglieri non sarebbero stati ricettivi nei confronti di tali informazioni. I Romani consideravano i barbari come gente immutabile. Questo è stato l'errore fatale dei Romani. Il mondo del Nord Europa si stava trasformando, in gran parte a causa dei processi messi in moto dalle stesse invasioni latine in Gallia, ma nella capitale dell'impero non se ne accorsero."

(Da P.S. Wells, *La battaglia che fermò l'impero romano*, Il Saggiatore, Milano 2010)

h. Quale fu, secondo Wells, «l'errore fatale dei Romani»?

i. Completa la frase: «☐ Cesare / ☐ Augusto considerava i Germani ☐ più vili ☐ più arretrati dei Celti, ma si sbagliava».

j. Come era evoluta la società dei Germani nei decenni precedenti alla battaglia di Teutoburgo? Sottolinea nel testo la risposta.

L'*Eneide*

L'*Eneide*, composta dal poeta latino Virgilio tra il 29 e il 19 a.C., è il terzo grande poema epico dell'antichità e, come l'*Iliade* e l'*Odissea*, nel corso dei secoli ha costituito una continua fonte di ispirazione per i suoi lettori. Basti pensare a Dante, che a quest'opera si ispirò per scrivere la sua *Divina Commedia*.

Il poema narra le gesta di Enea, un guerriero troiano figlio di un mortale, Anchise, e della dea Venere. Sfuggito alla caduta di Troia assieme al padre, al figlioletto Ascanio e a pochi compagni, Enea riceve dagli dei il compito di stanziarsi nel Lazio per fondarvi una stirpe da cui discenderanno sia Romolo e Remo sia la *gens* Iulia, quella di Cesare e di Augusto.

Enea, dopo un avventuroso viaggio attraverso il Mediterraneo che lo porta anche a Cartagine (lì si innamora della regina Didone, che sarà però costretto ad abbandonare), approda finalmente nel Lazio. Viene accolto benevolmente dal re Latino, che gli concede in sposa la propria figlia Lavinia. La ragazza, però, è già legata da una promessa di matrimonio a Turno, re dei Rutuli, che muove guerra agli esuli troiani. Il conflitto miete molte giovani vite; terminerà solo con la morte di Turno, ucciso in duello da Enea. La conseguente pacificazione fra Troiani e Italici sarà premessa della futura grandezza di Roma. Enea sposa Lavinia e fonda diverse città; suo figlio Ascanio, detto anche Iulo (da cui il nome della *gens* Iulia, o Giulia), sarà il fondatore di Alba Longa.

Un poema denso di significati simbolici
L'*Eneide* nasce per celebrare il mito di Roma, rileggendo in chiave simbolica molti eventi del suo passato, e per legittimare la casata di Augusto, a cui viene attribuita, per tramite di Enea, addirittura un'origine divina. La grandezza di Virgilio, tuttavia, sta nell'essere andato oltre l'intento elogiativo e aver composto un'opera mirabile. Nella seconda parte del poema, per esempio, che ricalca da vicino il modello dell'*Iliade* (mentre la prima parte somiglia più all'*Odissea*), alla narrazione delle gesta degli eroi si unisce un costante tono di mestizia per le molte vite spezzate dalla guerra. E fra i poemi epici dell'antichità, l'*Eneide* è l'unico che, pur narrando un conflitto, esalta in realtà il valore supremo della pace.

Cratere del IV secolo a.C. con scene della presa di Troia. (Collezione privata)

«Escono lieti dal concavo legno i capi
Tessandro e Stenelo e lo spietato Ulisse,
scendendo da una fune, e Acamante e Toante,
e il pelide Neottolemo [...]
Invadono la città sepolta nel sonno e nel vino;
uccidono le sentinelle, accolgono i compagni
dalle porte spalancate, e congiungono le complici schiere.»
(*Eneide* II, 260-267)

Quando racconterà a Didone la caduta di Troia, avvenuta a causa dell'inganno del cavallo, Enea userà le parole di un vinto, che ha assistito alla distruzione della propria città e alla morte dei propri cari. Per il racconto di Enea Virgilio sceglie un tono che, lontano da ogni trionfalismo, è colmo di mestizia.

«Su dunque, diletto padre, salimi sul collo;
ti sosterrò con le spalle, e il peso non mi sarà grave;
dovunque cadranno le sorti, uno e comune sarà
il pericolo, una per ambedue la salvezza.»
(*Eneide* II, 707-710)

A caratterizzare Enea è la *pietas*, un insieme di valori che riunisce la devozione verso gli dei, il rispetto per la tradizione, la famiglia e gli antenati, e la dedizione alla ricerca del bene collettivo. Queste virtù emergono nelle parole rivolte da Enea a suo padre mentre fuggono da Troia in fiamme e fanno di lui il capo ideale degli esuli troiani e un esempio per tutti i Romani.

Enea, Anchise e Ascanio fuggono portando con sé le effigi dei Penati; statuetta romana da Pompei. (Napoli, Museo Archeologico Nazionale / Scala)

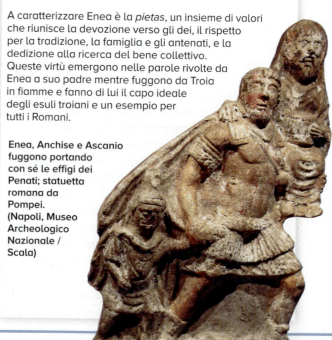

«E voi, o Tirii, tormentate con odio la sua stirpe
e tutta la razza futura, offrite un tal dono
alle nostre ceneri. Non vi sia amore né patto tra i popoli.
E sorgi, vendicatore, dalle mie ossa,
e perseguita col ferro e col fuoco i coloni dardanii,
ora, in seguito, o quando se ne presenteranno le forze.»
(*Eneide* IV, 622-626)

Pur amando Didone, Enea è costretto dagli dei a lasciarla.
La regina, pazza di dolore, si suicida dopo aver profetizzato
un avvenire d'odio tra i suoi sudditi (che chiama Tirii, perché
Cartagine era stata una colonia di Tiro) e i discendenti
dei Troiani. Attraverso questa invenzione poetica, Virgilio
spiega le cause delle guerre puniche.

Enea e Didone; affresco ritrovato a Pompei nella Casa del
Citarista, I secolo d.C. (Napoli, Museo Archeologico Nazionale)

«Orrendo nocchiero, custodisce queste acque e il fiume
Caronte, di squallore terribile, a cui una larga canizie
incolta invade il mento, si sbarrano gli occhi di fiamma,
sordido pende dagli omeri annodato il mantello.»
(*Eneide* VI, 298-301)

Giunto in Italia, Enea si reca presso la Sibilla di Cuma,
una profetessa, per conoscere il fato che lo attende.
Guidato da lei, discende negli Inferi dove incontra
creature mostruose – come Caronte, traghettatore
delle anime, e Cerbero, il cane a tre teste che presidia
l'ingresso dell'Ade – ma anche il suo defunto amico
Palinuro, l'ombra irata di Didone e quella amorevole
del padre Anchise. L'oltretomba di Virgilio costituirà un
modello di riferimento per quello immaginato da Dante
nella *Divina Commedia*.

Enea e la Sibilla incontrano Caronte; dipinto del 1695 di
Giuseppe Maria Crespi. (Vienna, Kunsthistorisches Museum)

«Ora volgi qui gli occhi, esamina questa gente
dei tuoi Romani. Qui è Cesare e tutta la progenie
di Iulo che verrà sotto l'ampia volta del cielo.
Questo è l'uomo che spesso ti senti promettere,
l'Augusto Cesare, figlio del Divo, che fonderà
di nuovo il secolo d'oro nel Lazio per i campi
regnati un tempo da Saturno; estenderà l'impero
sui Garamanti e sugli Indi, sulla terra che giace oltre le stelle,
oltre le vie dell'anno e del sole.»
(*Eneide* VI, 788-795)

L'ombra di Anchise spiega a Enea che
alcune anime dell'oltretomba sono destinate
a reincarnarsi nuovamente, e gli mostra
quelle che, in futuro, apparterranno ai loro
discendenti. Fra loro ci saranno anche Giulio
Cesare e Augusto – destinati a rendere grande
e gloriosa Roma, la nuova patria dei Troiani.
In questo passaggio la funzione encomiastica
del poema di Virgilio emerge chiaramente.

Anchise mostra a Enea e alla Sibilla le anime dei Campi
Elisi; dipinto settecentesco di Pietro Bardellino. (Napoli,
Museo di Capodimonte)

"O stirpe di dei [...], o atteso dal suolo laurente e dai campi latini,
qui è una dimora sicura per te – non desistere [...].
Non temere le minacce di guerra, tutti i furori e le ire di guerra gli dei dileguarono.
Ed ecco per te giacerà [...] una grande scrofa sgravata d'un parto di trenta capi,
bianca, sdraiata sul suolo, bianchi attorno alle poppe i nati;
questo sarà il luogo della città [...] donde, trascorsi trent'anni,
Ascanio fonderà la città dal glorioso nome di Alba.
(*Eneide* VIII, 36-48)

Mentre già infuria la guerra contro i Latini, Enea riceve in sogno la visita del dio Tiberino, personificazione del Tevere, che gli predice la vittoria. Tiberino inoltre suggerisce ai Troiani di cercare una scrofa bianca con trenta porcellini; quel segno indicherà il luogo in cui Ascanio fonderà la città di Alba Longa.

Il sogno di Enea in un quadro del pittore Salvator Rosa. (New York, Metropolitan Museum of Art)

«... la spada vibrata con violenza
trafisse il costato e ruppe il candido petto.
Eurialo cade riverso nella morte, il sangue scorre
per le belle membra, e il capo si adagia reclino sulla spalla:
come un fiore purpureo quando, reciso dall'aratro,
languisce morendo, o come i papaveri che chinano il capo
sul collo stanco, quando la pioggia li opprime.»
(*Eneide* IX, 431-437)

Durante la guerra contro Turno, Eurialo e Niso, due guerrieri troiani, tentano una sortita. Eurialo però viene catturato e ucciso. Per vendicare l'amico, Niso si getterà tra i nemici, pur sapendo che così incontrerà la morte: l'amicizia che lo lega a Eurialo è più forte di ogni altra considerazione.

Eurialo e Niso in una scultura del 1827 di Jean-Baptiste Roman. (Parigi, Museo del Louvre)

Il duello tra Enea e Turno; dipinto settecentesco di Giacomo Del Po. (Los Angeles, County Museum of Art)

«... gli affonda furioso il ferro in pieno petto;
a quello le membra si sciolgono nel gelo,
e la vita con un gemito fugge sdegnosa tra le ombre.»
(*Eneide* XII, 950-952; per tutti gli estratti, traduzione di Luca Canali)

Il duello finale tra Enea e Turno chiude il poema e prelude alla riconciliazione tra i Troiani e le genti italiche.
L'eroe ha adempiuto alla missione affidatagli dagli dei: le basi della potenza di Roma sono state gettate.

4 La nascita della dinastia Giulio-Claudia

I problemi legati alla successione ▪ Augusto non aveva figli maschi, ma voleva ugualmente assicurare la continuità del potere imperiale e mantenerlo nella propria famiglia. Così adottò e indicò come proprio successore il figliastro **Tiberio**, che sua moglie Livia aveva avuto da un precedente matrimonio. Con questo gesto, Augusto diede origine a una **dinastia** che si chiamò **Giulio-Claudia** (dal nome delle due *gentes* alle quali appartenevano rispettivamente Augusto e Tiberio).

Tiberio aveva seguito da vicino le scelte di governo di Augusto e, quando questi morì nel 14 d.C., la transizione si svolse senza alcun problema. Il fatto che nessuno osasse contestare la successione costituisce una prova di come i Romani avessero ormai accettato la **nascita di una monarchia ereditaria**. Ma già durante il regno di Tiberio all'interno della famiglia del principe si scatenarono aspre lotte per il potere, che assunsero sempre più spesso la forma della congiura. In breve tempo, il ricorso all'assassinio degli avversari o degli stessi imperatori divenne pratica abituale – tanto che, fra i primi quattro successori di Augusto, Tiberio fu l'unico a morire di morte naturale.

I contrasti fra il principe e il senato ▪ Come abbiamo visto, durante il principato di Augusto l'equilibrio di compromesso tra il principe (che governava) e il senato (che formalmente manteneva la sua centralità) non era stato messo in discussione. Con i successori di Augusto, tale equilibrio entrò in crisi. Alcuni imperatori tentarono di governare come sovrani assoluti e caratterizzarono il proprio potere definendolo di origine sacra, e quindi pretendendo di essere adorati come divinità. I senatori contrastarono questa politica assolutistica, talvolta semplicemente protestando, altre volte organizzando congiure per favorire un cambio di potere.

Gli storici romani hanno espresso un giudizio generalmente poco lusinghiero sugli imperatori della dinastia Giulio-Claudia. Nelle opere di autori come Tacito o Svetonio, i successori di Augusto vengono dileggiati o addirittura descritti come folli dissoluti e sanguinari. Queste descrizioni vanno però prese con estrema cautela, perché non possono essere considerate pienamente obiettive. Gli storici romani, infatti, appartenevano all'aristocrazia senatoria: espressero quindi valutazioni più benevole sugli imperatori che rispettarono il senato, e molto critiche su quelli che invece ne limitarono le prerogative e i privilegi.

Il principato di Tiberio: gli inizi sereni... ▪ Tiberio, il primo imperatore della dinastia Giulio-Claudia, **regnò dal 14 al 37 d.C.** Salì al potere all'età di 55 anni: era un uomo capace che aveva maturato una notevole esperienza come generale nelle campagne augustee; inoltre, discendeva da un'antica famiglia senatoria e la sua ascesa fu inizialmente accolta con favore dal senato. Pur mostrandosi pronto a collaborare con questa assemblea, il nuovo principe non le restituì l'antico potere. Proseguendo lungo la strada tracciata dal suo predecessore, egli razionalizzò l'amministrazione

Cammeo di Tiberio. L'imperatore, al centro, è raffigurato insieme ad altri membri della famiglia Giulio-Claudia. (Parigi, Biblioteca Nazionale)

Ritratto di Tiberio, ca. 30 d.C. Tiberio mantenne nelle proprie mani tutte le cariche ricoperte da Augusto ma, per sottolineare il suo ossequio alla tradizione repubblicana, rinunciò a ogni onore divino, al titolo di *imperator* e a quello di «padre della patria». (Città del Vaticano, Musei Vaticani)

Busto di Caligola, ca. 40 d.C.: in segno di disprezzo fu gettato nel Tevere nel giorno stesso in cui l'imperatore venne assassinato. (Copenaghen, Ny Carlsberg Glyptothek)

dell'impero e aumentò il numero dei funzionari preposti al suo governo. Si occupò inoltre di risanare la situazione finanziaria: per farlo, ridusse le spese che lo Stato sosteneva per gli spettacoli pubblici (e questo finì per alienargli il favore della plebe romana).

Per quanto riguarda la politica estera, Tiberio mirò soprattutto a rafforzare i confini dell'impero. Vi riuscì soprattutto grazie ai successi riportati dal nipote **Germanico**, che Augusto gli aveva imposto di designare a sua volta come erede per completare il piano di successione dinastica.

Germanico era un valido generale, si era distinto nelle campagne militari condotte in Europa centrale ed era molto amato sia dai soldati sia dalla plebe. Forse temendo la sua popolarità, Tiberio lo allontanò da Roma e lo inviò in Oriente. Nel 19 d.C. Germanico morì improvvisamente: molti insinuarono che fosse stato avvelenato su ordine di Tiberio, desideroso di sbarazzarsi di un possibile avversario.

...e la conclusione turbolenta ▪ Tiberio aveva sempre avuto un carattere introverso, ma la morte di Germanico e i sospetti che ne derivarono lo resero ancora più ombroso, segnando un punto di svolta nel suo principato. Nel 26 d.C., probabilmente per sottrarsi al clima di tensione che gravava sulla capitale, Tiberio si allontanò da Roma per trasferirsi a Capri. Il governo della città fu affidato a **Lucio Elio Seiano**, il prefetto del pretorio, che in breve tempo concentrò un enorme potere nelle sue mani e avviò una feroce repressione contro i senatori, instaurando un regime di violenza e di soprusi.

Nel 31 d.C., però, Tiberio iniziò a sospettare che Seiano stesse organizzando un complotto per spodestarlo: lo fece quindi arrestare e giustiziare. La morte di Seiano non pose fine alle violenze: gli ultimi anni del regno di Tiberio furono contrassegnati dai processi e dalle esecuzioni di tutti coloro che erano anche solo sospettati di tramare contro il principe. Fra le vittime vi furono anche la moglie e due dei figli di Germanico, che vennero esiliati e costretti al suicidio.

Gli storici romani descrissero bene questo cupo clima di terrore nelle proprie opere; sorvolarono invece su un evento coevo e destinato ad avere grande importanza: la crocefissione di Gesù Cristo, che avvenne in Palestina nel 33 d.C. (› Lez. 4).

Tiberio non rientrò mai a Roma; morì nel 37 d.C. dopo aver indicato come proprio successore Gaio Cesare, detto Caligola, l'unico fra i figli di Germanico ancora in vita.

✓ **CONOSCERE**

Il nuovo principe derivò il suo soprannome dalla *caliga*: scopri di che cosa si trattava con una veloce ricerca su Internet.

5 L'impero da Caligola a Nerone

Gli eccessi di Caligola ▪ Appena salito al potere, **Caligola** – che in gioventù aveva soggiornato presso le corti dei regni ellenistici – iniziò a governare in maniera assoluta secondo il modello orientale. Così, per esempio, introdusse a Roma i culti e le cerimonie egizie, e pretese onori divini per sé e per alcuni membri della sua famiglia. Queste scelte provocarono una decisa opposizione da parte del senato.

L'imperatore reagì con estrema durezza: chiunque osasse contrastarlo veniva accusato di **lesa maestà** e sottoposto a processi che si chiudevano invariabilmente con la condanna a morte e la confisca dei beni; in alternativa, il sovrano offriva ai suoi oppositori la possibilità di suicidarsi. Violenze e intimidazioni erano all'ordine del giorno, e nessuno poteva davvero sentirsi al sicuro.

Caligola abbandonò la politica di rigore finanziario perseguita da Tiberio e, con lo scopo di assicurarsi il favore della plebe, impiegò buona parte delle ricchezze espropriate agli oppositori per sostenere ingenti spese pubbliche: destinò cifre enormi alla costruzione di nuovi edifici per abbellire Roma, all'organizzazione di spettacoli pubblici, e al finanziamento di spedizioni militari fallimentari (come quella per la conquista della Britannia, che fu prima allestita e poi annullata all'ultimo momento, senza una chiara ragione). A questi eccessi, che dissestarono il bilancio dello Stato, unì una condotta personale che destava scandalo in tutta Roma.

Caligola era al potere da soli quattro anni quando, nel **41 d.C.**, fu **ucciso in una congiura** organizzata da senatori e pretoriani. Fu il primo fra gli imperatori romani a subire, dopo la sua morte, la *damnatio memoriae*. Al suo posto salì sul trono suo zio **Claudio**, fratello di Germanico.

Il buon principato di Claudio
▪ Apparentemente Claudio era la persona meno adatta a essere elevata al principato: totalmente privo di esperienza militare, fino ad allora si era tenuto lontano dalla scena pubblica, e aveva preferito dedicarsi agli studi di storia e letteratura; i suoi stessi parenti lo consideravano una persona di scarso valore. Anche l'aspetto fisico lo penalizzava: era infatti zoppo e balbuziente. Tuttavia, contrariamente alle aspettative, si rivelò un **buon imperatore** e un **ottimo amministratore**.

Regnò dal 41 al 54 d.C. e in questo periodo, con un'attenta politica finanziaria, rimise in sesto il bilancio dello Stato. Rafforzò la burocrazia imperiale, affidando incarichi di prestigio a uomini di sua fiducia, spesso prove-

Lesa maestà

Il termine latino *maiestas* («maestà») è sinonimo di sovranità. Veniva accusato di lesa maestà chi compiva un tradimento verso lo Stato, oppure attentava alla vita e alla reputazione dell'imperatore.

Damnatio memoriae

Letteralmente, la «condanna della memoria». Consisteva nella cancellazione di tutte le tracce che avrebbero potuto tramandare ai posteri il ricordo dei personaggi che, considerati nemici dello Stato, venivano colpiti da questo decreto. I loro ritratti erano nascosti o distrutti, i loro nomi cancellati dai documenti ufficiali e dalle iscrizioni, e così via.

Busto di Claudio. (Napoli, Museo Archeologico Nazionale / M. Nguyen)

L'impero romano alla morte di Augusto
Province annesse da Tiberio
Province annesse da Claudio

OCEANO ATLANTICO
Britannia
Germania
Belgica Inf.
Lugdunense
Germania Sup.
Aquitania · Alpi · Rezia
Narbonense
Norico
Pannonia
Dacia
Tarraconense
Lusitania
Betica
ITALIA
Corsica e Sardegna
·Roma
Dalmazia
Mesia Sup.
Tracia
Mesia Inf.
MAR NERO
Bitinia e Ponto
Armenia
Cappadocia
Macedonia
Epiro
Asia
Galazia
Cilicia
Siria
REGNO DEI PARTI
Mauretania Tingitana
Mauretania Cesariense
Numidia
Sicilia
Acaia
Licía
MAR MEDITERRANEO
Africa Proconsolare
Cirenaica e Creta
Giudea
Egitto
Arabia
MAR ROSSO
Nilo
Reno
Danubio

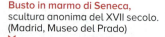

L'imperatore Nerone e la madre Agrippina in un bassorilievo datato 59 d.C. (Karaca, Aphrodisias Museum)

Busto in marmo di Seneca, scultura anonima del XVII secolo. (Madrid, Museo del Prado)

nienti dalla Gallia, la provincia in cui era nato. Questo creò alcune tensioni nel rapporto con il senato, ma Claudio fu abile nel tenerle sotto controllo.

Promosse la fondazione di nuove città, curò la manutenzione degli acquedotti e delle strade sia a Roma sia nelle province, e fece costruire a Ostia un nuovo porto collegato al Tevere tramite un canale navigabile, che rese più agevole l'approvvigionamento di viveri per la capitale.

Pur non essendo un militare esperto, Claudio fu dopo Augusto l'imperatore che più **estese i confini dell'impero**: i suoi generali conquistarono infatti la regione della Mauretania – grossomodo corrispondente ai territori degli attuali Algeria e Marocco – e, in Oriente, la Giudea, la Tracia e la Bitinia. Inoltre, egli guidò personalmente la spedizione grazie alla quale Roma, nel 44 d.C., conquistò la Britannia meridionale.

Nonostante il suo buon governo, Claudio fu dipinto dai detrattori come un uomo debole e sciocco, vittima dei giochi di potere dei suoi stessi famigliari, e succube, in particolare, di due delle sue quattro mogli. La terza, **Messalina**, diede scandalo con la sua condotta licenziosa e fu infine condannata a morte dallo stesso imperatore con l'accusa di adulterio (e il sospetto di aver complottato contro di lui). La quarta, **Agrippina**, fece di tutto per favorire l'ascesa al potere di suo figlio **Nerone**, avuto da un precedente matrimonio: convinse Claudio ad adottarlo e a indicarlo come successore. Si disse che, una volta ottenuto ciò che voleva, avesse avvelenato l'imperatore servendogli un piatto di funghi velenosi, con la complicità del prefetto del pretorio Afranio Burro.

Nerone: dall'accordo allo scontro con il senato
■ Quando Nerone fu acclamato imperatore aveva appena 17 anni. A causa della sua giovane età, inizialmente governò sotto il controllo della madre Agrippina, del prefetto del pretorio Afranio Burro e del suo precettore, il filosofo **Lucio Anneo Seneca**. I primi quattro anni del suo principato (che durò dal 54 al 68 d.C.) furono tranquilli, contrassegnati dall'assenza di gravi tensioni e da un buon accordo fra l'imperatore e il senato.

Ma, a partire dal 58 d.C., Nerone si svincolò della tutela esercitata su di lui: allontanò dalla corte imperiale Afranio Burro e Seneca, e fece uccidere la madre, accusandola di aver congiurato contro di lui. Impresse una svolta autoritaria al governo e iniziò a pretendere di essere adorato come un sovrano orientale – entrando ben presto in contrasto con il senato.

Seppe però ingraziarsi il favore della plebe organizzando spettacoli e competizioni di gladiatori; si cimentò personalmente in gare sportive (in alcuni casi, costrinse persino i senatori a fare altrettanto) e in gare di canto. Questi suoi atteggiamenti di carattere divistico gli procurarono però parecchie critiche da parte dei ceti romani più influenti.

Nel **64 d.C.** un terribile **incendio** distrusse un'ampia parte di Roma. Nerone incolpò della sciagura la comunità cristiana (❯ Lez. 4) che risiedeva in città e scatenò contro di essa una persecuzione nel corso della quale furono uccisi anche gli apostoli Pietro e Paolo. Sulle ceneri dei quartieri distrutti fece edificare la sua nuova sontuosa reggia – la *Domus Aurea* –, paragonabile per splendore a quelle dei sovrani orientali, estesa per ben 80 ettari e ovviamente costosissima.

Le spese esagerate e poco avvedute obbligarono Nerone ad aumentare le tasse e a varare una riforma monetaria: la quantità di oro e di argento presente nelle monete fu diminuita (di modo che, a parità di metallo prezioso posseduto, la zecca poté coniare un numero di monete maggiore). Alla svalutazione della moneta si accompagnò un generale aumento dei prezzi (inflazione), che penalizzò particolarmente l'aristocrazia senatoria, proprietaria di grandi ricchezze. Sempre più esasperati, nel 65 d.C. i senatori tentarono di detronizzare Nerone. Ma il complotto fu sventato e i congiurati condannati a morte; fra loro c'era anche Seneca, che preferì il suicidio a una pubblica esecuzione.

Ormai, però, il malumore serpeggiava anche nelle province e fra le file dell'esercito: nel 66 d.C. scoppiò una rivolta in Giudea e nel 68 d.C. le legioni di stanza in Gallia e in Spagna si ribellarono all'imperatore. A questo punto i senatori si accordarono con i pretoriani e proclamarono Nerone **"nemico pubblico"**: ormai isolato, egli fuggì da Roma e scelse di farsi uccidere da uno schiavo per evitare la cattura.

Come per Caligola prima di lui, anche per Nerone il senato ordinò la *damnatio memoriae*.

Ritratto di Nerone, scultura in marmo del I secolo d.C. (Roma, Musei Capitolini / De Luca)

IL RITRATTO

Nerone, un imperatore dalla pessima fama

Tra gli imperatori romani, Nerone è quello più ha destato la fantasia dei posteri, anche per merito (o demerito) dei molti romanzi e film che lo descrivono come un sovrano dissoluto, crudele e squilibrato. A rafforzare tale immagine negativa contribuirono le sue torbide vicende famigliari: Nerone fece assassinare sua madre Agrippina e la prima moglie Ottavia, e uccise personalmente la seconda, Poppea, prendendola a calci mentre era incinta.

Vanità e manie di grandezza Così come emerge dalle opere degli storici romani, la figura di Nerone presenta più ombre che luci. Alcuni autori gli riconoscono il merito effettivo di aver saputo conquistare un'enorme popolarità presso la plebe; ma i più si soffermano sulla descrizione delle sue azioni efferate, delle sue irragionevoli velleità artistiche, delle sue inopportune stravaganze – suggerendo che la sua personalità controversa fosse alimentata da una chiara vena di follia. Nonostante questo, Nerone va scagionato dall'accusa più infamante fra quelle che gli furono rivolte: non fu lui a incendiare Roma.

> Eccentrico e controverso, fu definito da Plinio il Vecchio «veleno del mondo», ma la sua popolarità resiste ai secoli.

Despota sì, ma non piromane Durante la notte del 18 luglio del 64 d.C. scoppiò un incendio in una delle zone più povere di Roma; le fiamme, che partirono – probabilmente per cause accidentali – da una bottega nei pressi del Circo Massimo, si propagarono in fretta, anche a causa del caldo clima estivo e di un forte vento; raggiunsero centinaia di abitazioni, costruite per lo più in legno; e arsero per nove giorni, distruggendo interi quartieri. Nerone, che si trovava ad Anzio, rientrò subito in città e si prodigò nei soccorsi: aprì i giardini della propria abitazione a chi aveva perso la casa, fece arrivare provviste e generi di prima necessità per la popolazione, coordinò le operazioni di spegnimento dell'incendio. Nulla nel suo comportamento di quei giorni lascia intendere, come fu poi insinuato, che fosse stato lui a far appiccare le fiamme per "liberare" la vasta area edificabile sulla quale sorse in seguito la *Domus Aurea*.

Il primo storico a parlare di una presunta responsabilità di Nerone fu Tacito, che però scrisse cinquant'anni dopo l'incendio e riportò tali accuse come voci che giravano, non come fatti provati. Furono autori più tardi – e soprattutto gli storici cristiani, che non perdonavano a Nerone le persecuzioni contro la loro comunità – a dare peso alle calunnie, creando la leggenda nera dell'imperatore pazzo che, mentre Roma brucia, declama versi suonando la cetra.

SINTESI

1 Il principato augusteo

Dopo aver sconfitto Antonio ad Azio (31 a.C.), Ottaviano rimane privo di avversari. Rientra a Roma, si presenta come unico garante della pace e nell'arco di pochi anni conquista un potere pressoché assoluto. Il senato gli riconosce i titoli di *princeps* e di Augusto, e gli attribuisce la potestà tribunizia, l'imperio proconsolare illimitato su tutte le province romane e il comando supremo dell'esercito. Più tardi Augusto diviene anche pontefice massimo. Governa mantenendo in vita solo formalmente le istituzioni repubblicane. Intesse rapporti distesi con il senato e con l'esercito, per controllarli più efficacemente.

2 Il governo dell'impero

Augusto rende più efficiente l'amministrazione dell'impero, sia a livello centrale sia a livello locale. A Roma, affida l'amministrazione a prefetti, coordinati dal prefetto alla città. Riforma l'organizzazione delle province, dividendole in senatorie (affidate a proconsoli scelti dal senato) e imperiali (affidate a legati scelti dal principe). Crea un'efficiente burocrazia alla quale affida la riscossione delle tasse, prima appaltata ai pubblicani. Gratifica senatori e cavalieri a lui fedeli con incarichi prestigiosi, e si assicura il favore della plebe offrendole *panem et circenses*.

3 L'immagine del principe e la propaganda

Augusto cerca di restaurare l'antica purezza di costumi, ispirata ai valori della tradizione romana. Nasce un culto ufficiale dell'impero, anche se il *princeps* non viene divinizzato finché è ancora in vita. Utilizza la propaganda in modo abile per legittimare il proprio potere presso i sudditi. Anche le numerose guerre da lui promosse sono presentate come guerre giuste, che mirano a difendere la *pax romana*.

4 La nascita della dinastia Giulio-Claudia

Prima di morire Augusto designa come suo successore Tiberio, dando al potere imperiale una dimensione ereditaria. Nel primo periodo del suo regno, Tiberio è un buon principe, ma in seguito si attira l'ostilità del senato. Si allontana da Roma e la lascia amministrare da Seiano, il prefetto del pretorio; quando costui inizia a rappresentare una minaccia per il suo potere, Tiberio lo fa uccidere, ma non rientra in città.

5 L'impero da Caligola a Nerone

Tiberio muore nel 37 d.C. e gli succede Caligola, il cui breve principato sarà ricordato soprattutto per gli eccessi. Nel 41 d.C., dopo l'assassinio di Caligola sale sul trono imperiale Claudio, che si dimostrerà più equilibrato: rimette in sesto le finanze statali, avvia importanti opere pubbliche, conquista la Britannia meridionale. Claudio muore (forse avvelenato) nel 54 d.C. e gli succede Nerone, che invece governa in modo più disordinato, scontrandosi ripetutamente con il senato e finendo ucciso in una congiura.

Poteri e prerogative di Augusto    MAPPA CONCETTUALE

Potestà tribunizia	Titolo di *princeps senatus*	Imperio proconsolare	Nomina a pontefice massimo
Inviolabilità personale e controllo sulla plebe	Controllo sul senato	Controllo sulle province e sugli eserciti	Controllo sulle autorità religiose e di culto

LEZIONE 1

ZTE ONLINE 🛜
Mettiti alla prova con
gli esercizi interattivi

33

VERIFICA

ORIENTARSI NEL TEMPO E NELLO SPAZIO

1 Completa la tabella cronologica con le date e le parole adatte.

Imperatore	Durata del principato	Motivo della sua uscita di scena
Augusto	Dal 27 a.C. al .... d.C.	Muore di morte naturale
Tiberio	Dal .... d.C. al 37 d.C.	....
....	Dal 37 d.C. al .... d.C.	Viene assassinato in una congiura
Claudio	Dal .... d.C. al 54 d.C.	Muore (forse) avvelenato dalla sua ultima moglie
....	Dal 54 d.C. al .... d.C.	Si suicida mentre fugge da una congiura

LAVORARE SUL LESSICO

2 Scrivi la definizione delle seguenti parole o espressioni. Poi, con ciascuna di esse, componi una frase da usare come possibile esordio per un'interrogazione.

province senatorie • province imperiali • procuratori • prefetto del pretorio • prefetto alla città

VERIFICARE LE CONOSCENZE

3 Alcune di queste affermazioni dicono il falso. Individuale e correggile a voce.
   a. Augusto aumentò il numero dei senatori e quello delle legioni.
   b. Conformemente agli ideali della *pax romana*, Augusto non intraprese campagne di conquista.
   c. Mecenate viene ricordato in quanto consigliere di Augusto e perché ricoprì a lungo la carica di prefetto del pretorio.
   d. Dopo il 9 a.C., i confini dell'impero romano si attestarono lungo i fiumi Elba e Danubio.
   e. Tiberio affidò al nipote Germanico l'incarico di prefetto del pretorio quando si ritirò a Capri.
   f. La campagna organizzata da Caligola per la conquista della Britannia fallì prima di iniziare.
   g. La Britannia meridionale fu in seguito conquistata da Claudio.

LAVORARE SUI CONTENUTI

4 Completa il brano con le parole adatte.

tradizionali • morale • terra • difensore • lusso • difesa • adulterio • suntuarie • religione

Augusto si propose come .... dei valori .... che avevano reso grande Roma: la morigeratezza dei costumi, il rispetto della .... e della .... tradizionale, la .... della famiglia, l'attaccamento alla ....: Nell'intento di ripristinare l'antica morale fece approvare alcune leggi .... – che limitavano il .... nelle vesti e nei gioielli – e altre in favore della famiglia, come quella che puniva l'...................:, sia che fosse commesso dalla moglie che dal marito.

LAVORARE SULLE IMMAGINI

5 Osserva le immagini qui accanto e rispondi alle domande.
   a. La moneta d'oro sulla sinistra, coniata nel 55 d.C., riporta l'effigie dell'imperatore allora in carica: chi è?
   b. Accanto al suo profilo si staglia quello di una donna: chi è, e per quale motivo la sua immagine è associata a quella del principe?
   c. La moneta sulla destra mostra lo stesso imperatore, questa volta da solo, e venne emessa nel 64 d.C. Perché, pur essendo dello stesso tipo di quella più antica, pesa meno?

LEZIONE 2

La società in età imperiale

 IL LUOGO

ROMA CAPITALE
Fra il I e il II secolo d.C. Roma cresce in maniera turbolenta. Diviene una megalopoli, in cui alle splendide residenze dei più ricchi si contrappongono squallidi caseggiati popolari.

 IL PROTAGONISTA

IL LIBERTO
È un ex schiavo che ha ottenuto la libertà. Spesso istruiti e abili negli affari, molti liberti riescono ad arricchirsi e a conquistare posizioni di prestigio a corte e nella società.

 L'IDEA CHIAVE

L'INTEGRAZIONE DELLE *ÉLITE* PROVINCIALI
I Romani coinvolgono le classi dirigenti delle province nell'amministrazione dello Stato; ai sudditi più fedeli offrono opportunità di carriera e di ascesa sociale.

 L'EVENTO

L'APERTURA DEL SENATO AI PROVINCIALI
Nel 48 d.C. Claudio ammette in senato i primi uomini politici non italici: la sua scelta desta scalpore, ma presto Roma avrà persino imperatori provinciali.

CARTA ANIMATA

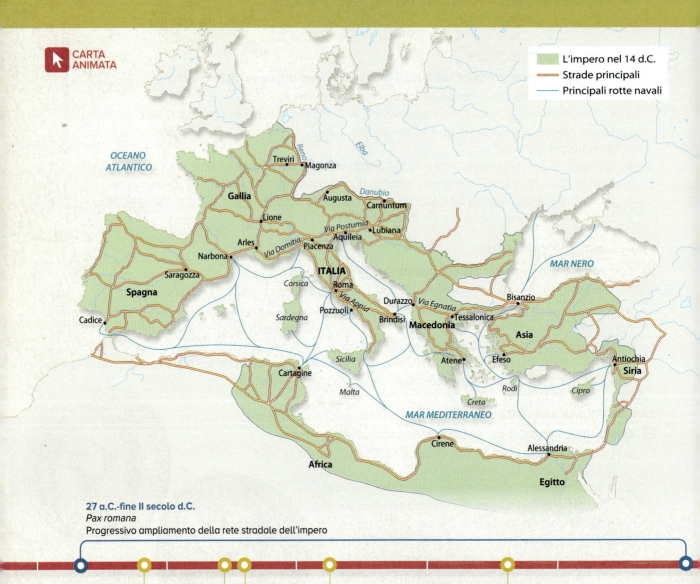

Legenda:
- L'impero nel 14 d.C.
- Strade principali
- Principali rotte navali

27 a.C.-fine II secolo d.C.
Pax romana
Progressivo ampliamento della rete stradale dell'impero

40 d.C.
Fondazione del nuovo porto di Ostia

48 d.C.
Primi senatori gallici in senato

52 d.C.
Prosciugamento del lago del Fucino

ca. 60 d.C.
Petronio compone il *Satyricon*

ca. 114 d.C.
Nel suo testamento Plinio il Giovane dispone ampi lasciti a Como, sua città natale

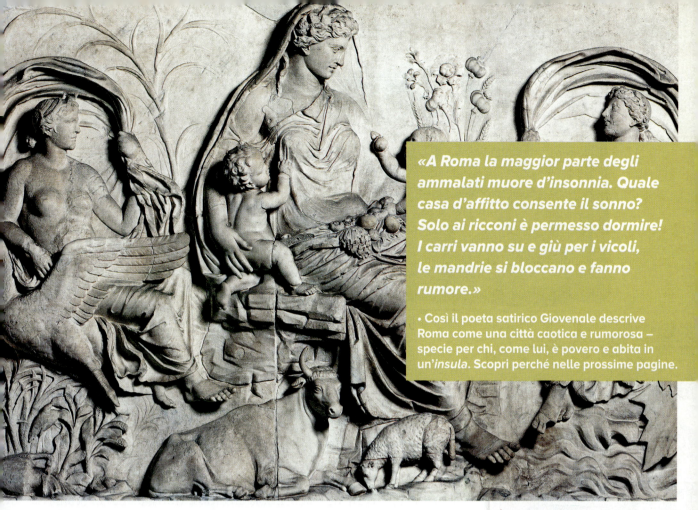

«A Roma la maggior parte degli ammalati muore d'insonnia. Quale casa d'affitto consente il sonno? Solo ai ricconi è permesso dormire! I carri vanno su e giù per i vicoli, le mandrie si bloccano e fanno rumore.»

• Così il poeta satirico Giovenale descrive Roma come una città caotica e rumorosa – specie per chi, come lui, è povero e abita in un'*insula*. Scopri perché nelle prossime pagine.

Un particolare del fregio dell'*Ara Pacis*: i diversi personaggi alludono alla pace e alla prosperità che Augusto ha assicurato a Roma e ai suoi domini. La figura centrale è una personificazione della Terra, «Madre delle colture e degli uomini», per usare le parole del poeta Virgilio.

1 I benefici della *pax romana*

Un lungo periodo di prosperità ▪ Anche se in età giulio-claudia la successione imperiale fu spesso accompagnata da violenze, congiure e assassinii, questi avvenimenti ebbero un effetto pressoché nullo sulla stabilità dell'impero. Diversamente dalle guerre civili che portarono alla fine della repubblica, infatti, tali conflitti non comportarono la divisione del popolo in fazioni, non causarono devastazioni o saccheggi, ma ebbero ripercussioni solo sulla famiglia imperiale e tra le *élite* dei senatori e dei cavalieri.

La *pax romana* inaugurata dall'ascesa al potere di Augusto non fu, quindi, messa in discussione: i territori sottoposti al dominio di Roma poterono godere di un lungo periodo di concordia che si protrasse fino alla fine del II secolo d.C.

Lo sviluppo dei commerci... ▪ La stabilità garantita dalla *pax romana* ebbe benefici effetti sulle popolazioni dell'impero. In primo luogo, favorì lo sviluppo dei commerci. Nel I e nel II secolo d.C. un mercante poteva partire dalle coste della Siria o dell'Egitto e attraversare l'intero Mediterraneo navigando su mari che le flotte romane avevano ripulito dai pirati. Una volta sbarcato in uno dei grandi porti commerciali dell'Italia o della Gallia meridionale, poteva addentrarsi nei territori dell'Europa continentale viaggiando su strade sicure, che gli consentivano di procedere speditamente, e lungo le quali avrebbe trovato locande

❮ Un'anfora per il vino di fabbricazione italica; faceva parte del carico di una nave naufragata lungo le coste della Gallia meridionale. (Tolone, Museo Archeologico / S. Cavillon)

^
IN ALTO **L'arrivo a una stazione di posta.**
IN BASSO **Venditori di stoffe pregiate.** Bassorilievi del I e del II secolo d.C. (Roma, Museo della civiltà romana)

Dov'è il bacino del Fucino?

per ristorarsi e stazioni di posta per il cambio dei cavalli. Merci come il **vino** italiano, il **grano** egiziano, l'**olio** spagnolo potevano essere trasportate da un capo all'altro dell'impero, messe in commercio a prezzi ragionevoli e scambiate con i prodotti delle altre province.

I Romani, inoltre, instaurarono rapporti commerciali anche con le popolazioni straniere: dalle tribù germaniche che vivevano nel Nord Europa acquistavano **pellicce** e **ambra**, mentre le **spezie** indiane e la **seta** cinese raggiungevano l'impero percorrendo le rotte carovaniere che attraversavano le steppe asiatiche o la penisola arabica. Il ritrovamento in Scandinavia e in Cina di monete e di manufatti prodotti all'interno dell'impero testimonia la vitalità di questi scambi.

... e dell'agricoltura ▪ Anche l'agricoltura conobbe uno sviluppo analogo. L'assenza di guerre e di conflitti permise ai contadini di seguire da vicino la **manutenzione delle campagne**, che tornarono a prosperare. La creazione di un unico impero favorì la diffusione di tecnologie – come la falce per il fieno, un aratro di nuovo tipo e, più avanti, il mulino ad acqua – che consentirono un aumento della produttività. E, soprattutto, il massiccio ricorso alla **manodopera schiavile** permise di contenere i costi di produzione dei prodotti agricoli, rendendo possibile il loro acquisto anche fra i ceti meno abbienti.

Inoltre molti terreni, soprattutto nell'Europa centrale, furono **bonificati** e recuperati alle coltivazioni. Anche in Italia l'imperatore Claudio promosse un'opera ingegneristica straordinaria: il **prosciugamento del lago del Fucino** (all'epoca il terzo lago d'Italia dopo il Garda e il Lago Maggiore) che si estendeva in una vasta area ed era soggetto a frequenti e disastrose esondazioni. Nel 52 d.C. Claudio fece realizzare un canale artificiale – lungo 5,6 km e parzialmente scavato in una montagna – per drenare le acque del bacino convogliandole nel fiume Liri. L'area occupata dal lago, prima paludosa e malsana, si ridusse quasi completamente e poté essere destinata alle coltivazioni. Rimase in buone condizioni fino al VI secolo d.C., quando a causa dell'abbandono il canale emissario cessò di funzionare e il lago si riformò. Solo nel XIX secolo fu possibile effettuare nuovi lavori di bonifica, che lo prosciugarono definitivamente.

2 Lo sviluppo urbano

L'urbanizzazione dell'Europa centrale ▪ La pace interna e la prosperità dei commerci favorirono la **crescita delle città**. Nel I secolo d.C. ne esistevano nell'impero circa un migliaio: le più popolose erano Roma, con circa un milione di abitanti; Alessandria e Antiochia, con 250.000 abitanti circa; Cartagine, Smirne ed Efeso, che superavano i 100.000. La maggior parte dei centri urbani aveva circa 10.000 abitanti: una cifra che per l'epoca era ragguardevole.

L'urbanizzazione interessò anche aree che, come le Gallie, la Germania o la Britannia, fino a quel momento non ne erano state toccate. Gli imperatori fondarono **numerose colonie** con lo scopo di aumentare il controllo del territorio delle province. Augusto, per fare solo un esempio, creò una quarantina di nuove città e le fondazioni proseguirono con i suoi successori. Nel corso dei primi due secoli dell'impero furono fondate Torino, Vienna, Strasburgo, Magonza, Budapest, Belgrado e Treviri; mentre altri centri, come Londra, Lione o Arles, che fino ad allora erano stati piccoli borghi, crebbero e divennero importanti e popolosi snodi commerciali.

Accampamenti militari e nuove città ▪ Molte città di nuova fondazione si svilupparono a partire dagli accampamenti delle legioni romane o comunque ne ripresero la struttura. Gli accampamenti romani (i *castra*) avevano una pianta quadrangolare ed erano divisi in quattro parti dall'incrocio di due strade principali: il **cardo** (da cui deriva la parola italiana «cardine»), che attraversava l'insediamento da nord a sud, e il **decumano**, che invece aveva un orientamento est-ovest. Queste due vie si intersecavano perpendicolarmente in una piazza centrale, dove era posto il comando della guarnigione. Le tende dei soldati sorgevano invece lungo il cardo, il decumano e altre strade minori a essi parallele: questa disposizione dava all'accampamento l'aspetto di un reticolo ordinato.

✔ **CONOSCERE**

Con una ricerca su Internet, scopri il nome latino di almeno cinque fra le città citate nel sottoparagrafo qui accanto.

1. .... > ....
2. .... > ....
3. .... > ....
4. .... > ....
5. .... > ....

Le rovine del teatro romano di Aosta, costruito durante il regno dell'imperatore Claudio. La fondazione della città – per i Romani, *Augusta Praetoria Salassorum* – era avvenuta nel 25 a.C. su ordine di Augusto. (Wikimedia Commons / Beatrice) ⌄

Dove sono Manchester, Chester e Chichester?

A volte i *castra*, che in teoria avrebbero dovuto essere provvisori, finivano per divenire **insediamenti permanenti** e si trasformavano progressivamente in città: le tende erano sostituite da edifici in muratura, le vie venivano lastricate, lo spiazzo dove prima sorgeva il comando diveniva il foro, sorgevano i primi edifici pubblici.

Fu in questo modo che nacquero, per esempio, le città di *Augusta Taurinorum* (Torino) e *Augusta Praetoria Salassorum* (Aosta) in Italia; anche molte città inglesi come Manchester, Chester o Chichester conservano nel nome (-*chester* deriva da *castra*) il ricordo della loro origine romana.

In tutto l'impero le città principali furono arricchite di edifici pubblici, a parziale imitazione della capitale, e furono dotate di acquedotti, terme e reti fognarie, teatri e anfiteatri, circhi per le corse dei carri, mercati e biblioteche.

Grazie alla pace interna, alla ricchezza proveniente dai commerci e alla disponibilità di prodotti a basso costo, in età imperiale molti cittadini romani godettero di un livello di benessere senza precedenti nella storia che, dopo il crollo dell'impero romano, fu raggiunto nuovamente solo nelle città della seconda metà del XIX secolo.

Vivere a Roma: le *domus*...

▪ Roma divenne la città più splendida dell'impero: ognuno degli imperatori che si succedettero al potere impresse il proprio segno sulla città, favorendo la costruzione di templi ed edifici pubblici. Alla bellezza della città faceva eco lo splendore delle *domus*, le abitazioni private appartenenti ai rappresentanti dei ceti più ricchi: si trattava di **abitazioni lussuose**, molto lontane dalle semplici case dei primi secoli della Repubblica e a volte assimilabili, per la loro bellezza, alle regge dei regni ellenistici.

Disegno ricostruttivo di una domus romana. Nel dettaglio si riconoscono:
1 il vestibulum
2 l'atrio
3 l'impluvium
4 le cucine
5 le camere private
6 il triclinio
7 il peristilio.
(DeAgostini Picture Library/ Scala, Firenze)

< Modello ricostruttivo di un'*insula*. (Roma, Museo della civiltà romana / A. Jemolo / Scala)

Le *domus* erano edifici a uno o due piani, articolate attorno a due grandi ambienti: l'atrio e il peristilio. L'**atrio**, al quale si accedeva passando attraverso un piccolo ingresso detto *vestibulum*, era uno spazio quadrangolare parzialmente coperto: infatti un'apertura centrale sul tetto permetteva di far entrare la luce e l'acqua piovana, che veniva poi raccolta in una vasca scavata nel pavimento, detta *impluvium*. Nell'atrio il padrone di casa riceveva i propri clienti: era, per così dire, un ambiente di rappresentanza, attorno al quale si aprivano varie camere destinate alla servitù. Proseguendo verso l'interno della *domus*, si accedeva a un secondo spazio, il **peristilio**: un giardino adornato con statue e fontane e circondato da un colonnato, sul quale si affacciavano le camere private della famiglia, il triclinio (la sala da pranzo), le stanze per gli ospiti e così via. Spesso questi ambienti erano abbelliti con stucchi, affreschi, marmi e pavimenti a mosaico. D'inverno la *domus* veniva riscaldata grazie a impianti che permettevano il passaggio di aria calda sotto il pavimento, simili a quelli utilizzati nelle terme; altre tubazioni idrauliche servivano le latrine e, in alcuni casi, veri e propri impianti termali domestici.

... e le *insulae* ▪ La maggior parte della popolazione romana abitava, però, in residenze molto meno lussuose. Se in età repubblicana gli strati inferiori della popolazione di Roma avevano vissuto in piccole case unifamiliari, in epoca imperiale l'aumento della popolazione urbana portò all'adozione di un nuovo modello abitativo. Nacquero così le *insulae* (da cui deriva l'italiano «isolati»), grandi **caseggiati** analoghi ai nostri condomini, alti fino a cinque piani e suddivisi in appartamenti che venivano affittati dal proprietario agli inquilini. Alcune *insulae* erano relativamente lussuose, dotate di una fontana da cui attingere l'acqua e di un piccolo giardino – ma si trattava di eccezioni: nella maggior parte di esse gli appartamenti erano angusti, malsani, dotati di piccole finestre insufficienti a far entrare la luce e ad assicurare il ricambio dell'aria.

Questi edifici venivano spesso realizzati con materiali scadenti, per contenere i costi, e in assenza di un'adeguata manutenzione i crolli erano frequenti, così come gli incendi. Gli imperatori cercarono più volte di regolamentare la costruzione delle *insulae*, fissandone l'altezza massima e obbligando i costruttori a impiegare materiali di qualità; ma tali norme venivano molto spesso ignorate dagli speculatori, interessati unicamente al profitto.

Particolare dell'affresco del triclinio dalla Villa dei Misteri a Pompei. Le *domus* dei ricchi romani erano abbellite con opere d'arte raffinatissime. (Scala)

3 La stratificazione sociale

L'ordine senatorio e l'ordine equestre ▪ La società romana del periodo imperiale era caratterizzata da profonde diseguaglianze. Al vertice c'era una *élite* **privilegiata** formata dagli appartenenti all'ordine senatorio (circa un migliaio di persone all'epoca di Augusto) e dagli appartenenti all'ordine equestre (circa ventimila persone). Era all'interno di questi due ceti che gli imperatori sceglievano i funzionari della burocrazia imperiale, i governatori inviati nelle province, gli ufficiali delle legioni e della flotta.

Augusto aveva stabilito che potessero essere considerati **appartenenti all'ordine senatorio** coloro che si dimostravano **contemporaneamente adeguati sia per origine famigliare**, in quanto di nascita libera, **sia per censo**, in quanto possessori di almeno un milione di sesterzi. L'appartenenza a questo ceto era ereditaria, ossia veniva tramandata ai figli, ma questo solo sinché si mantenevano le condizioni richieste. È importante ricordare che essa non garantiva automaticamente l'ingresso nel senato: questo era infatti sottoposto all'assenso del principe.

I **cavalieri**, ossia gli **appartenenti all'ordine equestre**, dovevano dimostrare di essere figli di uomini liberi, mantenere un comportamento moralmente decoroso e possedere un patrimonio di 400.000 sesterzi (si trattava di una cifra enorme, se pensiamo che un legionario guadagnava 900 sesterzi all'anno). Chi riusciva a ottenere l'iscrizione all'ordine equestre, però, non la trasmetteva ai propri discendenti per via ereditaria.

I rappresentanti di questi due ceti basavano la propria ricchezza soprattutto sulla proprietà terriera: possedevano vasti latifondi distribuiti in tutte le province dell'impero e coltivati dagli schiavi. Lo scrittore Plinio il Giovane (61 d.C.-112 d.C.), che apparteneva al ceto senatorio ed era considerato un uomo dalla ricchezza modesta, aveva terre per circa 18 milioni di sesterzi, 500 schiavi, ricche case a Roma e ville nei suoi dintorni, oltre che a Como e in Umbria. I più ricchi fra coloro che erano di famiglia senatoria potevano contare su patrimoni che ammontavano a 400 milioni di sesterzi.

Un dinamico "ceto medio" ▪ Come abbiamo visto, il ceto senatorio e quello equestre costituivano una *élite* politicamente ed economicamente privilegiata. Ma la stabilità garantita dalla *pax romana* permise di prosperare anche a un nutrito gruppo sociale formato da proprietari terrieri, imprenditori, commercianti, professionisti. Dal punto di vista economico, questo gruppo era **decisamente variegato**: comprendeva sia individui molto ricchi, sia persone con un reddito medio o modesto. Anche sul piano politico esistevano delle differenze fra i suoi componenti: alcuni

Un paesaggio rurale con uomini al lavoro e animali. Affresco della villa rustica di Boscotrecase, presso Pompei, appartenuta a Marco Vipsanio Agrippa – collaboratore e genero di Augusto. (Napoli, Museo Archeologico Nazionale)

erano *cives*, ovvero cittadini romani; altri invece – per esempio gli uomini liberi che vivevano nelle province, i cosiddetti *peregrini* – non godevano dei pieni diritti di cittadinanza.

Una caratteristica importante di questo gruppo era il suo **dinamismo**: in epoca imperiale si registrava infatti una certa mobilità sociale, perché il buon andamento dell'economia offriva ai più intraprendenti e capaci la possibilità di arricchirsi, fino a conquistare anche ingenti fortune (come testimoniano molte fonti documentali e molte opere letterarie).

Di questo "ceto medio" così dinamico entrarono a far parte anche i **liberti**, ovvero gli ex schiavi a cui era stata restituita la libertà. Solitamente, si trattava di individui istruiti, che non erano stati destinati a lavori di fatica ma avevano ricoperto per conto del loro padrone incarichi di fiducia – per esempio, ne avevano amministrato le proprietà agricole o curato gli investimenti. In cambio di questi servigi, non era raro che i padroni concedessero loro l'affrancamento e talvolta donassero loro anche cospicue somme di denaro.

Molti liberti, dimostrando abilità e intraprendenza, e potendo contare sulla notevole esperienza acquisita nel mondo degli affari, riuscirono ad arricchirsi e ad accumulare ingenti patrimoni.

^
Una scena di mercato.
Bassorilievo del II secolo d.C.
(Ostia, Museo Ostiense)

Affrancamento

Emancipazione, liberazione di uno schiavo; dal latino *francus*, «libero».

La plebe urbana ▪ Nella Roma di epoca imperiale la plebe urbana occupava un gradino molto basso, superiore soltanto a quello degli schiavi. Era formata da **uomini liberi ma poveri o nullatenenti**, che affollavano le strade della capitale e si mantenevano svolgendo lavori precari. Il benessere economico rese meno pesanti le condizioni di vita di questi "proletari urbani": essi potevano contare sulle distribuzioni gratuite di grano e sui donativi in denaro che sporadicamente gli imperatori concedevano; potevano inoltre usufruire delle terme e degli altri edifici pubblici, e assistere gratuitamente ai giochi di gladiatori, alle corse dei carri e agli altri spettacoli. Ogni anno lo Stato spendeva circa 60 milioni di sesterzi per assicurare alla plebe di Roma *panem et circenses*: una spesa elevata, ma necessaria

Fregio dall'Altare dei vicomagistri. Nell'antica Roma questi funzionari, scelti tra i liberti più rispettati, erano addetti al culto del Genio dell'imperatore e dei Lari compitali, divinità che vegliavano sugli incroci stradali. (Città del Vaticano, Musei Vaticani)
˅

per diminuire i rischi di ribellioni e assicurare all'imperatore l'appoggio della popolazione. Dalla plebe, del resto, non provenivano altre richieste; come lamentava il poeta Giovenale, «il popolo, che una volta conferiva le cariche e il comando delle legioni, ora si disinteressa a tutto e vuole ansiosamente solo due cose: pane e giochi circensi».

La pratica dell'evergetismo ▪ I costi per l'intrattenimento della plebe e il suo mantenimento non gravavano esclusivamente sullo Stato. In tutto l'impero romano era diffusa la pratica dell'evergetismo, secondo cui

Le stoviglie in argento di una tavola lussuosa; affresco pompeiano del I secolo a.C.
˅

LEGGERE LA STORIA

La carriera di Trimalcione

Petronio, uno scrittore latino del I secolo d.C., nel suo romanzo *Satyricon* descrive Trimalcione, un liberto che grazie alla propria abilità negli affari riesce in breve tempo ad arricchirsi. Nelle righe che seguono è lo stesso Trimalcione a ricostruire la propria rapida ascesa.

❝Amici miei: anch'io ero come voi, ma con le mie doti sono arrivato a questo punto. È il cervello che fa gli uomini, le altre sono quisquilie. [...] A questa fortuna mi ha condotto la mia onestà. Sono arrivato dall'Asia che ero alto come questo candelabro. [...] A ogni modo, come dio volle diventai padrone in casa e mi conquistai il cervello del padrone. Insomma, mi fece erede e ricevetti un patrimonio illustre. A nessuno però basta mai niente. Volli dedicarmi al commercio. Per non farvela lunga, fabbricai cinque navi, le caricai di vino, che allora valeva come oro, e le spedii a Roma. Ma neanche l'avessi ordinato, tutte naufragarono; è un fatto, non una balla. In un giorno solo Nettuno si mangiò trentamila sesterzi. Pensate che io mi sia abbattuto? Non mi sono neanche scomposto: come niente fosse stato. Ne fabbricai altre, migliori e più fortunate, al punto che tutti parlavano della mia forza d'animo. In effetti, più è grande la nave, più è grande la forza. Le caricai di nuovo di vino, di lardo, di fave, di profumi, di schiavi. In questa occasione Fortunata [la moglie di Trimalcione] fece una cosa commovente: vendette tutto il suo oro e i suoi vestiti e mi mise in mano cento monete. Questo fu il lievito delle mie sostanze. Quello che gli dei vogliono succede alla svelta. Con un viaggio solo feci su dieci milioni di sesterzi, e subito riscattai tutti i terreni appartenuti al mio padrone. Mi faccio la casa, acquisto schiavi e animali da tiro; tutto ciò che toccavo cresceva come un favo. Quando possedetti più di tutta la mia città messa insieme, basta con i libri e i conti: mi ritirai dal commercio e mi misi a prestare ai liberti. [...] Intanto, mentre Mercurio veglia su di me, mi sono fatto questa casa. Come sapete, era una catapecchia, adesso è una reggia. Ha quattro sale da pranzo, venti camere da letto, due portici in marmo, ripostigli al piano di sopra, più la stanza dove dormo io, il soggiorno [...] e un'ottima portineria; per gli ospiti ci sono cento stanze degli ospiti. [...] Credetemi; se hai un soldo, vali un soldo; se hai, sei considerato. Così il vostro amico, che un tempo era una rana, adesso è un re.❞

(Petronio, *Satyricon*, 75-77, in A. Perutelli, G. Paduano, E. Rossi, *Storia e testi della letteratura latina*, Zanichelli, Bologna 2010)

a. Spiega chi erano i liberti e grazie a quali competenze alcuni di essi riuscirono ad arricchirsi velocemente.

b. Elenca le attività alle quali si dedica Trimalcione. Poi, collega il testo di Petronio alle informazioni contenute nel Paragrafo 1: quali caratteristiche dell'economia romana di epoca imperiale rendevano possibile a persone intraprendenti accumulare ingenti patrimoni?

c. Trimalcione è un «nuovo ricco» e loda se stesso in maniera smaccata e un po' volgare. Rileggi il suo discorso e cerca di individuare i passaggi che probabilmente avrebbero infastidito un senatore o un ricco cavaliere del suo tempo.

i membri delle *élite* elargivano *doni alla comunità* cui appartenevano. Finanziavano dunque di tasca propria opere di carità, provvedevano alla costruzione e alla manutenzione degli edifici pubblici e all'organizzazione di giochi e gare. Per esempio, il già ricordato Plinio il Giovane fece dono alla città di Como – dove era nato – di 500.000 sesterzi per il mantenimento dei ragazzi poveri, di altri 500.000 per il restauro delle terme e di 100.000 sesterzi per la creazione di una biblioteca. E la città di Aspendo, in Asia Minore, ricevette da un suo cittadino ben otto milioni di sesterzi da utilizzare per la costruzione di un acquedotto.

L'evergetismo era in parte motivato da ragioni pratiche e fu talvolta usato come uno strumento di **costruzione del consenso**. Ma in chi donava erano anche ben presenti sia la consapevolezza (derivata dall'esperienza della *polis* greca) di appartenere a una comunità cittadina, sia il desiderio di contribuire al suo benessere.

4 I rapporti con le province

Le autonomie delle comunità cittadine ▪ Durante l'epoca imperiale il rapporto tra Roma e le province cambiò in maniera tanto graduale quanto radicale. Nel II e nel I secolo a.C. Roma si era comportata in maniera rapace: le province erano state sottoposte al pagamento di pesanti tributi e depredate, spesso in maniera illegale, dai proconsoli inviati a governarle. A partire da Augusto, gli imperatori posero un freno a questo malcostume e **limitarono lo sfruttamento delle province**: gli abusi dei funzionari, infatti, rischiavano di indebolire lo Stato causando lo scoppio di rivolte.

Roma garantì ampie autonomie alle città delle province: ognuna di esse poté autogovernarsi tramite un collegio di magistrati elettivi – i **decurioni** – provenienti di norma dall'aristocrazia locale. A loro spettava il compito di amministrare la città garantendo il rifornimento di grano, il mantenimento dell'ordine e la cura delle strade, degli acquedotti e degli edifici pubblici. I decurioni erano inoltre responsabili verso l'imperatore degli obblighi fiscali a cui erano soggette le città: per esempio, spettava loro riscuotere le tasse e, in caso di ammanchi, erano tenuti a ripianare i debiti contratti con lo Stato attingendo al proprio patrimonio personale. Ovviamente, anche in età imperiale la tassazione imposta agli abitanti delle province rimase superiore a quella imposta ai cittadini romani.

◀ Un decurione sovraintende al pagamento dei tributi. (Saintes, Museo Archeologico / DeA / Dagli Orti)

✔ **CONOSCERE**

Cerca su un dizionario il significato della parola «filantropia» e collegala alle informazioni presentate nel testo. Poi usa questo termine per comporre una frase che ti aiuti a ripassare.

✔ **RIFLETTERE E DISCUTERE**

La scelta di attribuire molte competenze alle amministrazioni locali ebbe positive ricadute sul bilancio generale dello Stato: prova a spiegare quali, confrontandoti con i tuoi compagni.

L'integrazione delle *élite* provinciali

▪ Durante l'epoca imperiale, i diritti di cittadinanza furono progressivamente estesi a molti abitanti delle province. Per un provinciale, l'ottenimento della cittadinanza romana era un traguardo importante: non solo per i diritti che assicurava, ma anche perché ciò gli avrebbe permesso di accedere alla burocrazia imperiale e al grado di ufficiale nell'esercito. Un primo importante passo verso l'**integrazione delle classi dirigenti locali negli apparati dell'impero** si ebbe durante il principato di Claudio: egli concesse i diritti di cittadinanza a varie comunità e – suscitando anche qualche polemica – favorì l'ingresso in senato di notabili provenienti dalla Gallia Narbonense (la regione, corrispondente all'attuale Francia meridionale, dove era nato): per la prima volta la più prestigiosa istituzione di Roma si apriva a persone non provenienti dall'Italia.

Dato che le possibilità di avanzamento sociale dipendevano dal benvolere degli imperatori, i membri delle *élite* provinciali divennero sempre più **collaborativi nei confronti del potere centrale**: fu questo uno dei motivi per cui nell'impero romano si verificò un numero relativamente ridotto di rivolte.

A partire dal II secolo d.C. l'origine provinciale cessò di essere un fattore di ostacolo sia per l'ammissione al senato, sia per l'elezione degli imperatori – dato che sul trono sedettero sovrani provenienti dalla Spagna, dall'Asia e dall'Africa. Quando, nel 248 d.C., furono celebrati i mille anni dalla fondazione di Roma, l'imperatore era Marco Giulio Filippo, detto Filippo l'Arabo perché era nato in Arabia.

La "romanizzazione" delle province

▪ Alla crescente integrazione politica tra Roma e le province si accompagnò un processo di avvicinamento culturale, ovvero una "romanizzazione" dei territori conquistati analoga a quella che aveva avuto luogo in Italia tra II e I secolo a.C.

Il **latino** si diffuse in tutto l'impero, affiancandosi al **greco**, che già da tempo serviva come lingua internazionale per la cultura e, soprattutto nell'area ellenistica, per i commerci. Le *élite* intellettuali e politiche dell'im-

❯ **Iscrizioni celebrative in latino e punico** poste all'ingresso del teatro di Leptis Magna, in Libia – la cui costruzione fu finanziata, nel I secolo d.C., da ricchi cittadini locali. (A. Zayed)

pero parlavano correntemente entrambe queste lingue; la conoscenza delle opere degli scrittori latini, come Virgilio o Seneca, divenne un requisito necessario per le persone colte così come lo era la conoscenza delle opere di Omero e degli altri poeti greci.

Anche le abitudini, gli stili di vita, le mode e i passatempi dei Romani si diffusero nel resto dell'impero: in ogni città sorsero terme, teatri, stadi per le corse dei carri. Così, per fare un esempio, il mercante che partendo dai deserti della Siria si fosse diretto verso le brughiere della Britannia, non solo si sarebbe spostato per mari e strade sicure, ma avrebbe anche soggiornato in città in cui si parlava una lingua a lui nota, e in cui ci si dedicava a occupazioni e svaghi identici a quelli praticati nella sua città natale.

Dadi in pietra e osso, I secolo d.C., rinvenuti in Britannia. Il gioco dei dadi era popolarissimo sia a Roma sia nelle province. (Londra, British Museum)

LEGGERE LA STORIA

Il discorso di Claudio al senato

Ritratto dell'imperatore Claudio. La testa è stata montata su una statua più antica, che raffigurava un magistrato togato. (Città del Vaticano, Musei Vaticani) ⌄

In questo brano lo storico Tacito ricostruisce il discorso pronunciato nel 48 d.C. dall'imperatore Claudio per sostenere l'ammissione in senato di notabili provenienti dalla Gallia Narbonense.

❝I miei antenati (il più antico tra loro, Clauso, di origine sabina, fu accolto contemporaneamente nella cittadinanza romana e nel patriziato) inducono a seguire nel governo criteri analoghi ai loro, applicando qui ciò che altrove fu efficace. So bene infatti che la famiglia Giulia fu fatta venire da Alba, i Coruncani da Camerio, i Porcii da Tuscolo e che, tralasciando esempi remoti, famiglie di senatori furono accolte dall'Etruria, dalla Lucania e da ogni parte d'Italia: più tardi l'Italia stessa fu ampliata fino alle Alpi, sicché non solo gli individui singolarmente, ma le terre e i popoli furono unificati nel nome di Roma. La nostra patria fu in duratura pace, e fummo potenti sui nemici esterni, proprio quando i Transpadani furono accolti nella cittadinanza, e quando con l'invio di legionari in ogni angolo della terra si sostenne un dominio stremato, con il supporto validissimo dei provinciali. Ci rincresce forse la venuta dei Balbi dalla Spagna, e di altri non meno grandi uomini dalla Gallia Narbonense? Restano i loro discendenti e amano questa patria non meno di noi. Quale altra scelta rovinò Sparta e Atene, pur forti nelle armi, se non il fatto di tenere lontani come stranieri i nemici sconfitti? [...]
Tutte le cose che ora si credono antichissime, o senatori, furono nuove un tempo: vi furono dapprima i magistrati patrizi, poi plebei, poi Latini e infine Italici. Diventerà antica anche questa innovazione e ciò che oggi confortiamo con esempi diverrà a sua volta un esempio.**❞**

(Tacito, *Annali*, XI, 24, trad. di A. Resta Barrile, Zanichelli, Bologna 1992)

a. Oltre a ricordare con orgoglio le proprie origini sabine, Claudio cita varie *gentes* giunte a Roma da altre città. Svolgi su Internet una breve ricerca su di loro e verifica quale contributo diedero alla grandezza di Roma.

b. Claudio critica l'atteggiamento di chiusura adottato da Sparta e Atene nei confronti degli stranieri: perché, e a che cosa lo contrappone?

c. Sottolinea nel testo i passaggi con cui Claudio riassume l'evoluzione delle istituzioni romane.

SINTESI

1   I benefici della *pax romana*

La *pax romana* inaugurata dall'ascesa al potere di Augusto garantisce all'impero un periodo di concordia che si protrae fino alla fine del II secolo d.C. La stabilità dà nuovo impulso ai commerci. Lo spostamento delle merci è facilitato dalla realizzazione di un'efficiente rete stradale e dalla sicurezza delle rotte navali. L'assenza di conflitti permette ai contadini di seguire da vicino la manutenzione delle campagne, che possono prosperare. Con il tempo si introducono nuove tecnologie agricole, ma la gran parte del lavoro è svolta dagli schiavi.

2   Lo sviluppo urbano

In tutto l'impero si verifica una crescita delle città. Molte di esse sorgono sulla base (o comunque sul modello) degli accampamenti militari romani, e sono caratterizzate da una pianta ordinata e razionale. I centri più importanti si dotano di edifici pubblici, acquedotti, terme, teatri e circhi simili a quelli di Roma. La capitale viene abbellita dai vari imperatori, ma cresce in modo disordinato. Alle lussuose *domus* dei più ricchi si contrappongono le squallide e malsicure *insulae* dove vivono i poveri.

3   La stratificazione sociale

La società romana di epoca imperiale è stratificata, ma caratterizzata da una discreta mobilità – che si lega sia al possesso di un certo reddito sia al riconoscimento di determinati diritti. Dal punto di vista politico ed economico, i ceti privilegiati sono l'ordine senatorio e l'ordine equestre. C'è poi un "ceto medio" molto differenziato al proprio interno: comprende sia *cives* (cittadini con pieni diritti) sia *peregrini* (uomini liberi ma provinciali), e i suoi componenti possono avere redditi altissimi o medio-bassi. Anche i liberti, gli schiavi liberati, entrano a far parte di questo ceto. Il penultimo gradino della piramide sociale, superiore soltanto a quello degli schiavi, è occupato dalla plebe urbana che vive di lavori precari e approfitta delle distribuzioni di grano e dei donativi concessi dagli imperatori.

4   I rapporti con le province

Roma concede alle città delle province ampie autonomie amministrative. I diritti di cittadinanza vengono progressivamente estesi a molti abitanti delle province, soprattutto ai rappresentanti delle classi dirigenti locali, che si legano sempre più strettamente all'imperatore e al potere centrale. Man mano che cresce l'integrazione politica fra Roma e le province, si verifica anche un'assimilazione culturale: gli stili di vita romani si diffondono e il latino affianca il greco come lingua internazionale delle *élite*.

La società nella Roma di Augusto    MAPPA CONCETTUALE

Ordine senatorio	Ordine equestre	"Ceto medio"	Plebe urbana	Schiavi
criteri di appartenenza (ereditaria)	criteri di appartenenza (non ereditaria)	molto variegato al suo interno, comprendeva	ceto formato da	ceto formato da
• origine famigliare • censo (1 milione di sesterzi)	• nascita libera • comportamento morale decoroso • censo (400.000 sesterzi)	• *cives* (cittadini romani liberi) • *peregrini* (sudditi provinciali liberi) • liberti	• uomini liberi ma molto poveri o nullatenenti	• uomini non liberi
fra cui erano scelti	fra cui erano scelti			
• i membri del senato	• i funzionari della burocrazia imperiale • i governatori delle province • gli ufficiali dell'esercito	Erano • commercianti • imprenditori • professionisti • proprietari terrieri	Svolgevano lavori precari; contavano sulle distribuzioni di grano e sui donativi in denaro degli imperatori	

LEZIONE 2

VERIFICA

 **ZTE** ONLINE
Mettiti alla prova con
gli esercizi interattivi

47

LAVORARE SUL LESSICO

1 **Scrivi tre brevi testi per spiegare la differenza fra i termini delle seguenti coppie.**

- **a.** *Domus* • *insula*
- **b.** Ordine senatorio • ordine equestre
- **c.** *Cives* • *peregrini*

VERIFICARE LE CONOSCENZE

2 **Alcune di queste affermazioni dicono il falso. Individuale e correggile a voce.**

- **a.** Nei primi secoli dell'epoca imperiale i commerci subirono una pesante contrazione.
- **b.** Alcuni ritrovamenti archeologici testimoniano l'esistenza di scambi commerciali fra Roma e la Cina.
- **c.** L'avvio dei lavori per il prosciugamento del lago del Fucino si deve a Tiberio.
- **d.** Nelle *domus* l'unica acqua disponibile era quella piovana, conservata nell'*impluvium*.
- **e.** La pratica dell'evergetismo fu a volte usata come strumento di costruzione del consenso.
- **f.** I decurioni che amministravano le città provinciali provenivano da Roma.
- **g.** Le *élite* provinciali furono integrate sempre più nell'amministrazione dell'impero.
- **h.** Le *élite* provinciali rifiutarono di assimilare lo stile di vita dei Romani.

LAVORARE SUI CONTENUTI

3 **Completa il brano con le parole dell'elenco.**

Britannia • Claudio • schiavi • Gallia • liberti • senatorio • colonie • popolazioni

.... fu tra gli imperatori del I secolo d.C. quello che meglio tenne conto, nelle sue scelte politiche, dei cambiamenti necessari per rafforzare l'impero e aprire la società romana alle sfide del futuro. Per questo, per esempio, volle affidare incarichi prestigiosi e di potere a .... , cioè ex .... , che godevano della sua fiducia ed erano istruiti e abili negli affari. Questa scelta, però, fu criticata da molti appartenenti all'ordine .... ed equestre. Inoltre attuò una politica mirata a integrare le .... provinciali nell'impero, e ammise in senato alcuni notabili provenienti dalla .... Narbonense. Fece fondare nuove .... nelle province più lontane, compresa la .... meridionale, che lui stesso conquistò.

ORIENTARSI NEL TEMPO E NELLO SPAZIO

4 **Completa la didascalia di questa immagine.**

Il disegno riproduce la pianta della città di .... così come si presentava all'inizio del I secolo d.C. All'epoca, il suo nome era .... *Praetoria Salassorum*.
Nacque nel 25 a.C., all'inizio del principato di .... , come accampamento militare: lo testimonia il suo impianto urbanistico caratterizzato dalla presenza di strade fra loro .... Le principali erano il cardo massimo, orientato in direzione .... , e il decumano massimo, che tagliava l'insediamento in direzione .... Nel muro di cinta che circondava l'intero abitato si aprivano quattro .... presidiate dai legionari. All'incrocio fra le strade principali sorgeva il .... , cuore della vita cittadina. Furono poi costruiti un teatro, un .... e le ....

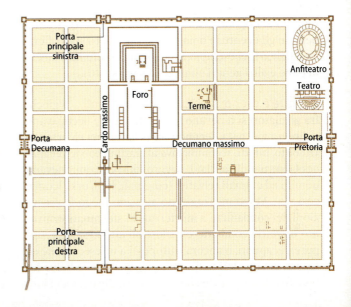

I giochi dei gladiatori e gli spettacoli del circo

I Romani amavano assistere a competizioni altamente spettacolari. Alcune di esse, per la loro violenza, appaiono molto lontane dalla nostra moderna sensibilità.

La ricostruzione del Circo Massimo in un atlante olandese del 1664.

L'elmo di un mirmillone. (Londra, British Museum)

combattimenti fra gladiatori erano uno degli svaghi preferiti dai Romani. Per questo furono usati – in età repubblicana soprattutto da magistrati e aspiranti uomini politici, poi dagli imperatori – come strumenti per guadagnare il consenso popolare. Non a caso, venivano fortemente pubblicizzati affiggendo sui muri cittadini manifesti che specificavano – oltre al luogo e alla data dello spettacolo – il nome dell'organizzatore, il numero e il tipo di gladiatori che si sarebbero esibiti e persino gli eventuali omaggi che sarebbero stati offerti al pubblico (per esempio, aspersioni di profumo o lancio di pane e altri generi alimentari sugli spalti).

Sangue e arena: spietati combattimenti...

I giochi fra gladiatori si tenevano negli anfiteatri e occupavano un'intera giornata, secondo un programma ricorrente. Di solito, infatti, si cominciava al mattino con le *venationes* («battute di caccia»), ovvero lotte che opponevano uomini ad animali selvatici (cinghiali, lupi, orsi, leoni e così via). Verso mezzogiorno avevano luogo le esecuzioni dei condannati a morte: questi sfortunati venivano costretti a combattere fra loro all'ultimo sangue, oppure decapitati, o ancora sottoposti a un'esecuzione *ad bestias*, cioè gettati nell'arena e sbranati dalle belve feroci: fu questa la sorte che, al tempo delle persecuzioni

da parte degli imperatori, toccò ad alcuni cristiani. Le esecuzioni pubbliche erano molto gradite dalla plebe, mentre senatori e cavalieri generalmente evitavano di assistervi e si presentavano negli anfiteatri solo nel pomeriggio, quando iniziavano i veri e propri combattimenti tra i gladiatori.

Questi erano divisi in diverse categorie, a seconda del loro equipaggiamento e delle tecniche di combattimento che utilizzavano. Gli scontri di solito opponevano due gladiatori di categorie diverse; uno dei duelli più apprezzati era quello tra un mirmillone (armato di un gladio e protetto da scudo, elmo, schinieri e armatura) e un reziario (munito solo di una rete con la quale cercava di intrappolare l'avversario, di un tridente e di una leggera protezione metallica sul braccio sinistro): si trattava di una vera e propria sfida fra potenza e agilità.

Contrariamente a quanto si crede, era raro che gli scontri si concludessero con la morte di uno dei contendenti. I gladiatori, infatti, erano schiavi, e gli impresari a cui appartenevano avevano tutto l'interesse a farli sopravvivere, dato che traevano guadagno dalle loro esibizioni.

... e corse pericolose

Anche le corse dei carri erano spettacoli popolarissimi. Si tenevano nei circhi, enormi edifici a pianta allungata, costituiti da un'arena centrale

Gladiatori nell'arena; si riconoscono due reziari. Mosaico del IV secolo. (Madrid, Museo Archeologico Nazionale)

attorno alla quale sorgevano le gradinate per gli spettatori. I carri, trainati da due, quattro o più cavalli e condotti da un auriga, dovevano percorrere la pista ellittica in sabbia battuta girando attorno alla spina – cioè il muretto di pietra che attraversava tale pista per tutta la sua lunghezza e terminava, a ciascuna delle estremità, in un pilastro detto meta. L'auriga che riusciva a completare per primo sette giri attorno alla meta di partenza vinceva la gara.

I campioni più forti divenivano vere e proprie celebrità, idolatrate dalle folle, e come alcuni sportivi di oggi potevano guadagnare somme esorbitanti: una parte dei loro guadagni proveniva dai premi messi in palio, l'altra – visto che queste gare alimentavano un vorticoso giro di scommesse – dalle mance che gli scommettitori regalavano ai loro beniamini. Durante la sua carriera, il famoso auriga Diocle guadagnò ben 35 milioni di sesterzi. Quella dell'auriga, però, era una professione estremamente pericolosa: i carri venivano lanciati a folle velocità ed era facile che si scontrassero tra di loro e si rovesciassero con conseguenze disastrose. Scorpo, uno dei più famosi aurighi del I secolo d.C. e vincitore di più di 2000 gare, morì ad appena 27 anni, quando il suo carro si capovolse in corsa.

Due gladiatori rendono omaggio all'imperatore prima del combattimento; decorazione su una lampada a olio del I secolo d.C. (Roma, Colosseo)

ATTIVITÀ

a. Con una ricerca su Internet, scopri quali erano a Roma i principali luoghi deputati agli spettacoli dei gladiatori e alle corse dei carri.

b. Individua, nell'illustrazione relativa al Circo Massimo, le varie parti di un circo romano (l'arena in sabbia battuta, la spina, le due mete).

c. Verona in Italia, Pola in Croazia, Arles e Nîmes in Francia, Tarragona e Merida in Spagna: scopri che cosa accomuna queste città dell'impero romano, poi scrivi un breve testo (10 righe al massimo) per spiegare perché.

Le cosiddette
Grotte di Catullo
a Sirmione.

Una villa romana in un mosaico del IV secolo d.C.
(Tunisi, Museo del Bardo)

Le ville romane

In origine il termine *villa* designa una semplice fattoria; con il tempo, acquista nuovi significati e viene usato per definire dapprima una vasta azienda agricola, poi una lussuosa residenza di campagna.

Nel mondo romano esistevano due tipi di ville: quelle rustiche, che si svilupparono in Italia in età tardo-repubblicana, e quelle urbane (e suburbane), tipiche dell'età imperiale.

Le ville rustiche Le ville rustiche erano vaste aziende agricole. Comprendevano sia i terreni coltivati, sia edifici con diverse funzioni, che ne determinavano la suddivisione in due aree distinte: la *pars rustica* propriamente detta, che costituiva il centro produttivo della tenuta, e la *pars urbana*.
Nella *pars rustica* si trovavano la casa del fattore (il *villicus*) al quale il proprietario affidava la conduzione del fondo, gli alloggi degli schiavi, le stalle e i pollai, i granai, il mulino, le cantine e il torchio per la spremitura delle olive. La *pars urbana*, che spesso sorgeva in posizione un po' defilata, ospitava invece l'abitazione del proprietario, che saltuariamente si recava in campagna per seguire da vicino i lavori dei campi. I Romani, come ricorderai, amavano definirsi un popolo di contadini e consideravano il contatto diretto con la terra spiritualmente rigenerante.
A partire dal I secolo a.C. la *pars urbana* di molte ville rustiche iniziò a ingrandirsi e a farsi più lussuosa. Secondo Varrone, autore di un importante trattato di agricoltura, la villa di campagna ideale non doveva limitarsi a essere un centro di produzione, ma doveva garantire al padrone i piaceri legati all'*otium*.

Le ville urbane (e suburbane) Durante l'età imperiale l'aumento generale della ricchezza permise a molti di costruire ville urbane: ovvero ville che somigliavano sempre meno a fattorie e sempre più alle lussuose *domus* della capitale, con le quali potevano competere per magnificenza. Queste residenze erano decorate con affreschi, statue e mosaici, e arricchite con biblioteche, terme private, giardini con fontane e laghetti artificiali. Spesso venivano costruite in località dal clima gradevole, in punti dai quali si godeva una vista panoramica: per fare un esempio, la villa urbana del I secolo d.C. comunemente nota con il nome di Grotte di Catullo (a Sirmione, non lontano da Brescia) sorgeva in una posizione senza pari, ossia sulla punta di un promontorio affacciato sul lago di Garda.
Solitamente i proprietari trascorrevano in queste residenze lunghi periodi di villeggiatura. Ma chi poteva si costruiva anche una villa suburbana, cioè poco lontana da Roma, per avere la possibilità di fuggire dalla confusione della capitale con un breve spostamento ogni volta che i propri impegni lo consentivano.

ATTIVITÀ

a. Nella scheda si accenna all'*otium* latino, ben diverso dall'ozio come lo intendiamo oggi. Svolgi una ricerca su Internet o in biblioteca e definisci questo concetto, scrivendo un testo di 20 righe.

b. Per quali ragioni i Romani dell'età imperiale consideravano rigenerante un soggiorno in campagna? Prima di rispondere, soffermati a riflettere sui difetti della capitale a quel tempo.

c. Con una ricerca su Internet, documentati sull'origine del nome «Grotte di Catullo», attribuito alla villa urbana di Sirmione.

Le terme

Le terme erano luoghi di svago e di socializzazione amatissimi dai Romani, che spesso vi trascorrevano l'intera giornata.

Ogni città romana possedeva almeno uno stabilimento termale, piccolo o grande che fosse. Ci si recava alle terme per utilizzare i gabinetti pubblici e per lavarsi (solo i più ricchi avevano bagni privati nelle loro abitazioni), ma anche per trascorrere il tempo libero. Oltre alle strutture per il benessere fisico – piscine, palestre e ampi giardini per passeggiare – gli impianti termali comprendevano infatti anche biblioteche, sale per gli spettacoli teatrali e ambienti in cui conversare con gli amici. Le terme erano un elemento fondamentale nella vita sociale dei Romani: anche per questo motivo gli imperatori, ben attenti a intercettare il consenso popolare, fecero sì che il costo dell'ingresso agli stabilimenti rimanesse sempre molto basso, se non addirittura gratuito.

Le terme erano frequentate sia dagli uomini sia dalle donne. Nelle città più grandi alcuni stabilimenti erano riservati al pubblico femminile, mentre nei centri piccoli vigevano per i due sessi orari separati.

Capolavori di ingegneria La pianta tipica di uno stabilimento prevedeva uno spogliatoio, seguito da una serie di sale con le vasche per i bagni termali: il *calidarium*, dove gli avventori trovavano una piscina di acqua riscaldata; il *tepidarium*, con una piscina di acqua tiepida; il *frigidarium*, per chi voleva tonificarsi con un tuffo nell'acqua fredda. C'erano inoltre locali paragonabili a saune, con il pavimento caldissimo (tanto che era necessario indossare zoccoli di legno per non scottarsi): sotto c'era un'intercapedine attraverso la quale passava l'aria calda prodotta da una fornace, che riscaldava anche i serbatoi per i bagni.

Le splendide terme dell'età imperiale In Italia le terme pubbliche più antiche risalgono al II sec. a.C., e sono quelle di Stabia e Pompei, in Campania. A Roma, il primo stabilimento pubblico fu inaugurato nel 12 a.C. e finanziato da Agrippa, genero e collaboratore di Augusto. In seguito, nuovi complessi termali furono realizzati da Nerone, Tito, Traiano, Caracalla, Diocleziano e Costantino. Ognuno superava il precedente per dimensioni: le terme di Agrippa erano un edificio di 120 metri per 80; quelle di Traiano misuravano 330 metri per 315; quelle di Caracalla coprivano un'area di 130.000 metri quadri e probabilmente accoglievano tra i 6000 e gli 8000 utenti ogni giorno. Alle crescenti dimensioni corrispondeva un sempre maggior sfarzo: gli stabilimenti erano decorati con affreschi, stucchi, statue, marmi pregiati e mosaici. Di questo lusso eccessivo si lamentava il filosofo Seneca, precettore di Nerone: «Siamo tanto esigenti che non sappiamo posare i piedi se non sopra pietre preziose».

Mosaico con scene marine per un pavimento delle terme di Caracalla.

I resti delle grandiose terme di Caracalla, edificate sull'Aventino – poco lontano dal Circo Massimo – fra il 212 e il 217.

ATTIVITÀ

a. È giusto affermare che gli imperatori fecero delle terme uno strumento per la loro propaganda? Motiva la tua risposta.

b. Il nome *thermae* significa letteralmente «acque calde», ma a Roma non sono presenti sorgenti termali: spiega quali infrastrutture e quali tecnologie resero possibile ai Romani realizzare gli stabilimenti descritti in questa scheda.

c. Con una ricerca su Internet scopri quali, fra gli impianti termali di Roma, sono ancora oggi parzialmente visibili.

Un tratto della Riviera ligure, pesantemente cementificato.

La cementificazione e gli abusi edilizi

Diversamente dalle città di nuova fondazione, che avevano un impianto urbanistico regolare, Roma crebbe in modo disordinato. Oltre che capitale dell'impero, fu anche capitale della speculazione edilizia.

In epoca imperiale la città di Roma ebbe uno sviluppo impetuoso e caotico. A scoraggiare i tentativi di progettazione urbanistica razionale era in primo luogo la morfologia del territorio su cui sorgeva (caratterizzato dalla presenza del Tevere e di numerosi colli). A queste difficoltà si sommò anche una forte pressione demografica, dovuta all'immigrazione dalle campagne e dalle altre città italiche.

Un problema antico... La richiesta di case favorì la nascita della tipologia abitativa delle *insulae*: edifici che, elevandosi in altezza, permettevano di sfruttare al massimo il terreno a disposizione. A costruire questi edifici erano i "palazzinari" del tempo: imprenditori con pochi scrupoli e pronti ad aggirare le leggi per il proprio tornaconto. Inutilmente gli imperatori cercarono di disciplinare il settore edilizio e stabilire norme che garantissero il rispetto di requisiti minimi di sicurezza: Augusto, per esempio, fissò la misura massima degli edifici a 21 metri; ma i costruttori eludevano questo vincolo realizzando abusivamente altri piani (che venivano "nascosti" arretrandoli rispetto alla facciata) o corrompendo i funzionari preposti ai controlli.

... ma purtroppo persistente Molte località italiane hanno conosciuto, negli ultimi decenni, una crescita urbana altrettanto incontrollata. Sotto la pressione di una forte emigrazione dalle campagne, negli anni Cinquanta e Sessanta del XX secolo si ebbe in molti casi una cementificazione selvaggia. Lo scrittore ligure Italo Calvino commentò amaramente tale fenomeno – riferendosi in particolare a quanto accadde nella sua regione – nel romanzo *La speculazione edilizia*; descrive la proliferazione dei nuovi edifici con queste parole: «Tutti questi nuovi fabbricati che tiravano su, casamenti cittadini di sei otto piani, a biancheggiare massicci come barriere di rincalzo al franante digradare della costa, affacciando più finestre e balconi che potevano verso mare. La febbre del cemento s'era impadronita della Riviera».
Anche nei decenni successivi la cementificazione dell'Italia è proseguita a ritmi molto sostenuti: se nel 1950 le aree edificate corrispondevano al 2,8% del territorio, nel 2010 corrispondevano al 6,9%. Inoltre, molte fra le nuove costruzioni sono sorte al di fuori di ogni controllo da parte delle autorità comunali: secondo il FAI (Fondo per l'Ambiente Italiano) dagli anni Cinquanta a oggi in Italia sono stati commessi 4,6 milioni di abusi edilizi. L'edificazione selvaggia, il consumo del suolo e la conseguente diminuzione dei terreni dedicati all'agricoltura (3.663.000 ettari in meno negli ultimi cinquant'anni) hanno comportato una pesante trasformazione del paesaggio italiano: molti territori, come la Riviera ligure descritta da Calvino, sono stati stravolti e gravemente danneggiati dal cemento.

ATTIVITÀ

a. Nel linguaggio giornalistico si utilizza spesso il termine "ecomostro": con una ricerca su Internet, approfondisci la storia di questa parola e il suo significato. Nel territorio dove vivi, ci sono edifici che potrebbero meritare questo appellativo?

b. Quali rischi ambientali si legano alla cementificazione sregolata? Elencali e discutine in classe.

c. Molte associazioni (il FAI, Legambiente, Italia Nostra, Libera, WWF Italia) si battono per diffondere una cultura più rispettosa dell'ambiente e per la salvaguardia del paesaggio: scegline una e, documentandoti sul suo sito, scopri quali soluzioni propone riguardo ai problemi descritti in questa scheda.

PROVA AUTENTICA

Competenza chiave Asse storico-sociale	Competenza chiave di cittadinanza correlate
• Collocare l'esperienza personale in un sistema di regole fondato sul reciproco riconoscimento dei diritti garantiti dalla Costituzione, a tutela della persona, della collettività, dell'ambiente.	• Imparare a imparare • Acquisire e interpretare le informazioni • Progettare e comunicare

CONSEGNA

L'Italia è un paese ad alto rischio sismico e vulcanico. Ciò nonostante gli edifici, sia privati sia pubblici, costruiti nel rispetto delle norme antisismiche sono pochi e spesso vengono edificate zone a elevato rischio vulcanico. Realizza una presentazione multimediale dedicata al rischio sismico e vulcanico nel nostro paese articolata in tre parti: spiegazione delle cause dei terremoti o delle eruzioni vulcaniche; illustrazione di una delle catastrofi naturali che hanno colpito l'Italia; descrizione delle tecniche di costruzione antisismica.

RISORSE A DISPOSIZIONE

- Libri di testo e materiale bibliografico da reperire in biblioteca
- Computer con connessione a Internet per la ricerca di fonti e immagini, software per realizzare una presentazione multimediale (PowerPoint, Keynote o programmi analoghi)

VINCOLI DA RISPETTARE

La presentazione non deve avere più di 20 slide, ognuna dovrà contenere almeno un'immagine o un grafico corredati da un breve testo esplicativo (4 righe al massimo):

- nella slide 1 inserisci il tuo nome e il titolo della presentazione;
- dividi le slide tra i tre argomenti dedicando più spazio alle misure di prevenzione;
- inserisci almeno due tra grafici, tabelle o cartine tematiche per fornire una valutazione quantitativa;
- se possibile, aggiungi una cartina del rischio sismico o dell'attività vulcanica nella tua regione;
- impiega al massimo 10 minuti per l'esposizione orale.

SUGGERIMENTI OPERATIVI

Sul sito dell'Istituto Nazionale di Geofisica e Vulcanologia (http://www.ingv.it/it/) potrai trovare dati, cartine e immagini utili.

CRITERI DI VALUTAZIONE

Il tuo lavoro verrà valutato sulla capacità di selezionare e organizzare in modo sistematico dati e informazioni relative a un fenomeno e a eventi specifici, sulla base della seguente griglia:

PUNTEGGI / CRITERI	1	2	3	4
SIGNIFICATIVITÀ DELLE SCELTE	Poco significative ☐	Abbastanza significative ☐	Significative ☐	Molto significative ☐
RISPETTO DELLA STRUTTURA ED ELABORAZIONE INFORMATICA	Carente ☐	Limitata ☐	Sostanziale ☐	Piena ☐
EFFICACIA COMUNICATIVA NELL'ESPOSIZIONE ORALE	Scarsa ☐	Parziale ☐	Accettabile ☐	Elevata ☐

Punteggio complessivo: ..../12 (valutare i singoli criteri e sommarli per assegnare il punteggio globale)

LABORATORIO DELLE COMPETENZE

INTERPRETARE LE FONTI

1 **Osserva l'immagine, leggi i testi che la accompagnano e rispondi alle domande.**

L'Augusto di Prima Porta è una delle più famose statue che ritraggono l'imperatore Augusto. È realizzata in marmo bianco ed è oggi conservata presso i Musei Vaticani. Non si conosce il nome del suo autore, né la data precisa in cui fu realizzata (probabilmente, all'inizio del I secolo d.C.); tuttavia un dettaglio iconografico permette di affermare con sicurezza che venne scolpita dopo il 20 a.C.

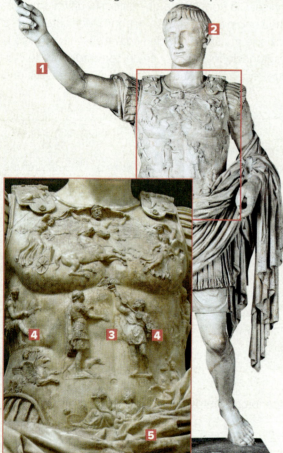

1 Augusto è rappresentato in veste di generale vittorioso: indossa una corazza e si accinge a parlare ai soldati.

2 Il *princeps* è riconoscibile da alcuni particolari ricorrenti nei ritratti che lo raffigurano (come i capelli che gli ricadono sulla fronte in ciocche scomposte), ma il suo è un ritratto idealizzato: Augusto è rappresentato come un uomo giovane, anche se all'epoca in cui fu eseguito il ritratto doveva essere già piuttosto maturo.

3 Il pettorale della corazza è decorato con scene allegoriche. Al centro, il re dei Parti restituisce a un legionario romano le insegne militari sottratte a Crasso nel 53 a.C.

4 Ai lati, due figure femminili in lacrime rappresentano le province sottomesse a Roma.

5 Più in basso, la dea Terra Madre reca in mano una cornucopia, simbolo di abbondanza.

a. Augusto indossa una corazza, ma la sua espressione è serena: quale messaggio doveva trasmettere ai cittadini romani questo misto di forza e tranquillità?

b. Quale dettaglio permette di collocare la realizzazione di quest'opera sicuramente dopo il 20 a.C.? Perché?

c. La presenza della dea Terra Madre e della cornucopia si collega a uno dei temi principali della propaganda augustea: quale?

d. Per quale ragione lo scultore sceglie di realizzare un ritratto idealizzato, quasi fuori dal tempo, di Augusto?

INTERPRETARE LE FONTI

2 **Leggi il brano che segue, nel quale lo storico francese Jérôme Carcopino riflette sul ruolo dei giochi dei gladiatori nella Roma imperiale. Poi rispondi alle domande.**

«Gli spettacoli [di gladiatori] rappresentavano un ostacolo alla rivoluzione. Nell'Urbe, dove le masse contavano 150.000 oziosi esonerati dal lavoro a spese dell'assistenza pubblica, e forse altrettanti lavoratori – che dal principio alla fine dell'anno ogni giorno, dopo la siesta, non avevano altro da fare che starsene a braccia conserte né d'altra parte potevano occupare il loro tempo libero nella politica –, gli spettacoli occupavano il tempo, allentavano le passioni, distraevano gli istinti, sfogavano l'attività. Un popolo che sbadiglia è maturo per la rivolta. I Cesari non hanno lasciato sbadigliare la plebe romana, né di fame né di noia: gli spettacoli furono la grande diversione alla disoccupazione dei loro sudditi, e, per conseguenza, il sicuro strumento dell'assolutismo; dedicando agli spettacoli ogni cura, dilapidandovi somme favolose, essi provvidero scientemente alla sicurezza del loro potere.»

(J. Carcopino, *La vita quotidiana a Roma*, Laterza, Roma-Bari 2005)

a. Per quali ragioni gli imperatori della dinastia Giulio-Claudia spendevano ogni anno più di 60 milioni di sesterzi per il mantenimento della plebe?

b. Oltre ai giochi di gladiatori, quali altri strumenti venivano utilizzati dagli imperatori per assicurarsi il favore della plebe?

c. Scrivi un breve testo (10 righe al massimo) per spiegare che cosa significa la frase «un popolo che sbadiglia è maturo per la rivolta».

INTERPRETARE LE FONTI

3 Leggi il brano che ti proponiamo: lo storico Tacito descrive il modo in cui il governatore Gneo Giulio Agricola pacificò la Britannia, da poco conquistata. Poi rispondi alle domande.

Gneo Giulio Agricola (40 d.C.-93 d.C.) fu dal 77 all'85 d.C. governatore della Britannia: in questo periodo pacificò la regione e rafforzò i confini con delle campagne militari in Scozia e, forse, in Irlanda.

Senza nessuna logica, le tasse dovevano essere pagate negli accampamenti romani più distanti e non in quelli più prossimi.

Le popolazioni un tempo barbariche iniziano ad abituarsi ai lussi dello stile di vita romano.

«Agricola conosceva le disposizioni d'animo dei provinciali e sapeva per le esperienze d'altri che a ben poco servono le armi se ad esse tiene dietro l'ingiustizia. Decise dunque di troncare i motivi di conflittualità. Cominciò da se stesso e dai suoi, tenendo a freno il proprio seguito (cosa, questa, che è difficile almeno quanto il governo di una provincia). Non affidava alcun affare pubblico a liberti o a schiavi, non assumeva centurioni o soldati per spirito di parte, o in base a raccomandazioni o suppliche, ma solo sulla base della loro bravura e della loro affidabilità. [...] Rese sopportabile la riscossione dei tributi e del frumento, ripartendo equamente i gravami. Provvide anche a eliminare tutto ciò che, escogitato a fini di lucro, rendeva ancor più odioso il pagamento del tributo. Prima i Britanni, in segno di scherno, dovevano attendere davanti ai granai chiusi e ricomprare il frumento versando in più anche altro denaro. Venivano costretti a deviazioni di cammino e a spostamenti in regioni lontane, cosicché, pur essendoci nelle vicinanze dei quartieri invernali, le popolazioni dovevano portare il grano in luoghi remoti e impraticabili. [...] Agricola represse questi abusi quasi subito, già nel primo anno; restituì credito alla pace che, a causa della negligenza o della durezza dei suoi predecessori, era temuta non meno della guerra. [...] L'inverno seguente fu speso in utilissimi provvedimenti. Infatti per rendere abituali la quiete e le occupazioni pacifiche presso uomini abituati a vivere isolati, rozzi e dunque inclini alle guerre, Agricola procedette a esortazioni personali; e per quanto riguarda gli interventi pubblici, prese ad aiutare i Britanni nella costruzione di templi, piazze e case. Lodava gli attivi e castigava i pigri, in modo che la gara per ottenere premi si sostituisse alla costrizione. Inoltre, grazie all'insegnamento delle arti liberali, dirozzava i figli dei capi e cominciò a preferire l'intelligenza dei Britanni alla diligente applicazione dei Galli: gente che poco prima aborriva la lingua latina, ora desiderava conoscere le regole dell'eloquenza. Cominciò a diffondersi anche il nostro modo di vestire e particolare fortuna ebbe la toga. Poco a poco i Britanni giunsero a farsi sedurre dai vizi e ad amare i portici, i bagni, i conviti eleganti. Non si accorgevano che chiamavano civiltà l'inizio della loro schiavitù.»

(Tacito, *Vita di Agricola* 19-21, trad. di G.D. Mazzocato, Newton Compton, Roma 2011)

I Britanni erano costretti a versare le tasse non con una quota del raccolto, come era usuale, ma pagando una somma in denaro maggiore del valore del grano che avrebbero dovuto versare.

La rapacità dei funzionari romani faceva sì che le popolazioni fossero vessate in tempo di pace tanto quanto lo erano in tempo di guerra.

Con questa espressione si intendono le attività intellettuali, come la filosofia e la letteratura.

a. Tacito sottolinea come Agricola tenne «a freno il proprio seguito» e «rese sopportabile la riscossione dei tributi». Spiega perché è possibile affermare che tale atteggiamento non fu dettato semplicemente da una sua scelta personale.

b. Perché Tacito sostiene che i Britanni fino ad allora erano vissuti «isolati» e «rozzi»? Per rispondere, rifletti sui processi di urbanizzazione che caratterizzarono il primo secolo dell'impero.

c. Usa questo brano per spiegare il processo di romanizzazione delle province fra il I e il II secolo d.C., specificando come cambiò il rapporto tra centro e periferia dell'impero.

REGNO UNITO

Un planisfero del 1886 che illustra i possedimenti coloniali inglesi. *Sotto*: una sterlina con l'effigie della regina Elisabetta II.

Lunga vita alla sterlina!

Dopo alcune spedizioni infruttuose da parte di Cesare, a partire dal 43 d.C. l'imperatore Claudio portò a termine la conquista della Britannia meridionale (›Lez. 1). Roma, tuttavia, rinunciò a sottometterla interamente, tanto che poi Adriano fece scavare a nord un vallo a difesa dalle tribù settentrionali. Mentre vaste regioni europee risentirono della forte influenza latina, la Britannia subì un basso livello di romanizzazione e visse una storia differente.

Una potenza marittima Com'è possibile essere parte di un continente e al tempo stesso esserne al di fuori? La risposta ce la offre la geografia della Gran Bretagna: se la sua insularità la tiene effettivamente staccata dal resto dell'Europa, la sua distanza da essa è molto relativa, visto che tra Dover (sul suolo britannico) e Calais (sul suolo francese) ci sono poco più di 30 chilometri di mare. Nel corso della storia, molti paesi europei si sono combattuti cercando di ampliare i propri confini e di accrescere la propria potenza a spese dei vicini. L'Inghilterra non fu da meno e già nel Medioevo tentò di espandersi sulla terraferma attaccando la Francia. Una volta sconfitta, però, rientrò nei propri confini insulari e a parti-

re dal Cinquecento cercò di espandersi fuori dell'Europa, sfruttando la sua posizione privilegiata nell'Atlantico. Nel corso del tempo conquistò colonie e territori sterminati – dall'Australia al Nordamerica, dall'India al Sudafrica – e costituì il più vasto impero mai conosciuto, diventando una talassocrazia, ossia una potenza marittima, come disse il suo più grande uomo politico del Novecento, Winston Churchill. L'apogeo fu raggiunto nell'Ottocento, quando la Gran Bretagna, diventata Regno Unito, assunse il ruolo di massima potenza mondiale, finché, all'inizio del nuovo secolo, si delineò l'ascesa degli Stati Uniti, che alla fine della seconda guerra mondiale conquistarono la supremazia.

La sterlina A partire dal Seicento, la moneta inglese – la sterlina d'oro – cominciò a essere accettata e cercata in tutto il mondo, consolidandosi sempre più come moneta internazionale. Nei porti britannici approdavano navi provenienti da ogni angolo della Terra, cariche di merci, prodotti agricoli e materie prime il cui prezzo cominciò a essere fissato dalla Borsa di Londra. La potenza delle banche e delle società di assicurazione britanniche fece sì che a loro si rivolgessero le maggiori compagnie e imprese commerciali internazionali: la City, il quartiere degli affari di Londra, diventò il centro finanziario più importante del mondo.

Il *Commonwealth* Nel 1944, poco prima della fine della seconda guerra mondiale, una conferenza tenuta a Bretton Woods (USA) sancì il predominio del dollaro statunitense quale moneta universalmente accettata negli scambi internazionali.

La sterlina scivolò così in secondo piano, ma Londra conservò un prestigio superiore all'effettivo peso politico che era in grado di esercitare. Infatti, essa restava comunque al centro di una vasta rete commerciale, finanziaria ed economica – il *Commonwealth* – formata dai paesi che erano stati fino ad allora le sue colonie. Ancora oggi, i rapporti privilegiati con quei paesi africani, caraibici, asiatici e oceanici continuano a garantire vantaggi notevoli. Da là arrivano merci a basso costo e in caso di necessità è alle grandi banche e alle potenti società di assicurazione della City che gli Stati del *Commonwealth* si rivolgono per ottenere prestiti e investimenti.

Da quanto detto finora si deduce che il Regno Unito ha meno bisogno dell'Europa, oggi sempre più identificata con l'Unione europea, di quanta ne abbiano gli altri Stati del continente. Solo nel 1973, infatti, a 16 anni di distanza dalla nascita del suo nucleo storico, Londra vi aderì (〉p. 317).

Il rifiuto dell'euro Negli anni Novanta del secolo scorso, quando prese il via il processo che sarebbe sfociato nella creazione di una moneta unica valida per tutti i membri dell'Unione, l'euro, tutti gli Stati che aderirono al progetto erano coscienti che, abbandonando le rispettive valute nazionali, avrebbero perso una parte della loro sovranità. Quando c'erano il marco tedesco, il franco francese o la lira italiana, le banche nazionali erano libere di fissare il prezzo del denaro, ossia i tassi di interesse: un potere importantissimo, perché cambiando i tassi si determinano conseguenze sull'andamento dei prezzi, sulla capacità delle imprese di fare investimenti, sui livelli di occupazione. Oggi, con la moneta unica, l'autonomia degli Stati che l'hanno adottata è venuta meno. Essi hanno perso un po' della loro sovranità in quanto è la Banca centrale europea di Francoforte a decidere, tenendo conto dei bisogni generali e non di quelli dei singoli membri: ecco perché il governo britannico ha deciso di conservare la propria sterlina, rimanendo libero di modificarne il prezzo attraverso la Banca d'Inghilterra.

L'euroscetticismo Spesso i mezzi di comunicazione, quando parlano degli Inglesi, li definiscono "euroscettici", per indicare la loro tiepida adesione all'Unione, sottolineata anche dal fatto che essi non hanno voluto rinunciare alla loro moneta quando si è dato vita all'euro. Il paradosso degli ultimi anni, in questo Regno Unito desideroso di restare indipendente dall'euro e scettico verso l'Europa, è venuto dal suo interno. Nel 2014, infatti, in Scozia è stato indetto un referendum per decidere se i suoi abitanti intendessero continuare o meno a far parte del Regno Unito. Hanno vinto gli "unionisti", con un gran sospiro di sollievo per il resto del paese che, tuttavia, dovrebbe essere presto chiamato a un nuovo referendum per verificare la volontà dei Britannici di continuare o meno a far parte dell'Unione europea.

La sede della Banca d'Inghilterra. *Sotto*: veduta di Londra. In primo piano la London Bridge Tower inaugurata nel 2013. *In alto*: un sostenitore dell'indipendenza scozzese.

Lo Stato e il decentramento amministrativo

Un unico Stato, molte autonomie locali

Ogni Stato ha il **controllo sul proprio territorio**: emana le leggi; garantisce la sicurezza e la giustizia; amministra, governa e organizza tutti gli aspetti della vita dei cittadini. Tutti questi compiti, però, richiedono **risorse** e **persone**. Così sono la **Pubblica amministrazione** e i vari **corpi dello Stato** (funzionari e impiegati degli uffici pubblici, insegnanti, magistrati, corpi di polizia, esercito e così via) che rendono concreta la presenza dello Stato in tutto il Paese.

All'interno dello Stato, però, esistono anche altre istituzioni dotate di poteri legislativi e di governo che svolgono funzioni diverse in relazione alle esigenze dei cittadini: queste istituzioni sono le **autonomie locali**, e la loro esistenza è stabilita nella Costituzione, nei *Principi fondamentali*.

> La Repubblica, una e indivisibile, riconosce e promuove le autonomie locali; attua nei servizi che dipendono dallo Stato il più ampio decentramento amministrativo; adegua i principi ed i metodi della sua legislazione alle esigenze dell'autonomia e del decentramento. (art. 5)

Tra le varie istituzioni nazionali e locali esiste una **gerarchia di competenze e di compiti**, che ha lo scopo di rispondere ai bisogni dei cittadini che vivono sul territorio dello Stato.

Il decentramento come modello di gestione del potere

Studiando la riorganizzazione dell'impero romano compiuta da Augusto abbiamo visto che, fin dall'antichità per governare un territorio molto grande era necessaria una **struttura amministrativa complessa e gerarchica**. A quel tempo il potere era concentrato nelle mani di un'unica persona, l'imperatore, che aveva però sotto il proprio comando prefetti, procuratori, legati militari, proconsoli, che si occupavano di gestire singoli aspetti della vita pubblica nelle città e nelle province.

Sotto questi funzionari e capi territoriali c'erano a loro volta le **amministrazioni locali**, che attuavano e facevano rispettare in ogni angolo dell'impero le leggi e il metodo di governo di Roma, ma avevano anche dei margini di autonomia in alcune questioni. In questo modo le *élite* locali acquisirono col tempo esperienza e peso politico e poterono "far carriera" e ottenere la cittadinanza, raggiungendo posizioni di comando ai vertici dell'impero.

Il decentramento come opportunità di autogoverno

Se mettiamo a confronto l'organizzazione imperiale romana con quella del nostro Stato vediamo che, per quanto riguarda il decentramento amministrativo e la suddivisione gerarchica di compiti e competenze, per certi versi si assomigliano.

Ci sono però due importanti differenze. Per prima cosa, nel nostro Stato sono **i cittadini** che **scelgono i governanti** – sia a livello nazionale, sia a livello locale – poiché noi viviamo in uno Stato democratico. Quindi anche negli Enti locali «la sovranità appartiene al popolo» come stabilito nell'art. 1 della Costituzione.

Inoltre, la **divisione delle competenze** tra Stato e autonomie locali non dipende dalle scelte di un singolo, ma è **regolata dalla Costituzione**: in particolare, dal Titolo V della Seconda parte, che riguarda le Regioni e i Comuni. Le norme costituzionali sugli Enti locali hanno subìto negli ultimi anni alcune importanti modifiche rispetto a quanto stabilito nel 1948. In particolare:

- è stato attribuito maggior potere alle autonomie locali con due leggi che hanno modificato il Titolo V della Costituzione nel 2001 e nel 2009;
- sono state abolite le Province e create dieci Città metropolitane: Torino, Milano, Venezia, Genova, Bologna, Firenze, Napoli, Bari, Reggio Calabria e Roma Capitale (legge del 2014);
- è stato introdotto in Costituzione il «**principio di sussidiarietà**» che stabilisce che ogni livello di governo ha una funzione indispensabile e che un organo superiore può intervenire nelle competenze e nei compiti di uno inferiore solo se è necessario;
- sulla base dello stesso principio è stato ribadito che i cittadini hanno il **diritto** di interessarsi e occuparsi dei beni pubblici e di questioni di interesse generale, autorganizzandosi e associandosi per farlo, mentre tutte le istituzioni hanno il **dovere** di appoggiarli in queste loro iniziative.

FISSARE I CONCETTI

1 **Rispondi alle domande scrivendo un testo breve (5 righe al massimo).**

a. Perché il decentramento amministrativo è utile nell'organizzazione dello Stato?

b. Chi decide quali competenze spettano allo Stato e quali agli Enti locali?

LAVORARE SULLE FONTI

2 **Leggi i materiali proposti e componi un testo di 30 righe seguendo la traccia indicata.**

Il Titolo V della Seconda parte della Costituzione affronta il rapporto tra Stato ed Enti locali. Esso comprende gli articoli dal 114 al 133.

> La Repubblica è costituita dai Comuni, dalle Città metropolitane, dalle Regioni e dallo Stato.
> I Comuni, le Città metropolitane e le Regioni sono enti autonomi con propri statuti, poteri e funzioni secondo i principi fissati dalla Costituzione. [...] (art. 114)
> Le funzioni amministrative sono attribuite ai Comuni salvo che, per assicurarne l'esercizio unitario, siano conferite a Città metropolitane, Regioni e Stato, sulla base dei principi di sussidiarietà, differenziazione ed adeguatezza. [...] Stato, Regioni, Città metropolitane e Comuni favoriscono l'autonoma iniziativa dei cittadini, singoli e associati, per lo svolgimento di attività di interesse generale, sulla base del principio di sussidiarietà. (art. 118)

a. Elenca gli Enti locali indicati nella Costituzione, e per ciascun livello indica le autonomie locali in cui vivi.

b. Che cosa afferma il «principio di sussidiarietà» relativamente ai rapporti tra gli Enti locali e lo Stato? Qual è il primo Ente locale amministrativo?

c. Che cosa afferma invece l'art. 118 relativamente ai rapporti tra cittadini e istituzioni?

PREPARARARE UNA RICERCA

3 **Svolgi una ricerca in biblioteca o su Internet partendo dagli spunti proposti. Poi prepara un documento riassuntivo seguendo la traccia indicata.**

Le comunità locali sono la prima realtà in cui ogni individuo vive. Per questo, mentre lo Stato è una entità spesso estranea, le istituzioni locali sono la presenza istituzionale più prossima. Questa prossimità con l'esistenza delle persone offre ai cittadini molte possibilità di partecipazione e di coinvolgimento nella vita delle istituzioni. Ma può divenire anche un rischio, se la vita della comunità si chiude rispetto al mondo esterno, come accade per esempio nel film *Il vento fa il suo giro* di Giorgio Diritti (2005).

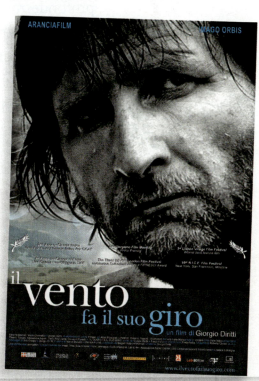

a. Inizia la tua ricerca prendendo informazioni, in biblioteca o sul web, riguardo alle competenze degli Enti locali, consultando anche la Costituzione (art. 117).

b. Cerca se esistono, rispetto a queste materie di competenza del Comune o della Regione, iniziative o progetti aperti al contributo di associazioni e cittadini; scegline uno a cui potresti partecipare anche tu.

c. Acquisisci tutti i dati del progetto; poi spiega quali sono gli effetti positivi che potrebbe portare nel governo del territorio e quali sono i motivi che hanno suscitato il tuo interesse.

UNITÀ 2

L'apogeo dell'impero

Con l'ascesa al trono di Vespasiano, capostipite della dinastia Flavia, comincia un lungo periodo di espansione e rafforzamento dell'impero romano. Il rapporto tra centro e periferie si fa più stretto, e cresce il peso economico e politico delle classi provinciali emergenti. Roma persegue una politica aggressiva fino alla metà del II secolo – il secolo d'oro dell'impero, durante il quale la pace interna e il buon governo garantiscono una straordinaria prosperità. In seguito, rinuncia a una parte delle nuove conquiste e sceglie di rafforzare i propri confini. La società è però attraversata da tensioni profonde: molti trovano una risposta alle proprie inquietudini spirituali nelle nuove religioni che arrivano dall'Oriente. Una di queste è il cristianesimo, che si diffonde rapidamente nei territori dell'impero.

LEZIONE 3
L'impero da Vespasiano all'età dei Severi

LEZIONE 4
La nascita e la diffusione del cristianesimo

VIDEO

Il cristianesimo
1. Perché i cristiani vengono accusati di tradimento?
2. Chi erano i martiri?

 IERI/OGGI

Quando riflettiamo sulla magnificenza della Roma di epoca imperiale, non dovremmo dimenticare che fu ottenuta a costo di grandi sofferenze. La prosperità di cui godevano i ceti privilegiati si basava sullo sfruttamento di milioni di schiavi, costretti a vivere in condizioni disumane e considerati alla stregua di "oggetti animati". Anche il nostro tempo è segnato da inaccettabili disuguaglianze, sebbene tutti i paesi del mondo formalmente rispettino quanto affermato dall'articolo 4 della *Dichiarazione universale dei diritti dell'uomo*, secondo cui nessun individuo può essere ridotto in schiavitù. Chi vive nei paesi del cosiddetto Nord del mondo gode di condizioni di benessere superiori a quelle sperimentate nelle precedenti epoche

◄ La statua posta nell'atrio della Casa del Fauno, una delle più belle ville di Pompei.

⌃ Una matrona romana con due schiavi serventi. Mosaico dalla Villa del Casale di Piazza Armerina.

⌄ Un giovane trasporta pesanti ceste di frutta al mercato di Lagos, in Nigeria.

della storia umana. Tuttavia, molti dei manufatti che utilizziamo ogni giorno sono realizzati nei paesi più poveri da "schiavi moderni", che ricevono un salario misero, lavorano in ambienti nocivi, vedono costantemente calpestati i propri diritti. Cosa ancora più odiosa, molti di loro sono bambini, ai quali, in nome del profitto, vengono negati i diritti al gioco e all'istruzione.

a. Documentati sullo sfruttamento del lavoro minorile, partendo dal sito www.unicef.it, e discutine con i tuoi compagni.

b. Le organizzazioni umanitarie hanno più volte invitato i consumatori a boicottare le multinazionali che utilizzano manodopera minorile. Hai mai preso parte a una di queste campagne? Ritieni che queste forme di protesta possano sortire effetti positivi?

L'impero da Vespasiano all'età dei Severi

L'EVENTO

L'ANNO DEI QUATTRO IMPERATORI
Nel 69 d.C. quattro imperatori – ognuno sostenuto da legioni fedeli – si disputano il trono; per la prima volta appare chiaro che l'esercito è arbitro della successione imperiale.

L'IDEA CHIAVE

IL *PRINCEPS* AL SERVIZIO DI ROMA
Durante l'epoca degli imperatori adottivi torna in auge l'idea, già espressa da Augusto, per cui il *princeps* non è un monarca assoluto, ma il primo servitore dello Stato.

IL PROTAGONISTA

TRAIANO
Il primo imperatore nato in provincia conquista, con campagne vittoriose, l'Arabia Petrea, l'Armenia, l'Assiria e la Mesopotamia: durante il suo regno l'impero raggiunge la sua massima estensione.

IL LUOGO

IL *LIMES*
È la linea di fortificazioni, torri di controllo e strade militari realizzata a partire dal II secolo nei tratti di frontiera non protetti da barriere naturali, per difendere Roma dai barbari.

CARTA ANIMATA

L'impero romano dopo le conquiste di Traiano

— Il *limes*
1 Alpi Pennine
2 Alpi Cozie
3 Alpi Marittime

Britannia
OCEANO ATLANTICO
Germania Inf.
Belgica
Lugdunense
Germania Sup.
Reno
GERMANI
Danubio
SARMATI
Aquitania
Rezia
Norico
1
Pannonia Sup. Inf.
Dacia
MAR NERO
2
Narbonense
3
ITALIA
Dalmazia
Mesia Sup.
Mesia Inferiore
Armenia
Tarraconense
Lusitania
Corsica e Sardegna
•Roma
Tracia
Bitinia e Ponto
Cappadocia
Assiria
Betica
Macedonia
Asia
Galazia
Cilicia
Siria
Mauretania Tingitana
Mauretania Cesariense
Sicilia
Epiro
Acaia
Licia
Cipro
Mesopotamia
Africa Proconsolare
MAR MEDITERRANEO
Cirenaica e Creta
Giudea
ARABIA
Egitto
Arabia Petrea

69-96 d.C.
Dinastia Flavia

96-192 d.C.
Imperatori adottivi

193-235 d.C.
Dinastia dei Severi

69 d.C.
Anno dei quattro imperatori

70 d.C.
Tito distrugge Gerusalemme

79 d.C.
Eruzione del Vesuvio

166 d.C.
Sconfinamento dei Quadi e dei Marcomanni

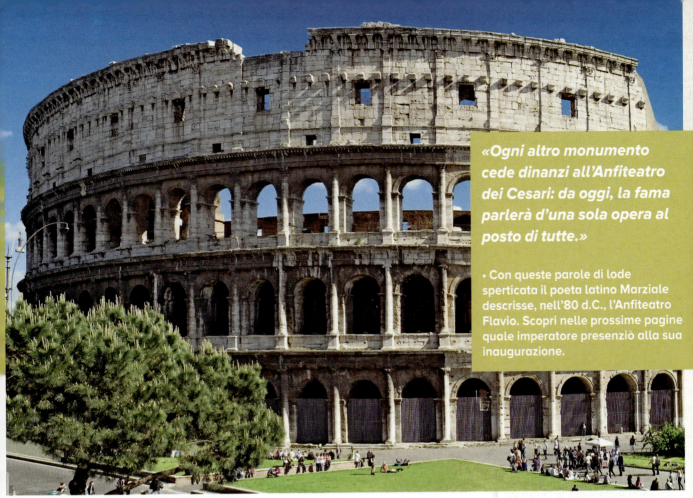

Il Colosseo, simbolo della città di Roma. La sua costruzione fu avviata nel 72 d.C. da Vespasiano; venne inaugurato otto anni più tardi, con il nome di Anfiteatro Flavio. (Fotolia)

1 La dinastia Flavia

L'anno dei quattro imperatori e l'ascesa di Vespasiano ▪ Subito dopo la morte di Nerone si aprì una guerra civile per la conquista del potere. Nel corso di un solo anno – il 69 d.C. – furono incoronati ben quattro imperatori: **Sulpicio Galba**, comandante delle legioni spagnole che si erano ribellate a Nerone e sostenuto dai senatori; **Marco Salvio Otone**, il generale sostenuto dai pretoriani; **Aulo Vitellio**, che comandava le legioni di stanza in Germania; e **Tito Flavio Vespasiano**, acclamato dalle legioni occupate a sedare una rivolta in Giudea. Alla fine la vittoria arrise a quest'ultimo: un *homo novus* – apparteneva infatti non all'aristocrazia romana, ma a una famiglia di cavalieri originaria di Rieti, nella Sabina – che fu però il capostipite di una nuova dinastia, la **dinastia Flavia**.

Le vicende del cosiddetto «anno dei quattro imperatori» portarono alla luce quello che lo storico romano Tacito definì «il segreto dell'impero»: ossia resero evidente come ormai la scelta del nuovo sovrano non spettava più al senato, ma era invece determinata dagli eserciti. In effetti, il senato non poté far altro che adeguarsi alla volontà dei legionari, riconoscere Vespasiano come imperatore attribuendogli i poteri che già erano stati di Augusto e Tiberio.

Nel 70 d.C. fu inoltre approvata una **legge importante** – la *Lex de imperio Vespasiani* – che **fissava i poteri e le prerogative del principe**. Fino a quel momento, infatti, il senato aveva di volta in volta riconosciuto a cia-

L'imperatore Vespasiano in un ritratto del I secolo d.C. (Copenaghen, Ny Carlsberg Glyptothek)

Dov'è Masada?

Tempio

Il Tempio di Gerusalemme custodiva l'Arca dell'Alleanza, ovvero il cofano che conteneva le tavole con i Dieci Comandamenti che, secondo la tradizione, Mosè aveva ricevuto da Dio. Dell'edificio distrutto dai Romani nel 70 d.C. rimane solo oggi un muro esterno, detto Muro del Pianto.

Diaspora

Questo termine, che deriva dal verbo greco *diaspéiro* «disseminare», indica la dispersione di un popolo costretto ad abbandonare la propria terra.

Le rovine della fortezza di Masada. Fra il 73 e il 74 d.C. vi si asserragliarono gli ultimi zeloti, Ebrei ribelli alla dominazione romana. (J.-B. Baratte)

scun principe il diritto di accumulare nelle proprie mani le cariche derivate dall'ordinamento repubblicano; con l'approvazione di questa legge il potere imperiale assunse un profilo normativo più chiaro e definitivo – ovvero da ritenersi valido anche per i successivi sovrani.

Il principato di Vespasiano ▪

Vespasiano, che regnò dal 69 al 79 d.C., fu un buon imperatore: evitò di mettersi in contrasto con il senato e mantenne uno stile di vita morigerato, lontano dallo sfarzo dei suoi predecessori. Con un'**attenta politica economica** riassestò le casse dello Stato, che erano state svuotate da Nerone. Non rinunciò comunque ad abbellire Roma: fu lui ad avviare i lavori per la realizzazione dello splendido Anfiteatro Flavio, più noto come Colosseo.

Si occupò inoltre del **rafforzamento dei confini**: iniziò con lui la costruzione – nei tratti di frontiera non protetti dall'esistenza di barriere naturali – del *limes*, ovvero una linea continua di fortificazioni, torri di controllo e strade militari di collegamento fra le varie piazzeforti, nata con l'intento di proteggere l'impero dai nemici esterni.

Durante il regno di Vespasiano, uno degli avvenimenti più importanti fu la durissima **repressione della rivolta in Giudea**, che era cominciata nel 66 a.C., Vespasiano stesso era stato inviato da Nerone in Oriente per sedarla, ma poi, richiamato a Roma, aveva affidato a suo figlio Tito il compito di concludere la missione.

La Giudea rappresentava un territorio strategico per i Romani, perché confinava con il potente regno dei Parti: una ribellione da parte degli Ebrei avrebbe messo a repentaglio un delicato equilibrio. Nel 70 d.C. gli ultimi focolai di resistenza furono domati: Tito assediò e riconquistò Gerusalemme, distrusse il Tempio e deportò la maggior parte della popolazione. Gli ultimi oppositori alla dominazione romana si asserragliarono nella **fortezza di Masada**. Quando, dopo un lungo assedio, i Romani riuscirono a espugnarla, i difensori ancora in vita preferirono il suicidio collettivo alla cattura. Molti altri Ebrei decisero di abbandonare per sempre la Palestina, dando inizio così alla diaspora del loro popolo.

❮ Frammento da una statua colossale dell'imperatore Tito, realizzata nell'80 d.C. (Monaco, Glyptothek)

❯ Un esempio di "ritratto rifatto": il volto di Domiziano venne montato su una precedente statua di Nerone – seguendo una prassi consueta in epoca imperiale. (Città del Vaticano, Museo Chiaramonti / Sailko)

Il principato di Tito e quello di Domiziano

▪ Nel 79 d.C. Vespasiano morì e sul trono salì Tito Flavio Vespasiano, il suo primogenito. Gli storici romani, solitamente molto critici nei confronti degli imperatori, definirono **Tito** «delizia del genere umano» per il suo carattere mite e la sua capacità di rendersi amico il senato, ma in realtà il suo principato, che durò appena due anni, fu troppo breve per poterne dare un giudizio articolato. Di sicuro, comunque, Tito si adoperò per alleviare le sofferenze della popolazione in occasione di due eventi disastrosi: **l'eruzione del Vesuvio del 79 d.C.**, che distrusse le città di Pompei ed Ercolano rendendo una landa desolata quella che era stata una delle regioni più ricche e floride dell'impero; e **l'incendio che devastò Roma nell' 80 d.C.**, provocando molte vittime.

A Tito successe nell'81 d.C. il fratello Tito Flavio Domiziano, che – diversamente dagli altri due imperatori della dinastia Flavia – fu raffigurato negativamente dalla tradizione. **Domiziano** ebbe alcuni meriti: proseguì la politica di **risanamento economico** di Vespasiano e **consolidò i confini settentrionali dell'impero** con una serie di campagne contro le popolazioni germaniche dell'Europa centrale. Tuttavia, **governò in maniera assolutistica** e pretese che ci si rivolgesse a lui chiamandolo *dominus et deus*, ovvero «signore e dio». Durante il suo principato ripresero con più vigore sia gli **scontri con il senato** – a cui l'imperatore rispose con una dura politica di repressione –, sia le **persecuzioni contro i cristiani**. Nel 96 d.C. Domiziano fu ucciso da un gruppo di congiurati sostenuti dal senato e da alcuni membri della famiglia imperiale (tra cui anche sua moglie).

✔ **CONOSCERE**

Quella del 79 d.C., non è stata l'unica eruzione del Vesuvio. Partendo dal sito www.ingv.it (Istituto Nazionale di Geofisica e Vulcanologia), documentanti su questo argomento.

2 Gli imperatori adottivi

L'imperatore è scelto dal suo predecessore

▪ Dopo la morte di Domiziano, il senato nominò imperatore **Marco Cocceio Nerva**, un anziano senatore che rimase sul trono appena due anni, dal 96 al 98 d.C., governando nella maniera equilibrata e rispettosa delle magistrature tradizionali. Per tenere a bada l'ira dei pretoriani, indignati per l'uccisione di Domiziano, nel 97 d.C. Nerva adottò come suo successore un generale provinciale (nato in Spagna da una famiglia aristocratica di origini italiche) e molto amato dai soldati: **Marco Ulpio Traiano**. Questa scelta inaugurò il periodo detto del **principato adottivo**: gli imperatori che si succedettero dal 98

❯ Busto dell'imperatore Nerva. (Roma, Museo Nazionale Romano)

Moneta emessa nel 117 d.C. per celebrare la vittoria di Traiano sui Daci. (Collezione privata)

RIASSUMERE CON UN ELENCO

L'adozione garantiva di avere imperatori

• ....
• graditi al .... e all'............
• scelti in base ai propri ....

Traiano in trionfo: fregio commemorativo che ornava il monumento funebre di un suo fedele ufficiale. (Palestrina, Museo Archeologico Nazionale)

sino al 180 d.C. non ebbero figli maschi e furono quindi costretti a sceglie-re il proprio successore al di fuori della propria dinastia, indicando come erede un appartenente al ceto senatorio.

La scelta del nuovo imperatore da parte di quello in carica portò diversi benefici. Innanzitutto, a essere scelte erano persone competenti, che si erano già dimostrate all'altezza dei compiti che le attendevano, cosa che evitò l'ascesa al potere di sovrani dalla personalità eccentrica o dai comportamenti bizzarri, come Caligola e Nerone. In secondo luogo, i prescelti erano sempre graditi sia al senato sia all'esercito; e questo evitò lo scoppio di conflitti al momento della successione. Infine, la scelta del nuovo imperatore era in linea con la mentalità romana, che rifiutava l'assolutismo monarchico: l'imperatore non diventava tale in virtù di un principio dinastico – ossia per la propria nascita –, ma per i meriti che l'avevano fatto emergere in mezzo agli altri. Gli imperatori adottivi, dunque, non si presentarono mai come sovrani assoluti, ma come magistrati il cui compito era quello di servire lo Stato: con loro riviveva il mito augusteo del principe *primus inter pares*.

Nell'amministrazione dello Stato, gli imperatori adottivi furono inoltre coadiuvati da una **burocrazia** ormai **ben sviluppata ed estremamente efficiente**, che provvedeva ad amministrare le province, a far rispettare gli editti e a riscuotere le tasse, e sovrintendeva alle distribuzioni gratuite di grano alla plebe romana e alla manutenzione delle strade e delle altre infrastrutture, anche nei periodi in cui il principe era impegnato nelle campagne militari. Per questi motivi **gli anni del principato adottivo costituirono l'apogeo dell'impero**: un lungo periodo di pace interna e di prosperità sotto la guida di governanti illuminati.

Traiano e la massima espansione dell'impero •

L'ascesa al trono di Traiano, primo imperatore provinciale, fu solo l'esempio più eclatante di quel processo di equiparazione fra centro e periferie che aveva portato molti notabili delle province più romanizzate, come le Gallie e la Spagna, a ricoprire incarichi politici prestigiosi e persino a sedere in senato. Un processo che era destinato ad accentuarsi nel III secolo d.C., con l'accesso al potere di nobili famiglie originarie dell'Africa e delle province orientali.

Traiano regnò dal 98 al 117 d.C. e fu un ottimo imperatore. Il suo principato fu contrassegnato da una **decisa politica di conquiste** che **portò l'impero a raggiungere la sua massima espansione**. In Europa, tra il 101 e il 106 d.C., Traiano sottomise la **Dacia**, una regione grossomodo corrispondente al territorio delle attuali Romania e Moldavia, e ricca di miniere d'oro e di sale.

Ma lo sforzo espansionista fu diretto soprattutto verso l'Asia. Nel 106 d.C. Traiano conquistò il regno dei Nabatei: questo Stato piccolo, il cui territorio occupava l'attuale Siria meridionale e la Giordania, ma di grande importanza economica, perché attraversato dalle piste carovaniere che giungevano dalla Cina e dall'India, divenne la nuova provincia dell'**Arabia Petrea** (da Petra, la sua capitale).

Infine, Traiano sferrò un attacco contro il regno dei Parti, che da tempo rappresentava una seria minaccia per i confini orientali dell'impero: nel 114 d.C. una campagna militare portò le legioni romane a conquistare l'**Armenia**, l'**Assiria** e la **Mesopotamia** (> carta a p. 62). Nelle intenzioni di Traiano, queste tre nuove province avrebbero dovuto porre al sicuro dagli attacchi dei Parti le coste del Mediterraneo. Tuttavia, tali conquiste si rivelarono effimere: l'Assiria e la Mesopotamia, in particolare, erano prive di difese naturali e dunque difficili da difendere – e presidiarle con legioni permanenti sarebbe costato troppo. Inoltre nel 115 d.C. lo scoppio di una **seconda rivolta giudaica** – prontamente sedata – costrinse l'imperatore a interrompere le operazioni militari contro i Parti e a ripiegare verso Occidente.

Dov'è Petra?

Il principato di Adriano ▪ Traiano morì durante il viaggio che dalla Mesopotamia lo stava riportando a Roma. Prima di morire, scelse come proprio successore Publio Elio **Adriano**, che regnò fra il 117 e 138 d.C. Anch'egli di origini spagnole, Adriano era un uomo colto, amante della filosofia, della letteratura e delle arti, e fu uno dei migliori imperatori di tutta la storia romana. Benché provenisse dalla carriera militare, fu soprattutto un **ottimo amministratore**: dei ventun anni del suo regno, ne trascorse ben dodici visitando le province, per sincerarsi di come fossero governate e delle condizioni di vita della popolazione.

Il principato di Adriano segnò una svolta nella storia dell'impero: **Roma**, infatti, **rinunciò definitivamente a perseguire una politica espansionistica**. Adriano pose fine alle campagne di conquista; in più, capendo che l'impero non era in grado di sostenere le spese necessarie a difendere l'Armenia, l'Assiria e la Mesopotamia, abbandonò queste province e ne affidò il governo a re clienti.

Durante i suoi viaggi, ebbe inoltre cura di **rafforzare i confini dell'impero**, facendo costruire nuove strutture difensive come il **vallo di Adriano** e il *fossatum Africae*. Il primo era un sistema di fortificazioni che attraversava la Britannia da est a ovest e che doveva servire come barriera contro le incursioni delle popolazioni stanziate nell'odierna Scozia. Il secondo,

Busto dell'imperatore Adriano. (Roma, Musei Capitolini)
⌄

Un tratto del vallo di Adriano in Inghilterra. (S. Fruitsmaak)
⌄

Il *limes* imperiale verso la fine del II secolo d.C.

1 Alpi Pennine   2 Alpi Cozie   3 Alpi Marittime
— Limes
▨ Province abbandonate da Adriano
┈┈ Vallo di Adriano
┈┈ Fossatum Africae

CARTA ANIMATA

esteso per oltre 750 km nella regione della Numidia (più o meno corrispondente all'attuale Algeria), serviva a controllare gli spostamenti delle popolazioni nomadi dell'area presahariana e a proteggere le province di Mauretania, Africa e Cirenaica.

Nel complesso, il suo lungo principato fu un periodo pacifico; solo in un'occasione l'imperatore reagì con estrema durezza, ovvero nella **repressione della terza rivolta giudaica** (132-135 d.C.). Durante i suoi viaggi Adriano soggiornò due volte in Palestina, dove da tempo si susseguivano rivolte contro la dominazione romana. In tali occasioni, annunciò la sua volontà di ricostruire Gerusalemme come una nuova città di impronta ellenistica, ribattezzandola *Aelia Capitolina*: agli Ebrei sarebbe stato fatto divieto di risiedervi e sulle rovine del Tempio distrutto da Tito circa sessant'anni prima sarebbe sorto un tempio dedicato a Giove Capitolino. Queste decisioni, che nelle intenzioni di Adriano avrebbero dovuto punire gli Ebrei per la loro disobbedienza e riportarli all'ordine, urtarono invece profondamente il loro senso religioso, tanto da indurli a ribellarsi in maniera violentissima. A quel punto Adriano ordinò una feroce repressione: l'esercito romano mise a ferro e fuoco la Palestina e nel 135 d.C. la rivolta fu sedata. Secondo gli storici dell'epoca, gli Ebrei uccisi furono quasi 600.000.

Il buon principato di Antonino Pio

▪ Poco prima di morire Adriano adottò e indicò come nuovo imperatore Arrio Antonino, poi detto **Antonino Pio** per l'affettuosa devozione (*pietas*) dimostrata nei confronti del suo predecessore, che fece divinizzare. Fu rispettoso dei valori tradizionali e attento alla religione, ma non intransigente nei confronti delle minoranze, come quella cristiana e quella ebraica. Fu inoltre un amministratore prudente e ostile agli sperperi. A differenza del suo predecessore, si allontanò raramente da Roma, convinto che un imperatore dovesse regnare dalla capitale. Riguardo alla politica estera, invece, si mantenne sulla stessa linea tracciata da Adriano. I ventitré anni del suo principato (dal 138 al 161

Busto dell'imperatore Antonino Pio, scolpito nel 150 d.C. (Monaco, Glyptothek)

d.C.) furono privi di eventi significativi: in questo periodo l'impero godette di un solido consenso da parte dei suoi sudditi e poté beneficiare di una sostanziale concordia fra tutte le sue componenti.

Marco Aurelio, filosofo e uomo d'azione

• Ad Antonino Pio successe il figlio adottivo **Marco Aurelio**, di origini spagnole, che regnò dal 161 al 180 d.C. Uomo saggio, colto ed equilibrato, Marco Aurelio era ben conscio di come governare un impero vasto come quello romano sarebbe stato difficile per un uomo solo: per questo associò al trono l'altro figlio adottivo di Antonino, **Lucio Vero**.

Marco Aurelio viene spesso definito «**l'imperatore filosofo**»: da giovane, infatti, aveva avuto un'approfondita educazione letteraria e filosofica ed era divenuto **seguace dello stoicismo**. Fu anche autore di un'ampia raccolta di scritti e meditazioni sul potere, il buon governo, il bene e il male, le scelte morali: egli riteneva che il compito di un imperatore fosse quello

> **Stoicismo**
>
> Dottrina filosofica fondata ad Atene nel III secolo a.C. dal filosofo Zenone di Cizio. Esaltava la dignità e la libertà del singolo; la virtù della ragione; il distacco dalle passioni, dai piaceri e dai beni materiali; l'impassibilità di fronte al dolore e alle avversità della sorte.

LEGGERE LA STORIA

L'ultima rivolta degli Ebrei

Gli Ebrei furono l'unica fra le popolazioni che facevano parte dell'impero a non accettare mai il dominio di Roma al quale si ribellarono a più riprese. Lo storico Cassio Dione descrive in questo passo la terza rivolta giudaica, forse la più violenta, che fu duramente repressa da Adriano.

❮ **Moneta emessa nel 133 dagli Ebrei insorti contro Roma:** su un lato sono raffigurati il portale del Tempio di Gerusalemme e l'Arca dell'Alleanza; sull'altro, un ramo di palma e un cedro, usati nella celebrazione di alcune feste ebraiche.

❝A Gerusalemme egli [Adriano] fondò una città al posto di quella che era stata rasa al suolo, chiamandola *Aelia Capitolina*, e sul sito del Tempio del Dio eresse un nuovo tempio a Giove, suscitando così una guerra non piccola né breve. I Giudei infatti ritenevano intollerabile che persone di nazionalità diversa si stabilissero nella loro città e che riti sacri stranieri vi si insediassero [...]. In un primo tempo i Romani non li presero in considerazione. Ben presto tuttavia l'intera Giudea fu sconvolta e ovunque i Giudei provocavano disordini e si riunivano, dando prova di grande ostilità nei confronti dei Romani, in parte segretamente, in parte apertamente [...]. Allora finalmente Adriano mandò contro di loro i migliori generali, per primo Giulio Severo, che fu inviato dalla Britannia, dove era governatore, contro i Giudei. Severo non ebbe l'ardire di attaccare direttamente gli avversari da alcun luogo, vedendo il loro numero e la loro disperazione. Ma tagliando fuori piccoli gruppi grazie al numero dei suoi soldati e sottufficiali, privandoli dei rifornimenti e chiudendo loro il passaggio, egli riuscì – certo lentamente, ma senza correre gravi pericoli – a esaurirne le forze, a spossarli e a sterminarli. In effetti molto pochi di essi sopravvissero; 50 fra le loro più importanti fortezze e 85 dei loro più rinomati villaggi furono rasi al suolo; 580.000 uomini furono uccisi nei diversi attacchi e battaglie (la moltitudine di coloro che perirono per la fame, la malattia e gli incendi era incalcolabile). Cosicché quasi tutta la Giudea rimase deserta [...]. Inoltre in questa guerra morirono anche molti Romani; per questo motivo Adriano, scrivendo al senato, non usò la consueta formula di saluto usata dagli imperatori, e cioè: «Se voi e i vostri figli siete in salute, ciò è bene; anch'io e l'esercito siamo in buona salute».❞

(Cassio Dione, *Storia romana* LXIX, 12, 1-2; 13, 1-14, 3)

a. Il progetto della costruzione del tempio di Giove – che per Adriano avrebbe dovuto costituire il simbolo della vittoria romana – ebbe invece l'effetto di riattizzare la ribellione. Rifletti sulle caratteristiche della religione ebraica e spiega perché.

b. La repressione ordinata da Adriano ti appare in linea con il comportamento abitualmente tenuto da Roma nei confronti delle popolazioni sottomesse? Motiva la tua risposta.

> Scene di combattimento fra i Romani e i Marcomanni: decorano il cosiddetto «sarcofago di Portonaccio», realizzato attorno al 180 d.C. (Roma, Museo Nazionale Romano)

^
Ritratto di Marco Aurelio, scolpito attorno al 180 d.C. (Baltimora, Walters Art Museum)

Commodo abbigliato come Ercole: porta sulle spalle la pelle del leone di Nemea, che l'eroe uccise in una delle sue dodici fatiche. (Roma, Palazzo dei Conservatori)
⌄

di porsi al servizio dello Stato, e governare in accordo con il senato, rivolgendo i propri sforzi non al conseguimento del potere o delle glorie effimere, ma al benessere dei sudditi.

Malgrado il suo buon governo, il principato di Marco Aurelio segnò l'inizio di un lungo periodo di crisi per l'impero romano. Nel 161 i **Parti** invasero la Siria: l'imperatore inviò Lucio Vero, al comando di tre delle legioni fino a quel momento stanziate a presidiare l'area danubiana, a combattere la guerra che, cinque anni dopo, si concluse con una vittoria romana. Tuttavia, questo conflitto ebbe drammatiche conseguenze: i legionari di ritorno dall'Oriente diffusero una terribile **pestilenza** che infuriò per venticinque anni in varie regioni dell'impero – l'Egitto, l'Asia Minore, l'Italia e la regione danubiana –, causando un forte calo demografico.

Approfittando delle difficoltà dei Romani, nel 166 d.C. le tribù germaniche dei **Quadi** e dei **Marcomanni** oltrepassarono il *limes* danubiano e cominciarono a dilagare nei territori dell'impero in cerca di bottino. I due imperatori presero insieme il comando di una difesa avanzata contro i nemici, ma Lucio Vero morì nel 169 d.C. L'anno dopo, i barbari valicarono le Alpi e si spinsero addirittura ad assediare Aquileia, importante città romana. Solo dopo anni di dure campagne militari, nel 175 d.C. Marco Aurelio riuscì a respingere queste tribù oltre il Danubio e a ripristinare la linea di confine. Come vedremo, si trattò solo di un successo momentaneo: negli anni successivi i Germani ripresero a premere lungo il *limes* e le legioni dovettero più volte intervenire per fermare le loro incursioni.

L'impero a Commodo: il ritorno del principio dinastico ■ A differenza degli imperatori che lo avevano preceduto, Marco Aurelio aveva un figlio, Commodo. Sin dal 177 lo associò al potere e lo designò come proprio successore. Questa scelta segnò la fine del periodo del principato adottivo, che aveva portato all'impero numerosi benefici: nel 180 d.C., quando Marco Aurelio morì, **Commodo** – appena diciannovenne – dimostrò subito la sua inadeguatezza a ricoprire il ruolo che lo attendeva. Si disinteressò dell'amministrazione dell'impero, preferendo dedicarsi ai

lussi e ai piaceri; pretese addirittura di essere adorato come un dio e chiamato «l'Ercole romano». Spese cifre folli per offrire spettacoli alla plebe; lui stesso amava esibirsi nell'arena e combattere contro belve (ammaestrate) e gladiatori (che non potevano difendersi). Per rimpinguare le casse dello Stato, processò numerosi senatori accusandoli di tradimento, in modo da confiscarne i beni. Per la classe dirigente romana il comportamento di Commodo era inaccettabile: l'imperatore sfuggì a numerose congiure, ma non a quella che, nel 192 d.C., gli fu fatale. In segno di ulteriore spregio, il senato decretò per lui la *damnatio memoriae*.

3 La dinastia dei Severi

La monarchia militare di Settimio Severo ■ Dopo la morte di Commodo – così come era successo dopo quella di Nerone – si aprì un periodo di lotte per la successione. Per oltre un anno gli eserciti, divisi in fazioni, si scontrarono sostenendo ciascuno un diverso pretendente al trono imperiale: prevalse infine Settimio Severo, il governatore della Pannonia Superiore, appoggiato dalle legioni stanziate in quella provincia.

La guerra civile offrì l'ennesima conferma di come il vero arbitro della situazione fosse ormai l'esercito – l'unica istituzione del cui appoggio un imperatore non poteva fare a meno. Ben consapevole di questa realtà, secondo la tradizione **Settimio Severo**, capostipite della **dinastia dei Severi**, poco prima di morire avrebbe rivolto ai suoi due figli la seguente raccomandazione: «andate d'accordo fra di voi, arricchite i soldati e non preoccupatevi degli altri». Egli stesso adottò provvedimenti mirati a **migliorare le condizioni dei legionari**: aumentò loro la paga, permise loro di farsi una famiglia anche durante gli anni di servizio e rese più facile fare carriera nell'esercito.

Settimio Severo fu il primo imperatore di origine africana: era nato a **Leptis Magna**, città situata nell'attuale Libia, e durante il suo regno – che

Dov'è Leptis Magna?

MALTA
MAR MEDITERRANEO
Tripoli ●
● Bengasi
Leptis Magna
Sabha ●
LIBIA
Murzuq ●
Al Jawf ●
CIAD

❮ **Le rovine di Leptis Magna, in Libia.** (Shutterstock / J. Copland)

❯ Un ritratto di famiglia e un esempio di *damnatio memoriae*: Settimio Severo e sua moglie Giulia Domna con i figli Geta (sulla sinistra) e Caracalla. Dopo aver ordinato l'assassinio del fratello, Caracalla volle che persino il suo volto venisse cancellato dal dipinto. (Berlino, Antikensammlungen)

Busto di Caracalla. (Berlino, Pergamonmuseum / Liepe)
˅

durò dal 193 al 211 d.C. – diede un forte impulso allo sviluppo economico delle province africane. Per quanto riguarda la politica estera, organizzò **nuove campagne militari contro i Parti** (che sconfisse, conquistando un ricco bottino per Roma) **e in Britannia**, per porre un freno alle scorrerie delle popolazioni della Caledonia (l'odierna Scozia) in territorio romano.

Caracalla e la *Constitutio Antoniniana*

▪ Settimio Severo morì nel 211 d.C.: grazie a lui, lo Stato aveva ripreso a essere governato in maniera razionale, ma la reintroduzione del principio dinastico da lui stabilita tornò a danneggiare l'impero. Secondo la sua volontà, il titolo imperiale passò ai suoi figli: Marco Aurelio Antonino, soprannominato **Caracalla** e **Geta**. I due avrebbero dovuto regnare insieme, ma Caracalla, dopo pochi mesi, organizzò l'assassinio del fratello.

Il suo breve regno (211-217 d.C.) è ricordato per i ripetuti scontri con il senato, che non vedeva di buon occhio la sua politica assolutistica, ma soprattutto per l'approvazione di un editto – la *Constitutio Antoniniana* del 212 d.C. – che concedeva la **cittadinanza romana a tutti gli abitanti dell'impero di condizione libera**.

L'estensione della cittadinanza era un'abile mossa propagandistica, che mirava ad accrescere la popolarità dell'imperatore nelle province per controbilanciare l'ostilità del senato, ma era motivata soprattutto da ragioni di origine fiscale: le casse statali, infatti, avevano bisogno di soldi e i cittadini romani erano tenuti a pagare alcune imposte dalle quali erano invece esclusi i provinciali. Al di là di queste motivazioni, con questo provvedimento il processo di parificazione e integrazione tra l'Italia e le province poté dirsi compiuto.

Un ritratto di Elagabalo, realizzato attorno al 220 d.C. (Roma, Musei Capitolini)
˅

Elagabalo e Severo Alessandro

▪ Caracalla rimase vittima di una congiura nel 217. Dopo un anno di disordini, gli successe un giovane parente originario della Siria: Avito Bassiano, detto **Elagabalo**, un ragazzo di quattordici anni. Il suo regno fu caratterizzato da enormi spese e da comportamenti eccentrici, come il tentativo di imporre a Roma il culto orientale di El Gabal, la divinità solare di cui era sacerdote. Dopo solo cinque anni al potere, nel 222 Elagabalo fu ucciso nel corso di un complotto organizzato dai comandanti dell'esercito e sostituito dal cugino **Severo Alessandro**, appena tredicenne. Egli fu rispettoso delle prerogative del senato e governò in maniera equilibrata, ma nel 235 fu assassinato nel corso di una congiura militare; con lui si estinse la dinastia dei Severi.

LEGGERE LA STORIA

I benefici del principato adottivo

Lo storico Cassio Dione nacque durante il principato illuminato di Marco Aurelio, ma durante gli anni della maturità fu suddito dei Severi. Possiamo riconoscere un intento velatamente polemico verso gli imperatori di questa dinastia nel brano che ti proponiamo: l'autore ricostruisce il momento in cui Adriano, in punto di morte, designa il proprio successore ed elenca i vantaggi offerti dal principato adottivo.

❝Adriano deperì a causa della grande perdita di sangue e ciò causò un'idropisia[1]. L'imperatore chiamò nella sua residenza i più eminenti e i più rispettati fra i senatori e, giacendo, così parlò loro: «Amici, la natura non mi ha permesso di avere un figlio, ma voi potete permettermelo per legge. Tra i due metodi vi è questa differenza: un figlio che ti è stato generato diventerà la persona che vorrà la divinità, mentre un figlio adottato lo prendi con te come risultato di una tua propria scelta. Così la natura spesso dà a un genitore un figlio invalido o privo di senno, mentre nel processo di selezione è certo che sarà scelto un figlio in buona salute e sano di mente. Per questo motivo in precedenza io avevo scelto fra tutti Lucio[2], una persona quale mai un figlio mio sarebbe potuto divenire. Ma poiché la divinità ce lo ha portato via, vi ho trovato come imperatore al posto suo l'uomo che ora vi consegno, nobi-le, mite, docile, prudente, né troppo giovane da commettere atti sconsiderati, né troppo anziano da essere negligente, una persona che è stata guidata dalle leggi e che ha esercitato la sua autorità secondo le consuetudini, tanto da non ignorare alcuno degli aspetti del governo e da poterli assolvere tutti in modo eccellente. Sto parlando di Aurelio Antonino. Sebbene io sappia che è l'uomo meno incline a farsi coinvolgere negli affari pubblici e lontano dal desiderio di questo potere, comunque ritengo che non vorrà ignorare né me né voi, ma accetterà il compito anche contro la propria volontà». Avvenne così che Antonino divenne imperatore.❞

(Cassio Dione, *Storia romana* LXIX, 20-21; in G. Geraci e A. Marcone, *Fonti per la storia romana*, Le Monnier Università, Milano 2006)

1. Idropisia: accumulo di liquido sieroso in una cavità del corpo.
2. Lucio: si tratta di Lucio Elio Cesare, uomo fidato di Adriano.

❯ **Formella con allegoria degli imperatori adottivi.** All'estrema sinistra Adriano; al centro Antonino Pio, affiancato dai suoi successori: Marco Aurelio e un giovanissimo Lucio Vero. (Vienna, Museo di Efeso)

a. Quali vantaggi, secondo Adriano, offriva l'adozione del nuovo imperatore rispetto al principio dinastico?

b. Considerando quanto avvenuto durante il I secolo d.C. e in seguito con i Severi, il ragionamento di Adriano è confermato o smentito dalla realtà storica?

c. Il fatto che, secondo Adriano, Antonino Pio accetterà di diventare imperatore «anche contro la propria volontà» rimanda all'idea dell'imperatore come servitore dello Stato. Spiega perché.

^
La stele funeraria di un legionario. Il defunto, di origine tracia ma morto in Britannia, è rappresentato a cavallo, mentre sovrasta un barbaro sottomesso. (Colchester, Essex Museum)

RIFLETTERE E DISCUTERE

Perché, secondo te, gli imperatori adottano una politica fiscale favorevole nei confronti dei legionari?

La vendemmia. Mosaico del III secolo ritrovato in una villa della Gallia meridionale. (Saint-Germain-en-Laye, Museo Archeologico Nazionale)
˅

4 Dietro lo splendore: le inquietudini del II secolo

Le spese militari gravano sull'impero ▪ Lo splendore raggiunto dall'impero romano nel II secolo celava il germe di una crisi che sarebbe esplosa in tutta la sua gravità nei decenni successivi.

Malgrado la buona amministrazione degli imperatori adottivi, l'impero iniziò ad avere crescenti problemi finanziari. A gravare sulle casse imperiali erano soprattutto le enormi spese sostenute per l'esercito.

Sino al II secolo l'esercito non aveva costituito un costo per Roma: il bottino, i tributi pagati dalle regioni conquistate e i proventi derivati dalla vendita degli schiavi erano più che sufficienti a coprire le spese sostenute. Si può tranquillamente affermare che negli ultimi secoli della repubblica e nel primo dell'impero l'esercito si pagava da solo, e inoltre contribuiva all'arricchimento di Roma. Ma la fine delle conquiste – e la conseguente assunzione da parte delle legioni di una funzione essenzialmente difensiva – comportò la trasformazione dell'esercito in una voce passiva del bilancio, che assorbiva ben il 60% delle uscite statali. L'incremento delle spese militari fu inoltre dovuto all'aumento del numero dei soldati, passati dai 250.000 dell'epoca augustea a più di 400.000, e al fatto che tutti gli imperatori concessero ai legionari aumenti di stipendio e sgravi fiscali. In assenza del bottino derivante dalle conquiste, fu possibile coprire le esorbitanti spese militari solo attraverso un aumento delle tasse.

La crisi dell'agricoltura italiana ▪ Un secondo elemento di crisi fu costituito dalla **perdita di centralità economica dell'Italia**, che fino a quel momento era stata il paese più ricco dell'impero.

Come ricorderai, a partire dal I secolo a.C. i proprietari terrieri italiani avevano convertito parte delle terre prima coltivate a cereali a colture pregiate e redditizie, come quelle della vite e dell'olivo; la produzione di vino e olio veniva assorbita dalla popolazione di Roma. Ma in epoca imperiale i produttori italiani si trovarono a dover fronteggiare la crescente concorrenza di quelli delle province che – ovviamente attirati dalla possibilità di guadagnare di più – passarono anch'essi alle produzioni pregiate e iniziarono a venderle anche sui mercati italiani a prezzi competitivi. Per questo motivo, a partire dal II secolo d.C. il vino della Gallia, di minore qualità ma dai costi molto più contenuti, si impose progressivamente su quello prodotto in Italia; allo stesso modo, dalle province africane e dalla Spagna giungeva a Roma l'olio d'oliva.

La **crisi dell'agricoltura** erose i redditi dei piccoli contadini italiani e, sommandosi alla crescente pressione fiscale, contribuì a una tendenza in atto già da tempo, ossia all'**aumento del divario sociale tra le *élite* e la massa della popolazione**: in poche parole, mentre i ricchi si arricchivano ulteriormente, il resto della popo-

Un affresco dalla Villa dei Misteri di Pompei: gli storici ritengono che vi siano rappresentati alcuni riti di iniziazione ai culti misterici. (Scala)

lazione tendeva a sprofondare in una miseria sempre più nera. Nelle fonti del tempo emerge una divisione netta tra gli *honestiores* – letteralmente «più onorati», ossia i ceti ricchi – e gli *humiliores*, ovvero «più umili», «coloro che stanno in basso», i rappresentanti dei ceti più svantaggiati.

Alcuni imperatori tentarono di sanare questo squilibrio: Traiano e Adriano, per esempio, estesero ad altre città le distribuzioni gratuite di cibo fino ad allora destinate solo alla plebe di Roma; Adriano inoltre cancellò i debiti contratti dagli abitanti dell'Italia verso il fisco imperiale. Tuttavia, queste misure si rivelarono inutili a fermare la diffusione della povertà.

La diffusione dei culti orientali ▪
Le difficoltà dell'economia e la crescente povertà contribuirono alla nascita di un clima di incertezza che facilitò la diffusione di culti di origine orientale. La religione ufficiale romana, utilizzata dagli imperatori come strumento di propaganda, appariva sempre più inadatta a colmare il vuoto spirituale che molti avvertivano.

Le religioni orientali, invece, davano risposte alle inquietudini spirituali dell'epoca, offrivano ai fedeli motivi di speranza e prospettavano l'esistenza, dopo la morte, di una vita eterna nella quale i virtuosi sarebbero stati ricompensati per le sofferenze e i torti subiti.

Fra le religioni di provenienza orientale, ebbero ampia diffusione pubblica il culto di **Cibele**, dea frigia della fecondità, considerata grande madre degli dei e degli uomini e quello di **Iside**, dea egizia della luna legata alla rigenerazione della natura.

Il culto del dio solare **Mitra**, invece, si diffuse soprattutto tra i militari e i funzionari imperiali: originario della Persia, dove era una religione pubblica, nel mondo romano fu trasformato in un **culto misterico**, ovvero **riservato agli iniziati**. Mitra era una divinità benigna perennemente in lotta contro le tenebre del male. La festa della sua nascita veniva celebrata il 25 dicembre, in prossimità del solstizio di inverno, ossia quando, dopo la lunga notte invernale, la luce del sole tornava a imporsi sul buio. Quando un fedele di Mitra moriva, si credeva che il dio prelevasse il suo spirito e lo portasse con sé in cielo, dove avrebbe vissuto per l'eternità: si trattava chiaramente di un mito consolatorio, che ripagava i credenti delle loro misere condizioni in questa vita.

Il dio Mitra uccide un toro. Il culto di questa divinità orientale si diffuse in tutto l'impero grazie ai soldati e all'appoggio degli imperatori. Santuari dedicati a Mitra sono stati ritrovati anche in Britannia. (J. Oakden)

SINTESI

1 La dinastia Flavia

Dopo la guerra dell'anno dei quattro imperatori prevale Vespasiano (al potere dal 69 al 79 d.C.). Governa in accordo con il senato, segue una politica economica accorta, fa rinforzare i confini iniziando la costruzione del *limes*, fa reprimere dal figlio Tito la prima rivolta giudaica nel 70 d.C. Durante il breve e pacifico regno di Tito (79-81 d.C.) si verifica l'eruzione del Vesuvio che distrugge Ercolano e Pompei. Gli succede Domiziano (81-96 d.C.), che governa in maniera assolutistica, si scontra con il senato e perseguita i cristiani.

2 Gli imperatori adottivi

Dopo la morte di Domiziano sale al trono l'anziano Nerva, che governa solo per due anni ma adotta Traiano. Di origine spagnola, Traiano (al potere dal 98 al 117 d.C.) conquista nuove province in Asia: con lui l'impero raggiunge la massima espansione. Designa come successore Adriano, anch'egli spagnolo e ottimo governante, che rafforza i confini dell'impero. Poi tocca ad Antonino Pio, che fra il 138 e il 161 d.C. assicura all'impero un periodo sereno. È poi la volta di Marco Aurelio: l'imperatore filosofo (sul trono dal 161 al 180 d.C.) condivide il potere con il fratello adottivo Lucio Vero, fino alla morte di questi nel 169 d.C., e combatte contro i Quadi e i Marcomanni. Ma, interrompendo la serie degli imperatori adottivi, sceglie come erede suo figlio Commodo (sul trono dal 180 al 192 d.C.), che si rivela un cattivo sovrano.

3 La dinastia dei Severi

Dopo la morte di Commodo si apre un anno di guerre fra i pretendenti al trono. Prevale Settimio Severo, di origine africana, che, al potere dal 193 al 211 d.C., migliora le condizioni dell'esercito e organizza nuove campagne militari contro i Parti e in Britannia. Designa come successori i figli Caracalla e Geta, ma il primo uccide il secondo e resta da solo al potere dal 211 al 217 d.C. Nel 212, con la *Constitutio Antoniniana*, Caracalla concede la cittadinanza romana a tutti gli abitanti dell'impero di condizione libera. La dinastia dei Severi si estingue con il principato di due imperatori ragazzini: Elagabalo (217-222 d.C.) e Severo Alessandro (222-235 d.C.).

4 Dietro lo splendore: le inquietudini del II secolo

Nel II secolo si creano le condizioni per una crisi dell'impero che esploderà nei decenni successivi. I bilanci statali vengono compromessi dalle sempre più ingenti spese militari. L'Italia perde la sua centralità economica e il divario tra ricchi e poveri cresce. I Romani cercano risposte alle inquietudini della loro epoca in culti di origine orientale, come quelli di Cibele e di Iside, e quello – riservato ai soli iniziati – del dio solare Mitra.

Crisi e inquietudini nell'impero del II secolo

MAPPA CONCETTUALE

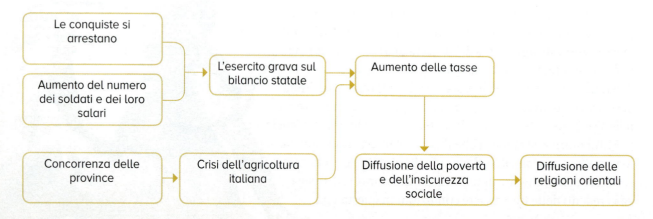

LEZIONE 3

ZTE ONLINE
Mettiti alla prova con
gli esercizi interattivi

77

VERIFICA

ORIENTARSI NEL TEMPO E NELLO SPAZIO

1 Completa la tabella con i nomi degli imperatori e le date opportune.

Dinastia Flavia		Imperatori adottivi		Dinastia dei Severi	
• Vespasiano	(............-79 d.C.)	• Nerva	(............-98 d.C.)	• Settimio Severo	(............-............ d.C.)
• Tito	(79-81 d.C.)	•	(98-............ d.C.)	•	(............-217 d.C.)
•	(81-............ d.C.)	• Adriano	(............-138 d.C.)	•	(217-222 d.C.)
		•	(138-161 d.C.)	• Severo Alessandro	(222-............ d.C.)
		•	(161-180 d.C.)		
		• Commodo	(180-............ d.C.)		

ORIENTARSI NEL TEMPO E NELLO SPAZIO

2 Scrivi le date relative ai seguenti avvenimenti, elencati in disordine.

a. Distruzione del Tempio di Gerusalemme a opera di Tito: ....

b. Approvazione della *Constitutio Antoniniana*: ....

c. Lucio Vero sconfigge i Parti in Oriente: ....

d. Quadi e Marcomanni oltrepassano il *limes*: ....

e. Eruzione del Vesuvio e distruzione di Ercolano e Pompei: ....

LAVORARE SUL LESSICO

3 Scrivi la definizione delle seguenti parole o espressioni. Poi, con ciascuna di esse, componi una frase da usare come possibile esordio per un'interrogazione.

principato adottivo • limes • *fossatum Africae* • honestiores • humiliores • *culto misterico*

VERIFICARE LE CONOSCENZE

4 Alcune di queste affermazioni dicono il falso. Individuale e correggile a voce.

a. Fra i quattro imperatori che si sfidarono dopo la morte di Nerone c'era anche Vespasiano.

b. Il promulgatore della *Constitutio Antoniniana* fu Antonino Pio.

c. Nel II secolo gli avversari più temibili dei Romani in Asia furono i Nabatei.

d. Adriano era un ammiratore della cultura greca.

e. Adriano fu soprannominato «l'imperatore filosofo» perché aderì allo stoicismo.

f. Domiziano, Commodo e Caracalla non furono giudicati buoni imperatori.

g. Durante il II secolo le spese militari di Roma diminuirono.

h. Settimio Severo fu il primo imperatore nato in Oriente.

LAVORARE SULLE IMMAGINI

5 Completa il brano scegliendo le opzioni corrette.

Entrambe le monete qui accanto rappresentano ☐ Caracalla / ☐ Geta, figlio di ☐ Settimio Severo / ☐ Commodo, che condivise per appena pochi mesi il potere imperiale con suo fratello ☐ Caracalla / ☐ Elagabalo prima di venire ucciso proprio per suo ordine. La moneta sulla sinistra risale al 207 d.C.; quella sulla destra, invece, fu coniata nel 211, lo stesso anno in cui fu commesso l'assassinio. L'imperatore è ritratto con una folta barba e un aspetto maturo, ma all'epoca della sua morte aveva solo ventidue anni.

La nascita e la diffusione del cristianesimo

 IL LUOGO

LA PALESTINA
In questa regione dalla storia millenaria, attraversata da forti contrasti politici e religiosi, nasce e svolge la propria predicazione Gesù di Nazaret.

 L'IDEA CHIAVE

LA FRATELLANZA UNIVERSALE
Per il cristianesimo tutti gli uomini sono uguali e tra loro fratelli, in quanto figli di Dio, indipendentemente dalla loro origine: per l'epoca, è una concezione rivoluzionaria.

 I PROTAGONISTI

GLI APOSTOLI
Dopo la morte di Gesù gli apostoli impediscono la dispersione dei fedeli che si erano raccolti attorno a lui e iniziano a predicare il messaggio cristiano tra le comunità ebraiche del Medio Oriente.

L'EVENTO

LE PERSECUZIONI
Anche se molti appartenenti alle prime comunità cristiane sono costretti a scegliere tra la morte e la rinuncia alla propria fede, il cristianesimo si diffonde in tutto l'impero.

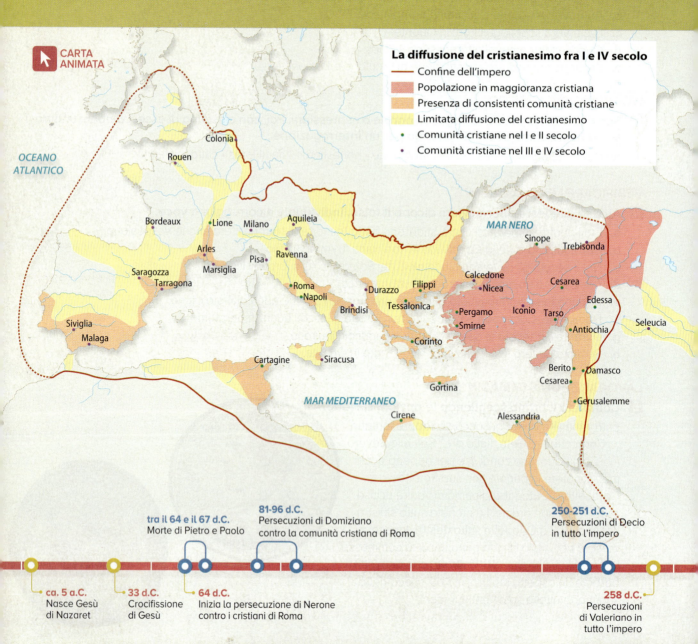

CARTA ANIMATA

La diffusione del cristianesimo fra I e IV secolo
- — Confine dell'impero
- Popolazione in maggioranza cristiana
- Presenza di consistenti comunità cristiane
- Limitata diffusione del cristianesimo
- • Comunità cristiane nel I e II secolo
- • Comunità cristiane nel III e IV secolo

OCEANO ATLANTICO

Colonia
Rouen
Bordeaux
Lione
Milano
Aquileia
Arles
Pisa
Ravenna
Marsiglia
Saragozza
Tarragona
Roma
Napoli
Siviglia
Malaga
Cartagine
Siracusa
Brindisi
Durazzo
Tessalonica
Corinto
Gortina
Cirene
MAR MEDITERRANEO
MAR NERO
Sinope
Trebisonda
Calcedone
Nicea
Cesarea
Filippi
Pergamo
Smirne
Iconio
Tarso
Edessa
Seleucia
Antiochia
Berito
Cesarea
Damasco
Gerusalemme
Alessandria

ca. 5 a.C.
Nasce Gesù di Nazaret

33 d.C.
Crocifissione di Gesù

64 d.C.
Inizia la persecuzione di Nerone contro i cristiani di Roma

tra il 64 e il 67 d.C.
Morte di Pietro e Paolo

81-96 d.C.
Persecuzioni di Domiziano contro la comunità cristiana di Roma

250-251 d.C.
Persecuzioni di Decio in tutto l'impero

258 d.C.
Persecuzioni di Valeriano in tutto l'impero

«*A nulla servono le vostre ingiuste crudeltà: sono anzi un'attrattiva per la nostra setta. Diventiamo di più ogni volta che ci falciate: è semente il sangue dei cristiani.*»

• Così scriveva all'inizio del III secolo l'apologista Tertulliano rivolgendosi ai persecutori dei cristiani. Scopri in questa lezione chi erano gli apologisti e perché le persecuzioni non arrestarono la diffusione del cristianesimo.

1 La Palestina al tempo di Gesù

Una regione attraversata da tensioni politiche ▪ «Questo nome [cristiani] deriva da Cristo, il quale sotto l'impero di Tiberio era stato giustiziato dal procuratore Ponzio Pilato»: con queste poche parole lo storico romano Tacito descrive uno degli eventi fondamentali della nostra civiltà, ovvero la crocifissione di Gesù Cristo. Al momento in cui Tacito scriveva, all'inizio del II secolo d.C., il cristianesimo era ancora una religione minoritaria, diffusa solo in poche città, ma nei decenni successivi si sarebbe propagata in tutto l'impero, modificando profondamente la società.

Gesù nacque in Palestina, attorno al 5 a.C. (> scheda a pag. 82; la data dell'anno 0, usata tradizionalmente è il frutto di un errore di calcolo effettuato nel V secolo dal monaco Dionigi il Piccolo), mentre a Roma governava Augusto.

La Palestina conquistata nel 63 a.C. dalle legioni di Pompeo, era divenuta uno dei regni clienti (> Lez. 1) di Roma. Fra il 37 e il 4 a.C. sul trono sedette Erode il Grande; alla sua morte, una piccola parte del regno si rese indipendente sotto il governo del figlio Erode Antipa; l'altra, che comprendeva anche la capitale Gerusalemme, fu invece sottoposta alla diretta giurisdizione di Roma e formò la **provincia della Giudea**. Come avveniva abitualmente nell'impero, l'amministrazione della provincia fu affidata a un prefetto – dal 26 al 36 d.C. tale carica fu ricoperta da **Ponzio Pilato** – che governava in accordo con il **sinedrio**, un consiglio di settanta membri,

^ **Il sarcofago del console Giunio Basso**, del IV secolo d.C., è fra i capolavori dell'arte cristiana delle origini. È decorato con scene del Vecchio e del Nuovo Testamento. (Città del Vaticano, Museo del Tesoro di San Pietro)

La Palestina intorno al 30 d.C.

▬▬	Regno di Erode il Grande
🟨	Provincia di Giudea
🟪	Provincia di Siria
🟥	Regno di Erode Antipa
🟩	Regno di Erode Filippo

A chi erano sottoposte, dal punto di vista politico, la regione della Galilea e la città di Gerusalemme?

Messia

Il messia è «l'unto», «consacrato dal Signore»: la parola ebraica *masiah* veniva tradotta in greco con il termine *christos* – da cui il termine «Cristo» come appellativo di Gesù.

Battesimo

Il termine deriva da un verbo greco che significa «immergere nell'acqua». Il battesimo era ai tempi di Gesù un rito di purificazione, mentre oggi è il rito con cui un fedele entra a far parte di una chiesa.

Giovanni Battista battezza Cristo nelle acque del Giordano; placca di avorio del VI secolo. (Lione, Museo delle Belle Arti)
v

presieduto dal sommo sacerdote del Tempio di Gerusalemme, a cui spettava il compito di vigilare sul rispetto della legge ebraica. Il governo romano era però mal tollerato da un'ampia parte della popolazione, che sognava l'indipendenza dai gentili (con questo nome gli Ebrei indicavano i pagani politeisti) e la rinascita del regno di Israele.

L'attesa del messia ■ Gli Ebrei ritenevano che, in un futuro non lontano, Dio avrebbe inviato loro un messia per liberare il popolo eletto dai peccati e inaugurare sulla Terra una nuova epoca di pace e giustizia. All'interno del mondo ebraico esistevano però numerose sette, raccolte attorno a predicatori; ciascuna di esse interpretava diversamente il significato dell'attesa messianica. La parola ebraica «messia» significa letteralmente «unto», «consacrato»: al momento della loro incoronazione, infatti, gli antichi re di Israele – come Saul, Davide e Salomone – venivano unti con l'olio sacro. Per questo motivo, alcune sette ebraiche interpretarono la figura del messia come quella di un re, una guida politica che avrebbe liberato la Palestina dalla dominazione straniera, eliminato gli invasori e riportato allo splendore il regno di Israele. Una delle sette più estremiste era quella degli **zeloti**, che proclamavano la necessità di opporre una resistenza armata ai Romani e non esitavano a ricorrere alle violenze e all'assassinio.

Altre sette ritenevano invece che la venuta del messia avrebbe comportato un rinnovamento non politico, ma spirituale. Era il caso degli **esseni**, che si preparavano a incontrarlo ricercando la purificazione: per questo avevano creato comunità isolate nei deserti attorno al Mar Morto, dove poter condurre una vita ascetica e dedicata alla preghiera.

Un ruolo particolare tra i predicatori del tempo ebbe **Giovanni il Battista**, ovvero «il battezzatore»: egli infatti impartiva il battesimo, ovvero immergeva quanti si recavano ad ascoltare i suoi sermoni nelle acque del fiume Giordano, affinché fossero purificati dai loro peccati. Secondo i Vangeli, anche Gesù si fece battezzare da Giovanni.

La pratica del battesimo metteva in discussione l'autorità dei sacerdoti ebraici, che sostenevano di essere gli unici a poter amministrare i riti sacri; questo fatto, unito alla crescente popolarità di Giovanni, spinse Erode Antipa a farlo arrestare e decapitare.

Fu in questo clima attraversato da forti contrasti politici e da altrettanto forti sentimenti religiosi che, tra il 27 e il 29, Gesù iniziò la sua predicazione.

2 La predicazione di Gesù

Un messaggio rivoluzionario... ■ Per circa tre anni Gesù predicò in vari luoghi della Galilea e a Gerusalemme. La sua predicazione rivelò subito il suo effetto dirompente: Gesù si rivolgeva infatti a tutti gli uomini, indirizzando il suo messaggio di speranza soprattutto agli umili e agli emarginati. Predicava usando un linguaggio semplice e impartendo il proprio insegnamento tramite l'uso di parabole, cioè brevi racconti il cui significato morale era facilmente comprensibile. Attorno a Gesù si formò ben presto un gruppo di discepoli del quale facevano parte – con grande scandalo di molti Ebrei – anche ex prostitute e pubblicani (gli odiatissimi appaltatori che riscuotevano le imposte per conto dei Romani). Tra i suoi seguaci Gesù scelse dodici apostoli, ai quali affidò il compito di diffondere il suo messaggio.

... e universalistico

• Il messaggio cristiano era basato su alcuni princìpi che oggi possono apparire semplici, ma che a quel tempo erano estremamente originali e innovativi. In primo luogo vi era la fede in Dio Padre, come ente creatore dell'universo: l'unicità della rivelazione cristiana escludeva l'esistenza di ogni altra divinità. In secondo luogo Gesù predicava un sentimento di **fratellanza e** di **uguaglianza tra tutti gli uomini** – in quanto tutti figli dello stesso Dio Padre – che si doveva tradurre nell'amore verso il prossimo e nell'esercizio della carità e del perdono. Fondamentale era anche l'idea della **resurrezione**: dopo la morte i giusti sarebbero stati chiamati in Paradiso, per vivere una seconda vita, eterna, alla presenza di Dio.

Il messaggio cristiano era quindi un messaggio fortemente morale e, a differenza degli esseni che ricercavano l'isolamento dal mondo, Gesù chiedeva ai suoi seguaci di operare nel mondo, per prestare aiuto ai poveri e agli umili.

La reazione del sinedrio e la morte di Gesù

• La predicazione di Gesù incontrava grande seguito e ben presto questo cominciò a infastidire le autorità ebraiche, che vedevano nel predicatore venuto dalla Galilea un pericolo per il proprio potere. Così, nel 30 d.C. (forse approfittando di alcuni tumulti a cui accenna il Vangelo di Marco), lo fecero arrestare mentre si trovava a Gerusalemme. Dato che la città era posta sotto la giurisdizione romana, i membri del sinedrio si trovavano nell'impossibilità di condannare direttamente a morte Gesù. Lo condussero dunque alla presenza di Ponzio Pilato: di fronte al prefetto romano, accusarono Gesù di aver progettato una rivolta contro i Romani («abbiamo trovato costui che sobillava il nostro popolo, impediva di dare tributi a Cesare e affermava di essere il Cristo re», si legge nel Vangelo di Luca) e domandarono per lui la pena capitale.

Pilato si comportò come solitamente facevano in casi simili i governatori romani: considerò l'intera faccenda come una questione che riguardava solo la popolazione locale e, evitando di interferire, autorizzò l'esecuzione di Gesù, che venne crocifisso.

Discepoli / Apostoli

Discipulus è, in latino, «colui che apprende, che segue» quindi «il seguace»; *apóstolos* in greco significa invece «l'inviato».

CONFRONTARE

Quale elemento della predicazione di Gesù si inscriveva nel solco della religione ebraica? Chi lo avrebbe considerato, invece, rivoluzionario?

A SINISTRA **Gesù Cristo predica e guarisce i malati;** sarcofago del III secolo. (Roma, Museo Nazionale Romano)

A DESTRA **Cristo fa il suo ingresso a Gerusalemme** e viene acclamato dalla folla, pochi giorni prima della sua crocifissione; mosaico del 1150. (Palermo, Cappella Palatina)

Il Gesù della storia

Numerosi testi antichi contengono accenni a Gesù, ma le principali fonti di informazioni sulla sua vita in nostro possesso sono i quattro Vangeli canonici di Matteo, Marco, Luca e Giovanni. Negli ultimi decenni diverse ricerche ne hanno discusso l'attendibilità storica, e hanno proposto di utilizzarli per ricostruire un "Gesù della storia" che affiancasse il "Cristo della fede". Questi tentativi hanno dato luogo a risultati spesso contraddittori – tanto da spingere uno dei maggiori biblisti del Novecento, Rudolf Schnackenburg, ad affermare quanto segue:

"mediante gli sforzi della ricerca coi metodi storico-critici, non si riesce o si riesce solo in misura insufficiente a raggiungere una visione affidabile della figura storica di Gesù di Nazaret.**"**

Il fine degli evangelisti non era costruire una biografia di Gesù, ma piuttosto annunciare il suo messaggio di salvezza: per questo motivo, i testi evangelici sono spesso privi di quelle informazioni che noi desidereremmo trovare. Nessun Vangelo, per esempio, fornisce una descrizione fisica di Gesù, e tutti e quattro sono estremamente vaghi su quando si siano svolti i principali avvenimenti della sua vita. Gli evangelisti usano formule indefinite come «in quei giorni» o «a quel tempo». Così, non è possibile individuare con certezza la data di nascita di Gesù: mentre Marco e Giovanni non dicono nulla al proposito, Matteo e Luca scrivono che nacque «al tempo del re Erode» – e quindi prima del 4 a.C., anno della morte del re: un dato che studiosi e biblisti hanno definito attendibile. Non è invece attendibile l'indicazione fornita dal Vangelo di Luca secondo la quale Gesù nacque nei giorni in cui si teneva «il censimento di tutta la Terra» ordinato da Augusto che si svolse solo nel 6 d.C.

Anche altri dettagli della vita di Gesù che diamo per assodati (sulla scorta della tradizione) trovano un riscontro solo parziale nel racconto evangelico. Per esempio, il Vangelo di Matteo – l'unico che accenni ai Magi – non afferma né che fossero tre, né che fossero dei re. Questi dati furono aggiunti in seguito: il numero di tre è una suggestione, probabilmente dovuta al fatto che essi portarono a Gesù tre doni (l'oro, l'incenso e la mirra), mentre la qualifica di re è una deduzione effettuata sulla base di un versetto del Salmo 72: «a lui tutti i re si prostreranno». Malgrado queste difficoltà, i Vangeli, se correttamente interpretati, permettono di avvicinarsi al Gesù della storia. Una questione recentemente dibattuta, è quella che riguarda l'estrazione sociale di Gesù. C'è chi ha sostenuto che Giuseppe non fosse un falegname ma un carpentiere, ossia un artigiano per lo meno agiato, e, di conseguenza, ha ipotizzato che Gesù appartenesse a una sorta di "borghesia". Ma il biblista Gianfranco Ravasi, nel suo saggio *Questioni di fede* (Mondadori, Milano, 2010), scrive:

"Gesù dal punto di vista sociale è presentato da Marco (6,3) come un *tékton*, qualifica che Matteo (13,55) assegna invece al padre legale, Giuseppe. Che cosa indica quel vocabolo greco? Di per sé rimanda o al falegname o al carpentiere, con prevalenza per la prima accezione [...]. In realtà la distinzione tra le due professioni era piuttosto blanda, anche perché, a un livello sociale basso com'era quello della Palestina di allora, le specializzazioni non esistevano. [...] Lo standard generale di vita era allora modesto, [...] e Gesù era da collocare nella classe comune, piuttosto omogenea, che aveva mezzi di sussistenza sufficienti, anche se scarsi. [...] Durante il suo ministero pubblico Cristo non aveva particolari capitali che gli permettessero la sopravvivenza, ma si adattava alla prassi dei predicatori ambulanti di allora, che potevano usufruire sia della tradizionale norma dell'ospitalità, sia del sostegno dei discepoli.**"**

a. Ammettendo che Gesù sia morto nel 33 d.C. (cosa non certa), quanti anni aveva, presumibilmente, quando fu crocifisso?

b. Perché gli evangelisti non utilizzano date precise nel loro racconto?

❮ Gesù bambino assiste il padre Giuseppe nel suo lavoro di falegname. Dipinto di Georges de la Tour del 1640 circa. (Parigi, Museo del Louvre)

LEGGERE LA STORIA

Il discorso della montagna

Il cosiddetto «discorso della montagna», uno dei passi evangelici più noti, è un sermone che Gesù pronunciò davanti a un'ampia folla accorsa ad ascoltarlo; in esso vengono esposti i princìpi fondamentali della predicazione cristiana.

"Beati i poveri in spirito, perché di essi è il regno dei cieli. Beati gli afflitti, perché saranno consolati. Beati i miti, perché erediteranno la terra. Beati quelli che hanno fame e sete della giustizia, perché saranno saziati. Beati i misericordiosi, perché troveranno misericordia.
Beati i puri di cuore, perché vedranno Dio. Beati gli operatori di pace, perché saranno chiamati figli di Dio. Beati i perseguitati per causa della giustizia, perché di essi è il regno dei cieli. Beati voi quando vi insulteranno, vi perseguiteranno e, mentendo, diranno ogni sorta di male contro di voi per causa mia. [...]
Chi dunque trasgredirà uno solo di questi precetti, anche minimi, e insegnerà agli uomini a fare altrettanto, sarà considerato minimo nel regno dei cieli. Chi invece li osserverà e li insegnerà agli uomini, sarà considerato grande nel regno dei cieli.
Poiché io vi dico: se la vostra giustizia non supererà quella degli scribi e dei farisei, non entrerete nel regno dei cieli. [...] Avete inteso che fu detto: «Occhio per occhio e dente per dente»; ma io vi dico di non opporvi al malvagio; anzi se uno ti percuote la guancia destra, tu porgigli anche l'altra; e a chi ti vuol chiamare in giudizio per toglierti la tunica, tu lascia anche il mantello. E se uno ti costringerà a fare un miglio, tu fanne con lui due. Dà a chi ti domanda e a chi desidera da te un prestito non volgere le spalle. Avete inteso che fu detto: «Amerai il tuo prossimo e odierai il tuo nemico»; ma io vi dico: amate i vostri nemici e pregate per i vostri persecutori, perché siate figli del Padre vostro celeste, che fa sorgere il suo sole sopra i malvagi e sopra i buoni, e fa piovere sopra i giusti e sopra gli ingiusti. [...]

Gesù pronuncia il discorso della montagna; affresco del Beato Angelico, 1438-1440. (Firenze, Museo Nazionale di San Marco)

Guardatevi dal praticare le vostre buone opere davanti agli uomini per essere da loro ammirati, altrimenti non avrete ricompensa presso il Padre vostro che è nei cieli. Quando dunque fai l'elemosina, non suonare la tromba davanti a te, come fanno gli ipocriti nelle sinagoghe e nelle strade per essere lodati dagli uomini. In verità vi dico: hanno già ricevuto la loro ricompensa. Quando invece tu fai l'elemosina, non sappia la tua sinistra ciò che fa la tua destra, perché la tua elemosina resti segreta; e il Padre tuo, che vede nel segreto, ti ricompenserà.
Quando pregate, non siate simili agli ipocriti che amano pregare stando ritti nelle sinagoghe e negli angoli delle piazze, per essere visti dagli uomini. In verità vi dico: hanno già ricevuto la loro ricompensa. Tu invece, quando preghi, entra nella tua camera e, chiusa la porta, prega il Padre tuo nel segreto; e il Padre tuo, che vede nel segreto, ti ricompenserà. Pregando poi, non sprecate parole come i pagani, i quali credono di venire ascoltati a forza di parole. Non siate dunque come loro, perché il Padre vostro sa di quali cose avete bisogno ancor prima che gliele chiediate."

(*Vangelo secondo Matteo* 5, 3-11, 19-20, 38-45; 6, 1-8; in La Sacra Bibbia della CEI)

a. Il messaggio cristiano si basa sulla pace, l'amore, la fratellanza e l'uguaglianza tra tutti gli uomini: rileggi le parole di Gesù e individua i punti in cui questi valori vengono sottolineati.

b. Nella religione olimpica i sacrifici agli dei erano finalizzati all'ottenimento di un aiuto per risolvere questioni quotidiane e concrete. A quali necessità si riferisce invece Gesù, secondo te, quando afferma «il Padre vostro sa di quali cose avete bisogno ancor prima che gliele chiediate»?

c. La fede cristiana crea un legame intimo tra il fedele e Dio: identifica nel testo i passi in cui tale legame viene esplicitato.

d. L'appellativo di «padre» veniva usato anche per rivolgersi a Giove, ma lo stesso termine, riferito al Dio cristiano, assume un significato diverso. Spiega perché.

> **La crocifissione di Gesù** raffigurata in un astuccio d'avorio del 420 circa. (Londra, British Museum)

3 Gli apostoli e la diffusione del cristianesimo

Le prime comunità cristiane ■ Le nostre informazioni su quello che accadde dopo la morte di Gesù e sulle vicende delle prime comunità cristiane derivano soprattutto dagli *Atti degli Apostoli*, un'opera redatta dall'evangelista Luca attorno all'anno 70.

Contrariamente a quanto il sinedrio si aspettava, dopo la crocifissione i fedeli che a Gerusalemme si erano raccolti attorno a Gesù non si dispersero. Al contrario, diedero vita a una comunità che continuò l'opera di predicazione, annunciando che Gesù era il Cristo, ovvero il messia venuto a inaugurare una nuova fase della storia umana, e che, dopo la morte, egli era risorto ed era salito al cielo riunendosi a Dio Padre. All'interno della comunità **le donne avevano un ruolo rilevante** (potevano diventare anche diaconesse, > Paragrafo 4) ciò costituiva una novità, perché nella cultura ebraica (come in molte culture del mondo antico, le donne sperimentavano uno stato di assoluta subordinazione, ed era un altro importante segnale dell'universalità del messaggio di Cristo.

I seguaci di Cristo furono perseguitati dal sinedrio: l'apostolo **Pietro**, che Gesù stesso aveva indicato come guida per il gruppo dei fedeli, fu arrestato. Nel 33 una folla inferocita lapidò Stefano, uno dei principali esponenti della comunità cristiana. Malgrado le persecuzioni, sotto la guida di Pietro e degli altri apostoli il messaggio cristiano iniziò a diffondersi alle comunità ebraiche presenti nelle principali città dell'impero romano: vent'anni dopo la morte di Gesù, gruppi di fedeli già relativamente numerosi esistevano a Corinto, Efeso, Alessandria, Damasco e, soprattutto, ad Antiochia, la capitale della provincia romana della Siria. Fu proprio ad Antiochia che per la prima volta fu impiegato il termine «cristiano» per indicare i credenti nella nuova fede. A Roma, la presenza di cristiani è attestata per la prima volta nel 49; in quell'anno l'imperatore Claudio espulse da Roma gli Ebrei

Il raffinato calice liturgico detto «di Antiochia», della prima metà del VI secolo. (New York, Metropolitan Museum of Art)

I viaggi di san Paolo
→ Primo viaggio
→ Secondo viaggio
→ Terzo viaggio
→ Quarto viaggio

per metter fine ai contrasti sorti – per usare le parole dello storico Svetonio – «per colpa di un certo Cresto», cioè Cristo. Qualche anno più tardi,
quando gli Ebrei furono riammessi in città, con loro giunse anche l'apostolo Pietro, che con l'aiuto di una matrona romana, diede vita alla prima
comunità cristiana nella capitale dell'impero.

Paolo di Tarso e la predicazione ai gentili ▪ Inizialmente la pre-
dicazione del messaggio cristiano fu rivolta esclusivamente agli Ebrei, ossia a coloro che Dio aveva riconosciuto come il popolo eletto. Secondo gli
Atti degli Apostoli, i primi pagani furono convertiti da Pietro durante un suo
soggiorno a Cesarea; ma quando egli tornò a Gerusalemme, fu rimprovera-
to dai suoi confratelli per aver battezzato dei non ebrei. Malgrado questo
episodio, la conversione dei gentili restò per molti anni marginale: molti
dei primi cristiani ritenevano infatti che il messaggio di salvezza di Gesù
fosse indirizzato esclusivamente al popolo ebraico, non all'intera umanità.

A separare definitivamente il cristianesimo dalla religione ebraica fu
Paolo di Tarso (ca. 10-ca. 67), un ebreo di cittadinanza romana convertito-
si dopo essere stato inizialmente un persecutore dei cristiani. Nel 49 Paolo
ottenne dagli apostoli il permesso di predicare ai pagani: si trattò di una decisione dalle importanti conseguenze poiché è in seguito alla predicazione
di Paolo, che il cristianesimo divenne realmente una religione universale.
Come scrisse Paolo di fronte alla fede in Cristo ogni differenza etnica, sociale o di genere veniva meno: «non c'è più Giudeo né Greco; non c'è più
schiavo né libero; non c'è più uomo né donna, poiché tutti voi siete uno
in Cristo Gesù». Paolo compì numerosi viaggi nel Mediterraneo orientale,
predicando la venuta di Cristo e fondando in varie città nuove comunità.
Nelle lettere inviate alle comunità cristiane con cui era entrato in contatto, egli fornì ai primi fedeli importanti chiarimenti sul modo di intendere
il messaggio di Gesù e sui comportamenti che i cristiani dovevano tenere.

La composizione dei Vangeli ▪ Mano a mano che i discepoli e coloro
che avevano conosciuto personalmente Gesù invecchiavano e morivano,

✓ **CONOSCERE**

Per circa 34 anni, dal 33
al 67 d.C. (anno della sua
morte), Pietro ricoprì un
ruolo molto importante
all'interno della Chiesa:
quale?

IL RITRATTO

Paolo di Tarso, l'apostolo dei gentili

Un ebreo "ellenizzato" e cittadino romano Paolo nacque a Tarso, in Cilicia (oggi in Turchia), all'inizio del I secolo d.C., da una famiglia ebrea ma di cittadinanza romana. Come avveniva normalmente per gli Ebrei che vivevano a stretto contatto con il mondo romano, al suo nome ebraico (Saul o Saulo) ne unì più tardi uno latino – Paolo – scelto per assonanza. Tarso era un importante porto e qui Saulo, educato secondo la tradizione ebraica, entrò in contatto con la cultura ellenistica: la sua formazione fu dunque influenzata da queste culture.

> Pur non avendo personalmente conosciuto Gesù, Paolo fu uno dei principali propagatori del messaggio cristiano.

Una conversione folgorante Da giovane Saulo fu un persecutore dei cristiani: secondo gli *Atti degli Apostoli*, «prendeva uomini e donne e li faceva mettere in prigione» e assistette (anche se non vi partecipò) alla lapidazione di Stefano, il primo martire cristiano. La sua conversione avvenne in seguito a un evento miracoloso: mentre da Gerusalemme si recava a Damasco per arrestare alcuni cristiani, «all'improvviso lo avvolse una luce dal cielo», che lo accecò, e udì la voce di Cristo che si rivolgeva a lui. Giunto a Damasco, fu guarito dalla cecità e convertito dal capo della comunità cristiana locale. Da quel momento iniziò a predicare il messaggio di Cristo – e nelle sue vesti di evangelizzatore subì le persecuzioni che prima aveva inflitto agli altri: nel corso della sua vita fu infatti imprigionato, picchiato e lapidato.

I viaggi di Paolo Per diffondere il messaggio cristiano, Paolo affrontò numerosi viaggi: si recò a Cipro, in Asia Minore, in Macedonia, in Siria e in Grecia. Ad Atene predicò nell'areopago: ma, quando iniziò a parlare della resurrezione dei corpi, fu pesantemente schernito dalla folla che fino a quel momento l'aveva ascoltato con attenzione. Intessé una fitta corrispondenza con molte comunità cristiane: la Bibbia cristiana contiene tredici lettere a lui attribuite (di cui sette sicuramente di sua mano). In queste epistole fornì ai fedeli indicazioni – sulla dottrina, o sui comportamenti da tenere in ambito privato, pubblico e nei confronti delle autorità – che ebbero un ruolo fondamentale nella definizione del cristianesimo. Ma il merito maggiore di Paolo è di aver predicato – riconoscendo l'universalità del messaggio evangelico – anche ai non ebrei, ovvero ai pagani politeisti come i Greci e i Romani: per questo fu detto «l'apostolo dei gentili».

L'arresto e la morte Attorno al 58 Paolo fu arrestato in Giudea perché ritenuto un sobillatore; ma, in virtù della sua cittadinanza romana, poté appellarsi all'imperatore e chiedere di essere giudicato nella capitale. A Roma, in attesa del processo, poté godere di una discreta libertà e proseguire la sua missione evangelizzatrice, che incontrò un certo favore anche all'interno della corte imperiale. È probabile che in quel periodo Paolo abbia avuto modo di incontrare Seneca, il filosofo precettore di Nerone. In seguito alle persecuzioni contro i cristiani lanciate da Nerone venne però arrestato e condannato a morte; in quanto cittadino romano, gli spettò il "privilegio" di morire decapitato – e non crocifisso, come invece accadde a Pietro.

❮ IN ALTO **La visione di Paolo sulla via di Damasco.** Manoscritto del XIV secolo. (Venezia, Biblioteca Marciana).

IN BASSO **San Paolo rappresentato come filosofo classico,** con un'incipiente calvizie e una barba riccia e scura, in un affresco della Catacomba di San Gennaro a Napoli, VI secolo.

si pose il problema di come tramandare il ricordo dei suoi insegnamenti. Negli anni compresi tra il 60 e il 100 furono così composti i quattro <mark>Vangeli</mark> di Marco, Luca, Matteo e Giovanni. Questi quattro testi furono riconosciuti ufficialmente dalla Chiesa durante il concilio di Roma del 382 e vengono detti «**canonici**» (perché fanno parte del «canone», ovvero l'insieme dei testi sacri accettati da una comunità religiosa), mentre altre biografie di Gesù, redatte a partire dal II secolo, non vennero ritenute altrettanto attendibili: questi testi sono detti **Vangeli apocrifi**, ossia «non riconosciuti», «non genuini».

Le ragioni della diffusione del cristianesimo

▪ Alla fine del I secolo il cristianesimo era ancora una religione minoritaria, ma comunità cristiane esistevano in diverse regioni dell'impero. La diffusione della nuova fede fu favorita da due fattori: la presenza, in molte città, di comunità ebraiche presso le quali i primi predicatori cristiani poterono trovare ospitalità e fare i primi proseliti, e la facilità di movimento che la *pax romana* garantiva. Non a caso, soprattutto in Occidente, le prime comunità cristiane sorsero nelle città portuali e, in genere, nei principali snodi commerciali.

Ma la diffusione del cristianesimo fu dovuta principalmente al messaggio di speranza, di uguaglianza e di fratellanza universale che esso proponeva. Il culto cristiano trovò larga adesione tra gli umili e gli schiavi. Contrariamente a quanto spesso si afferma, però, la nuova fede non si diffuse solo tra gli emarginati: basta la lettura degli *Atti degli Apostoli* per comprendere come a convertirsi furono anche persone appartenenti alle *élite*. Pietro, per esempio, convertì il proconsole di Cipro e a Roma fu aiutato da una matrona romana, mentre Paolo fece proseliti all'interno della corte imperiale.

Il successo del cristianesimo nel mondo romano si spiega soprattutto con la sua capacità di rispondere a quelle esigenze che la religione ufficiale non era in grado di appagare. Nella religione olimpica il rapporto tra l'individuo e la divinità era puramente strumentale: si offriva un sacrificio agli dei per domandare qualcosa di concreto (per esempio, fortuna negli affari, il buon esito di un viaggio o la guarigione da una malattia). Ma, per il resto, gli dei rimanevano lontani e irraggiungibili – non a caso i Greci e i Romani pregavano sostando appena fuori dai templi –, e lasciavano gli uomini soli di fronte alle difficoltà della vita. Il cristianesimo invece creava tra Dio e il credente un rapporto basato sulla fede e sulla certezza del sostegno divino; forniva così una risposta all'inquietudine spirituale che attraversava il mondo antico e che, nel II secolo, stava trovando una solo parziale soddisfazione nella diffusione dei culti orientali.

Gli apostoli Pietro e Paolo su un sepolcro cristiano del IV secolo. L'iscrizione indica che si tratta della tomba di un bambino (Roma, Museo Laterano)

Vangeli

La parola «vangelo» deriva dal greco *euanghélion*, traducibile come «buona novella», «buon annuncio».

Gesù rappresentato come buon pastore; statuetta ritrovata ad Antiochia, III secolo. (Cleveland, Museum of Art)

LE GRANDI EREDITÀ

Il Nuovo Testamento

La Bibbia cristiana è formata da due parti: l'Antico Testamento (che corrisponde quasi perfettamente alla Bibbia ebraica) e il Nuovo Testamento, che comprende i testi relativi alla predicazione di Gesù e degli apostoli. Il termine «testamento» va inteso nel senso di «patto, accordo tra Dio e gli uomini»: un patto che, secondo i cristiani, Gesù ha rinnovato con la sua morte e la sua resurrezione.

Fanno parte del Nuovo Testamento i quattro Vangeli canonici di Luca, Matteo, Marco e Giovanni, che ricostruiscono la vita e la predicazione di Gesù; gli *Atti degli Apostoli* e le lettere inviate da questi ai loro confratelli delle varie comunità, che narrano le vicende delle prime chiese cristiane; e il libro dell'*Apocalisse* («rivelazione»), un testo profetico composto alla fine del I secolo dall'evangelista Giovanni, che utilizza un linguaggio simbolico per descrivere il destino ultimo dell'umanità e del mondo.

Anche i non credenti riconoscono a questi testi un ruolo fondamentale nella formazione della cultura occidentale: furono infatti il veicolo attraverso cui i nuovi valori di fratellanza universale, uguaglianza e pace si innestarono nella cultura greco-romana, modificando profondamente la visione etica degli antichi. È proprio questo il concetto che il filosofo Benedetto Croce esprime nel suo saggio *Perché non possiamo non dirci "cristiani"* (significativamente scritto nel 1942, mentre l'Europa era dilaniata dagli orrori della Seconda guerra mondiale), quando afferma che «il cristianesimo è stato la più grande rivoluzione che l'umanità abbia mai compiuta», perché «operò nel centro dell'anima, nella coscienza morale» della civiltà occidentale, ponendo in essa «una nuova virtù, una nuova qualità spirituale, che fin allora era mancata» e influenzandola in maniera profonda e indelebile.

Miniatura da una Bibbia francese del XIII secolo: l'annuncio dell'angelo ai pastori; (Parigi, Biblioteca Nazionale)

«C'erano in quella regione alcuni pastori che vegliavano di notte facendo la guardia al loro gregge. Un angelo del Signore si presentò davanti a loro e la gloria del Signore li avvolse di luce. Essi furono presi da grande spavento, ma l'angelo disse loro: "Non temete, ecco vi annunzio una grande gioia".»
(*Vangelo di Luca* 2, 8-10)

Il messaggio di Gesù è rivolto in primo luogo agli umili: i primi ad avere l'annuncio della nascita del Salvatore, secondo il racconto evangelico, sono dei poveri pastori, che accorrono ad adorare Gesù Bambino, nato in una grotta di Betlemme.

«Avete inteso che fu detto: occhio per occhio e dente per dente; ma io vi dico di non opporvi al malvagio; anzi se uno ti percuote la guancia destra, tu porgigli anche l'altra.»
(*Vangelo di Matteo* 5, 38-40)

È il cristianesimo a introdurre nella cultura occidentale i supremi valori della pace e della non violenza: i cristiani sono chiamati a reagire ai torti e alle prevaricazioni ricorrendo al perdono e non alla vendetta.

Il tradimento di Giuda: l'apostolo, al centro, bacia Gesù in modo da permettere alle guardie di riconoscerlo e arrestarlo. (Padova, Cappella degli Scrovegni)

«Ed ecco una donna, una peccatrice di quella città, saputo che si trovava nella casa del fariseo, venne con un vasetto di olio profumato; e fermatasi dietro si rannicchiò piangendo ai piedi di lui e cominciò a bagnarli di lacrime, poi li asciugava con i suoi capelli, li baciava e li cospargeva di olio profumato.»
(*Vangelo di Luca* 7, 37-38)

Il messaggio evangelico è diretto all'intera umanità, senza distinzione alcuna: tutti, anche i peccatori, possono entrare a far parte dell'ecclesia, la comunità dei fedeli, e raggiungere la salvezza.

Il pentimento della Maddalena; affresco di Giovanni da Milano, XIV secolo. (Firenze, Basilica di Santa Croce)

La crocifissione di Gesù, in un affresco di Giotto. (Padova, Cappella degli Scrovegni)

«Poi lo crocifissero e si divisero le sue vesti, tirando a sorte su di esse quello che ciascun dovesse prendere. Erano le nove del mattino quando lo crocifissero. E l'iscrizione con il motivo della condanna diceva: il re dei Giudei.»
(*Vangelo di Matteo* 15, 24-26)

La novità inaudita del cristianesimo sta nella stessa figura di Cristo: non un dio trionfante, ma Dio incarnatosi in un uomo e che, per la salvezza dell'umanità, accetta il supplizio della croce.

«Venne all'improvviso dal cielo un rombo, come di vento che si abbatte gagliardo, e riempì tutta la casa dove si trovavano. Apparvero loro lingue come di fuoco che si dividevano e si posarono su ciascuno di loro; ed essi furono tutti pieni di Spirito Santo e cominciarono a parlare in altre lingue come lo Spirito dava loro il potere d'esprimersi.»
(*Atti degli Apostoli* 2, 2-4)

Nel giorno di Pentecoste lo Spirito Santo discende sugli apostoli, che iniziano a parlare in tutte le lingue del mondo: a loro spetta infatti il compito di diffondere tra le genti la notizia della venuta di Cristo.

Gli Apostoli ricevono lo Spirito Santo; affresco di Giotto. (Padova, Cappella degli Scrovegni)

«Ed ecco, mi apparve un cavallo verdastro. Colui che lo cavalcava si chiamava Morte e gli veniva dietro l'Inferno.»
(*Apocalisse* 6, 8)

L'*Apocalisse* utilizza un linguaggio simbolico e ricorre a immagini allegoriche molto potenti (come quelle dei quattro cavalieri della Pestilenza, della Guerra, della Carestia e della Morte; quella dell'Anticristo; quella della battaglia finale tra il Bene e il Male) che hanno sempre esercitato una profonda impressione sui lettori, entrando a far parte dell'immaginario collettivo.

I quattro cavalieri dell'apocalisse, miniatura in una Bibbia rinascimentale tedesca. (Monaco di Baviera, Bayerische Staatsbibliothek)

> Un banchetto eucaristico; affresco nelle Catacombe dei Santi Marcellino e Pietro a Roma, IV secolo. (DeA / Bridgeman)

Presbiteri

Dal greco *presbyteros*, che significa «più anziano» (anche se l'età non era un requisito fondamentale per ricoprire tale ruolo); da questo termine deriva la parola italiana «prete».

Diaconi

Il termine greco *diakonos* indica «chi si mette al servizio (della comunità)».

Vescovo

Dal greco *episkopos*: «il sorvegliante», «il guardiano», «la guida (della comunità)».

Chiesa

Dal greco *ekklesia*, «assemblea». Usato con l'iniziale minuscola, indica la comunità di fedeli che professano la stessa confessione religiosa, oppure l'edificio riservato al culto. Si usa la C maiuscola per indicare invece la Chiesa come istituzione.

Eucaristia

Dal greco, «rendimento di grazie»: è il sacramento attraverso il quale, secondo il cristianesimo, i fedeli cristiani entrano in comunione con Dio e fra di loro, cibandosi del pane e del vino che con la consacrazione vengono trasformati nella sostanza del corpo, del sangue e della divinità di Cristo.

4 L'organizzazione delle prime comunità cristiane

Il ruolo dei presbiteri e dei vescovi ▪ Le comunità cristiane erano guidate da presbiteri, ai quali era demandato il compito di presiedere le cerimonie. I presbiteri erano scelti collettivamente ed erano affiancati da diaconi, uomini e donne che si occupavano principalmente delle attività di carità verso i poveri. A partire dal II secolo, nelle città in cui erano presenti più comunità di fedeli venne eletto un vescovo che aveva il compito di guidare e sovrintendere alla vita di questi gruppi, verificare il corretto insegnamento della dottrina cristiana e procedere al battesimo dei nuovi credenti. Anche il vescovo era eletto da tutti i fedeli – donne e schiavi compresi – e restava in carica a vita. Il territorio sottoposto alla sua giurisdizione si estendeva anche alle campagne circostanti la città ed era chiamato **diocesi**.

Già nel II secolo la Chiesa cristiana si dotò, quindi, di una struttura gerarchica analoga a quella odierna. Nei primi secoli, però, diaconi, presbiteri e vescovi non avevano uno stile di vita diverso dai fedeli: per esempio, era loro consentito sposarsi e avere figli. Gli obblighi alla castità e al celibato furono introdotti solo vari secoli più tardi.

I riti del culto cristiano ▪ Agli esordi del cristianesimo le riunioni dei fedeli si svolgevano in maniera analoga ai riti ebraici celebrati nelle sinagoghe: venivano cantati inni, recitate preghiere, e i presbiteri leggevano e commentavano passi della Bibbia e dei Vangeli. Il giorno festivo settimanale era il sabato, lo stesso della tradizione ebraica. Già nel corso del I secolo, a seguito del progressivo allontanamento dall'ebraismo, le celebrazioni cristiane iniziarono ad assumere un carattere proprio: il giorno festivo divenne la domenica, in commemorazione della resurrezione di Gesù. Dopo la lettura dei testi sacri, in ricordo dell'ultima cena e del sacrificio di Cristo, si celebrava il sacramento dell'eucaristia, che nella sua forma più antica consisteva in un pasto comunitario con pane e vino.

L'ingresso dei nuovi fedeli nella comunità era segnato dal sacramento del **battesimo**, che cancellava i peccati commessi rinnovando l'individuo, perché potesse così cominciare una nuova vita contrassegnata dalla fede in Cristo. Data la sua importanza, diversamente da quanto avviene oggi il battesimo veniva impartito solo ai **catecumeni** (ossia «coloro che sono stati istruiti in un cammino di fede») che avevano già raggiunto l'età adulta.

Una donna cristiana in preghiera, in un affresco del III secolo. I primi cristiani pregavano con le braccia distese, e i palmi e il viso rivolti verso l'alto, in segno di umiltà e apertura alla volontà divina. (Roma, Catacombe di Priscilla / A. Bass)

5 Il cristianesimo e l'impero

Le accuse contro i cristiani ▪ I Romani erano solitamente molto tolleranti verso le altre religioni. Come abbiamo visto (❯ Lez. 1), l'impero tendeva a riconoscere un'ampia autonomia alle province e a intervenire il meno possibile nelle loro questioni interne. Sul piano religioso, questa politica si traduceva nella concessione della libertà di culto alle popolazioni sottomesse. Anche il loro politeismo spingeva i Romani a essere tolleranti: l'introduzione di nuove divinità accanto a quelle tradizionali non rappresentava, ai loro occhi, una contraddizione. Nel mondo romano, anzi, accadde spesso che dottrine religiose di varia provenienza fossero adottate, accolte e fuse con quelle originarie: questo fenomeno prende il nome di sincretismo religioso.

Tuttavia, i primi cristiani furono accolti dall'opinione pubblica romana con un misto di **sospetto e timore superstizioso**. A causa del fatto che le loro riunioni si svolgevano nel chiuso delle case e non pubblicamente come quelle dei pagani, i cristiani furono accusati di compiere riti sanguinari che prevedevano persino l'infanticidio. Si diffuse anche la voce che praticassero l'incesto: un'accusa assurda, nata dal fatto che tra di loro si chiamavano «fratelli» e «sorelle».

Infine i cristiani, in linea con il carattere monoteistico della loro religione, rifiutavano di sacrificare agli dei pagani nel corso delle cerimonie pubbliche che nel mondo antico avevano un'importanza cruciale: i sacrifici in onore degli dei venivano effettuati in nome e con la partecipazione dell'intera comunità cittadina, sulla quale si sarebbe così riversata la benevolenza delle divinità. A causa del loro rifiuto di partecipare alle cerimonie pagane, i cristiani furono accusati di essere i responsabili delle catastrofi che si abbattevano sulle città: per usare le parole dello storico delle religioni Giovanni Filoramo, apparivano infatti come «coloro che avevano turbato la pace di una provincia o di una città sottraendo agli dei le onoranze dovute e scatenando, per contraccolpo, la loro ira».

Sincretismo

Con questo termine si definisce l'accordo o la fusione (anche solo parziale) fra dottrine di origine diversa, sia nella sfera delle credenze religiose sia in quella delle concezioni filosofiche.

La stele funeraria di Licinia, una delle più antiche iscrizioni cristiane, del III secolo. Vi compaiono i simboli allegorici dell'àncora e del pesce (❯ esercizio 4 della Verifica). (Roma, Terme di Diocleziano)

Le prime persecuzioni ▪ Sospetti e dicerie alimentarono un clima di odio verso i seguaci di Cristo, che iniziarono a venire perseguitati. Gli assalti alle comunità cristiane divennero sempre più frequenti. Molti fedeli, sotto la minaccia di essere uccisi, furono costretti all'**abiura**, ovvero al pubblico disconoscimento delle proprie credenze religiose. Altri invece, pur di non rinnegare la propria fede, accettarono la morte: costoro presero il nome di **martiri** (dal greco, «testimoni»).

L'odio popolare verso i seguaci di Cristo fu, in certi casi, caval-

Una scena di martirio in un mosaico del III secolo, ritrovato in Tunisia. Il condannato, sorretto da un gladiatore e con le mani legate, è dato in pasto a un leopardo. (Sousse, Museo Archeologico)

Un'altra scena di martirio: questa volta il condannato è aggredito da leoni. Catino del IV secolo. (Magonza, Römisch-Germanisches Zentralmuseum)

cato a scopo di propaganda anche dagli imperatori. Come abbiamo visto (❯ Lez. 1), la comunità cristiana di Roma fu accusata da **Nerone** di aver appiccato l'incendio dell'anno 64; l'imperatore ordinò una persecuzione nel corso della quale morirono decine di fedeli, tra cui gli apostoli Pietro e Paolo. Nel I secolo, oltre a Nerone, anche **Domiziano** perseguitò i cristiani di Roma, facendo mettere a morte persino un suo cugino che si era convertito alla nuova fede.

Nel II secolo – in concomitanza con il peggioramento della situazione economica e con la diffusione della pestilenza che colpì molte regioni dell'impero – gli attacchi alle comunità cristiane si fecero più frequenti e violenti: nel 177 la comunità di Lione fu attaccata da una folla inferocita e i suoi membri, compreso il vescovo, trucidati o gettati ai leoni nel circo.

L'ambiguità del governo imperiale ▪ Le autorità imperiali mantennero un atteggiamento ambiguo nei confronti del cristianesimo: molti magistrati romani condannarono a morte i cristiani, ma altri, e non raramente, intervennero per fermare le folle inferocite che li attaccavano (a Lione, per esempio, i cristiani trovarono protezione presso il governatore della città).

Troviamo una riprova di questa ambivalenza nella risposta fornita dall'imperatore Traiano a Plinio il Giovane, all'epoca governatore della Bitinia, che gli aveva scritto chiedendo quale fosse l'atteggiamento da tenere verso i cristiani e quali fossero le procedure da seguire in caso di denuncia e di arresto. Traiano gli rispose che non avrebbe dovuto indagare per trovare i presunti cristiani, ma che avrebbe dovuto dare seguito alle denunce circostanziate arrestando i sospettati, costringendoli a sacrificare agli dei e punendo chi si rifiutava di farlo. Questa risposta è solo apparentemente contraddittoria: si inscrive infatti nella linea politica perseguita da molti imperatori romani, che evitavano di intervenire nelle questioni religiose fino a quando queste non causavano problemi di ordine pubblico.

Le persecuzioni diventano sistematiche ▪ Gli imperatori successivi si attennero alla linea tracciata da Traiano. Le cose cambiarono quando il progressivo aumento del numero dei cristiani cominciò a essere considerato come un potenziale problema politico. I cristiani, infatti, si rifiutavano di offrire sacrifici all'imperatore, giudicandoli atti di paganesimo: per loro, soltanto Dio poteva essere oggetto di venerazione. Agli occhi dei funzionari romani, tale rifiuto equivaleva a un mancato riconoscimento dell'autorità politica dell'imperatore, a un atto di gravissima insubordinazione: per questo motivo, chi sceglieva di non sacrificare al sovrano veniva messo a morte.

A destare i loro timori era anche la struttura gerarchica delle chiese cristiane, che rischiava di essere percepita dai fedeli come alternativa rispetto alla struttura dello Stato – con il pericolo che i cristiani iniziassero a obbedire più ai vescovi e ai presbiteri che ai funzionari imperiali.

A partire dal III secolo, dunque, gli imperatori avviarono contro i cristiani **persecuzioni** che assunsero un carattere sistematico: ossia, a differenza di quanto avvenuto con Nerone o Domiziano, non furono limitate alla sola Roma ma **estese a tutti i territori dell'impero**. I governatori delle province ricevettero infatti l'ordine di ricercare i cristiani e costringerli, pena la morte, a sacrificare agli dei. Le prime violente persecuzioni furono ordinate fra il 250 e il 251 dall'imperatore **Decio**. Pochi anni più tardi, nel 258, una nuova ondata di violenze, questa volta promossa dall'imperatore **Valeriano**, si abbatté contro le comunità cristiane. È impossibile stabilire quanti cristiani furono messi a morte, ma sicuramente furono centinaia coloro che preferirono il martirio all'abiura. Tuttavia le persecuzioni, per quanto violente, non bastarono a frenare la diffusione del cristianesimo.

Gli apologisti e la difesa dei cristiani

▪ In difesa della nuova fede si levarono gli apologisti (dal greco, «difensori»): intellettuali cristiani – come Giustino e Tertulliano – che con i propri scritti cercarono di confutare le accuse rivolte alla loro comunità e di spiegare il vero messaggio del cristianesimo. Oltre a ciò, nelle loro opere criticarono quelle usanze del mondo pagano che erano contrarie allo spirito evangelico (come i giochi dei gladiatori o la schiavitù). Il tentativo degli apologisti però non sortì gli effetti voluti – Giustino, per esempio, fu arrestato e decapitato nel 165 – e i Romani continuarono a lungo a nutrire feroci pregiudizi anticristiani.

Possiamo leggere un esempio dell'atteggiamento critico nei confronti dei cristiani nelle parole del filosofo pagano Celso, che nel 178 scrisse un trattato nel quale affermava che i seguaci di Cristo accettavano come vere un insieme di dottrine rozze, assurde e irrazionali, giustificandole solo con una fede cieca e acritica: «Una dottrina va accettata seguendo la ragione e una guida razionale» – scriveva Celso –, ma i cristiani «non volendo dare o ricevere conto dell'oggetto della loro fede, ricorrono a frasi come "non indagare, ma abbi fede"».

📖 **LEGGERE LA STORIA**

Un apologista descrive i riti cristiani

Verso la metà del II secolo l'apologista Giustino descrisse così le riunioni dei cristiani. Il suo intento era quello di confutare le accuse secondo cui i seguaci di Cristo praticavano riti assurdi e immorali.

❝Nel giorno chiamato «del sole» ci si raduna tutti insieme, abitanti delle città e delle campagne, e si leggono le memorie degli apostoli o gli scritti dei profeti, finché il tempo consente. Quando il lettore ha terminato, il presidente dell'assemblea con un discorso ci invita ed esorta all'imitazione di quei begli esempi. In seguito, ci alziamo tutti insieme ed eleviamo preghiere; e, come abbiamo già detto, terminato di pregare, vengono portati pane, vino e acqua e chi presiede l'assemblea eleva al cielo preghiere e rendimenti di grazie con tutte le sue forze, mentre il popolo risponde dicendo amen; e si effettua la distribuzione e spartizione degli alimenti consacrati e per mezzo dei diaconi li si invia anche ai non presenti. I ricchi che lo vogliono, ciascuno secondo la sua scelta, danno quel che credono; e quanto viene raccolto è deposto davanti a chi presiede il rito, perché si possano soccorrere le vedove e gli orfani, i malati e gli indigenti, chi è in prigione o viene da fuori.❞

(Giustino, *Apologia prima* 67, 3-6)

︿ **Una lucerna in terracotta** del V secolo, decorata con il simbolo cristiano del Chi-Ro. (Tunisi, Museo del Bardo)

a. Quali accuse i pagani rivolgevano ai cristiani?

b. Quale giorno festivo scelsero i cristiani, già nel corso del I secolo? Perché questa scelta fu significativa? Con una ricerca, scopri l'etimologia del nome attuale di questo giorno della settimana.

c. Le cerimonie dei primi cristiani si articolavano in due momenti principali. Il primo era dedicato alla lettura e alla meditazione dei testi sacri. A che cosa era dedicato il secondo, e perché?

SINTESI

1 La Palestina al tempo di Gesù

Nel I secolo, quando Gesù inizia la sua predicazione, la Palestina è attraversata da forti tensioni politiche. È di fatto una provincia romana, anche se in parte il suo territorio è amministrato dal regno-cliente di Erode Antipa. Alcuni gruppi ebraici contestano il dominio di Roma: è il caso degli zeloti, che teorizzano apertamente la rivolta; per loro il messia, figura chiave della religione ebraica, sarà un capo militare. Gli esseni, invece, si ritirano in zone isolate e interpretano il messia come un capo spirituale.

2 La predicazione di Gesù

Gesù predica per tre anni facendo numerosi discepoli. Il suo messaggio, che invita alla fratellanza universale e a un'interpretazione non formalistica delle Sacre Scritture, viene condannato dalle autorità religiose ebraiche. Nel 33 Gesù viene arrestato e messo a morte, per ordine del governatore romano Ponzio Pilato.

3 Gli apostoli e la diffusione del cristianesimo

Dopo la morte di Gesù, i suoi discepoli – in particolare gli apostoli – continuano la predicazione annunciando che Gesù è il Cristo (ovvero il messia annunciato dalle Sacre Scritture), che è risorto e che si è ricongiunto a Dio Padre. Le prime comunità cristiane nascono in Palestina; sarà in particolare Paolo di Tarso a diffondere il messaggio cristiano fra i gentili, cioè i non ebrei. Il cristianesimo propone gli ideali di speranza, uguaglianza, pace e fraternità, e si diffonde in tutte le classi sociali.

4 L'organizzazione delle prime comunità cristiane

Le prime comunità si raccolgono intorno ai presbiteri, che officiano le cerimonie, e ai diaconi che li assistono; anche le donne hanno un ruolo importante, e possono diventare diaconesse. A partire dal II secolo, nelle città in cui sono presenti più comunità di fedeli viene eletto un vescovo che ha il compito di sovrintendere alla vita dei vari gruppi, verificare il corretto insegnamento della dottrina cristiana e battezzare i nuovi credenti. I riti cristiani si svolgono in spazi privati: questo alimenta un clima di sospetto e pregiudizio.

5 Il cristianesimo e l'impero

Il rifiuto dei cristiani di partecipare alle solennità pubbliche, di sacrificare agli dei e di tributare onori divini agli imperatori attira nei loro confronti pregiudizi e sospetti. Le autorità romane mostrano un atteggiamento ambivalente; alcuni imperatori, come Nerone e Domiziano, scatenano persecuzioni su scala locale; altri si limitano a punire chi non accetta di sacrificare agli dei; altri imperatori, come Decio e Valeriano, avviano invece persecuzioni sistematiche ed estese all'intero territorio dell'impero. Molti cristiani sono costretti ad abiurare; chi si rifiuta di farlo viene martirizzato.

Il cristianesimo: aspetti innovativi e di critica sociale

Caratteristiche / Proposte dottrinali	Implicazioni sociali e religiose
È una religione monoteista	• Rifiuto della religione olimpica ufficiale • Rifiuto del culto imperiale
Predica la fraternità e l'uguaglianza universali	• Adesione alla nuova religione sia degli umili, sia delle *élite* • Critica severa nei confronti della schiavitù e di altri elementi tipici della cultura pagana (per es. i divertimenti cruenti)
Prospetta la resurrezione e la ricompensa per le sofferenze terrene	• Accettazione del martirio da parte di molti fedeli perseguitati

LEZIONE 4

VERIFICA

 **ZTE** ONLINE
Mettiti alla prova con
gli esercizi interattivi

95

LAVORARE SUL LESSICO

1 Scrivi la definizione delle seguenti parole o espressioni. Poi, con ciascuna di esse, componi una frase da usare come possibile esordio per un'interrogazione.

messia • apostoli • sinedrio • vescovo • gentili • martire

VERIFICARE LE CONOSCENZE

2 Alcune di queste affermazioni dicono il falso. Individuale e correggile a voce.

   a. Gli esseni ritenevano giustificata la lotta armata contro i Romani.
   b. Ponzio Pilato era il capo del sinedrio.
   c. I Vangeli apocrifi non fanno parte della Bibbia cristiana.
   d. Gesù nacque nel periodo in cui regnava Erode Antipa.
   e. Gesù nacque nel periodo in cui a Roma regnava Augusto.
   f. Quando Gesù morì, l'imperatore di Roma era Tiberio.
   g. Pietro fu uno degli apostoli.
   h. Paolo di Tarso fu crocefisso.

ORIENTARSI NEL TEMPO E NELLO SPAZIO

3 Completa le definizioni utilizzando le parole dell'elenco. Poi disponile secondo un ordine cronologico corretto. (L'esercizio è avviato.)

Traiano • Nerone • Decio • Domiziano

   a. ☐ .... perseguita, come prima di lui Nerone, i cristiani di Roma.
   b. ☐ Nel 250 .... avvia una persecuzione dei cristiani estesa a tutto l'impero.
   c. ☐ .... consiglia di punire i cristiani che si rifiutano di offrire sacrifici agli dei.
   d. 1 .... ordina la persecuzione di cui cadono vittime anche Pietro e Paolo.

LAVORARE SULLE FONTI

4 Osserva la figura qui a fianco e completa la sua didascalia con le parole dell'elenco.

Vangeli • codice • resurrezione • graffito • àncora • miracoli • simbolo pani • cristiani • speranza

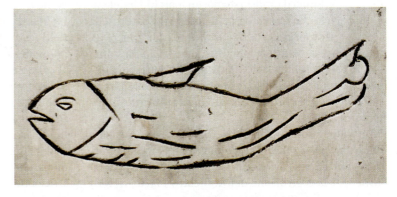

Questo .... , risalente al II secolo, mostra la figura di un pesce. Si tratta del .... utilizzato dai primi .... per segnalare la propria appartenenza utilizzando un .... : prendendo le lettere iniziali dell'espressione «Gesù Cristo figlio di Dio salvatore», in greco, si otteneva infatti la parola greca *ichthýs*, che significava appunto «pesce». Questo animale veniva inoltre considerato un simbolo della .... , perché capace di sopravvivere sott'acqua senza annegare. Alludeva inoltre a uno dei .... attribuiti a Gesù e descritti nei .... : quello secondo cui Gesù avrebbe sfamato una folla accorsa ad ascoltarlo moltiplicando cinque .... e due pesci.

Anche altri simboli cristiani erano legati al tema del mare. In una delle lettere di Paolo si legge, per esempio, che l' .... a cui affidarsi è la .... in Cristo. In molte raffigurazioni antiche, dunque, questo simbolo è presente da solo, o associato a quello della croce.

I monumenti celebrativi, segni del potere

Gli edifici e gli splendidi monumenti realizzati dagli imperatori per abbellire Roma avevano una chiara finalità propagandistica.

Fregio dall'Arco di Tito: i soldati romani portano in trionfo gli arredi sacri del Tempio di Gerusalemme, tra cui la *menorah*. (Scala)

L'Arco di Tito, innalzato per celebrare le vittorie di questo imperatore nella guerra giudaica. (Scala)

Ogni imperatore cercò di apporre sulla città di Roma il proprio segno: un marchio indelebile che tramandasse ai posteri il ricordo della propria gloria. Augusto, oltre a far erigere un nuovo foro, al centro del quale troneggiava una statua che lo rappresentava trionfante, fece giungere dall'Egitto un colossale obelisco che ornava il Circo Massimo e che doveva servire a celebrare la sua vittoria su Antonio e Cleopatra.

Molti imperatori – Augusto, Nerone, Tito e Caracalla – finanziarono la realizzazione di grandi complessi termali aperti a tutti i cittadini; Vespasiano diede inizio ai lavori per la costruzione dell'Anfiteatro Flavio, ovvero il Colosseo; Domiziano fece costruire un enorme stadio oggi perduto, ma il cui impianto è riconoscibile nella forma dell'attuale Piazza Navona.

Anche Traiano intervenne massicciamente sull'aspetto della città: fece spianare i colli tra il Quirinale e il Campidoglio, e nello spazio così ricavato sorse il complesso costituito dal nuovo foro e dai mercati che portano il nome di questo imperatore.

Gli archi di trionfo I monumenti celebrativi destinati ad avere maggior fortuna – tanto da essere ripresi nelle epoche successive – furono però gli archi di trionfo. I primi sorsero in epoca tardo-repubblicana e imperiale, come un'evoluzione degli apparati scenici temporanei (solitamente realizzati in legno) che nei tempi più antichi venivano costruiti per le cerimonie di trionfo in onore dei generali vittoriosi.

Il primo arco di trionfo in muratura fu eretto nel 196 a.C. per commemorare le campagne spagnole del console Lucio Stertinio; nel 190 a.C. i Romani ne costruirono uno per celebrare le vittorie di Scipione Africano; nel 61 a.C. un altro per Pompeo, che aveva sconfitto il re del Ponto Mitridate. Augusto si autocelebrò con ben due archi trionfali, e altri furono innalzati in onore di Druso, Germanico e degli imperatori successivi – tanto che nel IV secolo a Roma esistevano ben trentasei costruzioni di questo genere.

Oggi gli archi di Roma ancora visibili sono solo tre; il più antico è quello che celebra la campagna di Tito in Palestina. Presenta un unico ma ampio fornice (l'apertura destinata al pubblico passaggio), decorato da rilievi che rappresentano il corteo trionfale: Tito, alla guida di una quadriga, precede le truppe che trasportano il bottino, in mezzo al quale si scorgono nitidamente la *menorah*, il grande candelabro d'oro a sette braccia trafugato nel Tempio di Gerusalemme.

Gli altri due archi monumentali giunti sino a noi, quello

La Colonna Traiana, costruita tra il 110 e il 113 d.C., commemora le imprese di Traiano in Dacia. (Fadighenti)

Due fregi della Colonna Traiana: in alto, soldati romani costruiscono fortificazioni; in basso, scena di battaglia contro i Daci. (Scala)

di Settimio Severo e quello di Costantino, sono ancora più alti (oltre 20 metri contro i 15 di quello di Tito) e caratterizzati dalla presenza di tre fornici. Anch'essi sono decorati con fregi che riproducono le imprese dei due imperatori: in una società in cui la maggior parte della popolazione era analfabeta e la diffusione delle immagini era molto minore di quanto non sia oggi, questi fregi costituivano un importante strumento per la celebrazione dell'immagine del principe.

Le colonne onorarie: volumi di marmo

Uno dei capolavori dell'arte celebrativa romana è la Colonna Traiana, inaugurata nel 113 in ricordo delle campagne condotte contro i Daci tra il 101 e il 106. Alta quasi 30 metri, si compone di un basamento e di un fusto attorno al quale si svolge un fregio a spirale di circa 200 metri, che riproduce, in una narrazione per immagini, gli episodi delle due spedizioni imperiali. Questa forma particolare richiama quella dei volumi dell'epoca (costituiti da lunghi rotoli di papiro che si leggevano srotolandoli progressivamente); non a caso, questo monumento sorgeva accanto a due biblioteche pubbliche fatte edificare da Traiano.

Seguendo il fregio assistiamo alla partenza delle legioni dall'Italia, al loro arrivo in Dacia e alle numerose battaglie contro i barbari, fino alla vittoria finale dei Romani. Il protagonista della narrazione è ovviamente Traiano, dipinto come valoroso comandante e garante della *pax romana*.

Alla fine del II secolo l'imperatore Marco Aurelio fece realizzare due colonne celebrative seguendo il modello della Colonna Traiana: la prima, oggi in gran parte perduta, fu eretta in onore del suo predecessore Antonino Pio e della moglie Faustina; la seconda, invece, è ancora visibile (in Piazza Colonna, proprio davanti a Palazzo Chigi): i bassorilievi che la decorano mostrano scene delle campagne dell'imperatore contro le popolazioni stanziate nell'area del Danubio, contro i Quadi e contro i Marcomanni.

ATTIVITÀ

a. Gli imperatori fecero erigere archi di trionfo non solo a Roma, ma anche in molte altre città dell'impero. Con una ricerca su Internet, documentati su almeno cinque di essi.

b. In epoca moderna il modello celebrativo dell'arco di trionfo fu ripreso da molti imperatori e, in particolare, da Napoleone. Completa la tua ricerca con una panoramica sugli archi da lui commissionati.

A sinistra, un *thermopolium* di Pompei. A destra, i prodotti della dispensa di un romano agiato: pollo, pesci, molluschi, datteri e asparagi freschi; mosaico del II secolo d.C., dalla villa romana di Tor Marancia, nel parco dell'Appia Antica.

A tavola con i Romani

Per conoscere come mangiavano i Romani possiamo contare sulle descrizioni presenti nelle fonti scritte, ma anche sui ritrovamenti archeologici degli scavi di Pompei e di Ercolano.

Durante il primo periodo repubblicano la dieta dei Romani era molto semplice, basata principalmente su polente o zuppe di cereali (soprattutto di farro e orzo) a cui si accompagnavano olio, formaggi, legumi, olive, verdure, uova. La carne era consumata saltuariamente: una legge addirittura proibiva l'uccisione dei bovini a scopi alimentari, dato che i buoi servivano per il lavoro nei campi. Un importante apporto calorico era fornito dal vino, dal miele e dalla frutta secca.

A partire dal II secolo a.C. l'alimentazione si fece più ricca: aumentò il consumo di carne – in particolare di quella suina, che veniva consumata affumicata, salata o sotto forma di salsicce – e si diffuse una vera e propria passione per il pesce, i frutti di mare e i crostacei: presso i ceti abbienti le ostriche erano considerate vere e proprie leccornie, e le specie ittiche più apprezzate, come le murene, venivano allevate in peschiere. Ovviamente, ricchi e poveri mangiavano in maniera molto diversa: per esempio, chi poteva permetterselo iniziò a consumare pane bianco di frumento, mentre i più poveri seguitarono a mangiare pane nero fatto con crusca e cereali meno pregiati.

Una cucina per palati forti Uno dei condimenti più amati dai Romani era il *garum*, una salsa agrodolce che veniva preparata lasciando fermentare pezzi e interiora di pesce insieme a sale ed erbe aromatiche. Oggi lo giudicheremmo un intruglio nauseabondo e dall'odore pestilenziale, ma all'epoca veniva considerato una vera prelibatezza. Ne esistevano molte varietà, dal prezzo notevolmente diverso a seconda dei pesci e delle erbe impiegate; il migliore veniva importato dalla Spagna e costava carissimo. Sulle tavole dei ricchi comparivano anche carni esotiche o decisamente bizzarre: di struzzo, di gru, di fenicottero, di pappagallo o di porcospino. I contrasti di sapore (dolce con salato, dolce con acido) erano particolarmente apprezzati.

I pasti della giornata La mattina i Romani consumavano una colazione frugale ma energetica, a base di pane insaporito e vino con miele; i bambini bevevano latte. Verso mezzogiorno generalmente facevano uno spuntino fuori casa, acquistato dai numerosi venditori ambulanti che affollavano le città o presso i *thermopolia*: botteghe affacciate sulla strada che servivano bevande e cibi caldi (da cui derivavano il nome) e caratterizzate dalla presenza di un bancone in muratura in cui venivano incassate le giare che contenevano le diverse merci. Il pasto più importante della giornata era però la cena, che veniva consumata nel tardo pomeriggio; chi cenava in casa si accontentava di un unico piatto, ma se si invitavano degli ospiti si servivano più portate. I Romani ricchi cenavano distesi su triclini, alla maniera dei Greci e degli Etruschi.

ATTIVITÀ

a. Una delle fonti più preziose sulla gastronomia romana è il trattato composto da Apicio, che visse al tempo di Augusto. Documentati su questo personaggio; poi trova e commenta almeno due delle ricette che propone.

b. Sale, miele, aceto e spezie erano elementi fondamentali nella cucina degli antichi Romani: spiega perché, aiutandoti – se serve – con una ricerca su Internet.

c. *Mulsum* e *posca* erano fra le bevande preferite dai Romani: cerca la ricetta con cui venivano preparate e prova a spiegare perché venivano consumate in abbondanza.

Cosmesi e bellezza nella Roma imperiale

Abbandonati i costumi frugali dell'età repubblicana, a partire dal I secolo d.C. sia le donne sia gli uomini romani iniziarono a curare attentamente il proprio aspetto fisico.

In epoca imperiale i Romani, soprattutto quelli dei ceti più abbienti, dedicavano molto tempo e attenzione alla cura del proprio corpo e facevano largo impiego di prodotti di bellezza. Le donne utilizzavano cosmetici molto simili a quelli di oggi: truccavano il viso con creme e belletti, le labbra con rossetti, gli occhi con ombretti colorati e *kohl* (un composto egiziano a base di malachite e antimonio polverizzati e legati con grasso animale). Altrettanto diffusi erano gli oli e i balsami, che servivano a idratare la pelle, e le essenze profumate, il cui costo era spesso elevatissimo. Il ricorso alla cosmesi non era però esente da rischi: innanzitutto perché molti cosmetici contenevano ingredienti minerali spesso nocivi; poi perché quelli a base di oli o grassi animali rischiavano di sciogliersi, colando sul viso e producendo un effetto tutt'altro che gradevole. Per questo il poeta Ovidio invitava a non esagerare con il trucco, o meglio a dissimularlo abilmente, di modo che la bellezza apparisse naturale e non frutto delle ore passate allo specchio.

Le ardite acconciature di epoca imperiale
Una cura particolare era dedicata ai capelli: le acconciature femminili, inizialmente molto semplici, si fecero sempre più elaborate e artificiose. In epoca imperiale iniziò a diffondersi la pratica di tingersi i capelli. Particolarmente apprezzati erano i capelli biondi, che però rimandavano all'idea di un carattere frivolo e furono a lungo considerati inappropriati per le dignitose matrone romane; ancora più severo era il pregiudizio riguardo alle chiome rosse, ritenute adeguate solo per le prostitute. A partire dal periodo degli imperatori Flavi le matrone iniziarono ad acconciare i capelli in complicate architetture di trecce o boccoli, ricorrendo anche a parrucche e riccioli posticci che ricadevano sulla fronte o si innalzavano di vari centimetri sopra la testa.

Ogni ricca romana aveva al suo servizio una schiava – detta *ornatrix* – incaricata di truccarla, pettinarla e sopportare le sue sfuriate. Non a caso il poeta Ovidio descrive una scena in cui una matrona capricciosa e insoddisfatta «strappa le forcine e le infigge rabbiosa nelle braccia» della sua assistente, mentre quella «intanto pettina e maledice la padrona».

La vanità è anche maschile
Neppure gli uomini erano immuni dalla vanità. Se durante la prima età repubblicana i Romani avevano curato poco il proprio aspetto, lasciando incolta sia la barba sia la chioma, verso il II secolo a.C. si diffuse la moda greca di tenere il mento ben rasato e i capelli corti (e spesso arricciati artificialmente utilizzando un ferro arroventato detto «calamistro»). Si diffuse anche l'impiego di *toupet* posticci per nascondere la calvizie. A partire dal II secolo d.C. molti Romani iniziarono a fasi crescere la barba, curandola quotidianamente, seguendo la moda filoellenica lanciata dall'imperatore Adriano.

Due vedute del cosiddetto "busto Fonseca": questo ritratto di una matrona romana del II secolo d.C. illustra bene le complicate acconciature in voga durante l'epoca imperiale. (Roma, Musei Capitolini)

ATTIVITÀ

a. Le donne romane facevano ampio uso di *psilothrum* e *dropax*: con una ricerca che parta dal sito dell'enciclopedia Treccani scopri che cosa erano questi prodotti, come erano composti e a cosa servivano.

b. Un altro cosmetico indispensabile nella toletta delle romane era la *cerussa*: aiutandoti con una buona enciclopedia o con Internet, scopri la sua composizione e descrivi il suo utilizzo.

LABORATORIO DELLE COMPETENZE

INDIVIDUARE COLLEGAMENTI E RELAZIONI

1 Svolgi le attività legate al completamento della carta e rispondi alle domande.

a. Traccia sulla cartina una linea colorata che identifichi i territori appartenenti all'impero romano all'epoca della sua massima espansione.

b. Con un tratteggio diagonale, segnala i territori conquistati da Traiano e poco dopo abbandonati da Adriano. Spiega anche il perché della scelta di Adriano.

c. Secondo alcuni studiosi, l'impero romano smise di espandersi verso nord e verso sud dopo aver raggiunto confini naturali facilmente difendibili: concordi con tale affermazione?

d. Alcuni storici ritengono che la fine dell'espansionismo romano fu dovuta alla convinzione che, oltre i confini dell'impero, non vi fossero terre che meritassero di essere conquistate. Rifletti sulle caratteristiche dei territori non compresi nell'impero e spiega se trovi questa affermazione condivisibile.

INTERPRETARE LE INFORMAZIONI

2 Analizza le tabelle proposte e svolgi le attività che le riguardano.

Durante il regno di...	Senatori di origine italica	Senatori di origine provinciale
Vespasiano	83,2%	16,8%
Domiziano	76,6%	23,4%
Traiano	65,8%	34,2%
Adriano	56,4%	43,6%
Antonino Pio	57,5%	42,5%
Marco Aurelio	54,4%	45,6%
Commodo	55,3%	44,7%

La provenienza dei senatori fra il I e il II secolo.

Anfore di provenienza	Età flavia (69-96 d.C.)	Età traianea e adrianea (96-138 d.C.)	Età antonina (138-192 d.C.)	Età severiana (193-235 d.C.)
italica	24,6%	12,4%	14,3%	1,8%
gallica	25,4%	27,6%	15,4%	7,6%
ispanica	26,7%	23,7%	25,8%	8,2%
mauretana	0	0	0	10,2%
africana	4,3%	12,7%	18,5%	29,9%
tripolitana	4,9%	3,9%	5,6%	4,6%
egea	0,6%	5,0%	3,5%	18,3%
non identificata	14,3%	15,5%	16,9%	19,4%

La distribuzione percentuale, secondo la provenienza, delle anfore per il trasporto di olio, vino e cereali rinvenute nelle vicinanze del porto di Ostia. La tabella permette di ricostruire le direttrici dei traffici commerciali.

(Fonte: C. Panella, in *Società romana e impero tardoantico*, a cura di A. Giardina, Laterza, Roma-Bari 1986)

a. Rappresenta sul tuo quaderno, utilizzando grafici a torta o a colonne, i dati delle due tabelle.

b. Nei rapporti tra l'Italia e le province, il principato di Traiano e quello di Settimio Severo segnarono due momenti di svolta: perché?

c. Analizza, in un testo di 30 righe, i mutamenti nei rapporti tra centro e periferie dell'impero fra il I e il II secolo. Soffermati sia sugli aspetti più strettamente politici, sia sulle questioni di tipo economico, e utilizza i dati delle tabelle per documentare e avvalorare le tue osservazioni.

INTERPRETARE LE FONTI

3 **Leggi la lettera che attorno al 110 d.C. Plinio il Giovane, allora governatore della Bitinia, scrisse a Traiano per sapere come comportarsi nei confronti di coloro che erano sospettati di essere cristiani (ne abbiamo accennato a pag. 92). Poi rispondi alle domande.**

Plinio si chiede se i cristiani vadano perseguitati per il fatto di essere tali o solo se hanno compiuto quei crimini di cui erano accusati.

Plinio confessa di non avere una chiara idea riguardo al cristianesimo.

La domenica, in memoria della resurrezione di Cristo.

Plinio, per il quale Gesù è un uomo e non una divinità, non capisce il comportamento dei cristiani.

I cristiani erano accusati di tramare crimini e commettere atti contro la morale.

Il ricorso alla tortura per estorcere una confessione era una prassi comune.

Nelle prime comunità cristiane i diaconi erano spesso donne.

Plinio non comprende i contenuti della nuova fede, che considera una superstizione.

«Non sono mai stato presente ad alcun processo dei cristiani e perciò ignoro che cosa solitamente, ed entro quali limiti, si sottopone a inchiesta o si colpisce con una pena. E sono rimasto alquanto incerto se si debba fare qualche differenza tenendo conto dell'età o se, per quanto fanciulli, non si debbano distinguere affatto da quelli in età più avanzata; se si debba concedere il perdono a chi si pente oppure se, a chi sia stato sicuramente cristiano, non giovi aver cessato di esserlo; se si debba punire il nome di cristiano in sé e per sé, pur in assenza delle loro colpe infamanti, o soltanto le infamie che a quel nome sono associate. Nel frattempo, questa è stata la via da me seguita nei riguardi di coloro che mi venivano denunciati come cristiani: ho chiesto loro se erano cristiani, ripetendo una seconda e una terza volta la stessa domanda, aggiungendo la minaccia del supplizio a chi confessava di esserlo: e al supplizio ho fatto condurre gli ostinati nella loro professione [di fede], ritenendo senza alcuna esitazione che, qualunque cosa fosse questo cristianesimo di cui si confessavano seguaci, quell'ostinazione e caparbietà inflessibile andasse senz'altro punita. [...] Ho ritenuto opportuno mandare assolti quelli che negavano di essere o di essere stati cristiani quando, mentre pronunciavo io per primo la formula, invocavano gli dei e facevano atto di adorazione alla tua statua, che proprio a questo scopo avevo fatto portare con le immagini dei numi, con l'offerta di incenso e vino, e per di più bestemmiavano Cristo: tutti atti cui è impossibile, a quel che mi si dice, costringere quelli che sono veramente cristiani. [...] Affermavano d'altra parte che la loro colpa o il loro errore si riduceva essenzialmente alla consuetudine di riunirsi in un giorno determinato prima dell'alba per cantare alternativamente fra loro un inno in onore di Cristo come se fosse un dio, e di impegnarsi con solenne giuramento non già a compiere qualche misfatto, ma a non commettere furti, rapine, adulteri, a non tradire la parola data, a non rifiutare di restituire, se richiesti, una cosa ricevuta in custodia. Dopo aver compiuto tali cerimonie, abitualmente se ne andavano per poi riunirsi di nuovo per prendere del cibo, ordinario, comunque, e innocente: una pratica a ogni modo abbandonata dopo il mio editto con il quale, secondo le tue istruzioni, avevo proibito le associazioni politiche. Tutto questo mi indusse a ritenere ancora più necessario di sottoporre a interrogatorio, anche mediante la tortura, due schiave, chiamate diaconesse, per scoprire che vi fosse di vero: non sono riuscito a trovare altro che una balorda e sfrenata superstizione.»

(Plinio il Giovane, *Epistole*, X 96, trad. di G. Bellardi, Zanichelli, Bologna 1996)

a. Prima di scrivere a Traiano, quale comportamento aveva tenuto Plinio nei confronti dei cristiani di Bitinia? Li aveva «perseguiti in quanto tali» o aveva punito solo quelli che avevano «commesso dei crimini»? Trova il passo della lettera che chiarisce questo punto.

b. Quali atti dovevano compiere gli accusati per evitare di essere puniti?

c. Come rispose Traiano a questa lettera? L'imperatore confermò o sconfessò il modo di agire di Plinio?

d. Nel brano Plinio racconta di due donne elette diaconesse nonostante fossero schiave; questo passaggio rimanda a uno dei princìpi fondamentali del cristianesimo: quale?

Territori occupati
Stato palestinese

LIBANO
Golan SIRIA
San Giovanni D'Acri
Haifa• •Tiberiade
MAR MEDITERRANEO
Nazaret
Netanya• •Tulkarem
•Nablus
Tel Aviv-Giaffa• Cisgiordania
Gerico•
Ashdod• •Gerusalemme
Ascalona• Betlemme•
Gaza• •Hebron Mar Morto
Striscia di Gaza
Khan Yunis• •Beersheba
ISRAELE
•Dimona
EGITTO
Negev GIORDANIA
Golfo di Suez
Sinai
Golfo di Aqaba •Eilat
ISRAELE E STATO PALESTINESE

Una veduta di Gerusalemme. In primo piano la Cupola della Roccia, un edificio sacro per i musulmani. *Sotto*: la bandiera israeliana e quella palestinese.

Un drammatico ritorno

Edificato la prima volta da re Salomone (X secolo a.C.), quindi distrutto dal sovrano babilonese Nabucodonosor II (VI secolo a.C.) e successivamente ricostruito, il Tempio di Gerusalemme era per gli Ebrei l'edificio sacro più importante, custode dell'Arca dell'Alleanza dove erano contenute le Tavole della Legge che Dio diede a Mosè sul monte Sinai. Dopo la rinnovata distruzione del Tempio per opera di Tito (>Lez. 3), per il popolo ebraico iniziò la diaspora, cioè la sua dispersione nel mondo, che si accentuò dopo la repressione della terza rivolta giudaica ordinata dall'imperatore Adriano.

La diaspora e la difesa della propria identità La diaspora seguì varie direttrici: verso oriente, nel regno dei Parti, e verso occidente, nei territori dell'impero. Nei primi secoli la convivenza con i cristiani non fu problematica, ma dopo l'XI secolo la Chiesa iniziò a far pesare sugli Ebrei, ritenuti responsabili della morte di Cristo, l'accusa di deicidio, promuovendone l'emarginazione sociale.
Pur assorbendo la cultura del paese di insediamento, gli Ebrei difesero la loro identità conservando la religione e la lingua. Ai bambini insegnavano a leggere e a scrivere, mentre ovunque fra le popolazioni locali dominava l'analfabetismo. L'istruzione consentì a molti di accedere a cariche importanti oppure di accumulare cospicue ricchezze diventando banchieri o praticando l'usura, proibita dalla Chiesa. Sul loro conto erano pertanto diffuse maldicenze, spesso frutto dell'invidia, che in alcuni momenti storici si tradussero in espulsioni di massa o in vere e proprie persecuzioni, i *pogrom*. Quelli più feroci furono attuati in Russia verso la fine dell'Ottocento.

Dal sionismo allo Stato di Israele Di fronte all'antisemitismo diffuso nella società europea, sempre alla fine di quel secolo l'ungherese Theodor Herzl diede vita al movimento sionista (da Sion, una collina di Gerusalemme) per il ritorno degli Ebrei in Palestina. Intorno al 1920, anno in cui si verificarono i primi scontri fra Palestinesi ed Ebrei, questi ultimi costituivano poco più del 10 per cento dei 750.000 abitanti della regione. Il flusso non si fermò, ma la maggioranza della popolazione che ormai da oltre un millennio viveva in Palestina era arabo-musulmana.
Intanto, in Europa l'antisemitismo non conosceva tregua. Hitler riteneva che la "razza" ebraica corrompesse

Sotto, da sinistra a destra: guerriglieri di Hamas; manifestazione a Gaza per il cessate il fuoco tra Israele e Palestina; bambini palestinesi lanciano pietre contro militari israeliani.

quella "ariana" e progettò la "soluzione finale": nei campi di sterminio ne morirono circa sei milioni. Sull'onda dell'orrore suscitato dalla *Shoah*, l'ONU dichiarò la nascita dello Stato di Israele, in una terra allora sotto l'amministrazione britannica e abitata, nel 1947, da un milione di persone, ormai metà delle quali ebree. Quando il 15 maggio 1948 le truppe di Londra lasciarono la Palestina, scoppiò la guerra fra Palestinesi ed Ebrei. Da allora sono seguiti numerosi altri scontri, proteste violente e attentati, che pur intervallati da tregue e accordi che hanno fatto sperare in una soluzione del conflitto, si sono protratti fino a oggi: è del 2014 l'ennesimo scontro costato oltre 2.000 morti, la grande maggioranza dei quali costituita come sempre da civili, fra cui numerosi bambini, donne e anziani.

La questione palestinese

Entrambi i popoli rivendicano il diritto a un proprio Stato all'interno della medesima regione storica, oltre tutto poco estesa, per metà arida o semi-arida, dove l'acqua scarseggia e la densità demografica diventa insostenibile. Entrambi si sentono accerchiati: gli Israeliani in quanto il loro paese sembra una minuscola enclave ebraica, di cultura occidentale, all'interno di un vasto Medio Oriente arabo-musulmano. Dal canto loro, i Palestinesi sono confinati entro due piccole aree – la striscia di Gaza e la Cisgiordania –, oltretutto separate fra loro. Tuttavia, non è questa discontinuità territoriale la ragione principale che rende pressoché impossibile la costituzione di uno Stato palestinese, a parole auspicato da quasi da tutti i paesi del mondo. L'ostacolo principale deriva dal fatto che a partire dal 1967 Israele ha cominciato a creare proprie colonie all'interno della Cisgiordania, dove l'alternanza di villaggi degli uni e degli altri impedisce di fatto la formazione di un territorio interamente palestinese.

Vivere in Israele

Sono gli estremisti delle due parti che non permettono la soluzione del problema. Quelli islamici hanno dato vita al movimento di Hamas, che non vuole neppure riconoscere l'esistenza di Israele e ricorre ad attentati contro la popolazione civile, mentre i fanatici integralisti ebrei negano ai Palestinesi il diritto alla Cisgiordania. Qui un muro lungo centinaia di chilometri separa gli insediamenti delle due parti, rendendo penosa la vita per i Palestinesi che lavorano in Israele, costretti a sottoporsi a lunghe code per varcarlo.

Eppure Israele è uno straordinario crocevia di culture. Gli abitanti o i loro genitori vengono da molti paesi del mondo: sono ebrei, musulmani, cristiani, laici. Il 15 per cento dei cittadini israeliani è di origine araba. A complicare la loro convivenza sono gli opposti fondamentalismi, che non mancano neppure fra i cristiani. Lo dimostrano le rivalità fra i religiosi cattolici, ortodossi, armeni che condividono la gestione della basilica del Santo Sepolcro a Gerusalemme.

Quasi la metà della popolazione è formata da giovani che amano vivere a Tel Aviv: la città sulla costa del Mediterraneo, dinamica, allegra, piena di vita. Gerusalemme è invece la vecchia capitale dove risiedono gli Ebrei tradizionalisti, quelli che non permettono alle donne di sedere sugli autobus vicino agli uomini e che vestono sempre di nero.

Lo Stato e le religioni

Riconoscimento della libertà religiosa e accordi con le chiese

La nostra Costituzione riconosce la **libertà religiosa** come una delle libertà fondamentali e stabilisce che **tutti i cittadini sono uguali** indipendentemente dalle differenze di fede (art. 3). Tra i *Princìpi fondamentali*, poi, ve ne sono due dedicati al rapporto tra Stato e religione.

- Il primo tratta specificamente della relazione con la Chiesa cattolica, poiché per i costituenti sono stati determinanti due fatti: l'**appartenenza della quasi totalità del popolo italiano alla fede e alla cultura cattolica**, e la presenza – come *enclave* all'interno del territorio della Repubblica Italiana – della Città del Vaticano, lo Stato in cui risiedono il papa e la Curia (ovvero l'insieme degli organismi di governo della Chiesa cattolica), con cui esisteva un trattato precedente del 1929, i Patti Lateranensi.
- Il secondo affronta il rapporto con le altre religioni che possiedono un organo di governo istituzionale.

> Lo Stato e la Chiesa cattolica sono, ciascuno nel proprio ordine, indipendenti e sovrani.
> I loro rapporti sono regolati dai Patti Lateranensi. Le modificazioni dei Patti accettate dalle due parti, non richiedono procedimento di revisione costituzionale. (art. 7)
>
> Tutte le confessioni religiose sono egualmente libere davanti alla legge.
> Le confessioni religiose diverse dalla cattolica hanno diritto di organizzarsi secondo i propri statuti, in quanto non contrastino con l'ordinamento giuridico italiano.
> I loro rapporti con lo Stato sono regolati per legge sulla base di intese con le relative rappresentanze. (art. 8)

Il metodo scelto per regolamentare i rapporti tra lo Stato, le chiese e le comunità religiose è quello delle **intese**: patti che stabiliscono reciproci **diritti e doveri** tra lo Stato tra queste istituzioni. La loro stipula è regolata da una serie di norme e, dopo la stesura del testo da parte dei rappresentanti del Governo e della confessione religiosa, deve essere approvata dal Parlamento con una legge. Per le religioni prive di «intesa» vale la legge sui «**culti ammessi**» che risale al 1929.

Il rapporto con le religioni in età imperiale a Roma

Studiando i primi due secoli dell'età imperiale, hai visto che i processi fondamentali di evoluzione del rapporto tra Stato romano e religioni sono stati due: l'emergere del **culto degli imperatori** e il **governo delle differenze religiose** tra le popolazioni dell'impero.

Il primo processo, iniziato con Augusto, serviva al **rafforzamento dell'autorità imperiale**. La divinizzazione vera e propria era in genere riservata all'imperatore dopo la morte, salvo rare eccezioni come nei casi di Caligola e di Commodo. Questa tendenza si rafforzò durante il principato adottivo, poiché consolidava l'idea che l'imperatore in carica fosse destinato a quel ruolo dalla volontà degli dei: la divinizzazione del predecessore che lo aveva scelto ribadiva ulteriormente questo concetto. Per il resto, in genere, **si evitavano interventi nelle questioni religiose** se queste non causavano problemi di ordine pubblico.

Religioni e Stato italiano

L'Italia è uno **Stato laico** poiché afferma la libertà religiosa, l'uguaglianza tra i cittadini di ogni fede, ed è disponibile a riconoscere diritti e doveri a tutte le comunità religiose. Queste scelte istituzionali hanno portato a firmare varie intese negli anni.

Oltre che con la Chiesa cattolica, con altre confessioni cristiane (ortodossi, luterani, valdesi), con le comunità ebraiche e con le unioni che rappresentano i fedeli buddisti e induisti. Con le comunità islamiche le trattative sono ancora aperte, perché gli interlocutori musulmani sono divisi in unioni e associazioni diverse.

Tutte le comunità con cui esiste un'intesa possono ricevere una quota delle entrate fiscali dello Stato italiano (8 per mille) e usarla per finanziare le loro attività.

Lo Stato si riserva però il diritto di intervenire perseguendo comportamenti e atti che, pur avendo motivazioni religiose, infrangono le sue leggi (art. 8). Restano quindi aperti due ambiti di questioni:

- come sviluppare la procedura delle intese;
- come affrontare le situazioni in cui le pratiche religiose **contrastano con le leggi e i principi statali**, per esempio nel caso di atti che non rispettano la parità tra uomini e donne o ledono le libertà individuali.

FISSARE I CONCETTI

1 **Rispondi alle domande scrivendo un testo breve (5 righe al massimo).**

a. Quali diritti garantisce lo Stato italiano ai suoi cittadini in materia di religione?

b. Quali doveri hanno i cittadini italiani in materia di religione nei confronti dello Stato e degli altri cittadini?

LAVORARE SULLE FONTI

2 **Leggi i materiali proposti e componi un testo di 30 righe seguendo la traccia indicata.**

Sulla religione in Italia esistono molti studi. Su Internet puoi trovare per esempio i materiali elaborati dal CESNUR (Centro Studi sulle Nuove Religioni, www.cesnur.org/), che ha tra i fondatori molti cattolici, ma non è legato a nessuna chiesa o gruppo religioso. In base alle ricerche del Centro riportiamo alcuni dati.

> «Al 2009 in Italia i cattolici battezzati sono 58.769.882 – in quell'anno, su 60.045.068 residenti, quindi pari al 97,9% – e fra il 25 e il 30% della popolazione complessiva, secondo varie e recenti stime, dichiara di avere una pratica domenicale regolare; di questi fedeli, il 10% circa appartiene a movimenti laicali.»
> «La percentuale di appartenenti a minoranze religiose [è] intorno al 7,6%.» (Dati 2012)

Inoltre all'interno dell'introduzione allo studio *Le religioni in Italia*, nel capitolo *Il pluralismo religioso in Italia nel contesto postmoderno*, sono riportati i dati di stima sulle percentuali delle minoranze religiose tra i cittadini italiani (www.cesnur.com/il-pluralismo-religioso-italiano-nel-contesto-postmoderno-2/).

a. Svolgi una ricerca personale per integrare con dati ulteriori i materiali proposti.

b. Indica quali sono, in Italia, i principali gruppi religiosi.

c. Con quali chiese e comunità religiose esistono intese? Con quali invece no?

d. Spiega per quali motivi con alcune comunità non esistono ancora intese.

PREPARARARE UNA RICERCA

3 **Svogli una ricerca in biblioteca o su Internet partendo dagli spunti proposti. Poi prepara un documento riassuntivo seguendo la traccia indicata.**

FIDR - Forum Internazionale Democrazia & Religioni
Centro Interuniversitario culture, diritti e religioni

Uno dei temi più importanti del dibattito pubblico attuale sulla religione è la questione di come conciliare tradizioni, consuetudini e credenze con le regole della vita civile e dello Stato. Esistono associazioni, istituzioni e centri di studio che si dedicano a questo impegno, come per esempio il Forum Internazionale Democrazia e Religioni (FIDR), che ha prodotto un video-documentario sul mondo islamico intitolato *Nuove presenze religiose in Italia*, realizzato da Felipe Aguìla e Claudio Malpede e visibile anche on line. Approfondisci questo tema e trattalo nella tua ricerca.

a. Inizia guardando il video.

b. A partire dai temi trattati nel documentario, riassumi le questioni che secondo te sono fondamentali.

c. Approfondiscine una, scegliendo un problema che hai sperimentato personalmente o che ha interessato il tuo territorio. Spiega se sono state trovate soluzioni e, se sì, quali sono state.

d. Concludi esprimendo e motivando la tua opinione sui rapporti tra le diverse comunità religiose.

3 Verso la dissoluzione del mondo antico

CIAK si impara! VIDEO

L'impero tra il III e il IV secolo

1. Che cosa significa la parola tetrarchia?
2. Quali furono le conseguenze dell'editto di Milano?

Nel III secolo l'impero affronta un passaggio difficile, e rischia di sfaldarsi: la stabilità politica viene meno, l'economia entra in crisi, i popoli barbari iniziano a rappresentare una seria minaccia per Roma. Dopo un periodo molto confuso, imperatori come Claudio II, Aureliano e Diocleziano riusciranno a traghettare l'impero fuori dalla crisi. Diocleziano, inoltre, avvierà un ambizioso progetto di riorganizzazione di tutte le strutture statali. Il IV secolo si apre con il regno di Costantino, che rovescia la politica religiosa imperiale nei confronti del cristianesimo, ponendo fine alle persecuzioni. Alla fine del IV secolo, il cristianesimo verrà dichiarato culto ufficiale dell'impero.

 IERI/OGGI

Dal punto di vista religioso, i Romani furono molto tolleranti con i popoli sottomessi al loro dominio. Si mostrarono persino pronti ad adottare dottrine straniere, affiancandole e a volte fondendole con le proprie. Come hai studiato nella lezione 4, però, varie ragioni impedirono che questa tradizionale tolleranza religiosa fosse applicata anche al cristianesimo.

Così, per circa tre secoli, i cristiani subirono discriminazioni e persecuzioni – fino a quando, nel 313, il loro culto fu equiparato agli altri ammessi nell'impero. Qualche decennio più tardi il cristianesimo divenne religione ufficiale dello Stato; si ebbe un ribaltamento della situazione: da allora in poi, a essere discriminati furono i cristiani non in accordo con la Chiesa e i pagani.

◄ Un arciere scita
in procinto di tirare.
(Parigi, Museo del Louvre)

∧ Il martirio di Daniele, divorato
dai leoni. Mosaico del III secolo.
(Tunisia, Museo del Bordo)

∨ Un incontro internazionale
per la difesa dei diritti umani
a Dublino.

Neppure le società contemporanee possono dirsi immuni dalle manifestazioni di intolleranza – siano esse "motivate" dall'appartenenza religiosa, etnica, culturale o politica. Essere intolleranti è facile, anzi banale: ma pregiudizi e discriminazioni sono sempre frutto di scarsa preparazione culturale, e ostacolano la civile convivenza.

a. Descrivi un avvenimento, un incontro o una lettura che ti ha portato a superare un pregiudizio, e dunque a essere meno intollerante.

b. «La tolleranza dovrebbe in verità essere solo un sentimento transitorio: essa deve portare al rispetto; "tollerare" significa offendere»: commenta questa affermazione del poeta tedesco Goethe.

c. La società italiana, nel suo complesso, ti pare tollerante? Perché?

I Germani e la crisi del III secolo

IL LUOGO

IL *BARBARICUM*
È il territorio in cui vivono le popolazioni che i Romani considerano barbare: ha una geografia politica molto fluida, perché questi popoli si spostano premendo sui confini dell'impero.

I PROTAGONISTI

IMPERATORI-SOLDATI
Gli imperatori del III secolo provengono dalle file dell'esercito. Grazie alla loro competenza militare (più che politica) l'impero resiste alle forze centrifughe che rischiano di spaccarlo.

L'EVENTO

LA FINE INGLORIOSA DI VALERIANO
La cattura da parte dei Persiani e la morte in prigionia di Valeriano rappresentano per Roma una enorme umiliazione, e dimostrano la debolezza dell'impero.

L'IDEA CHIAVE

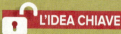

CRISI, MA ANCHE TRASFORMAZIONE
Nel III secolo la società antica inizia a perdere i caratteri che l'avevano contraddistinta, ma ne acquista di nuovi: si apre la lunga fase di trapasso tra l'antichità e il Medioevo.

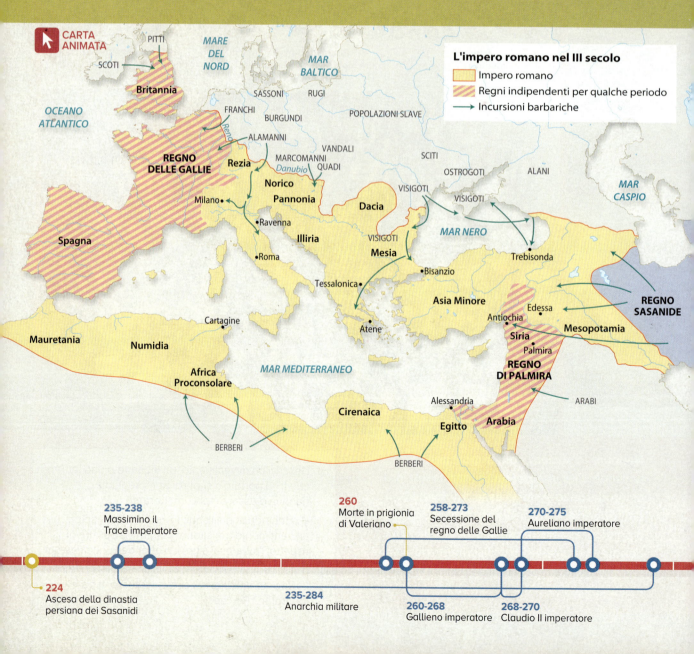

CARTA ANIMATA

L'impero romano nel III secolo
- Impero romano
- Regni indipendenti per qualche periodo
- → Incursioni barbariche

PITTI
SCOTI
MARE DEL NORD
MAR BALTICO
Britannia
SASSONI
RUGI
FRANCHI
BURGUNDI
POPOLAZIONI SLAVE
OCEANO ATLANTICO
ALAMANNI
Reno
REGNO DELLE GALLIE
Rezia
MARCOMANNI
VANDALI
QUADI
SCITI
OSTROGOTI
ALANI
MAR CASPIO
Danubio
Norico
Milano
Pannonia
VISIGOTI
VISIGOTI
Spagna
Ravenna
Dacia
Illiria
VISIGOTI
MAR NERO
Roma
Mesia
Trebisonda
Bisanzio
Tessalonica
Asia Minore
Edessa
REGNO SASANIDE
Cartagine
Antiochia
Mesopotamia
Atene
Siria
Palmira
Mauretania
Numidia
REGNO DI PALMIRA
Africa Proconsolare
MAR MEDITERRANEO
Alessandria
ARABI
Cirenaica
Egitto
Arabia
BERBERI
BERBERI

235-238
Massimino il Trace imperatore

260
Morte in prigionia di Valeriano

258-273
Secessione del regno delle Gallie

270-275
Aureliano imperatore

224
Ascesa della dinastia persiana dei Sasanidi

235-284
Anarchia militare

260-268
Gallieno imperatore

268-270
Claudio II imperatore

Scontro tra barbari e Romani raffigurato in maniera epica nel Sarcofago Ludovisi, III secolo. (Roma, Museo Nazionale Romano)

1 I Germani

Un problema di definizione ▪ La vasta area che dalla parte meridionale della Scandinavia si estendeva alla regione del Mar Baltico e all'Europa centro-orientale, fino a lambire le coste del Mar Nero, era abitata da numerose popolazioni seminomadi di origine indoeuropea. Per riferirsi a questi popoli i Romani utilizzavano due termini che, per ragioni diverse, non possiamo considerare pienamente accettabili: li chiamavano infatti **Germani** (anche se non tutte le genti del nord erano germaniche: alcune appartenevano al ceppo slavo o turcomanno); oppure, più genericamente, **barbari** (usando una parola dispregiativa, che sottintendeva una presunta inferiorità culturale di tali genti).

Queste due parole, comunque, sono entrate nell'uso storiografico: per questo le utilizzeremo entrambe, con una preferenza per il termine "Germani" che, per quanto meno preciso, è almeno privo di sfumature negative.

Le **popolazioni germaniche** erano molte; ciascuna arrivava a contare al massimo qualche decina di migliaia di individui. La più importante era quella dei Goti i quali, probabilmente originari della Svezia, si erano in seguito stanziati nell'odierna Lettonia. Altre popolazioni erano quelle degli Alamanni, dei Quadi, dei Marcomanni, dei Vandali, dei Franchi e dei Sassoni. Contrariamente a quanto si credeva in passato, la composizione di questi gruppi non era basata su una comune appartenenza etnica né costituiva un insieme stabile: era, piuttosto,

Fibula d'oro germanica rivenuta nella tomba di un principe. (Mannheim, Museo Reiss)

Barbaricum

Così i Romani definivano il territorio europeo al di là del *limes*, occupato dalle popolazioni barbariche.

^La figura di un cavaliere decora una fibbia germanica in metallo del VII secolo. (New York, Metropolitan Museum of Art)

❯ Un pettine in osso e uno spillone per capelli in argento e oro, testimonianza dell'abilità artigianale dei Franchi nel VI secolo. (Baltimore, Walters Art Museum)

soggetta a continui cambiamenti. Una popolazione poteva sparire perché i suoi membri si dividevano o si univano a un'altra tribù: come vedremo, fu questo il caso dei Goti, che a un certo punto della loro storia si divisero in Visigoti e Ostrogoti. In maniera analoga, nuove popolazioni potevano costituirsi dall'aggregazione di gruppi più piccoli: fu quello che accadde ai Franchi, che si formarono probabilmente nel III secolo dall'unione di tribù stanziate nell'area tra il corso del Reno e il Mare del Nord. Di questo continuo formarsi e frammentarsi delle popolazioni barbare ebbero sentore anche i Romani quando, nel IV secolo, si accorsero che i barbari affrontati in precedenza si erano riaggregati in forme nuove, con nuovi nomi e caratteristiche diverse rispetto al passato. Il *barbaricum* – come veniva chiamata l'area occupata dalle popolazioni barbare – era quindi un mondo **estremamente complesso** e in **continuo movimento**.

L'organizzazione sociale e politica dei Germani ■ Quella dei Germani era **una società guerriera e di tipo tribale**, dall'organizzazione estremamente semplice: non esisteva infatti un potere centrale o una forma di organizzazione politica comune all'intera popolazione. La stessa nozione di Stato, come la concepiamo noi e come la concepivano i Romani, era sconosciuta ai Germani: i **clan** familiari (detti *sippe*) **si autogovernavano** e procedevano all'elezione di re solo in caso di necessità, per esempio in caso di guerra o di una migrazione. Il sovrano, scelto per le sue doti fra i guerrieri più valorosi, restava in carica tutta la vita; la sua autorità era però limitata e, nella pratica, si esauriva una volta venuta meno la causa che aveva reso necessaria la sua elezione.

L'esercito era formato da tutti gli uomini adulti atti alle armi e, almeno inizialmente, non pare che vi fossero differenze gerarchiche tra i vari guerrieri. Nel tempo, però, si formò un'**aristocrazia** composta dai più prestigiosi fra i guerrieri; a loro spettavano le terre migliori e la precedenza nella spartizione del bottino.

I pregiudizi dei Romani smentiti dall'archeologia ■ I Romani ammiravano i Germani per il coraggio che dimostravano in battaglia; ma, per il resto, avevano di loro un'opinione molto negativa. Li consideravano infatti dei barbari rozzi e selvaggi, che conducevano una vita simile a quella degli animali, non conoscevano l'agricoltura ma solo la caccia, si nutrivano di cibi crudi e dormivano in abitazioni di fortuna o sui carri trainati dai cavalli. Questi pregiudizi si basavano su una conoscenza mol-

to approssimativa del mondo germanico; gli studi archeologici, tuttavia, ce ne consegnano un ritratto differente.

È stato dimostrato che i Germani **non erano nomadi**, ma vivevano in villaggi talora fortificati, in capanne di legno; si dedicavano soprattutto all'allevamento e all'agricoltura, che praticavano in forme relativamente evolute (conoscevano, per esempio, l'uso dell'aratro). Pur non essendo nomadi, i Germani non erano neanche completamente stanziali: le singole popolazioni si stabilivano all'interno di un territorio, costruivano villaggi e iniziavano a coltivare i campi restando nello stesso sito anche per vari decenni ma, quando i terreni si esaurivano o c'era la possibilità di stanziarsi in una regione più fertile, migravano verso una nuova terra. In questi casi, le

❯ Spada di manifattura franca. (Erfurt, Museumsverband Thüringen)

 LEGGERE LA STORIA

I Germani e l'agricoltura

In questo brano lo storico e archeologo polacco Kazimierz Godłowski spiega come i risultati delle campagne di scavo restituiscano un'immagine del mondo germanico molto diversa da quella che ci hanno tramandato le fonti romane.

"Per quasi tutte le popolazioni barbariche europee, le basi dell'economia furono l'agricoltura e l'allevamento di animali domestici. Solo nel caso dei Sarmati, particolarmente nella regione settentrionale del Ponto, prevalse la pastorizia nomade. [...] Particolarmente importante fu l'uso dell'elementare aratro a chiodo di legno, anche se le tracce di aratura nella zona paludosa della Germania del Nord testimonierebbero l'utilizzo dell'aratro doppio a pala sin dalla nascita di Cristo. I vomeri in ferro e i trincianti dell'aratro comparvero nell'età preromana del ferro grazie all'influenza dei Celti, ma il loro utilizzo divenne regolare solo a partire dalla media età dell'impero, soprattutto nelle regioni meridionali del *barbaricum*.

Nelle zone sul Mare del Nord e in parte in Scandinavia si è conservato intatto, nella sua globalità, il complesso della struttura agricola. I singoli campi erano separati l'uno dall'altro e delimitati da ampi terrapieni, a testimonianza della proprietà privata dei terreni coltivati. Presso i Germani l'allevamento del bestiame ebbe un ruolo primario, come confermano tanto le fonti scritte quanto quelle archeologiche.

In tutti i territori occupati dai Germani fu singolarmente modesto il peso economico della caccia. La percentuale di ossa di selvaggina rinvenute nei luoghi d'insediamento non raggiunge in alcuni casi l'1% e in nessun caso supera il 10%. La situazione cambia radicalmente nell'area delle foreste dell'Europa orientale, dove la percentuale dei ritrovamenti ossei di selvaggina supera il 20% e, in alcuni casi, anche il 30%. "

(K. Godłowski, *I barbari nell'età imperiale romana*, in *Storia d'Europa: Preistoria e antichità*, vol. 2, Torino, Einaudi 1994)

❯ **Divinità celtiche** del raccolto mentre portano pani, mele e spighe di grano, simboli di fertilità e abbondanza. Rilievo del II secolo. (Cirencester, Corinium Museum)

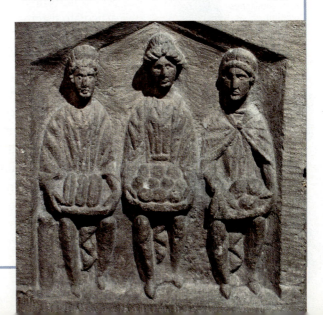

a. Sottolinea il passaggio in cui l'autore dimostra come sia scorretto definire "nomadi" le popolazioni stanziate nel *barbaricum*.

b. I dati archeologici relativi ai ritrovamenti di ossa di selvaggina smentiscono un luogo comune sulle popolazioni germaniche: sapresti dire quale?

c. L'importanza della caccia è maggiore nelle aree boschive dell'Europa orientale: sapresti spiegare il perché?

> **La Porta Pretoria e la cinta muraria** presso Saalburg, una delle fortificazioni chiave del *limes* germanico-retico. (Djd)

popolazioni che si erano messe in moto scacciavano quelle che trovavano lungo il proprio cammino. Queste ultime si spostavano a loro volta verso una nuova sede: si veniva così a creare un colossale effetto domino che finiva per spingere le tribù poste più a sud verso i confini dell'impero romano.

Gli studi hanno dimostrato anche che i Germani avevano un **artigianato** piuttosto raffinato: producevano oggetti in osso e in ceramica e lavoravano il ferro e i metalli preziosi. La loro cultura era basata principalmente sull'oralità: le gesta del passato e le norme che regolavano la vita della tribù venivano tramandate a voce da una generazione all'altra. I Germani conoscevano la scrittura, ma la utilizzavano solo per le iscrizioni votive, in quanto attribuivano a essa un carattere magico.

I contatti fra Romani e Germani

▪ I Romani erano entrati per la prima volta in contatto con i Germani nel I secolo a.C., quando Gaio Mario aveva fermato le scorrerie in Italia dei Cimbri e dei Teutoni. In seguito, le campagne di Augusto (> Lez. 1) avevano fissato il confine tra l'impero romano e il *barbaricum* lungo il corso del Danubio e del Reno. Sebbene questi due fiumi offrissero una valida protezione naturale contro le occasionali incursioni dei Germani nei territori dell'impero, a partire dalla fine del I secolo la frontiera fu rafforzata con la costruzione del *limes* (> Lez. 3), un articolato sistema di fortificazioni che comprendevano sia piccoli avamposti con funzioni di avvistamento, sia veri e propri accampamenti militari. Nei punti di maggior importanza strategica correvano muraglie alte sino a cinque metri, con torri di guardia costantemente presidiate dai legionari.

Malgrado la presenza di questa linea di fortificazioni apparentemente invalicabile, il *limes* non costituì mai una barriera che divideva in modo netto il mondo romano dalle popolazioni seminomadi dell'Europa settentrionale. Al contrario, era un confine estremamente poroso, attraverso cui **transitavano uomini e merci.** Per fare solo un esempio, i Romani acquistavano dai Germani pellicce e ambra, pagandole con monete d'oro e di argento o con oggetti di artigianato; monete e vasellame di origine romana sono stati ritrovati dagli archeologi nelle sepolture germaniche delle regioni più prossime all'impero, ma anche dell'attuale Svezia.

Guerriero barbaro armato di scudo, raffigurato in una statuetta del V secolo. (Vienna, Kunsthistorisches Museum)
⌄

I barbari ausiliari e *foederati* ▪ A partire dal II secolo le popolazioni germaniche che vivevano subito oltre i confini cominciarono, spinte dagli spostamenti di altri popoli, a esercitare sul *limes* una pressione che rischiava di essere pericolosa per Roma. Questo portò gli imperatori a modificare in parte la loro politica nei confronti degli stranieri.

Dapprima, **piccoli contingenti di barbari** furono inquadrati nell'esercito romano come **truppe ausiliarie** a sostegno delle legioni. I guerrieri che li componevano erano comandati dai propri capi e avevano il permesso di impiegare le loro armi.

In seguito, a **intere comunità** germaniche fu concessa l'autorizzazione a entrare nel territorio dell'impero e a stanziarsi in regioni di confine poco popolate, dove avrebbero potuto governarsi secondo le proprie usanze e le proprie leggi. A queste popolazioni, cui veniva riconosciuto lo status di *foederati* (alleati), i Romani chiedevano di riconoscere l'autorità dell'imperatore e di pagare un tributo. L'accordo presentava dei vantaggi per entrambe le parti: i Germani ottenevano nuove terre più fertili da coltivare; l'impero poteva contare sulla loro presenza per difendere i confini da eventuali incursioni.

2 L'instabilità politica dell'impero e le minacce esterne

Mezzo secolo di anarchia ▪ Gli anni compresi dal 235 al 284 – ossia dalla fine della dinastia dei Severi all'ascesa al trono di Diocleziano – costituirono il periodo della cosiddetta **anarchia militare**: una fase di grave crisi per l'impero romano, che vide minacciata la sua stessa sopravvivenza. La crisi si aprì con l'uccisione di Alessandro Severo (> Lez. 3) e la nomina a imperatore da parte dell'esercito di **Massimino il Trace** (235-238): un soldato nato in Tracia da una famiglia contadina, forse di origini germaniche. Massimino fu fortemente osteggiato dai senatori, che non erano disposti ad accettare un imperatore scelto dai soldati senza il loro consenso, e venne ucciso nel corso di una congiura dopo appena tre anni di regno. Alla sua morte si aprì un lungo periodo di aspre lotte per il potere. In poco me

❮ **Scena di battaglia** tra Romani e barbari. Decorazione di un sarcofago del II secolo. (Roma, Palazzo Altemps)

CARTA ANIMATA

no di cinquant'anni si succedettero quasi trenta imperatori: tutti provenienti dall'esercito, nominati dalle legioni senza che il senato potesse intervenire, e tutti (tranne uno, morto di peste) uccisi in battaglia o assassinati dagli stessi legionari che ne avevano favorito l'ascesa.

Le minacce esterne: in Occidente...

▪ La crisi politica interna all'impero fu aggravata dagli attacchi provenienti dall'esterno. Già attorno alla metà del II secolo i **Goti** avevano lasciato le coste del Baltico e si erano poi stabiliti in prossimità del Mar Nero, nell'odierna Ucraina. Lo spostamento dei Goti aveva provocato un generale sommovimento delle popolazioni germaniche e un aumento della loro pressione lungo il settore danubiano del *limes*. Come abbiamo visto nella lezione 3, nel 166 le tribù dei **Quadi** e dei **Marcomanni** sconfinarono nel territorio dell'impero; solo con una campagna militare più che decennale Marco Aurelio riuscì a respingerle. Ma dall'inizio del III secolo le incursioni delle popolazioni germaniche divennero ancora più frequenti, e si estesero anche alla zona del Reno: **Goti**, **Franchi**, **Alamanni**, **Vandali**, **Sassoni**, **Burgundi** e altre tribù oltrepassarono ripetutamente i confini dell'impero in cerca di bottino.

In questo frangente il sistema difensivo romano cominciò a mostrare i suoi limiti: il *limes* era troppo esteso per poter essere efficacemente presidiato; inoltre, le fortificazioni si sviluppavano solo lungo il confine e non in profondità – così che le orde germaniche che superavano la prima linea difensiva, non trovando altre resistenze, potevano agevolmente raggiungere le regioni più interne dell'impero. In Italia i Germani giunsero a più riprese nella Pianura Padana; bande di Goti arrivarono in Grecia e nell'Asia Minore, dove saccheggiarono Atene ed Efeso. Spesso le legioni romane riuscivano a intercettare i barbari solo dopo che questi avevano già compiuto razzie devastanti e si apprestavano a tornare nei propri territori.

... e in Oriente

▪ Anche lungo i confini orientali dell'impero i Romani dovettero fronteggiare pericolosi avversari. Nel 224 la dinastia degli Arsacidi, al potere nel regno dei Parti da quasi cinque secoli, fu spodestata da quel-

> **Il re sasanide Shapur I cattura l'imperatore Valeriano.** Probabilmente questo fu l'episodio più umiliante della storia romana, sicuramente quello che mostrò in maniera più efficace la debolezza dell'impero, tanto da essere ricordato in questo cammeo sasanide del 260 d.C. (Parigi, Cabinet des Médailles / M. Nguyen)

la dei **Sasanidi**, di origine persiana. Rivendicando il controllo dei territori un tempo appartenuti all'antico impero persiano, come la Siria e l'Egitto, i Sasanidi avviarono una politica estera estremamente aggressiva e attaccarono l'impero romano. Nel 256 conquistarono e saccheggiarono Antiochia, la principale città della Siria. L'imperatore **Valeriano** (253-260) reagì organizzando contro di loro una spedizione che si chiuse tragicamente: le legioni romane, decimate dalla peste, furono sconfitte e lo stesso Valeriano – catturato, ridotto in schiavitù e costretto a lavorare alla costruzione di una diga – morì in prigionia.

L'apice della crisi ▪ La crisi di potere del III secolo raggiunse il suo apice durante il regno di **Gallieno** (260-268): fu allora che, sotto la spinta di **forze centrifughe** determinate da una troppo prolungata instabilità politica, l'impero romano rischiò seriamente di sfaldarsi. Si verificarono infatti **due pericolose secessioni**: le legioni stanziate in Gallia proclamarono imperatore il loro generale, **Postumo**, il quale fondò un regno indipendente esteso alla Gallia, alla penisola iberica e alla Britannia. Nello stesso periodo anche in Oriente un altro generale, **Odenato**, creò un regno esteso alla Siria e alla Palestina, con capitale la città carovaniera di Palmira. Entrambi questi stati ebbero breve durata, ma la loro creazione mostrava come, di fronte alle difficoltà, le singole province tendessero a disconoscere l'autorità di Roma e ad autogovernarsi.

Dov'è Palmira?

3 Gli imperatori illirici

La burocrazia e l'esercito, elementi di continuità ▪ Anche se potenti tensioni interne ed esterne mettevano a repentaglio la sua unità territoriale, l'impero romano riuscì a sopravvivere: era un organismo politico ancora molto forte e poté contare sulla presenza di apparati statali ben organizzati.

La burocrazia imperiale, per esempio, aveva raggiunto un alto livello di competenza ed efficienza; ciò le permise di funzionare bene anche in assenza di un imperatore che ne coordinasse l'attività. Anche l'esercito era ben addestrato, e ancora in grado di contrastare più che efficacemente i nemici. Gli stessi imperatori che si susseguirono nel periodo dell'anarchia

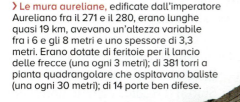

❯ **Le mura aureliane**, edificate dall'imperatore Aureliano fra il 271 e il 280, erano lunghe quasi 19 km, avevano un'altezza variabile fra i 6 e gli 8 metri e uno spessore di 3,3 metri. Erano dotate di feritoie per il lancio delle frecce (una ogni 3 metri); di 381 torri a pianta quadrangolare che ospitavano baliste (una ogni 30 metri); di 14 porte ben difese.

militare (sebbene criticati dagli storici romani per la loro scarsa cultura e le loro origini spesso umili) erano comandanti esperti, in grado di fronteggiare l'emergenza militare di quel frangente storico.

Così, grazie a un'amministrazione accorta e alla forza delle armi, l'impero si avviò verso un superamento della crisi.

L'opera di Aureliano ▪ A guidare la riscossa furono una serie di imperatori provenienti dall'esercito e originari dell'Illiria e per questo indicati come imperatori illirici. Il primo fu **Claudio II** (268-270), il quale inflisse ai Goti una sconfitta talmente bruciante che questi cessarono, per quasi un secolo, di costituire un pericolo per l'impero.

Claudio II morì di peste; al suo posto, i legionari acclamarono imperatore **Aureliano** (270-275), un valido generale che, con una serie di campagne militari, riuscì a respingere i Germani nuovamente addentratisi nella Pianura Padana, e ricostituì l'unità dell'impero, riassumendo il controllo della Gallia e del regno di Palmira. Aureliano è ricordato anche per aver dotato Roma di una nuova cinta muraria – le **mura aureliane** – che andò a sostituire quella costruita da Servio Tullio nel VI secolo a.C. Le mura, lunghe 19 kilometri e dotate di più di 350 torri erano un segno delle difficoltà dei tempi; Roma, che per secoli non ne aveva sentito la necessità, era ora obbligata a proteggersi costruendo un poderoso sistema difensivo. Aureliano fu costretto ad abbandonare la provincia della Dacia – ormai indifendibile a causa degli attacchi dei barbari – e a evacuarne gli abitanti che trovarono riparo nelle province rimaste sotto il controllo delle legioni romane: era la prima volta che l'impero arretrava i propri confini in Europa, e anche questo era un chiaro sintomo delle difficoltà che stava attraversando.

Aureliano cadde vittima di una congiura organizzata da alcuni ufficiali nel 275; dopo la sua morte, si aprì un nuovo periodo di lotte per il potere che si concluse dieci anni più tardi; nel 284 l'ascesa al potere di **Diocleziano** (❯ Lez. 6) pose fine al periodo dell'anarchia militare.

✓ **RIFLETTERE E DISCUTERE**

Sottolinea nel testo i due eventi epocali che caratterizzarono il regno di Aureliano, e spiega perché costituiscono un chiaro segnale delle difficoltà dell'impero.

4 La crisi dell'economia e delle città

L'esercito grava sul bilancio imperiale ▪ Alla crisi politico-militare si accompagnò una pesante crisi economica e sociale che in gran parte non era che l'emergere di quelle contraddizioni già presenti nel II secolo e dello spopolamento causato dalle pestilenze e dalle guerre.

Due dei principali fattori che concorsero al deflagrare della crisi furono la fine delle guerre di conquista e l'aumento delle spese militari causato dalle scorrerie dei Germani. Sino al II secolo l'esercito non aveva costituito un costo per Roma: il bottino e i tributi pagati dalle regioni sottomesse erano stati più che sufficienti a coprire le spese militari. La fine delle conquiste durante il principato di Adriano mutò drasticamente la situazione: l'esercito assunse una funzione difensiva e cominciò così ad essere un costo pari al 60% delle uscite statali.

Collana romana in ambra del II secolo d.C. (Londra, Museo di Londra)

L'aumento delle tasse e dei prezzi ▪ Per ripianare i bilanci statali, gli imperatori agirono su due fronti. Per prima cosa, **aumentarono le tasse**; poi, **diminuì la quantità di metalli preziosi contenuta nelle monete**, coniando con la stessa quantità di metallo, più monete.

Entrambe le misure ebbero effetti disastrosi sull'economia. L'aumento della pressione fiscale raggiunse livelli insostenibili per una popolazione spesso già immiserita. Impossibilitate a pagare le tasse, molte persone abbandonarono le città per rifugiarsi nelle campagne dove gli agenti del fisco erano meno presenti. La crescente povertà portò alla diffusione del **brigantaggio** e allo scoppio di **rivolte di contadini** esasperati dai tributi e dalle misere condizioni di vita.

All'immissione di monete praticamente prive di argento (quindi prive di valore) fece seguito un generale aumento dei prezzi: per esempio, in Egitto il prezzo di una misura di grano passò dalle 7-8 dracme dell'inizio del II secolo, alle 20 dei primi anni del III, sino alle 120.000 della fine del III secolo. Mercanti e artigiani iniziarono a rifiutare monete che ormai non valevano nulla e in molte regioni dell'impero si tornò ai pagamenti in natura e al baratto. Lo stesso Stato romano cominciò ad accettare il pagamento di tributi per mezzo di sacchi di grano o capi di bestiame.

Con l'aumento dei prezzi, le persone iniziarono a ricorrere all'**autoconsumo**, ossia a produrre da sé ciò di cui avevano bisogno. Di conseguenza **i commerci**, già colpiti dall'insicurezza delle strade, **si contrassero** e molti artigiani furono costretti a chiudere le proprie botteghe.

A causa della crescente povertà, accadde sempre più di frequente che nelle città l'ammontare delle imposte riscosse fosse inferiore alla cifra richiesta dal governo imperiale. In casi come questi i <mark>decurioni</mark> erano tenuti a versare la quota mancante ricorrendo ai propri averi. Ricoprire una carica pubblica cominciò di conseguenza a essere considerato, dai ceti dirigenti locali, non più come un onore e servigio verso la comunità in cui si viveva, ma come un onere a cui era preferibile sottrarsi. L'**indebolimento dei sentimenti civici** si tradusse anche in un **abbandono dell'evergetismo**: i contributi dei privati per la costruzione degli edifici pubblici, l'allestimento dei giochi o le distribuzioni gratuite di grano diminuirono, le città dell'impero divennero via via più povere, e le loro comunità meno coese.

La crisi non si fece sentire con gli stessi effetti in tutto l'impero. L'aumen-

^ **Brocca in argento** rinvenuta a Pompei. L'interruzione delle campagne di conquista fece diminuire l'apporto di metalli e ricchezze che fino ad ora avevano caratterizzato la vita dell'*élite* romana. (Napoli, Museo Archeologico)

Decurioni

Membri del consiglio dei municipi e delle colonie romane con il compito di governare le città; questa carica durava a vita e garantiva onori e privilegi. In molti centri urbani il loro numero era nominalmente 100.

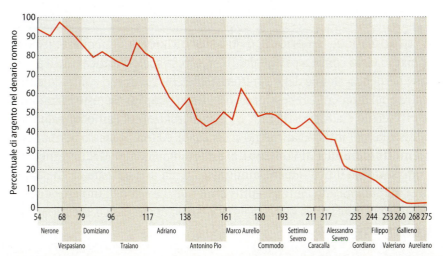

Il grafico mostra il variare della quantità di argento contenuta nelle monete emesse dallo Stato. Ai tempi di Nerone la percentuale d'argento era del 93%, sotto il regno di Settimio Severo scese al 58% per calare al 2-3% al tempo di Aureliano.

RIASSUMERE CON UNA MAPPA

Completa usando le parole elencate.
aumenta • diminuisce • più • meno

.... metallo prezioso nelle monete

↓

Il valore di ciascuna moneta ....

↓

Servono .... monete di prima per acquistare lo stesso bene di consumo

↓

Il prezzo di quel bene di consumo ....

❯ **Uno schiavo bambino** in un momento di riposo. Statua del I secolo a.C. (DeA/Dagli Orti)

to della povertà, la contrazione dei commerci e il ricorso al baratto furono più forti in Occidente: in tal modo tra la parte orientale e quella occidentale dell'impero si formò un divario economico e sociale le cui conseguenze sarebbero emerse pienamente nel corso del IV secolo.

I latifondi e la diffusione del colonato ▪

La crisi economica colpì in misura molto minore i grandi proprietari, che appartenevano alle *élite* dei senatori o dei cavalieri. Grazie alla loro influenza politica, infatti, i latifondisti ottennero dagli imperatori una serie di sgravi fiscali; alcuni riuscirono persino a vietare agli agenti del fisco l'ingresso nelle loro proprietà.

A partire dalla fine del III secolo **i latifondi cominciarono a caratterizzarsi** sempre più **come zone autonome**: era il proprietario che si occupava direttamente sia della riscossione delle entrate, sia della loro difesa – assicurata dalla presenza di milizie private pronte a respingere gli assalti dei briganti o le incursioni dei barbari. La villa posta al centro del latifondo cessò di essere un luogo destinato all'*otium* e venne fortificata con mura e torri.

Lo sviluppo dei latifondi favorì una trasformazione di estrema rilevanza, ossia la diffusione del **colonato**. Strangolati dalla crisi economica e dalla rapacità del fisco, i piccoli contadini cedevano ai grandi latifondisti le loro terre, le quali venivano loro immediatamente restituite in cambio di un canone da pagare con i prodotti dei campi o con prestazioni lavorative. I contadini diventavano così dei **coloni**, che coltivavano terre altrui, ma potevano contare sulla **protezione dei latifondisti**. Apparentemente si trattava di un accordo vantaggioso per entrambe le parti tuttavia a partire dal III secolo i coloni furono obbligati a non abbandonare i campi che coltivavano: pur continuando ad essere uomini liberi, si trovarono quindi assoggettati a una condizione non molto dissimile da quella degli schiavi.

Il tardoantico, un'epoca di trasformazione ▪

In questa lezione abbiamo visto come, a partire dal III secolo, la società antica iniziò a mutare, perdendo alcune delle caratteristiche che l'avevano contraddistinta sino a quel momento. Per esempio, rispetto ai tempi di Augusto l'economia del III secolo era meno dinamica, i commerci ridotti, l'autoconsumo più diffuso, la mobilità sociale meno accentuata. Al tempo stesso permanevano **molti elementi di continuità**: l'intero bacino del Mediterraneo era unito sotto un unico impero, amministrato da una burocrazia che applicava in maniera efficiente gli editti imperiali. Le *élite* dell'impero condividevano cultura e stili di vita e, malgrado il calo demografico, le città si mantenevano vive e popolose.

Contemporaneamente, si configuravano **nuovi scenari sociali e culturali** – come la diffusione del cristianesimo e la crescente importanza dei Germani – che preannunciavano l'approssimarsi del **Medioevo**.

Il periodo che si apre con la fine del III secolo e che giunge sino alla metà del VI costituì dunque un periodo unitario, in cui si realizzò il lento ma progressivo passaggio dall'antichità al Medioevo: per indicare questo periodo gli storici hanno coniato il termine **tardoantico**. Sebbene coincida con la crisi e il crollo finale dell'impero romano, sarebbe riduttivo considerare il tardoantico unicamente come una fase di crisi e di decadenza. Come ha scritto lo storico tedesco Hartwin Brandt, «il simbolo caratteristico della tarda antichità sembra essere il volto di un Giano bifronte: l'antico muta, qualche elemento scompare, altri appaiono e il nuovo emerge. La continuità si affianca alle fratture: la fine dell'antichità è dunque anche un inizio».

 LEGGERE LA STORIA

I contadini si trasformano in schiavi

Gli autori del tempo erano consci di come, per molti contadini, l'unico modo di sottrarsi agli agenti del fisco fosse affidarsi a un patrono che garantisse sicurezza e protezione, ma questa consapevolezza non impediva loro di cogliere i rischi insiti nel colonato.

"Non potendo dunque fare ciò che desiderano, [i piccoli contadini] fanno la sola cosa che possono: si danno ai grandi per averne soccorso e protezione; si sottomettono senza condizione ai ricchi e passano in qualche modo sotto il loro diritto e la loro sovranità. Non penserei tuttavia che la cosa fosse grave e disdicevole, anzi loderei per la loro generosità i potenti ai quali i poveri si consegnano, se essi non vendessero questo patronato, se, quando si dicono difensori dei deboli, fossero mossi da pietà e non da cupidigia. La cosa grave e amara è che essi sembrano proteggere i poveri mentre li spogliano, [sembrano] difendere i miseri mentre li rendono ancora più miseri con la loro difesa. Infatti tutti coloro che sembrano aver trovato protezione cedono ai loro difensori quasi tutti i propri averi, prima ancora di essere difesi; e così, perché i padri siano protetti, i figli perdono l'eredità: la tutela dei genitori si compra con la mendicità dei figli. [...] E seguendo l'esempio di quella malefica e potente maga che si diceva cambiasse gli uomini in bestie, egualmente costoro, che sono ricevuti nelle terre dei ricchi, subiscono una mutazione quasi trasfigurati dalla pozione di Circe. Perché quelli che sono giunti come estranei e forestieri, poi cominciano a essere trattati come proprietà di chi li ha accolti; coloro che notoriamente sono uomini liberi si trasformano in schiavi."

(Salviano di Marsiglia, *De gubernatione Dei*)

^ **L'aratura e la semina** dei campi in un mosaico del III secolo d.C. (Cherchell, Museo Archeologico)

a. Quali garanzie ottenevano i coloni a fronte della loro sottomissione a un latifondista? A che cosa, invece, dovevano rinunciare? Con quali conseguenze?

b. Che cosa aveva in comune la condizione del colono con quella dello schiavo? In che cosa invece si differenziava?

c. Spiega perché si può affermare che il sistema del colonato rafforzava l'autonomia dei proprietari terrieri nei confronti del potere imperiale.

SINTESI

1 I Germani

L'Europa centrale e settentrionale è abitata da popolazioni germaniche seminomadi che i Romani indicano col termine denigratorio di "Barbari". I Germani praticano l'agricoltura e l'allevamento e sono privi di una vera e propria forma di organizzazione statale: il re viene infatti eletto solo in caso di necessità. Dal punto di vista militare il *limes* è un confine invalicabile ma non impedisce gli scambi commerciali tra i Romani e i barbari. Inoltre, a partire dal II secolo, piccoli contingenti di barbari si arruolano come ausiliari nell'esercito romano, mentre intere comunità si stanziano nelle regioni di confine dell'impero, con lo status di *foederati* (alleati).

2 L'instabilità politica dell'impero e le minacce esterne

I cinquant'anni che vanno dal 235 al 284 costituiscono il periodo della cosiddetta anarchia militare: la nomina dell'imperatore passa sotto il controllo delle legioni. Le difficoltà dell'impero sono accresciute dalla ripresa dell'espansionismo dei Parti, dalle incursioni dei popoli germanici – che le difese disposte lungo il *limes* non riescono ad arginare – e dal formarsi in Gallia e Siria di due regni autonomi.

3 Gli imperatori illirici

Nonostante le difficoltà, l'impero riesce a mantenersi unito anche grazie al suo efficiente apparato burocratico e alla forza dei suoi eserciti. Si avvia verso un superamento della crisi durante il periodo dei cosiddetti "imperatori illirici": i primi sono Claudio II e Aureliano, che respingono gli attacchi dei Germani, riorganizzano la difesa dei confini e riportano la Gallia e la Siria sotto il controllo di Roma. Con l'ascesa al potere di Diocleziano si conclude l'epoca dell'anarchia militare.

4 La crisi dell'economia e delle città

Il III secolo è per l'impero anche un periodo di crisi economica e sociale. Per sostenere le ingenti spese militari gli imperatori aumentano le tasse e coniano monete che contengono meno argento: ma queste due misure provocano un aumento dei prezzi e una diffusione della povertà. I commerci si contraggono e si registra la tendenza a ricorrere al baratto. La crisi colpisce soprattutto la piccola proprietà: i latifondisti invece, ricorrendo all'istituto del colonato, legano a sé i contadini relegandoli in una condizione prossima a quella degli schiavi. Il periodo tardoantico è caratterizzato da una serie di profonde trasformazioni sociali ed economiche.

La crisi economica del III secolo  MAPPA CONCETTUALE

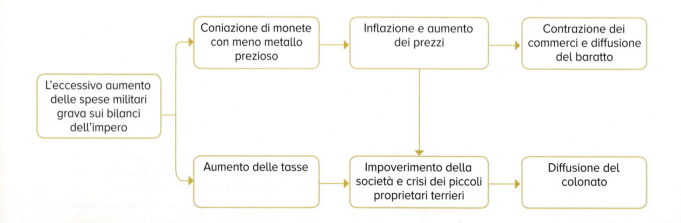

LEZIONE 5

 **Z T E** ONLINE 📶
Mettiti alla prova con
gli esercizi interattivi

121

VERIFICA

PREPARARE L'INTERROGAZIONE

1 Cerca nel testo le informazioni necessarie a parlare per almeno quattro minuti dei Germani. Soffermati sugli aspetti elencati.

   a. La loro organizzazione sociale.

   b. Le attività produttive che praticavano.

   c. Le modalità di incontro/scontro tra queste popolazioni e i Romani.

LAVORARE SUL LESSICO

2 Scrivi la definizione delle seguenti parole o espressioni. Poi, con ciascuna di esse, componi una frase da usare come possibile esordio per un'interrogazione.

barbaricum • *sippa* • limes • foederati • *deprezzamento della moneta* • *coloni*

ORIENTARSI NEL TEMPO E NELLO SPAZIO

3 Scrivi un breve testo (10 righe al massimo) per spiegare perché, nella cartina qui accanto, alcuni territori sono evidenziati in arancione, a quale periodo essa si riferisce e chi sono i personaggi coinvolti negli eventi che descrive.

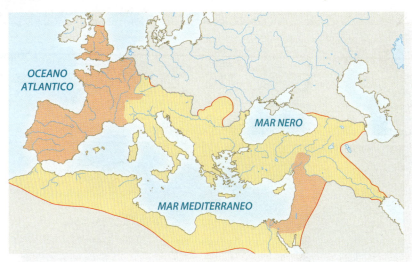

VERIFICARE LE CONOSCENZE

4 Alcune di queste affermazioni dicono il falso. Individuale e correggile a voce.

   a. Tutti i barbari erano di origine germanica.

   b. La società dei Germani aveva un'organizzazione di tipo tribale.

   c. Lo spostamento verso sud dei Quadi spinse altre popolazioni barbariche a spostarsi.

   d. Massimino il Trace respinse i Goti che avevano occupato parte della penisola balcanica.

   e. L'inflazione è la diminuzione progressiva del livello medio generale dei prezzi.

   f. L'inflazione produce una diminuzione progressiva del valore della moneta.

   g. La crisi del III secolo colpisce maggiormente le province orientali dell'impero.

   h. La crisi del III secolo colpisce maggiormente i latifondisti.

LAVORARE SUI CONTENUTI

5 Completa il brano scegliendo le opzioni corrette.

L' ☐ aumento/ ☐ la diminuzione della pressione fiscale raggiunse livelli insostenibili per una popolazione spesso già ☐ immiserita/ ☐ benestante. Impossibilitate a pagare le tasse, molte persone ☐ abbandonarono/ ☐ popolarono le città per rifugiarsi nelle campagne dove ☐ gli agenti del fisco/ ☐ i decurioni erano meno presenti. La crescente povertà portò alla ☐ diffusione/ ☐ sparizione del brigantaggio e allo scoppio di rivolte di ☐ contadini/ ☐ soldati esasperati dai tributi e dalle misere condizioni di vita.

LEZIONE 6

L'impero da Diocleziano a Teodosio

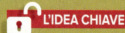 **IL PROTAGONISTA**

 L'IDEA CHIAVE

 IL LUOGO

L'EVENTO

DIOCLEZIANO

Al potere per più di vent'anni, riorganizza radicalmente l'impero, che torna a essere coeso, potente, ben amministrato. Le sue riforme non riescono però a risolvere le contraddizioni economiche.

LA TETRARCHIA

La compresenza al potere di due augusti e due cesari renderà più facile il controllo dell'impero, ma non riuscirà a garantire una regolare successione, come Diocleziano sperava.

COSTANTINOPOLI

Fondata per volere di Costantino nel 324 sulle rive del Bosforo, Costantinopoli è destinata a una storia millenaria: come capitale dell'impero, sopravvivrà alla stessa Roma.

L'EDITTO DI MILANO

Dopo più di due secoli di persecuzioni, nel 313 Costantino riconosce a tutti i suoi sudditi la libertà di culto: ora i cristiani possono praticare liberamente la propria religione.

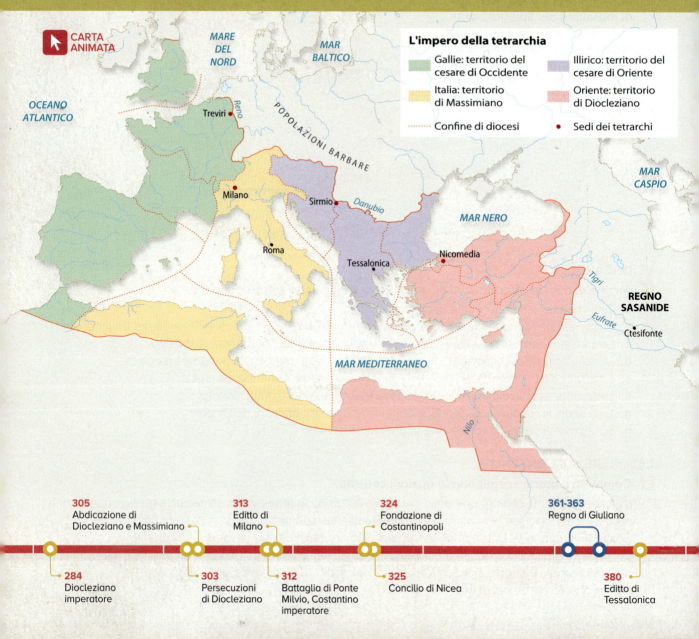

CARTA ANIMATA

L'impero della tetrarchia

- Gallie: territorio del cesare di Occidente
- Italia: territorio di Massimiano
- Illirico: territorio del cesare di Oriente
- Oriente: territorio di Diocleziano
- ----- Confine di diocesi
- • Sedi dei tetrarchi

MARE DEL NORD
MAR BALTICO
OCEANO ATLANTICO
Reno
Treviri
POPOLAZIONI BARBARE
Milano
Sirmio
Danubio
MAR CASPIO
Roma
Tessalonica
MAR NERO
Nicomedia
Tigri
REGNO SASANIDE
Eufrate
Ctesifonte
MAR MEDITERRANEO
Nilo

305 Abdicazione di Diocleziano e Massimiano

313 Editto di Milano

324 Fondazione di Costantinopoli

361-363 Regno di Giuliano

284 Diocleziano imperatore

303 Persecuzioni di Diocleziano

312 Battaglia di Ponte Milvio, Costantino imperatore

325 Concilio di Nicea

380 Editto di Tessalonica

Diocleziano resse l'impero dalla capitale Nicomedia, ma dopo la sua abdicazione si stabilì a Spalato, nell'Illirico, la sua terra natale. Lì fece edificare un enorme palazzo fortificato, tanto esteso che le sue mura racchiudono oggi l'intero centro storico della città croata, riconosciuta Patrimonio dell'umanità dall'UNESCO. Nella foto, il peristilio del palazzo. (D. Cerri)

1 Diocleziano, un imperatore riformista

Un rinnovato splendore ▪ Con l'ascesa al trono di **Diocleziano** nel 284 si aprì per l'impero romano una fase di rinnovato **splendore**: l'impero era nuovamente unito e pacificato al suo interno e la pressione dei Germani sul *limes* momentaneamente diminuita. Testimonianza di questa nuova età dell'oro fu il fervore edilizio che interessò varie città, a iniziare da Roma, la quale, malgrado non fosse più la residenza dell'imperatore, manteneva pur sempre il titolo onorifico di capitale dell'impero. Così, per esempio, i decenni tra III e IV secolo videro la costruzione di nuove monumentali terme a opera di Diocleziano e di Massenzio.

Diocleziano promulgò una serie di importanti **riforme** tese a restaurare la grandezza dell'impero. La necessità più urgente, dopo mezzo secolo di imperatori nominati e deposti dai loro stessi soldati, era assicurarsi che la successione imperiale si svolgesse in maniera regolare. Inoltre, gli avvenimenti dei decenni precedenti, con gli imperatori impegnati sia in Oriente contro i Sasanidi, sia in Occidente contro i Germani, avevano mostrato che l'impero era troppo esteso per essere governato da un solo uomo.

La tetrarchia, il governo dei quattro ▪ La soluzione fu trovata con l'istituzione della **tetrarchia** (letteralmente «governo di quattro persone»), ossia con la nomina di quattro sovrani, due **augusti** e due **cesari**, che avreb-

L'imperatore Diocleziano, testa in marmo del 305 d.C. (Istanbul, Museo Archeologico)

> **La Porta Nigra.** Parte della cinta muraria della città tedesca di Treviri, quest'ampia porta romana venne edificata tra il 180 e il 200 d.C.

^
Argenteo di Diocleziano del 294 d.C. Sul retro della moneta sono rappresentati i tetrarchi mentre celebrano un sacrificio su un tripode di fronte all'accampamento. (Collezione privata)

✓ **RIFLETTERE E DISCUTERE**

Perché, secondo te, Diocleziano tenne per sé i territori dell'Oriente? Perché si può affermare che la scelta di Treviri e Sirmio come sedi dei tetrarchi fu strategica e non casuale? Discuti questi argomenti con i tuoi compagni.

bero dovuto governare l'impero collegialmente. I due augusti, che erano di dignità superiore, sceglievano due cesari designandoli come loro successori. Diocleziano – che comunque conservò l'autorità suprema nel collegio dei tetrarchi – associò all'impero, in qualità di augusto, il generale **Massimiano** e i due augusti scelsero come propri cesare rispettivamente **Galerio** e **Costanzo Cloro**.

I quattro tetrarchi stabilirono le rispettive zone di competenza: Diocleziano e Galerio si incaricarono del governo dell'Oriente e scelsero come proprie residenze **Nicomedia** e **Sirmio**; Massimiano e Costanzo Cloro si occuparono dell'Occidente e si stabilirono rispettivamente a **Milano** e a **Treviri**. La presenza di quattro sovrani disposti in quattro differenti regioni dell'impero era funzionale a un rapido intervento, qualora si fosse palesata una nuova emergenza: Treviri e Sirmio erano infatti disposte lungo il *limes*. Roma, considerata troppo lontana dai confini per poter consentire un rapido intervento, non fu scelta come sede da nessuno dei tetrarchi; così l'Italia, che a partire dal II secolo aveva perso il proprio primato economico, si avviava a perdere anche la propria centralità politica. Il baricentro dell'impero appariva sempre più spostato verso la parte orientale nella quale, non a caso, Diocleziano fissò la propria residenza.

La riforma amministrativa delle province ▪ Per completare la sua ristrutturazione delle istituzioni imperiali, Diocleziano – in accordo con gli altri tetrarchi – **aumentò il numero delle province** – che da meno di 50 divennero oltre 100 – **e ne ridusse l'estensione**. Le province furono poi raggruppate in dodici ampi distretti chiamati **diocesi**, ciascuno amministrato da un **vicario** imperiale (che si occupava soprattutto della loro gestione fiscale).

La frammentazione delle province era anche un modo per ridurre i rischi legati a possibili rivolte dei governatori locali (un territorio più piccolo, infatti, avrebbe fornito loro un eventuale esercito meno numeroso). Ma per allontanare definitivamente questi rischi, Diocleziano introdusse una **netta separazione fra la carriera amministrativa e quella milita-re**: i governatori delle province furono quindi privati del comando delle armate stanziate sul loro territorio, che passò a ufficiali di professione.

La penisola italiana perse definitivamente i privilegi di carattere fiscale di cui aveva goduto fino a quel momento (che rimasero in vigore solo per gli abitanti della città di Roma), e, assieme a Sicilia, Sardegna e Corsica, divenne una delle nuove diocesi.

⟨ Le insegne della XX legione in un'antefissa in terracotta del III secolo d.C. (Londra, British Museum)

La riorganizzazione dell'esercito ▪

I tetrarchi aumentarono notevolmente gli organici dell'esercito imperiale, che arrivò a contare oltre mezzo milione di uomini. L'esercito fu riorganizzato: le **legioni di fanteria pesante** furono dislocate all'interno dell'impero, a disposizione dei quattro tetrarchi, e addestrate a intervenire velocemente in caso di emergenza.

Lungo il *limes* furono stanziate delle **guarnigioni di fanteria leggera**, formate da soldati-coloni (detti limitanei), che avevano il compito di presidiare le frontiere e opporre resistenza a un eventuale attacco finché non fossero giunte le truppe al comando di uno dei tetrarchi. Questa scelta strategica permise ai Romani di riportare diverse vittorie sulle tribù germaniche che si avventuravano oltre i confini.

Occorreva però risolvere un problema: rispetto ai secoli precedenti, il numero degli arruolati volontari nell'esercito romano era in rapido declino: questo perché il servizio militare durava 25 anni (di fatto, per tutta la vita di un uomo adulto), e rispetto a un tempo le possibilità di arricchimento legate alla carriera di soldato erano molto minori. La scarsità di reclute volontarie costrinse i tetrarchi a **trasformare la leva militare in una sorta di imposizione fiscale**: ogni città o villaggio doveva fornire annualmente un numero di reclute proporzionale alla propria popolazione. Era però possibile sottrarsi al servizio militare versando una tassa in denaro: una misura a cui ricorrevano in molti, a partire dai latifondisti – che preferivano pagare per i coloni alle loro dipendenze, piuttosto che rinunciare alla loro forza-lavoro. Chi non poteva pagare, invece, sceglieva spesso la diserzione o addirittura l'automutilazione. Per ovviare alla mancanza di soldati, **divenne più frequente il ricorso all'arruolamento di guerrieri germanici**. Da questo momento in poi, molti barbari iniziarono a fare carriera nell'esercito imperiale, diventando ufficiali o addirittura generali delle legioni.

Le riforme economiche... ▪

Diocleziano e i tetrarchi rivolsero la loro attenzione anche alla crisi economica. C'erano, da risolvere, tre problemi urgenti: per prima cosa, bisognava **porre un freno all'inflazione** galoppante; poi, occorreva **ridare slancio alle attività produttive**; infine, bisognava **assicurare all'impero un gettito fiscale costante** e sufficiente a coprire i pesanti costi legati al mantenimento dell'esercito.

Nel 301 un **editto** fissò il livello massimo dei prezzi per tutte le merci e le prestazioni lavorative scambiate all'interno dell'impero: il decreto fissò non solo il costo del grano e del vino – o addirittura quello dei leoni – ma anche il salario che spettava ai muratori o ai maestri. Queste norme ovviamente non riuscirono a fermare l'inflazione e, malgrado le pene duris-

La statua di un soldato dacio, sull'Arco di Costantino a Roma. Sotto la corta tunica i barbari, a differenza dei Romani, indossavano delle brache, antenate dei pantaloni.

sime minacciate ai contravventori, ebbero l'unico effetto di spingere contadini e mercanti a ritirare le loro merci dai mercati ufficiali per venderle al **mercato nero**.

... e quelle fiscali ■

Per dare nuovo impulso all'economia occorreva innanzitutto potenziare l'agricoltura, che era la principale attività produttiva. Nei decenni precedenti, a causa delle guerre, dei disordini e delle scorrerie dei barbari, la popolazione delle campagne si era ridotta e fortemente impoverita; molti contadini si erano trasferiti nelle città in cerca di fortuna; altri si erano ribellati, rifiutandosi di pagare i tributi. La scarsa produttività agricola, l'abbandono delle campagne e l'erosione della base fiscale erano dunque tre questioni strettamente collegate. Così, Domiziano si propose di affrontarle con una strategia unitaria: **suddivise tutte le terre coltivabili dell'impero in unità catastali**, e **a ciascuna di queste associò idealmente un cittadino da tassare** (sia che lavorasse direttamente un appezzamento di terra, sia che vivesse in città). Per mantenere costante il prelievo fiscale su ogni porzione di territorio, lo Stato dovette proibire ai contadini di abbandonare le loro terre, e agli abitanti delle città di cambiare residenza. E quando un contribuente moriva, occorreva che qualcuno "prendesse il suo posto": così si giunse ad obbligare i figli a subentrare nell'attività lavorativa dei loro genitori.

Questi provvedimenti **ridussero** fortemente **la mobilità sociale**, provocando gravi malcontenti, e non apportarono comunque i benefici sperati.

L'imperatore è un dio ■

Un'importante novità del regno di Diocleziano riguardò il modo di intendere la figura dell'imperatore, che fu divinizzata. Diocleziano si presentava in pubblico indossando un manto regale tempestato di pietre preziose e un diadema di derivazione orientale al posto della tradizionale corona di alloro. Inoltre, adottò per la corte un cerimoniale di origine persiana, l'*adoratio*, secondo il quale i cortigiani dovevano prostrarsi in sua presenza e non gli si potevano avvicinare senza il suo permesso.

Il potere imperiale, dunque, **assume una dimensione sacrale**: l'imperatore non è più il *princeps*, il funzionario «primo fra i cittadini» che deriva la sua autorità giuridica dall'investitura del senato (com'era stato, almeno formalmente, per Augusto e i suoi successori); ma è un monarca assoluto, la cui autorità è di origine divina. Anche i cittadini smettono di essere tali, e si trasformano definitivamente in sudditi.

Con l'accentuazione del carattere sacro della carica imperiale, Diocleziano si propose anche di **ristabilire l'unità religiosa dell'impero**: tutti i sudditi avrebbero dovuto professare la religione tradizionale e il culto imperiale. Questo comportò una **ripresa delle persecuzioni contro i cristiani**. Con una serie di editti, fra il 303 e il 304 si proibirono le comunità cristiane; si dispose la distruzione delle chiese e dei libri sacri; si prescrissero la confisca dei beni, la perdita dei diritti civili e pene severissime per tutti coloro che rifiutavano di abiurare. La persecuzione fu particolarmente violenta in Oriente, e si protrasse per alcuni anni; tuttavia non riuscì a sradicare il cristianesimo, ormai diffuso in tutti gli strati della società.

2 Costantino e l'accettazione del cristianesimo

Il fallimento della tetrarchia ▪ Nel 305 Diocleziano e Massimiano abdicarono: il loro posto fu preso da Galerio e Costanzo Cloro che, come previsto dal meccanismo della tetrarchia, nominarono due nuovi cesari scegliendoli tra i migliori ufficiali dell'esercito. La tetrarchia avrebbe dovuto garantire il tranquillo esito della successione imperiale, ma così non fu: **Costantino** e **Massenzio** – due generali che erano rispettivamente figli di Costanzo Cloro e di Massimiano – non accettarono infatti di essere accantonati e si fecero proclamare imperatori dai propri eserciti. Iniziò così un nuovo, confuso periodo di lotte fra i vari pretendenti al trono.

I resti della basilica di Massenzio a Roma. Proprio nella capitale i suoi pretoriani proclamarono Massenzio augusto.
⌄

La testa di Costantino.
Resti di una statua gigante
dell'imperatore in trono, fatta
eseguire tra il 313 e il 324 d.C.
(Roma, Musei Capitolini)

Costantino indossa il diadema
imperiale con al centro il
monogramma di Cristo. Moneta
d'oro del 315 rinvenuta a
Pavia. (Monaco, Staatliche
Münzsammlung)

Nel 312 lo scontro decisivo si svolse a Roma, presso il Ponte Milvio, e si chiuse con la vittoria di Costantino su Massenzio. Contemporaneamente **Licinio**, un generale alleato di Costantino, ottenne il controllo dell'Oriente. Per qualche anno i due ressero insieme l'impero. Negli anni successivi l'accordo venne meno e tra i due scoppiò una guerra che si concluse nel 324 con la morte di Licinio e la vittoria di Costantino: l'impero tornava ad avere un unico imperatore.

La fondazione di Costantinopoli
▪ Malgrado il fallimento della tetrarchia, restava viva la necessità di una maggiore presenza dell'imperatore in tutte le province dell'impero. Per questa ragione nel 324 Costantino fondò in Oriente, nel punto in cui esisteva già la città di Bisanzio, un nuovo agglomerato urbano che in suo onore prese il nome di **Costantinopoli** e che doveva fungere da centro amministrativo per la parte orientale dell'impero: nella pratica Costantinopoli divenne una seconda capitale. Costantino considerava l'impero come un tutt'uno indivisibile, ma la fondazione di una seconda capitale finì per favorire quel processo di allontanamento tra Oriente e Occidente che era già da tempo in atto.

La nuova città sorse sul promontorio che dominava lo stretto del Bosforo, punto di congiunzione tra il Mediterraneo e il Mar Nero, nei pressi delle vie di terra che collegavano l'Asia con l'Europa: la posizione di Costantinopoli era assolutamente strategica. Fu inoltre protetta da una **poderosa cinta di mura** e abbellita con la costruzione di splendidi palazzi, un foro monumentale, chiese cristiane e templi dedicati agli dei pagani.

L'editto di Milano
▪ L'impero di Costantino è legato al cosiddetto **editto di Milano** (o editto di tolleranza) del 313, che riconosceva la parità e la liceità di tutti i culti e quindi concedeva ai cristiani la possibilità di professare liberamente la propria fede. In realtà Costantino si limitò ad applicare all'Occidente un provvedimento assunto un paio di anni prima da Galerio per l'Oriente; ciò comunque non diminuisce l'importanza di questo editto, grazie al quale i cristiani furono ufficialmente legittimati a praticare la propria religione alla luce del sole.

Le ragioni di una scelta epocale ▪ Gli storici cristiani del tempo collegavano la decisione di legittimare il cristianesimo alla conversione di Costantino. Secondo la tradizione, la notte precedente la battaglia di Ponte Milvio Costantino avrebbe sognato Gesù che gli indicava di apporre sulle insegne delle truppe il monogramma cristiano: Costantino avrebbe obbedito a quest'ordine venendo premiato dalla vittoria e, di conseguenza, si convertì al cristianesimo.

Gli storici moderni ritengono questo episodio leggendario, ma riconoscono che Costantino fu realmente attratto dalla fede cristiana, a cui si convertì ricevendo anche il battesimo. La conversione di Costantino e la libertà di culto concessa ai cristiani non comportarono però l'immediato rifiuto del paganesimo: lo stesso imperatore fece erigere a Costantinopoli sia due chiese cristiane – la basilica di Santa Sofia e quella dei Santi Apostoli – sia due templi consacrati alle divinità pagane.

Il riconoscimento del cristianesimo fu l'esito di una scelta logica che teneva lucidamente conto delle trasformazioni avvenute all'interno dell'impero e della Chiesa nei decenni precedenti.

Nel corso del III secolo il numero dei cristiani era costantemente cresciuto, tanto che in alcune province orientali il cristianesimo era ormai maggioritario: Costantino si rese conto che in una situazione simile le persecuzioni sistematiche non avrebbero avuto nessuna possibilità di riuscita.

Inoltre, la Chiesa si era data un'**organizzazione capillare**, e grazie alle donazioni dei fedeli aveva accumulato anche ingenti patrimoni, utilizzati per opere di carità a favore di poveri, vedove e orfani. Inizialmente questo aveva allarmato le autorità imperiali, che vedevano nella gerarchia ecclesiastica un apparato potenzialmente in contrasto con quello statale; ma Costantino capì che i vescovi, grazie all'autorità esercitata sulle loro comunità, potevano affiancare i funzionari imperiali nel governo delle città. Così affidò loro alcuni compiti in ambito civile: per esempio, stabilì che in

L'imperatore Costantino in trono regge un crocifisso, simbolo del cristianesimo; in basso è rappresentato un suddito steso ai suoi piedi. Rilievo del IV secolo proveniente da Salona. (Spalato, Museo Archeologico)

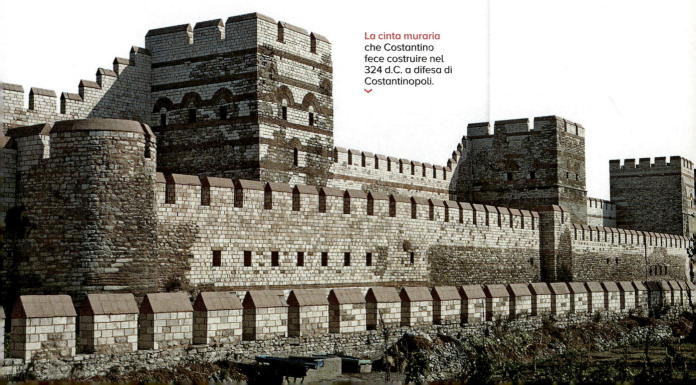

La cinta muraria che Costantino fece costruire nel 324 d.C. a difesa di Costantinopoli.

alcuni processi le parti in causa potessero chiedere che a giudicarle fosse il vescovo. Anche l'attività assistenziale della Chiesa iniziò a essere vista di buon occhio, dato che sgravava lo Stato di compiti onerosi e non incideva sui bilanci dell'impero.

Anche il problema del rifiuto dei cristiani di compiere sacrifici all'imperatore – considerato come un disconoscimento dell'autorità imperiale – non costituiva più un ostacolo. La sua politica favorevole al cristianesimo e la sua stessa conversione diedero infatti modo a Costantino di presentarsi come il **difensore della fede**, e di legittimare il proprio potere con il richiamo non più agli dei pagani ma al Dio cristiano. Gli stessi scrittori cristiani appoggiarono la posizione di Costantino.

3 Dalle dispute dottrinali all'editto di Tessalonica

Le prime controversie dottrinali ■ Dopo il 313 la Chiesa, forte di un primo riconoscimento ufficiale da parte dell'imperatore, si consolidò ulteriormente. I principali scrittori cristiani dei primi secoli – poi definiti **Padri della Chiesa** – si dedicarono a chiarire gli elementi della dottrina cristiana; la loro riflessione, che portò alla nascita della teologia, una nuova branca della filosofia, riguardò in particolare gli aspetti della nuova fede che rischiavano di apparire più difficilmente comprensibili (come il mistero della Trinità o la resurrezione di Cristo). Emersero però forti divergenze fra i sostenitori delle varie posizioni dottrinali. Le idee che la Chiesa considerò corrette furono dette **ortodosse**, dal greco *orthós*, corretto, e *doxa*, opinione. Le posizioni contrarie all'ortodossia furono dichiarate eretiche e condannate: il loro insegnamento fu proibito e i libri degli autori che le propugnavano spesso distrutti.

Le maggiori divergenze tra i teologi riguardavano la vera natura di Cristo, la quale secondo la Chiesa era al tempo stesso umana e divina. Tra II e III secolo nacquero varie dottrine, dette monofisite, che riconoscevano a Cristo solo una delle due nature: quella divina. La più importante tra le po-

Teologia

In origine indicava l'indagine sulle divinità e la loro natura, mentre in età cristiana venne a indicare in particolare lo studio dei fondamenti della dottrina religiosa.

Eretiche

Il termine «eresia» deriva da *haìresis*, che significa «scelta»: in origine designava semplicemente una convinzione personale maturata attraverso la riflessione. I cristiani iniziarono a usarla con il significato di «opinione contraria» all'ortodossia, cioè alla posizione dottrinale ufficiale della Chiesa.

❯ La vittoria cristiana in un mosaico pavimentale del IV secolo. In questo periodo la Chiesa cristiana si affermò ottenendo riconoscimenti spirituali e un incremento dei propri possedimenti temporali. (Aquileia, Basilica)

sizioni monofisite fu l'**arianesimo**, nato all'inizio del IV secolo in seguito alla predicazione di **Ario**, un prete egiziano che negava la divinità di Gesù sostenendo che egli fosse solo uomo. L'arianesimo si diffuse rapidamente e molti sacerdoti e vescovi vi aderirono.

Costantino convoca il concilio di Nicea

▪ La disputa sulla natura di Cristo aprì una spaccatura all'interno della comunità dei cristiani. Costantino vide in questa controversia un rischio per la stabilità dell'impero e nel 325 decise di convocare, e presiedere personalmente, il **primo concilio** ecumenico a **Nicea**. Vi parteciparono più di 300 vescovi, e costituì un momento fondamentale nella storia del cristianesimo: la Chiesa proclamò ufficialmente che Gesù è sia uomo sia Dio («generato non creato, della sostanza del Padre»), condannò come eretica la dottrina ariana, e si definì «**cattolica**», ovvero «universale».

La condanna a opera del concilio di Nicea non pose però fine alla diffusione dell'arianesimo che, al contrario, si diffuse in molte città dell'impero dando luogo a **contrasti tra ariani e cattolici** che sfociarono spesso in tumulti di piazza. Alla sua diffusione contribuì lo stesso Costantino che, dopo aver fatto condannare la dottrina ariana, rivide la propria posizione e iniziò ad appoggiarla. All'interno dell'impero l'arianesimo iniziò a declinare solo alla fine del IV secolo, quando Teodosio si schierò decisamente a favore del cattolicesimo. Ma, nel frattempo, l'**arianesimo si era diffuso tra le popolazioni germaniche**, come i Goti o i Vandali, in quanto i missionari che riuscirono a ottenere la loro conversione erano di confessione ariana.

Il cristianesimo unica religione dell'impero

▪ La politica filo-cristiana di Costantino fu proseguita da suo figlio **Costanzo II** (337-361): egli ordinò infatti la chiusura e la distruzione dei templi pagani e vietò i sacrifici agli dei. Queste sue disposizioni non sradicarono i culti tradizionali; ma era chiaro che, nel giro di pochi anni, la situazione si era ribaltata: ora erano i pagani a dover subire restrizioni alla loro fede.

A Costanzo succedette sul trono **Giuliano** (361-363), soprannominato dai cristiani l'**Apostata** (ovvero «colui che rinnega la propria fede»). Egli infatti, benché allevato nella fede cristiana, la rifiutò; inoltre cercò di restaurare il culto degli dei pagani cancellando gli editti di Costanzo II. Giuliano, uomo colto e profondo ammiratore della cultura classica, proponeva in realtà una versione del paganesimo temperata dalla filosofia e accompagnata dalla tolleranza religiosa: e vedeva in questa proposta la premessa per un rinnovamento morale e politico dell'impero. Ma il suo progetto politico non si realizzò: egli infatti rimase sul trono due anni. Con lo scopo di ottenere un prestigioso successo in grado di restituire ai sudditi la fiducia nell'impero, Giuliano organizzò una spedizione militare contro i Sasanidi, ma rimase ucciso durante uno scontro.

La sua morte pose definitivamente fine ai tentativi di restaurazione del paganesimo. Pochi anni dopo, nel **380**, l'imperatore **Teodosio** emanò l'**editto di Tessalonica** col quale **il cristianesi-**

Dov'è Nicea?

MAR NERO
Istanbul
Ankara ▪
Iznik (Nicea)
Izmir (Smirne)
TURCHIA
Antalya ▪

Concilio

Con questo termine si indica una riunione dei vescovi; si definisce «ecumenico», ovvero «universale» il concilio a cui sono invitati tutti i vescovi della cristianità. Anticamente i concili potevano essere convocati anche dagli imperatori. Oggi invece vengono indetti dal papa.

❮ **Giuliano l'Apostata** in una delle rare rappresentazioni giunte sino a noi; infatti, dopo la sua morte, i cristiani distrussero tutte le sue rappresentazioni celebrative. (Parigi, Museo del Louvre / RMN / Maertens)

L'imperatore Teodosio in una moneta emessa durante il suo regno. (Collezione privata) ❯

La messa al bando delle eresie e del paganesimo

A cavallo fra il IV e il V secolo, molti provvedimenti imperiali ribadirono come il cristianesimo fosse la religione ufficiale dell'impero, e riaffermarono la condanna delle eresie cristiane e dei culti pagani. Per volontà di Teodosio II, nipote di Teodosio, tutte queste disposizioni furono raccolte nel *Codice teodosiano*, pubblicato nel 438. Ne riportiamo due estratti.

"Vogliamo che tutti i popoli a noi soggetti seguano la religione che l'apostolo Pietro ha insegnato ai Romani e che da quel tempo colà continua e che ora insegnano il pontefice Damaso e Pietro, vescovo di Alessandria, cioè che, secondo la disciplina apostolica e la dottrina evangelica, si creda nell'unica divinità del Padre, del Figlio e dello Spirito Santo in tre persone uguali. Chi segue questa norma sarà chiamato cristiano cattolico, gli altri invece saranno stolti eretici, né le loro riunioni potranno essere considerate come vere chiese; essi incorreranno nei castighi divini ed anche in quelle punizioni che noi riterremo di infliggere loro."

(27 febbraio 380)

"Nessuno, di qualunque condizione o grado (che sia investito di un potere o occupi una carica, che sia autorevole per nascita o sia di umili origini), in nessun luogo, in nessuna città, offra vittime innocenti a statue senza vita; e neppure in segreto – accendendo lumini, spandendo incenso, appendendo corone – veneri i Lari, i Geni e i Penati. Se qualcuno oserà immolare una vittima in sacrificio e consultarne le viscere, come per il delitto di lesa maestà potrà essere denunciato da chiunque e dovrà scontare la debita pena, anche se non avesse cercato auspici né contro il benessere né sul benessere dell'imperatore. Costituisce infatti di per sé già un crimine il volere infrangere le leggi imperiali, indagare ciò che è illecito, volere conoscere ciò che è nascosto, osare ciò che è vietato, interrogarsi sulla fine del benessere di un altro, sperare e cercare un presagio della sua morte."

(Gli imperatori Teodosio, Arcadio e Onorio al prefetto Rufino, 8 novembre 392)

❰ Una fanciulla compie un'offerta. Rilievo di una tavola del dittico consolare dei Simmachi e dei Nicomedi del 393, commissionato dalle due potenti famiglie per riaffermare la religione tradizionale in seguito alla sua soppressione imposta da Teodosio. (Londra, Victoria and Albert Museum)

Un corteo bacchico del II secolo proveniente da Ercolano. (Napoli, Museo Archeologico) ❱

a. Da quale provvedimento è tratto il primo brano? (Lo puoi capire dalla sua data.) Sottolineane il passaggio che evidenzia l'adesione degli imperatori alla Chiesa cristiana.

b. Chi sono, precisamente, gli «eretici» menzionati nel primo brano? In che cosa consisteva la loro eresia?

c. Dopo aver letto il secondo brano, elenca le pratiche religiose che furono vietate dagli imperatori. Di quale crimine veniva accusato chi contravveniva alle disposizioni dei sovrani?

mo veniva dichiarato religione ufficiale dell'impero. Inoltre, fra il 391 e il 392, con altri quattro editti, egli vietò i sacrifici, confiscò i templi pagani e proibì anche ogni atto di culto pagano privato. Il cristianesimo aveva definitivamente trionfato.

4 L'impero cristiano

La cristianizzazione della società e della cultura • Gli editti di
Milano e di Tessalonica produssero importanti conseguenze.

Innanzitutto favorirono una rapida diffusione del cristianesimo. All'inizio del IV secolo le province orientali dell'impero e l'Africa erano ampiamente cristianizzate, mentre in Occidente esistevano comunità cristiane solo in Italia, in Spagna meridionale e in parte della Gallia. Tra IV e V secolo numerosi missionari cristiani intrapresero una intensa opera di evangelizzazione sia nelle province occidentali, sia tra le popolazioni barbariche.

In secondo luogo, la Chiesa determinò chiaramente i propri riti: **fu precisata la liturgia della messa** (termine che appare per la prima volta alla fine del V secolo) e il battesimo, che sino ad allora veniva impartito solo agli adulti, iniziò a essere imposto ai bambini.

La diffusione del cristianesimo cambiò profondamente anche i costumi. Il matrimonio, per esempio, iniziò a essere considerato sempre più come un vincolo destinato a durare per tutta la vita; i divertimenti cruenti, come i giochi dei gladiatori, furono proibiti in quanto contrari alla nuova morale. Persino il tempo cominciò a essere misurato secondo criteri diversi: al calendario pagano se ne sostituì uno nuovo, scandito dalle feste cristiane. Il primo giorno della settimana fu ribattezzato «domenica» («il giorno del signore»): gli imperatori stabilirono che fosse un giorno festivo, in cui le attività lavorative dovevano essere sospese; si trattava di una novità, perché nella cultura pagana l'idea di un giorno festivo settimanale era sconosciuta. A partire dalla metà del IV secolo si iniziò a celebrare anche il **Natale**: dato che nei Vangeli non erano fornite indicazioni precise circa il giorno della nascita di Cristo, si stabilì di commemorarla il 25 dicembre. Era una data significativa: per i pagani, corrispondeva al giorno più corto dell'anno, quello in cui la luce iniziava a prevalere sulle tenebre – e non a caso in precedenza era stata scelta anche dai seguaci del dio solare Mitra per celebrare la sua nascita. Con questa scelta i cristiani cercarono di facilitare la diffusione del proprio credo scegliendo come data di nascita di Cristo un giorno già festivo per i pagani.

^ **Croce in bronzo** del IV-VI secolo proveniente da Aquileia con pendenti a forma di alpha e omega. Le due lettere greche rappresentano l'inizio e la fine della vita, che secondo la simbologia cristiana si riuniscono nella figura di Cristo. (Vienna, Kunsthistorisches Museum)

Dov'è Tessalonica?

BULGARIA
Salonicco (Tessalonica)
ALBANIA
GRECIA
MAR EGEO
TURCHIA
Patrasso
Atene
Peloponneso

‹ **La nascita di Gesù** in un bassorilievo del Sarcofago di Stilicone del IV secolo (Milano, Chiesa di Sant'Ambrogio)

Un antico reliquiario bizantino a forma di sarcofago del 400-600 d.C. (New York, Metropolitan Museum of Art)

Il culto dei santi, dei martiri e delle reliquie

▪ Sin dai primordi i cristiani avevano tramandato il ricordo dei martiri e dei santi, celebrando l'anniversario della loro morte. A partire dal IV secolo questa forma di devozione crebbe di importanza, assumendo caratteristiche tipiche della religiosità popolare. Si riteneva infatti che santi e martiri fossero stati assunti direttamente in paradiso e fossero quindi in grado di intercedere presso Dio, perché esaudisse le preghiere dei fedeli. Si diffuse inoltre la credenza che le preghiere avessero maggiori possibilità di essere accolte se venivano recitate in presenza delle loro reliquie – ovvero i resti del corpo mortale o gli oggetti ad essi appartenuti. Le richieste dei fedeli non riguardavano solo la remissione dei peccati, ma anche cose più mondane, come il buon esito di un viaggio; inoltre alle preghiere si accompagnava spesso l'accensione di un cero o l'offerta alla chiesa di un obolo in denaro o in natura. Queste pratiche devozionali furono condannate da alcuni vescovi, i quali vedevano in esse dei residui pagani e sostenevano che le preghiere andavano indirizzate direttamente a Dio e non agli uomini. Nonostante le resistenze iniziali, il culto dei santi e delle reliquie si diffuse rapidamente in tutto il mondo cristiano.

Il rapporto fra potere religioso e potere politico

▪ Il riconoscimento ufficiale del cristianesimo si accompagnò a un pieno riconoscimento della Chiesa come istituzione. Gradualmente, **il clero si organizzò in una gerarchia molto articolata**, capace di rispondere alle esigenze di comunità di fedeli sempre più estese. Anche il prestigio dei vescovi aumentò. Alla fine del IV secolo, il loro ruolo travalicava ormai la sfera propriamente religiosa: sempre più spesso la comunità dei fedeli tendeva a coincidere con l'intera comunità cittadina, e il **vescovo** cominciò a essere percepito come una **guida politica** per l'intera città.

Questa **commistione tra religione e politica** ebbe anche conseguenze negative: la carriera ecclesiastica cominciò a essere appetibile anche per chi era animato, più che da una sincera vocazione di fede, dal desiderio di potere. Inoltre gli imperatori iniziarono a intromettersi sempre più spesso sia nelle questioni dottrinali, sia nelle elezioni dei vescovi, per assicurarsi che fossero scelte solo persone di loro gradimento.

Il corteo dei Santi Martiri: San Cipriano, San Cassiano, San Giovanni, San Paolo e San Vitale, in un mosaico della basilica di Sant'Apollinare Nuovo.

Tra chi maggiormente difese l'autonomia della Chiesa va ricordato **Ambrogio**, un ex funzionario imperiale che nel 374 fu eletto vescovo di Milano, e che fu tra le principali figure intellettuali e politiche della sua epoca. Ambrogio sosteneva che l'imperatore, che pure deteneva la somma autorità politica, come credente avesse il dovere di obbedire ai precetti religiosi, al pari di ogni altro cristiano: infatti, scriveva, «l'imperatore è dentro la Chiesa, non sopra la Chiesa». Seguendo tale principio, quando l'imperatore Teodosio ordinò di reprimere nel sangue una rivolta scoppiata a Tessalonica (le vittime furono circa 7000), Ambrogio lo richiamò ai suoi doveri di cristiano e lo obbligò a fare penitenza per espiare i propri peccati. Fu grazie all'azione di vescovi come Ambrogio che la Chiesa, soprattutto in Occidente, riuscì a conservare la propria autonomia nei confronti del potere imperiale.

LEGGERE LA STORIA

Norme per l'interrogatorio dei catecumeni

Molti aspetti e costumi della cultura tradizionale contrastavano con la nuova morale cristiana. Per questo motivo, come ricorda il teologo Ippolito di Roma, chi aspirava ad avvicinarsi alla fede cristiana doveva essere sottoposto a uno scrupoloso controllo da parte dei vescovi e dei presbiteri.

"Quelli che si presentano per la prima volta per udire la parola, siano condotti innanzitutto davanti ai dottori prima che entri tutto il popolo e siano interrogati sul motivo per il quale si accostano alla fede. E coloro che li accompagnano testimonino se sono in grado di ascoltare la parola. Siano interrogati sulla vita che conducono: se ha moglie o è schiavo. E se uno è schiavo di un padrone credente, e il padrone glielo consente, ascolti la parola. Se il padrone dice che non è un buono schiavo, sia respinto. Se invece il padrone è un pagano, gli si insegni a piacergli, perché non ci sia maldicenza. Se uno ha moglie, o una donna ha marito, gli si insegni a contentarsi l'uomo della propria moglie e la moglie del marito. Se invece uno non vive con una donna, gli si insegni a non fornicare, ma a prendere moglie secondo la legge, o a rimanere così come sta. Si faranno domande sui mestieri e le attività di coloro che sono condotti per essere istruiti nella fede. Se uno è un tenutario di una casa di prostituzione, o smetterà o sarà respinto. Se uno è uno scultore o un pittore, gli si dica di non fabbricare idoli: o smetterà o sarà respinto. Se uno è attore o dà rappresentazioni in teatro, o smetterà o sarà respinto. [...] L'auriga e chiunque prenda parte ai giochi o smetterà o sarà respinto. Il gladiatore, l'istruttore dei gladiatori, il bestiario che combatte nel circo contro le fiere, il funzionario dei giochi, o smetterà o sarà respinto. Chi è mago non lo si ammetterà all'esame. L'incantatore, l'astrologo, l'indovino, l'interprete dei sogni, il ciarlatano, il falsario, il fabbricante di amuleti, o smetteranno o saranno respinti. La concubina di uno, se è sua schiava, se ha allevato ed è stata solo con uno, sia ammessa: altrimenti no. L'uomo che tiene una concubina, smetta e prenda moglie secondo legge: se non vuole, sia respinto."

(Ippolito di Roma, *La tradizione apostolica*)

Pendente a forma di croce in oro proveniente dal Tesoro di Desana; seconda metà del V secolo. (Torino, Museo Civico d'Arte Antica / P. Robino)

a. Quali mestieri, pienamente accettati nel mondo romano, erano considerati illeciti dai cristiani? Per quali motivi?

b. Leggendo questo brano di Ippolito è possibile capire come la posizione della Chiesa riguardo alla schiavitù non fosse di netta condanna come spesso si afferma. Spiega perché.

SINTESI

1 Diocleziano, un imperatore riformista

Durante il suo regno (284-305) Diocleziano adotta una nuova forma di governo, la tetrarchia, con l'intento di rendere più efficace il controllo del territorio e, soprattutto, di assicurare un'ordinata successione al potere (cosa che non accadrà). Potenzia e riorganizza l'esercito, e vara numerose riforme in campo amministrativo ed economico: queste ultime, però, non riescono a ridurre l'inflazione e a rilanciare l'economia. Con Diocleziano la figura dell'imperatore viene divinizzata, e il potere imperiale assume una dimensione sacrale. Egli cerca di ristabilire l'unità religiosa dell'impero e per questo perseguita i cristiani.

2 Costantino e l'accettazione del cristianesimo

Dopo l'abdicazione di Diocleziano (305) si apre una lotta per il potere che si conclude nel 312 con la battaglia di Ponte Milvio e la vittoria di Costantino sul suo rivale Massenzio. Per qualche anno Costantino e Licinio si spartiscono il governo dell'impero. Nel 313 Costantino emana l'editto di Milano, che riconosce libertà di culto ai cristiani e pone fine alle persecuzioni contro di loro. Dopo aver eliminato Licinio, nel 324, Costantino rimane unico imperatore. Fonda Costantinopoli, che nel 330 diventa la seconda capitale dell'impero: questa scelta favorisce il processo di allontanamento tra Oriente e Occidente.

3 Dalle dispute dottrinali all'editto di Tessalonica

Fra i teologi che si dedicano a definire la dottrina cristiana sorgono forti divergenze. Le opinioni non accettate dalla Chiesa cattolica vengono bollate come eretiche: è quanto stabiliscono i partecipanti al concilio ecumenico di Nicea, convocato nel 325 da Costantino, riguardo all'arianesimo. Questa particolare interpretazione del cristianesimo, che nega la divinità di Gesù, ha comunque una grande diffusione anche fra le popolazioni germaniche. I successori di Costantino – con l'unica eccezione di Giuliano, che tenta di reintrodurre il paganesimo – proseguono la sua politica religiosa; i culti pagani vengono progressivamente ostacolati, sino a che nel 380 Teodosio, con l'editto di Tessalonica, proclama il cristianesimo religione ufficiale dell'impero.

4 L'impero cristiano

Gli editti di Milano e di Tessalonica rendono possibile una trasformazione della Chiesa, che assume un ruolo sempre più forte come istituzione, e della società, che inizia a conformarsi ai modelli cristiani. I rapporti tra potere religioso e potere politico non sono sempre facili: gli imperatori tendono a intervenire sia nelle questioni dottrinali, sia nella scelta dei vescovi, i quali assumono un importante ruolo di guida per le comunità cittadine. Grazie all'opera di influenti ecclesiastici come il vescovo di Milano Ambrogio, in Occidente la Chiesa riesce a mantenere la propria autonomia.

La Chiesa al tempo di Costantino   ▶ MAPPA CONCETTUALE

La Chiesa si dà un'organizzazione gerarchica sempre più articolata → Il controllo della Chiesa sulla popolazione e la sua autorità crescono → All'impero inizia a convenire un'alleanza con la Chiesa

Aumentano i convertiti al cristianesimo

Le persecuzioni sistematiche falliscono → Viene approvato l'editto di Milano → Si determina una progressiva cristianizzazione della società

VERIFICA

ZTE ONLINE
Mettiti alla prova con
gli esercizi interattivi

137

SVILUPPARE LE ABILITÀ ESPOSITIVE

1 Completa la mappa concettuale proposta con le parole elencate. Poi, integrandola con le informazioni presenti nel paragrafo 1, usala come spunto per una presentazione a voce che duri almeno quattro minuti.

impero • difesa • tetrarca • successione • tetrarchia • cesari • augusti • territorio

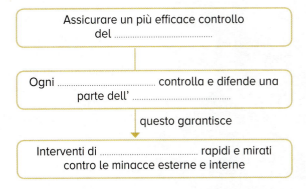

Gli scopi della ....

Regolarizzare la .... al trono

diventeranno

Due ....   Due ....

scelgono come successori

Assicurare un più efficace controllo del ....

Ogni .... controlla e difende una parte dell' ....

questo garantisce

Interventi di .... rapidi e mirati contro le minacce esterne e interne

ORIENTARSI NEL TEMPO E NELLO SPAZIO

2 Completa le frasi seguenti, che si riferiscono ad alcune località geografiche citate nella lezione.

a. ...., la capitale del .... d'........................... Galerio, sorgeva presso il *limes* danubiano.

b. Anche .... sorgeva in posizione strategica, lungo il corso del .... Era la capitale del cesare d'........................... .

c. .... fu la capitale di Massimiano.

d. .... fu la capitale di Diocleziano e più tardi – fino al 330 – di Costantino.

e. .... sorse sullo stretto del ...., là dove sorgeva la città greca di ....

f. L'editto che rese il cristianesimo religione ufficiale dell'impero fu firmato a ....

LAVORARE SUL LESSICO

3 Scrivi la definizione delle seguenti parole o espressioni. Poi, con ciascuna di esse, componi una frase da usare come possibile esordio per un'interrogazione.

diocesi • limitanei • mercato nero • dominus • Padri della Chiesa • ecumenico • cattolico

VERIFICARE LE CONOSCENZE

4 Alcune di queste affermazioni dicono il falso. Individuale e correggile a voce.

a. Diocleziano pose la sua capitale a Spalato.

b. Diocleziano aumentò l'estensione delle province, diminuendone il numero.

c. Le province dell'impero furono raggruppate in dodici distretti.

d. Ciascun tetrarca controllava tre diocesi.

e. Costanzo Cloro nominò come cesare suo figlio Costantino.

f. Per qualche anno Costantino e Massenzio ressero insieme l'impero.

g. Teodosio garantì a tutti i suoi sudditi la libertà di culto.

Le prime chiese e le catacombe

La libertà di culto riconosciuta dall'editto di Milano permise ai cristiani di uscire dalla clandestinità e costruire i propri luoghi di preghiera.

Nel I e nel II secolo, quando i cristiani erano ancora pochissimi, non esistevano luoghi stabilmente dedicati al loro culto: si pregava, di volta in volta, a casa di uno o dell'altro membro della comunità. Ma nel III secolo l'aumento dei fedeli portò alla nascita di *ecclesiae domesticae* («chiese domestiche»), ossia abitazioni che venivano riadattate cosicché alcuni loro ambienti potessero ospitare le riunioni dei fedeli. Per il resto, questi edifici erano privi di qualunque carattere che li distinguesse dalle case normali (e questo poteva rivelarsi un vantaggio durante le persecuzioni).

La più antica chiesa domestica conosciuta si trova nella città siriana di Dura Europos e risale al 232: abbattendo i muri che separavano due stanze, i fedeli avevano creato un ampio ambiente che fu decorato con affreschi ispirati ai Vangeli; vi era stata anche ricavata una nicchia da dove chi presiedeva al rito leggeva le Sacre Scritture. Un secondo spazio, più angusto, ospitava il fonte battesimale. Infine, una stanza era dedicata alla catechesi dei nuovi fedeli.

Il Buon Pastore che porta in salvo la pecorella smarrita è il simbolo di Cristo che dona la salvezza. Statuetta del IV secolo. (Alessandria, Museo greco-romano)

La più antica chiesa domestica nella città di Dura Europos in Siria.

La basilica del Santo Sepolcro a Gerusalemme.

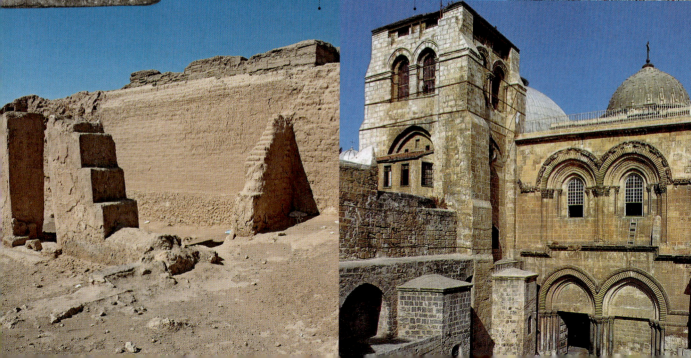

Due pavoni, simboli della vita eterna, rappresentati ai lati di un calice in un mosaico pavimentale del VI secolo, in una villa presso Ounaissia. (Tunisi, Museo del Bardo)

Le basiliche Dopo il 313 la legittimazione da parte dell'impero permise la costruzione delle prime basiliche, edifici pensati appositamente per il culto cristiano. Le basiliche cristiane derivarono il proprio nome e la propria forma architettonica dalle basiliche romane, gli edifici pubblici in cui veniva amministrata la giustizia. Le basiliche cristiane avevano una pianta rettangolare; all'interno, lo spazio era suddiviso in tre o cinque navate (una centrale più ampia e quelle laterali più contenute) separate da lunghe file di colonne. Nell'abside, la struttura semicircolare posta in fondo alla navata centrale, sorgeva l'altare. Le pareti erano decorate con affreschi o mosaici che riproducevano episodi delle Sacre Scritture, scene della vita dei santi e dei martiri, o immagini ispirate al mondo vegetale e animale che avevano significato simbolico.

La più antica basilica cristiana in Occidente fu quella di San Giovanni in Laterano a Roma, edificata per volere dell'imperatore Costantino, che finanziò la realizzazione di molti altri edifici sacri. Fra questi ci furono anche la prima basilica di San Pietro, edificata fra il 324 e il 335 sul colle romano del Vaticano, dove si riteneva fosse stato sepolto il più anziano degli apostoli e il primo papa della Chiesa; la basilica del Santo Sepolcro a Gerusalemme; e la basilica della Natività a Betlemme.

Le catacombe I luoghi dedicati alla tumulazione dei defunti ebbero un'evoluzione analoga a quella delle chiese. I cristiani prestavano particolare attenzione alla sepoltura perché credevano che, alla fine dei tempi, i corpi sarebbero risorti per essere sottoposti al Giudizio Universale. Inizialmente, per l'esiguità delle prime comunità, i cristiani furono seppelliti insieme ai pagani; ma, verso la fine del II secolo, l'ingrandimento e il relativo arricchimento delle comunità cristiane resero possibile la realizzazione di cimiteri riservati ai cristiani. Il termine «cimitero» deriva dal greco «dormitorio»: per i cristiani la sepoltura era una condizione transitoria in attesa del ritorno di Cristo e della resurrezione. I primi cimiteri cristiani assunsero la particolare forma delle catacombe: si trattava di necropoli ipogee, cioè sotterranee, formate da grotte e gallerie scavate nel tufo che potevano estendersi anche per diversi kilometri e su più livelli. Per motivi sanitari, le catacombe – come le altre necropoli dell'antichità – sorgevano in zone periferiche. Costruire sotto terra permetteva di contenere i costi, assicurando anche ai fedeli più indigenti una sistemazione dignitosa. I poveri venivano sepolti in loculi sigillati da lastre di pietra e disposti in file sovrapposte lungo le gallerie. I più ricchi, invece, potevano permettersi cripte e cubicoli privati, che ospitavano le sepolture di interi nuclei familiari.

A partire dal IV secolo, con il riconoscimento da parte dell'impero, sorsero i primi cimiteri a cielo aperto, ma le catacombe rimasero in uso fino a tutto il V secolo.

Anticamente si credeva che la fenice risorgesse dalle proprie ceneri: per questo era il simbolo dell'immortalità. Pavimento musivo del V secolo. (Parigi, Museo del Louvre/M.-L.)

Un esempio di camera sepolcrale nelle catacombe di Comodilla a Roma.

ATTIVITÀ

a. Le più antiche basiliche di Roma furono quelle di San Giovanni in Laterano, di San Pietro, di Santa Maria Maggiore e di San Paolo fuori le Mura – tutte realizzate nel corso del IV secolo. Le ultime due, però, vennero commissionate non dall'imperatore, ma dal vescovo della città – cioè il papa. Che cosa possiamo dedurre da questa circostanza?

b. Spiega quali fattori – sociali ed economici – permisero la realizzazione di cimiteri cristiani all'aperto a partire dal IV secolo.

La più antica immagine a noi nota di Cristo come uomo maturo con barba e capelli lunghi. (Roma, Catacomba di Comodilla)

Cristo raffigurato come il Buon Pastore in un affresco del IV secolo. (Roma, Catacomba di Priscilla)

I volti di Gesù

L'immagine di Gesù come noi la conosciamo – il viso magro, i lunghi capelli, la barba bionda e gli occhi azzurri – non deriva dai Vangeli, ma si è affermata a partire dal IV secolo.

Simboli al posto di disegni I primi cristiani non rappresentavano il volto di Gesù, perché farlo avrebbe fornito ai funzionari romani una prova esplicita della propria fede. Inoltre il cristianesimo derivava dall'ebraismo, che vietava di rappresentare la divinità in forme umane. Così i primi cristiani rappresentavano la propria fede attraverso il monogramma *Chi-Rho*, che deriva dalle iniziali del nome *Christós* in greco. In alternativa disegnavano un pesce, perché la parola greca per "pesce" *ICHTHYS* poteva essere intesa come un acrostico, che formava la frase *Gesù Cristo figlio di Dio salvatore*.

Un giovane senza barba e dai tratti delicati Le più antiche raffigurazioni di Gesù giunte sino a noi risalgono al III secolo: si tratta di statue, bassorilievi o affreschi provenienti dalle catacombe, dove Gesù è rappresentato come il buon pastore che si prende cura del suo gregge. Questa iconografia, pur essendo appropriata al messaggio cristiano, aveva il vantaggio di essere condivisa anche dai pagani e, quindi, non presentava eccessivi rischi in un periodo in cui ancora infuriavano le persecuzioni. I primi artisti che dovettero riprodurre l'aspetto terreno di Gesù si trovarono però di fronte a un problema: i Vangeli non descrivono l'aspetto di Cristo, non dicono se fosse alto o basso, con o senza barba. Privi di riferimenti, si rifecero a modelli derivati dalla cultura ellenistica e raffigurarono un Gesù il cui aspetto era derivato da quello di Apollo: un giovane dai tratti delicati, privo di barba, con i capelli corti.

Gesù filosofo e maestro A questa prima raffigurazione nel IV secolo se ne affiancò una seconda che derivava da un testo attribuito a un funzionario romano vissuto in Giudea ai tempi di Cristo. Secondo questo testo Gesù era «un uomo dalla statura alta [...], i suoi capelli hanno i colori delle noci di Sorrento molto mature e discendono dritti quasi fino alle orecchie, dalle orecchie in poi sono increspati e a ricci, alquanto più chiari e lucenti ondeggianti sulle spalle. [...] Ha barba abbondante, dello stesso colore dei capelli, non è lunga e sul mento è biforcuta. Il suo aspetto è semplice e maturo. I suoi occhi sono azzurri, vivaci e brillanti». Anche se questa testimonianza è priva di attendibilità storica (il testo è apocrifo e inoltre è improbabile che Gesù, nato in Palestina, avesse gli occhi azzurri), è da qui che proviene l'immagine di Gesù che si imporrà nei secoli successivi. Questa nuova iconografia era molto vicina al modo in cui venivano abitualmente raffigurati i filosofi, e stava quindi a rappresentare un nuovo modo di intendere la figura di Cristo, ora rappresentato come un maestro che mostra all'umanità la strada che deve essere percorsa.

ATTIVITÀ

a. Perché i primi cristiani non raffiguravano direttamente Gesù Cristo?

b. Qual era il riferimento iconografico per le rappresentazioni di Gesù come giovane imberbe?

c. Quali erano i riferimenti iconografici per la rappresentazione di Gesù come uomo adulto e barbuto?

Come cambia la concezione del matrimonio

Tra il I e il IV secolo il modo in cui i Romani intendevano il matrimonio mutò radicalmente, anche – ma non solo – a causa dell'influsso del cristianesimo.

Romani dell'età repubblicana – soprattutto quelli appartenenti alle classi elevate – si sposavano con facilità e con altrettanta facilità si separavano. Non era raro che un senatore contraesse nel corso della propria vita cinque o sei matrimoni: comportamenti simili erano possibili perché nella cultura romana il matrimonio era considerato come un'alleanza politica ed economica fra due famiglie, e non un'unione basata sull'amore fra i due coniugi. Se le convenienze cambiavano, dunque, appariva sensato ripudiare la propria moglie e cercarne un'altra, senza porsi troppi scrupoli.

Matrimoni e divorzi in epoca imperiale La concezione tradizionale del matrimonio iniziò a cambiare in epoca imperiale. Nel I secolo d.C., in conformità con la politica di moralizzazione dei costumi promossa da Augusto, molti Romani – soprattutto quelli dei ceti dominanti – iniziarono a intendere l'unione coniugale come un legame esclusivo e durevole, basato sulla stima e sull'affetto fra marito e moglie, e possibilmente motivato dall'amore più che da ragioni di interesse. Un celebre affresco di Pompei testimonia questa evoluzione della sensibilità: mostra una coppia di sposi ritratti uno a fianco all'altra, in un'atmosfera di austera complicità. La legislazione augustea in favore della famiglia comprendeva anche provvedimenti contro l'adulterio maschile (fino a quel momento era stato punito solo quello femminile), di modo che le donne fossero più tutelate. Va detto, tuttavia, che anche in epoca imperiale i divorzi rimasero frequenti.

Il matrimonio per i cristiani In seguito all'affermazione del cristianesimo il matrimonio cominciò a essere considerato sempre più come un legame che doveva unire gli sposi per tutta la vita – un «sigillo infrangibile», per usare le parole di un vescovo del IV secolo. Seguendo i precetti cristiani, l'imperatore Costantino, per esempio, limitò i casi in cui si poteva chiedere l'annullamento o lo scioglimento del vincolo matrimoniale. Una donna poteva chiedere la separazione unicamente se riusciva a provare che suo marito aveva compiuto gravi atti criminali – per esempio, un omicidio – o sacrileghi – come la profanazione di una tomba. In caso contrario, avrebbe perso tutti i propri averi («la donna dovrà lasciare in casa del marito tutto quel che possiede, comprese le forcine per i capelli»), avrebbe subìto la deportazione e non avrebbe più potuto risposarsi. Neppure un uomo poteva sciogliere il matrimonio per futili motivi; tuttavia, poteva chiedere di divorziare se provava che sua moglie gli era infedele.

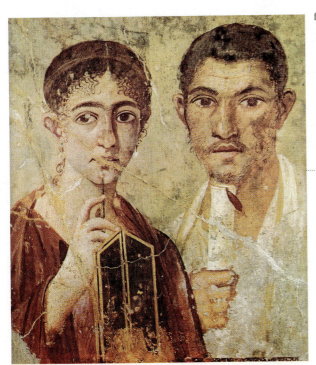

Paquio Proculo ritratto insieme alla moglie in un affresco del 30 d.C. Casa di Pansa a Pompei. (Napoli, Museo archeologico nazionale)

Un matrimonio romano: gli sposi si stringono la mano, il gesto con cui veniva sancita l'unione. Bassorilievo del II secolo d.C. (Roma, Museo Nazionale Romano)

ATTIVITÀ

a. Nel I secolo d.C. in corrispondenza della politica di moralizzazione dei costumi la percezione del matrimonio cambiò. Spiega come e perché.

b. Quale, fra le legislazione di Augusto e quella di Costantino sul divorzio e l'adulterio, tutelava maggiormente le donne?

LABORATORIO DELLE COMPETENZE

INTERPRETARE LE FONTI

1 **Osserva l'immagine, leggi i testi che la accompagnano e rispondi alle domande.**

Questo gruppo scultoreo, collocato lungo il perimetro esterno della basilica di San Marco a Venezia, rappresenta i tetrarchi disposti in due coppie simmetriche, ognuna formata da un cesare e dal suo augusto.

1 Le statue sono realizzate in porfido egiziano, una pietra il cui colore rossastro ricorda la porpora delle vesti imperiali. Il porfido è molto difficile da lavorare, ma non è soggetto all'usura.

2 I quattro tetrarchi sono rappresentati con tratti fisiognomici simili. Gli augusti si distinguono dai cesari perché, a causa della maggiore età, portano la barba.

3 Tutti e quattro indossano il diadema, e non la tradizionale corona d'alloro degli imperatori.

4 Indossano l'armatura e il mantello militare; la loro corazza era probabilmente ricoperta di scaglie d'oro.

5 Uno dei cesari ha un piede posticcio, di marmo bianco.

6 Questo capolavoro della scultura tardoantica fu realizzato in Oriente – forse in Egitto – e venne portato a Venezia durante il Medioevo.

a. Quali significati simbolici riveste la scelta di realizzare questo gruppo scultoreo in porfido?

b. Quale particolare di quest'opera veicola meglio il concetto di concordia fra i tetrarchi?

c. Quale, invece, ribadisce che i tetrarchi si consideravano difensori dell'impero?

d. Il copricapo indossato dai tetrarchi rimanda a un'importante trasformazione del potere imperiale: spiega quale.

e. Utilizzando Internet, un libro di storia dell'arte o una buona guida turistica di Venezia, scopri dove si trova il piede mancante della statua di uno dei cesari.

INTERPRETARE LE INFORMAZIONI

2 **Nella tabella sono riportati i prezzi massimi per alcune merci e per alcune prestazioni lavorative, così come stabilito dall'editto di Diocleziano. Analizzala, e svolgi le attività.**

Merci	Prezzo in denari per quantità di riferimento	Merci	Prezzo in denari per quantità di riferimento
Frumento	100 denari al moggio	Olio di prima qualità	40 denari al sestario
Miglio	50 denari al moggio	Vino di qualità	30 denari al sestario
Fave macinate	100 denari al moggio	Vino comune	8 denari al sestario
Lenticchie	100 denari al moggio	Birra	4 denari al sestario
Orzo	60 denari al moggio	Una camicia senza ornamenti	1250 sesterzi
Uovo	1 denaro	Coperta per letto	4500 denari
Carne di bue	8 denari alla libbra	Mantello militare di ottima qualità	4000 denari
Carne di maiale	12 denari alla libbra	Camicia di seta	45000 denari
Olio ordinario	24 denari al sestario		

(1 libbra = 327 grammi   1 moggio = 17,5 litri   Un sestario = 0,546 litri)

Professioni	Compenso espresso in denari
Bracciante agricolo	25 denari al giorno più vitto
Fabbro	50 denari al giorno più vitto
Muratore	50 denari al giorno più vitto
Barbiere	2 denari a cliente
Scriba	25 denari per 100 righe in ottima calligrafia
Maestro elementare	50 denari al mese per bambino
Maestro di greco e latino	200 denari al mese per bambino
Avvocato	1000 denari per un processo

a. Completa la frase: la società romana del IV secolo è caratterizzata da ☐ modesti / ☐ forti dislivelli sociali.

b. Prova a ricostruire approssimativamente la dieta quotidiana che un muratore o un fabbro poteva garantire alla propria famiglia – immaginando che questa fosse composta da due adulti e tre bambini. Nella tua risposta, tieni conto del consumo di vino, che per gli adulti era di circa ½ litro al giorno.

c. Quali prodotti un bracciante agricolo avrebbe potuto acquistare solo a costo di pesanti sacrifici? E quali invece erano completamente al di fuori della sua portata?

INTERPRETARE LE FONTI

3 Due autori cristiani riflettono sulla trasformazione del potere imperiale avviata da Diocleziano e proseguita, seppure in chiave diversa, da Costantino. Questa trasformazione influenzerà profondamente il modo di intendere la regalità anche nei secoli successivi.

Gesti simbolici che rappresentano la parità tra l'imperatore e il suo interlocutore.

L'abbigliamento dell'imperatore riflette, nel suo sfarzo, la sua diversità dagli altri uomini.

La legittimità dell'imperatore è tanto maggiore quanto più egli si adegua alla volontà divina.

Lattanzio sottolinea come il comportamento di Diocleziano sia contrario alle tradizioni romane.

Nella nuova concezione della monarchia cade ogni differenza tra le *élite* e le plebi urbane.

Il governo dell'imperatore sulla Terra si ispira a quello di Dio sull'universo.

Questa affermazione può essere intesa sia come riferita all'imperatore, sia come riferita a Dio.

«Diocleziano ordinò che si rendessero onori divini agli imperatori: pertanto egli, primo fra i monarchi romani, volle essere adorato come se in lui fosse una maestà celeste. L'adorazione dell'imperatore è consuetudine persiana: infatti il sovrano, in Persia, è creduto fratello del dio ed è chiamato e adorato come il Re dei Re. Gli imperatori prima di Diocleziano davano a baciare la mano ai nobili, poi li sollevavano con le proprie mani al bacio della bocca; il volgo baciava loro le ginocchia. Diocleziano ordinò con un editto che tutti indistintamente, inginocchiati, gli baciassero i piedi e per maggiore venerazione ornò i calzari con oro, gemme e perle.»

(Lattanzio, *Le morti dei persecutori*)

«Investito da un alone di sovranità celeste, egli dirige il suo sguardo verso l'alto, e plasma il suo governo terreno in accordo con il modello rappresentato dall'originale divino, percependo che la propria forza deriva dalla sua conformità alla monarchia di Dio. E fra tutte le creature della Terra, il supremo reggitore dell'universo ha concesso all'uomo soltanto questa conformità: perché l'autore del potere sovrano è solo colui che stabilisce che tutto dev'essere assoggettato al governo di uno.
Di sicuro la monarchia supera di gran lunga altri regimi e forme di governo: infatti, l'uguaglianza dei poteri propria della democrazia, che è il suo opposto, potrebbe più correttamente essere descritta come anarchia e disordine. Per questo esiste un solo Dio, e non due, tre o più: infatti affermare la pluralità degli dei equivale a negare del tutto l'esistenza di Dio. Esiste un solo sovrano: e la sua parola e la sua legge regale è una soltanto.»

(Eusebio di Cesarea, *Discorso per il trentennale di Costantino*)

a. Perché Lattanzio giudica negativamente il tentativo dell'imperatore di presentarsi come una divinità, mentre Eusebio accetta pienamente l'idea di un potere di origine divina? Per rispondere, considera chi sono gli imperatori a cui i due autori si riferiscono.

b. Spiega quale rapporto esiste, secondo Eusebio, tra Dio e l'imperatore.

c. In che modo Eusebio giudica la democrazia? E come argomenta la sua posizione?

I PAESI DELLA EX IUGOSLAVIA

Un bambino gioca su un carro armato serbo durante l'assedio di Sarajevo. *Sotto*: militari all'opera nella città.

La quiete dopo la tempesta?

Al tempo dell'impero romano, il territorio compreso fra il Danubio e le coste dell'Adriatico era chiamato Illiria, una regione priva di grandi pianure, con valli interne e montagne aspre che rendevano difficili le comunicazioni. Questa terra dalla morfologia "tormentata" diede i natali ad alcuni imperatori che governarono nella seconda metà del III secolo d.C. (>Lez. 5). Sottoposto poi a ripetute invasioni e a nuovi imperi, nel Novecento l'antico territorio illirico su cui oggi si estendono vari paesi è stato unificato in un'unica entità statale: la Iugoslavia.

Dall'Illiria alla Iugoslavia Nel corso dei secoli il territorio dell'Illiria fu soggetto prima all'Impero romano d'Oriente, quindi a quello ottomano, subendo nel frattempo periodiche invasioni da parte di vari popoli. Queste vicende storiche lo frantumarono sia a livello etnico (Bosniaci, Serbi, Croati, Montenegrini, Albanesi ecc.) sia a livello religioso (cristiani, greco-ortodossi, musulmani, ebrei). Solo a partire dall'Ottocento, nel quadro generale della secolare contesa fra l'impero austro-ungarico e quello ottomano, si avviò il processo di indipen-

denza delle diverse regioni che lo costituivano. Usciti entrambi sconfitti dal primo conflitto mondiale, dalle ceneri dei due imperi nacque la Iugoslavia, che unificò Sloveni, Croati, Bosniaci, Serbi, Macedoni e Montenegrini in un unico Stato slavo.
Dopo la seconda guerra mondiale, l'unità di queste diverse anime fu garantita da un governo socialista guidato da Tito. Ma la sua morte (1980), seguita pochi anni dopo dalla caduta del Muro di Berlino (1989) e dalla dissoluzione dell'Unione Sovietica (1991), accelerò le spinte di autonomia che provenivano dalle varie regioni.

Il dissolvimento della Iugoslavia L'indipendentismo era forte per motivi economici in Slovenia e Croazia, le due regioni più sviluppate e per questo desiderose di staccarsi dalle altre, considerate come un fardello. Le elezioni e i referendum che si tennero nel 1990 e 1991 non fecero altro che formalizzare quanto stava di fatto accadendo: la Croazia e la Slovenia furono le prime a dichiarare la propria indipendenza, seguite dalla Macedonia e, nel 1992, dalla Bosnia. L'ex esercito iugo-

slavo, che ormai rappresentava sostanzialmente la Serbia, intervenne prima contro la Slovenia, nell'estate del 1991, ma fu costretto rapidamente a capitolare; poi contro la Croazia, in sostegno della popolazione di origine serba che viveva lì, e di nuovo fu sconfitto. Altrettanto cruenta fu la guerra civile in Bosnia, che coinvolse i tre principali gruppi nazionali (Serbi, Bosniaci e Croati) fino al 1995.

I massacri Queste guerre hanno rappresentato il più grave conflitto sul territorio europeo dalla fine della seconda guerra mondiale. Vi furono eventi tragici, ormai divenuti simbolo della guerra in Bosnia, come l'assedio di Sarajevo, città fino ad allora modello di pacifica convivenza fra cristiani, greco-ortodossi e musulmani, che rimase per mesi quasi isolata e bombardata dai Serbi. Vari tentativi di mediazione da parte di Unione europea, Stati Uniti e ONU portarono nel 1994 a un primo accordo per la risoluzione del conflitto. Ma l'incapacità delle forze internazionali di controllare le violenze trovò tragica testimonianza nel massacro nella cittadina di Srebrenica, dove sotto gli occhi dei caschi blu dell'ONU i Serbi uccisero oltre 8.000 civili musulmani bosniaci, interrandoli poi in fosse comuni. L'impatto sull'opinione pubblica fu enorme e anche in seguito a esso le forze della NATO intervennero bombardando i Serbi, che si arresero nel 1995. Lo stesso anno, gli accordi di Dayton sancirono la fine della guerra, che nella sola Bosnia si lasciava alle spalle 100 mila morti, di cui 40 mila civili. Ma sotto la cenere covavano ancora delle braci, riaccesesi con il conflitto che nel 1998-99 si scatenò in Kosovo, regione sotto l'amministrazione della Serbia, dove la maggioranza albanese continuava a chiedere l'indipendenza. Solo l'intervento della NATO interruppe le violenze, nonostante le relazioni fra le due comunità fossero tutt'altro che pacificate.

Quale futuro? Dal 1999 a oggi i conflitti aperti sono cessati, anche grazie alla presenza di contingenti militari internazionali. Tuttavia, le spinte autonomiste non si sono esaurite: nel 2006 il Montenegro si è staccato dalla Serbia a seguito di un referendum; più doloroso invece il distacco del Kosovo dalla Serbia, avvenuto per decisione unilaterale del Parlamento kosovaro e mai riconosciuto dalla Serbia, né da Stati filo-serbi come la Russia, al contrario di Stati Uniti, Italia e altri paesi.
Oggi i timori maggiori vengono forse dai traffici internazionali di contrabbando di armi e droga che interessano alcune regioni, nelle quali la criminalità organizzata contende allo Stato il controllo del territorio, dalla corruzione, dalle condizioni precarie delle industrie e delle infrastrutture, ancora non pienamente ricostruite, dalla povertà diffusa, dalla dipendenza energetica dall'estero.
Non a caso, per tutti questi paesi che facevano parte della ex Iugoslavia la partita più importante è quella che si gioca per l'adesione all'Unione europea: un processo visto da tutti come necessario e come soluzione per lasciarsi alle spalle la terribile situazione post-bellica; la Slovenia e la Croazia, più sviluppate economicamente e più solide dal punto di vista istituzionale, è già avvenuta, rispettivamente nel 2004 la Macedonia, la Serbia e il Montenegro corso i negoziati, il cui esito è tutt

Cade l'impero d'Occidente

CIAK si impara! VIDEO

Occidente barbarico e Oriente bizantino

1. Perché gli imperatori sono rappresentati con un'aureola?
2. Quali sono i due ambiziosi progetti di Giustiniano?

Nell'ultima parte del IV secolo si verifica una ripresa delle invasioni barbariche. Spinte verso Occidente dagli Unni, le popolazioni germaniche più vicine al *limes* cercano di varcarlo, intenzionate a stabilirsi entro i confini dell'impero. La sconfitta dell'esercito imperiale a opera dei Visigoti nella battaglia di Adrianopoli del 378 costituisce per i contemporanei uno choc: Roma non è più in grado di difendersi dai barbari. Pochi anni dopo, nel 395, l'imperatore Teodosio decide di dividere l'impero in due parti, assegnate ai suoi figli. Tale separazione ha pesanti conseguenze: mentre per Costantinopoli e l'Oriente comincia un periodo di prosperità, per Roma e l'Occidente se ne apre uno caratterizzato da instabilità, crisi e frammentazione politica.

⌛ IERI/OGGI

Le invasioni barbariche ebbero un ruolo decisivo nel tramonto dell'impero romano; tuttavia, non furono l'unica causa del suo crollo. I popoli sottoposti al dominio di Roma dimostrarono sempre meno interesse a fare parte dell'impero; i cittadini non vollero più arruolarsi nelle legioni per difendere lo Stato; i più abbienti smisero di utilizzare le proprie ricchezze per il bene comune, concentrandosi sulla difesa dei propri privilegi. La coesione politica e sociale venne meno: fu questo, soprattutto, a provocare il tracollo dell'impero. Quanto avvenuto nel V secolo ci ricorda che ogni comunità umana – sia essa piccola o grande – è la somma di tante individualità e che ognuno di noi, attraverso i propri comportamenti,

◄ L'imperatore Giustiniano vittorioso su una tavoletta d'avorio.

˄ La tenuta di un aristocratico romano a Cartagine, in Africa.

˅ Volontari ripuliscono Genova dal fango dopo l'alluvione del 2011.

può determinarne il prosperare o la crisi. Tutte le nostre azioni hanno conseguenze sulla comunità cui apparteniamo: per questo motivo occorre sempre valutare con attenzione quanto possano danneggiare o, al contrario, aiutare coloro che ci circondano e verso i quali siamo sempre responsabili.

a. Immagina che all'interno di un gruppo (per esempio, una classe) uno o più individui infrangano le regole e che, in seguito a tale azione, tutti i membri del gruppo vengano sanzionati, in quanto ritenuti corresponsabili. Ritieni che questa decisione sia giusta oppure no?

b. Analogamente, i traguardi conseguiti da un singolo individuo appartengono solo a lui o all'intera umanità?

LEZIONE 7

La divisione dell'impero e la caduta dell'impero d'Occidente

 **IL LUOGO**

ADRIANOPOLI
Qui, nel 378, i Visigoti annientano l'esercito romano guidato da Valente: la loro vittoria segna un punto di non ritorno nel declino dell'impero, ormai incapace di difendersi dai barbari.

 **IL PROTAGONISTA**

STILICONE
Comandante supremo dell'esercito imperiale, tutore degli imperatori Arcadio e Onorio, difensore dell'impero d'Occidente: sarà ucciso per ordine di Onorio a causa delle sue origini barbariche.

 **L'EVENTO**

LA DEPOSIZIONE DI ROMOLO AUGUSTOLO
Nel 476 il generale barbaro Odoacre depone l'ultimo imperatore d'Occidente e, in segno di lealtà e subordinazione, invia le insegne imperiali all'imperatore d'Oriente.

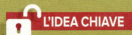 **L'IDEA CHIAVE**

UNA CADUTA SENZA RUMORE
Nel 476, quando si chiude la sua storia secolare, l'impero d'Occidente è ormai ridotto alla sola Italia: la sua fine, annunciata da tempo, non desta stupore fra i contemporanei.

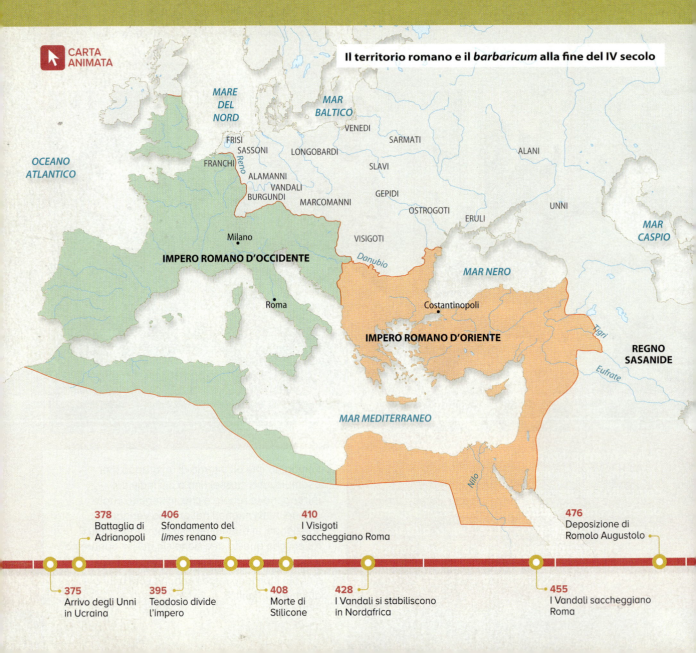

CARTA ANIMATA

Il territorio romano e il *barbaricum* alla fine del IV secolo

- **378** Battaglia di Adrianopoli
- **406** Sfondamento del *limes* renano
- **410** I Visigoti saccheggiano Roma
- **476** Deposizione di Romolo Augustolo
- **375** Arrivo degli Unni in Ucraina
- **395** Teodosio divide l'impero
- **408** Morte di Stilicone
- **428** I Vandali si stabiliscono in Nordafrica
- **455** I Vandali saccheggiano Roma

^
Scena di battaglia tra Romani e Germani su un sarcofago in marmo del IV secolo. (Dallas, Museum of Art)

1 La ripresa delle invasioni

Lo spostamento degli Unni... ▪ Le immense steppe asiatiche che si stendono tra la Russia meridionale e la Mongolia erano abitate da popolazioni nomadi che vivevano di pastorizia e delle razzie occasionalmente compiute ai danni dei vicini. Nel IV secolo alcuni mutamenti climatici portarono a una diminuzione dei pascoli disponibili; questo spinse la popolazione degli **Unni** a spostarsi dai propri territori nell'Asia centrale e a migrare verso sud-ovest, in direzione dell'Europa, alla ricerca di nuove terre da occupare.

Gli Unni erano temuti dalle altre popolazioni per la loro ferocia: abili guerrieri, combattevano per lo più a cavallo, armati di archi che sapevano utilizzare con grande maestria e protetti solo da un'armatura leggera che non impacciava i movimenti. Anche il loro aspetto fisico incuteva timore: da bambini il loro cranio veniva compresso — tra due assi o con uno stretto bendaggio — e deformato, così da renderlo più allungato, e il loro viso era segnato da cicatrici rituali.

... e le sue conseguenze ▪ L'arrivo degli Unni provocò la fuga delle altre popolazioni che, terrorizzate, si spostarono a loro volta verso occidente, creando un enorme **effetto domino** che si ripercosse sino alle tribù germaniche stanziate nei territori prossimi all'impero romano. Nel 375 gli Unni giunsero nell'attuale Ucraina, scacciandone gli Ostrogoti e i Visigoti, che si misero in marcia dirigendosi verso i Balcani.

‹ Ricostruzione di un arco unno. Gli Unni erano particolarmente abili con l'arco, che avevano modificato così da poterlo utilizzare anche mentre cavalcavano.

Ostrogoti / Visigoti

Sono, rispettivamente, i «Goti dell'est» e i «Goti dell'ovest»: due popolazioni germaniche nate dalla divisione dei Goti e fino ad allora stanziate sulle due sponde, orientale e occidentale, del fiume Dniestr, nell'attuale Ucraina.

A SINISTRA Una fibula unna con testa di cavallo del V secolo. L'importanza riconosciuta dagli Unni a questo animale si intuisce anche dalla raffigurazione in monili e gioielli. (Baltimora, Walters Art Museum)

A DESTRA Bracciale unno del V secolo. Come molti popoli barbari, anche gli Unni possedevano una particolare abilità nella lavorazione dei metalli, sicuramente dovuta alla necessità di avere armi di buona qualità. Quest'arte si esprimeva anche in oggetti preziosi di grande bellezza. (Baltimora, Walters Art Museum)

Camavo

I Camavi erano una delle popolazioni germaniche indicate insieme ad altre – a partire dalla fine del III secolo – con l'appellativo di Franchi. Erano stanziati nel territorio grossomodo compreso fra l'attuale Belgio e la Francia nordorientale.

❯ Un contadino gallo. L'inizio dell'integrazione tra Romani e barbari portò alla nascita di una nuova categoria di agricoltori barbari, che lavorava nelle campagne dell'impero. (Avignone, Museo Calvet)

Negli anni successivi il generale sommovimento delle popolazioni germaniche si allargò fino a interessare anche le tribù stanziate lungo il corso del Danubio (come gli Svevi, gli Alani) e quello del Reno (come i Franchi, i Vandali, i Burgundi). In questo modo la lunga ondata migratoria dei popoli nomadi finì per abbattersi sul *limes* e l'impero romano fu nuovamente chiamato a difendersi. Questa volta, però, le aggressioni dei barbari ebbero un carattere diverso da quelle dei secoli precedenti. Nel II e III secolo, più che di invasioni vere e proprie, si era trattato di **incursioni** compiute da bande di guerrieri che, varcato il *limes*, procedevano saccheggiando le campagne e che, una volta ottenuto un bottino sufficiente, tornavano nelle aree da cui erano partiti. Ora, invece, **intere popolazioni** – composte da uomini, donne e bambini – si spostavano per migrare nei territori dell'impero, alla ricerca di nuove terre su cui stabilirsi.

Prove di integrazione fra Romani e Germani

• I contatti tra gli abitanti dell'impero e i Germani non furono sempre conflittuali. Le popolazioni germaniche, soprattutto quelle che vivevano più vicine alle frontiere, avevano subìto l'influsso della più sofisticata cultura latina, assorbendone alcuni tratti. A partire dal II secolo, intere tribù si erano stabilite all'interno dell'impero (❯ Lez. 5): la loro presenza era servita a ripopolare territori ormai abbandonati in seguito a epidemie o a precedenti incursioni di altri barbari. L'impero aveva tratto beneficio dalla presenza di queste popolazioni di "estranei non pericolosi" (che, fra l'altro, avevano contribuito a garantire una migliore difesa dei confini); un autore del III secolo ci consegna una testimonianza significativa quando scrive: «il Camavo lavora i campi per noi; lui che per tanto tempo ci ha rovinato con i suoi saccheggi, si occupa ora del nostro arricchimento. Eccolo che vestito da contadino si consuma nel lavoro, frequenta i nostri mercati e vi porta i suoi animali per venderli. Vaste zone incolte nei territori di Amiens, di Beauvais, di Troyes, di Langres rinverdiscono ora per merito dei barbari».

Anche il numero di Germani presenti nell'esercito romano era progressivamente aumentato. Dapprima (❯ Lez. 5) i barbari – equipaggiati con le loro armi tradizionali e guidati dai loro capi – erano stati inquadrati in reparti ausiliari, ma in seguito era stato loro concesso di arruolarsi nelle legioni regolari. Verso la fine del IV secolo, i guerrieri di origine germanica rappresentavano circa il 50% dell'esercito imperiale; molti di loro avevano fatto carriera, raggiungendo il grado di ufficiale e di generale. Perfino il senato di Roma, la più prestigiosa istituzione dell'impero, si era aperto alla presenza di elementi germanici.

I pregiudizi impediscono una piena integrazione

Per un breve periodo parve che l'impero romano fosse in grado di **assorbire al suo interno** le popolazioni che premevano ai confini, tramutando così un pericolo in un'opportunità. Se ciò fosse avvenuto, Roma avrebbe potuto contare su soldati per difendere le frontiere, su contadini per coltivare i campi, su nuove popolazioni in grado di arricchire l'impero.

Ma non fu così. Da un lato, l'impero cominciò a essere attaccato da un numero crescente di popolazioni ostili. Dall'altro, furono gli stessi Romani a rifiutare l'integrazione dei Germani nella loro società: continuarono infatti a nutrire nei loro confronti lo stesso forte pregiudizio che, tradizionalmente, li aveva spinti a considerarli dei barbari, culturalmente arretrati, infidi e pronti a tramare per la distruzione di Roma. A questi motivi di diffidenza si aggiunsero gli attriti di natura religiosa: i Germani, infatti, erano pagani o ariani, mentre i Romani erano ormai prevalentemente cristiani cattolici.

◁ Una donna gota inginocchiata davanti a un soldato romano che la maltratta. I Goti, accolti dai Romani in modo poco "ospitale", si trasformarono in nemici. (Langres, Museo d'Arte e Storia)

La battaglia di Adrianopoli

L'impossibilità di una fusione fra Romani e Germani fu evidente nel susseguirsi di avvenimenti che portarono alla disastrosa battaglia di Adrianopoli.

Nel 376 i **Visigoti**, scacciati dai loro territori dall'arrivo degli Unni, chiesero all'imperatore allora in carica, **Valente**, il permesso di attraversare il Danubio per stabilirsi all'interno dei confini dell'impero, in Mesia, una regione che negli anni precedenti aveva subìto un forte calo demografico a causa delle pestilenze e delle guerre. Valente acconsentì: in cambio, secondo gli accordi, i guerrieri visigoti sarebbero stati arruolati nell'esercito romano, per combattere contro le altre tribù germaniche.

I Visigoti furono però oggetto di soprusi da parte dei funzionari imperiali e della popolazione locale sino a che, stanchi delle angherie, si ribellarono e iniziarono a devastare i Balcani. A questo punto Valente si mosse

^ L'imperatore **Valente** ritratto in una medaglia d'oro del 375-378. (Vienna, Kunsthistorisches Museum)

CARTA ANIMATA

OSTROGOTI

Dacia

• Costanza

Danubio

MAR NERO

VISIGOTI

Mesia

Maritsa

Adrianopoli (oggi Edirne)

Sinope •

Costantinopoli (oggi Istanbul)

Tracia

Tessalonica •

• Nicomedia

Cizico

• Pergamo

Asia

MAR EGEO

• Atene

• Efeso

I Visigoti minacciano l'impero d'Oriente

Area di stanziamento dei Visigoti

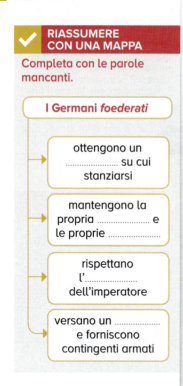

I Germani *foederati*

→ ottengono un .... su cui stanziarsi

→ mantengono la propria .... e le proprie ....

→ rispettano l'............... dell'imperatore

→ versano un .... e forniscono contingenti armati

con l'esercito per fermarli, ma la sua spedizione fu costellata da una serie di errori impressionanti e quando, il 9 agosto del **378**, i due schieramenti si affrontarono nella piana di **Adrianopoli** (dove, nonostante i soldati romani fossero stremati da una lunga marcia e in attesa di rinforzi, l'imperatore volle ugualmente attaccare battaglia), l'esercito imperiale fu decimato e lo stesso imperatore venne ucciso.

Per i contemporanei la battaglia di Adrianopoli costituì un vero e proprio choc e la dimostrazione che l'impero non era più in grado di difendersi dai barbari. Per qualche anno i Visigoti continuarono a imperversare nei Balcani e sembrò che potessero arrivare anche a minacciare Costantinopoli; poi, nel **382**, l'imperatore **Teodosio** (❯ Lez. 6) strinse con il capo dei Visigoti un innovativo accordo: **per la prima volta**, a una popolazione germanica fu riconosciuto il permesso di insediarsi stabilmente all'interno dell'impero in qualità di *foederati* (alleati), ossia **mantenendo la propria autonomia e le proprie leggi**. In cambio, i Visigoti si impegnavano a riconoscere l'autorità dell'imperatore, a pagare un tributo e a fornire contingenti di soldati all'esercito imperiale in caso di necessità.

Questa soluzione fu in seguito utilizzata dall'impero per definire i rapporti anche con altre popolazioni barbariche.

2 L'impero romano si divide

La scelta di Teodosio e le sue conseguenze ▪ Teodosio era riuscito a fermare i Visigoti – che si stabilirono in Tracia – e a organizzare la difesa dalle altre popolazioni germaniche che premevano lungo i confini. Nel **395**, al momento della sua morte, Teodosio **divise il governo dell'impero** tra i suoi due figli: **Arcadio** (395-408), al quale fu affidato l'Oriente, e **Onorio** (395-423), che ricevette il compito di guidare l'Occidente. Nelle intenzioni di Teodosio i due fratelli avrebbero dovuto governare insieme, dividendosi semplicemente le rispettive aree di competenza, ma ciò che ne scaturì fu la nascita di due imperi autonomi: l'**impero romano d'Oriente**, con capitale **Costantinopoli**, e l'**impero romano d'Occidente**, la cui ca-

A SINISTRA **Ritratto dell'imperatore Arcadio** con diadema imperiale. (Istanbul, Museo Archeologico)

A DESTRA **Ritratto di Onòrio,** busto in marmo del V secolo. (Roma, Musei Capitolini / Jastrow)
˅

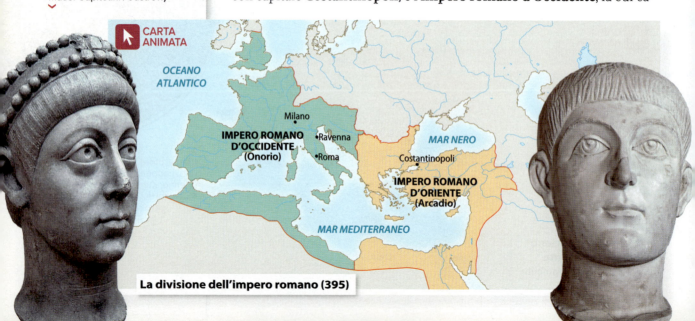

CARTA ANIMATA

La divisione dell'impero romano (395)

pitale nel 402 fu spostata da Milano a **Ravenna** poiché, grazie alle paludi che la circondavano, era più facilmente difendibile.

Una separazione annunciata ▪ La nascita di due imperi era la logica conseguenza del processo che abbiamo studiato nelle pagine precedenti. I fenomeni che caratterizzarono l'economia tardoantica (la diminuzione dei commerci, il ritorno al baratto e il calo demografico; ❯ Lez. 5) avevano colpito soprattutto l'Occidente, che si era indebolito e impoverito, mentre l'Oriente si era mantenuto più solido e prospero.

Inoltre, da tempo ci si era resi conto che l'impero era troppo vasto per essere governato e difeso da una sola persona. Le riforme di Diocleziano (la nascita della tetrarchia) e di Costantino (la fondazione di Costantinopoli) avevano determinato una crescente separazione amministrativa fra i due territori. Persino dal punto di vista linguistico si era creata una cesura: ormai nella parte orientale dell'impero il greco aveva sostituito il latino come lingua ufficiale.

La miglior tenuta dell'impero d'Oriente ▪ Nei decenni successivi alla morte di Teodosio, l'impero romano d'Oriente riuscì a difendersi meglio dalle aggressioni delle popolazioni barbariche. Ciò avvenne principalmente per tre motivi: innanzitutto, il minor impatto della crisi economica e la ricchezza di alcune province (per esempio l'Egitto) consentirono di mobilitare eserciti più forti, in grado di opporsi meglio ai Germani. In secondo luogo, le frontiere esposte alle invasioni erano meno estese di quelle dell'impero d'Occidente e la catena montuosa dei Balcani offriva una valida protezione dagli attacchi dei nemici. Infine, gli imperatori di Costantinopoli riuscirono – anche attraverso il pagamento di tributi – a dissuadere le popolazioni germaniche dal cercare di invadere l'Oriente, deviando il corso delle loro scorrerie verso l'Italia e la Gallia.

Così, mentre l'impero romano d'Oriente riuscì a sopravvivere per più di altri mille anni, l'Occidente – di fatto abbandonato dalla corte di Costantinopoli ed esposto alla pressione dei popoli lungo i suoi confini – andò incontro a una rapida fine.

Alarico e Stilicone ▪ Nel **395** i Visigoti guidati dal re **Alarico** lasciarono la Tracia e si diressero verso la Grecia, dove procedettero saccheggiando e distruggendo alcuni dei più bei siti della classicità, come il santuario di Eleusi. Dopo di che risalirono verso nord e giunsero in Italia dove saccheggiarono **Aquileia** (401), una delle più importanti città dell'Italia settentrionale.

Onorio, il successore di Teodosio in Occidente, era salito al trono all'età di undici anni e per questa ragione la reggenza dell'impero era stata affidata a **Stilicone**, un abile generale di origine vandala che in quei tragici frangenti fu il maggior baluardo contro le invasioni germaniche. Nel **402** Stilicone affrontò e **sconfisse i Visigoti** nella battaglia di Pollenzo, salvando le città della Pianura Padana da ulteriori devastazioni. **Alarico si impegnò con Stilicone** a rientrare in Tracia e a fornire soldati all'esercito imperiale

Due esempi di oreficeria unna.
A sinistra una fibbia da parata del V secolo, a destra una fibula del IV secolo. (Saint-Germain-en-Laye, Museo Archeologico; Baltimora, Walters Art Museum)

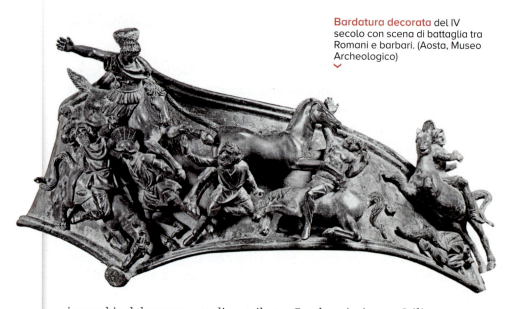

Bardatura decorata del IV secolo con scena di battaglia tra Romani e barbari. (Aosta, Museo Archeologico)

in cambio del pagamento di un tributo. Con lungimiranza Stilicone – consapevole che le forze imperiali erano insufficienti ad arginare le invasioni – intendeva **trasformare i Visigoti in alleati** dell'impero. Pochi anni più tardi Stilicone sconfisse anche gli Ostrogoti, che erano riusciti a raggiungere la Toscana e a saccheggiare Fiesole.

Lo sfondamento del *limes* renano ▪ Nell'inverno tra il 406 e il 407 – mentre Stilicone vinceva in Italia e tentava un'alleanza con Alarico – la già precaria situazione dell'impero divenne insostenibile quando, a causa delle rigide temperature, **il fiume Reno gelò**: così, il confine naturale che dai tempi di Augusto aveva protetto il mondo romano venne meno. Subito orde di barbari ne approfittarono per varcare il fiume e invadere i territori dell'impero d'Occidente: i Burgundi si stanziarono in Gallia; Svevi e Alani nella penisola iberica; gli Alamanni nell'attuale Germania. I Franchi si stabilirono nella Gallia, da cui scacciarono i Visigoti che furono costretti a raggiungere la Spagna. Anche i Vandali vi si stabilirono e vi restarono alcuni anni prima di spostarsi, nel 428, nell'Africa settentrionale.

Nel vano tentativo di fermare queste invasioni, Stilicone trasferì in Gallia le legioni che si trovavano di stanza in Britannia, lasciando così indifesa l'isola, che nei decenni successivi fu attaccata e conquistata da popolazioni provenienti dalla Danimarca e dalla Germania settentrionale (Angli, Juti e Sassoni).

La morte di Stilicone lascia l'Italia priva di difese ▪ Malgrado i meriti di Stilicone, Onorio e la corte imperiale di Ravenna guardavano a lui con sospetto: sia per le sue origini barbariche, sia perché giudicavano ambigua la sua politica nei confronti dei barbari (l'accordo siglato con Alarico e la decisione di abbandonare le province più occidentali dell'impero al proprio destino ne erano, ai loro occhi, una prova). La posizione di Stilicone si fece sempre più critica, finché nel **408** egli fu arrestato per ordine di Onorio, processato con l'accusa di tradimento e decapitato.

Le conseguenze di questa decisione furono gravissime: l'impero d'Occidente perse il suo generale più esperto e Alarico – non avendo ancora

Ritratto di Stilicone su una tavoletta d'avorio del IV secolo. Il generale è raffigurato con il suo corredo militare: la spada alla cintura, la lancia nella mano destra e lo scudo sul lato sinistro. (Vienna, Kunsthistorisches Museum)

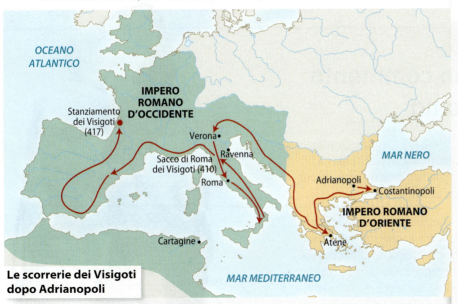

Le scorrerie dei Visigoti dopo Adrianopoli

ottenuto le terre che gli erano state promesse – ritenne di essere ormai svincolato da ogni impegno e riportò in Italia i Visigoti. Senza incontrare alcuna resistenza apprezzabile, i Visigoti discesero lungo la penisola, devastando i territori che attraversavano. Nel 410 si accamparono nei pressi di Roma: Alarico chiese nuovamente a Onorio un tributo e territori su cui stanziarsi; l'imperatore, chiuso nell'imprendibile Ravenna, dapprima temporeggiò e infine decise di inviare contro gli invasori un piccolo contingente di soldati, che fu facilmente sconfitto. A questo punto Alarico e i suoi uomini marciarono su Roma, la raggiunsero il 24 agosto del **410** e la **saccheggiarono** per tre giorni. I Visigoti abbandonarono presto l'Urbe e proseguirono verso la Calabria, probabilmente con lo scopo di passare in Sicilia o in Africa; ma l'improvvisa morte di Alarico a Cosenza spinse i nuovi capi visigoti a risalire nuovamente l'Italia sino a stanziarsi nella Gallia meridionale, dove fondarono un regno.

La notizia del saccheggio (o sacco) di Roma destò una profonda impressione, e costituì **uno choc per i contemporanei**: anche se aveva perso molta della sua centralità politica, la città era pur sempre il simbolo di un potere universale. In tutta la sua storia aveva subìto l'onta del saccheggio solo nel 380 a.C., per mano dei Galli guidati da Brenno; poi, per più di otto secoli, nessun altro aveva osato attaccarla. Ad alcuni sembrò che la devastazione di Roma da parte dei barbari significasse non semplicemente la fine di un'epoca, ma la fine della civiltà stessa, nel suo significato più ampio: «in una sola città è caduto il mondo», scrisse san Girolamo.

✓ **RIASSUMERE CON UNA LINEA DEL TEMPO**

Completa con gli eventi corrispondenti alle date indicate.

402   408

395   406   410

San Girolamo commenta il sacco di Roma

Quando seppe del sacco di Roma del 410, san Girolamo si trovava a Gerusalemme. In questa lettera scritta a un amico esprime il senso di angoscia e smarrimento da cui i contemporanei furono presi alla notizia del saccheggio.

"Mentre così vanno le cose a Gerusalemme, dall'Occidente ci giunge la terribile notizia che Roma viene assediata, che si compra a peso d'oro la incolumità dei cittadini, ma che dopo queste estorsioni riprende l'assedio: a quelli che già sono stati privati dei beni si vuol togliere anche la vita. Mi viene a mancare la voce, il pianto mi impedisce di dettare. La città che ha conquistato tutto il mondo è conquistata: anzi cade per fame prima ancora che per l'impeto delle armi, tanto che a stento vi si trova qualcuno da prendere prigioniero. La disperata bramosia fa sì che ci si getti su cibi nefandi: gli affamati si sbranano l'uno con l'altro, perfino la madre non risparmia il figlio lattante e inghiotte nel suo ventre ciò che ha appena partorito.

Moab fu presa, di notte sono state devastate le sue mura[1].

O Dio, nella tua eredità sono entrate le nazioni,
hanno profanato il tuo santo tempio,
hanno ridotto in macerie Gerusalemme.
Hanno abbandonato i cadaveri dei tuoi servi
in pasto agli uccelli del cielo,
la carne dei tuoi fedeli
agli animali selvaggi.
Hanno versato il loro sangue come acqua
intorno a Gerusalemme, e nessuno seppelliva.[2]

Come ridire la strage, i lutti di quella notte?
Chi può la rovina adeguare col pianto?
Cadeva la città vetusta, sovrana nel tempo:
un gran numero di cadaveri erano sparsi per le strade
e anche nelle case. [...]
Era l'immagine moltiplicata della morte.[3]

(san Girolamo, *Lettere*, VI, 127)

1. È una citazione biblica, tratta dal libro di Isaia (15, 1); il profeta descrive con toni accorati la caduta della principale città nella regione di Moab, situata sulle rive del Mar Morto.
2. È una citazione dal salmo 79 (1-3): in un momento di grave difficoltà per la città di Gerusalemme, gli Ebrei rivolgono a Dio una lamentazione perché li assista.
3. Sono i versi che Virgilio fa pronunciare a Enea quando questi racconta alla regina Didone gli avvenimenti funesti della notte in cui cadde la città di Troia (*Eneide* II, 361-65 e 369).

I barbari saccheggiano Roma in un dipinto di Joseph-Noël Sylvestre del 1890. (Sète, Museo Paul Valéry)

a. Per quali ragioni i contemporanei furono così colpiti dalla notizia del saccheggio di Roma?

b. Nella sua lettera, san Girolamo cita sia testi biblici, sia l'*Eneide* di Virgilio, e dà per scontato che il suo interlocutore colga tali riferimenti: quali conclusioni possiamo trarne circa la cultura delle persone istruite nel mondo tardoantico?

c. San Girolamo fu un profondo conoscitore delle Sacre Scritture: a lui si deve la produzione della *Vulgata*. Con una ricerca su Internet, scopri di che cosa si tratta.

3 La caduta dell'impero d'Occidente

Gli Unni e i Vandali in Italia • L'impero era ormai ridotto alla sola Italia quando in Occidente si affacciò un nuovo pericolo: muovendo dalla Pannonia, dove si erano stabiliti, gli **Unni** guidati dal loro capo **Attila** si spinsero in cerca di bottino verso l'Italia e la Gallia. La difesa di quanto restava dell'impero fu affidata a **Flavio Ezio**, un generale di origine romana che aveva vissuto a lungo presso i Visigoti e gli Unni e quindi ne conosceva bene le abitudini. Ezio, a capo di una coalizione formata dalle restanti legioni romane e da contingenti militari forniti da tutti i popoli germanici stanziati in Gallia, affrontò e sconfisse gli Unni nel **451** (battaglia dei **Campi Catalaunici**), in un luogo che la tradizione identifica nei pressi di Châlons.

Attila fu costretto a ritirarsi oltre il Reno, ma l'anno successivo si ripresentò in Italia e, dopo aver saccheggiato **Aquileia**, **Milano** e **Pavia**, si diresse verso Roma. Tuttavia, prima che gli Unni varcassero il Po, papa **Leone I** si recò disarmato nel loro accampamento e convinse Attila a tornare in Pannonia. La tradizione vuole che la decisione del re unno sia stata merito esclusivo delle parole del pontefice, ma è più probabile che a convincerlo siano state invece una pestilenza che stava decimando il suo esercito e il timore di dover fronteggiare le legioni che Ezio stava apprestando.

In ogni caso, Roma scampò alla minaccia degli Unni. Tre anni dopo, nel **455**, fu però **nuovamente saccheggiata** e devastata da una scorreria dei **Vandali** provenienti dal Nord Africa guidati dal loro re **Genserico**.

La deposizione di Romolo Augustolo • Nel 454 il nuovo imperatore d'Occidente **Valentiniano III** (425-455) aveva fatto assassinare Ezio, il suo migliore generale, temendo che questi volesse impadronirsi della corona: proprio come era avvenuto nel caso di Stilicone, i sospetti e i maneggi della corte privarono l'impero del suo più valido difensore. Pochi mesi più tardi, lo stesso Valentiniano fu ucciso nel corso di una congiura. Nei successivi vent'anni l'impero d'Occidente si avviò verso il suo definitivo collasso: si succedettero sul trono una decina di imperatori, molti dei quali erano generali che si autoproclamarono sovrani.

Nel 475 Oreste, un generale originario della Pannonia, impose sul trono il proprio figlio Romolo, un ragazzino di 13 anni ironicamente soprannominato **Romolo Augustolo** («piccolo Augusto»), che fu l'ultimo imperatore dell'Occidente. Infatti nel 476 Odoacre, un altro generale di origine barbarica, depose il giovane imperatore e **inviò le insegne imperiali a Costantinopoli**. Con questo gesto simbolico (destinato ad avere enormi conseguenze politiche) Odoacre intendeva affermare che esisteva un unico legittimo imperatore, quello d'Oriente, a cui egli stesso assicurava la propria fedeltà.

Dove sono i Campi Catalaunici?

✓ CONOSCERE

Cerca su un dizionario il significato della parola «vandalismo», trascrivilo e documentati sulla sua origine, facendo riferimento al contenuto di questo paragrafo.

Attila rappresentato con corna e orecchie caprine, che alludono alla ferocia animale che la leggenda gli attribuiva. Moneta del XVI secolo.
⌄

Agostino di Ippona, testimone di tempi travagliati

Un giovane privilegiato e inquieto   Agostino nacque a Tagaste, nell'odierna Algeria, nel 354: il padre Patrizio, decurione della città, era un pagano, ma la madre Monica era una fervente cristiana; fu anche grazie al suo esempio e alle sue continue esortazioni che Agostino, in età adulta, si convertì al cristianesimo.

> La formazione filosofica e la conoscenza della dottrina cristiana resero Agostino di Ippona il massimo pensatore del suo tempo.

A diciassette anni si trasferì a Cartagine per studiare: qui, secondo quanto lui stesso racconta, visse in maniera dissoluta, prendendo con sé una concubina da cui ebbe un figlio. Ma nello stesso periodo il giovane Agostino scoprì anche la filosofia e decise di dedicarvisi.

Ultimati gli studi, nel 383 si trasferì in Italia con l'intenzione di diventare insegnante di retorica: soggiornò prima a Roma, poi a Milano – dove conobbe il vescovo della città Ambrogio. Questo incontro ebbe su Agostino una profonda influenza; superata la crisi spirituale che da tempo stava maturando, egli decise di abbracciare il cristianesimo e ricevette il battesimo nel 387, in occasione della Pasqua, per mano dello stesso Ambrogio.

Vescovo, filosofo, teologo e santo   Nel 388 Agostino rientrò in Africa, dove fu prima nominato sacerdote e quindi, nel 395, vescovo di Ippona, un'importante città dell'attuale Algeria. Per più di trent'anni ricoprì questo incarico, difendendo il cristianesimo dagli attacchi dei pagani e degli eretici, e scrivendo opere fondamentali, che fecero di lui il più importante filosofo cristiano ed ebbero un profondo influsso sul pensiero occidentale. Morì il 28 agosto 430 mentre difendeva la città dagli attacchi dei Vandali.

Le _Confessioni_ e _La città di Dio_   Tra i molti scritti di Agostino, un posto d'onore meritano due opere molto diverse fra loro. La prima, intitolata _Confessioni_, ha un contenuto autobiografico: il santo ripercorre, attraverso un profondo scavo interiore, la propria esperienza di vita – dai peccati commessi durante la gioventù piuttosto movimentata fino alla conversione – tracciando un percorso verso la fede che travalica l'esperienza personale, diventando un modello per tutti i credenti.

^ **Agostino di Ippona** in un ritratto di Antonello da Messina, 1473. (Palermo, Palazzo Abatellis)

L'altra, intitolata _La città di Dio_, è invece un'opera dal carattere apologetico (❯ Lez. 4): fu scritta in reazione al sacco di Roma per mano dei Visigoti e alle accuse dei pagani, i quali sostenevano che il cristianesimo avesse indebolito l'impero causandone la rovina. La tesi sostenuta da Agostino in questo testo è che la storia è segnata dall'eterna lotta tra il bene – identificato nell'immagine allegorica della Città di Dio – e il male – identificato nella Città terrena, quella in cui vivono gli uomini peccatori. La presenza del male, del peccato e delle sofferenze (comprese quelle causate dai saccheggi dei barbari) è dunque ineludibile. Tuttavia, secondo Agostino, nella storia opera anche la provvidenza divina, e alla fine dei tempi la Città di Dio trionferà in tutto il suo splendore. Ciò, naturalmente, non autorizza l'uomo a restare passivo di fronte ai mali del suo tempo: al contrario, ognuno deve operare per realizzare in Terra il progetto divino.

Invece di autoproclamarsi imperatore, Odoacre assunse il titolo di **rex gentium Italiae**, ossia «re dei popoli d'Italia». Con la deposizione di Romolo Augustolo aveva così fine l'impero romano d'Occidente.

Una caduta silenziosa ▪ Contrariamente a quanto si potrebbe pensare, la fine dell'impero d'Occidente non destò particolare scalpore tra i contemporanei. Comprendere come mai non è difficile: nel momento in cui Odoacre depose Romolo Augustolo la maggior parte dell'Occidente (la Gallia, la penisola iberica, l'Africa) era stata occupata dai Germani: l'impero era ormai ridotto alla sola Italia e quel che restava dell'esercito non riusciva neanche più a garantirne la sicurezza. Ben più traumatico era stato per i contemporanei il saccheggio di Roma del 410 a opera dei Visigoti: quel saccheggio – avvenuto pochi anni dopo la morte di Teodosio – aveva dimostrato come l'impero non fosse più in grado di fronteggiare le orde dei Germani. Per questo la caduta dell'impero romano non fu percepita come una catastrofe, ma come l'esito di una prolungata agonia.

L'anno **476** segna comunque **una data spartiacque** nella nostra storia: con la deposizione di Romolo Augustolo, si chiuse non solo la millenaria vicenda di Roma, ma anche l'età antica nel suo complesso, ed ebbe inizio una nuova epoca: il Medioevo.

Romolo Augustolo in una moneta del 476. (Boston, Museum of Fine Arts)

4 Perché l'impero romano crollò

Alla ricerca di un colpevole ▪ Resta a questo punto da spiegare perché l'impero romano, che fra il III e il IV secolo aveva vissuto grazie a Diocleziano e a Costantino una fase di ripresa, si fosse poi nuovamente indebolito, diviso e sfaldato, fino al definitivo crollo della sua parte occidentale.

I contemporanei non avevano dubbi: i pagani incolpavano i cristiani che, chiudendo i templi degli dei, ne avevano provocato l'ira; secondo i pagani, inoltre, la diffusione del cristianesimo aveva fiaccato la tradizione guerriera di Roma, rendendo l'impero più vulnerabile. Di contro, diversi scrittori cristiani interpretavano la fine dell'impero d'Occidente come una punizione divina per i peccati dell'umanità. Ovviamente entrambe queste spiegazioni sono inaccettabili in sede di analisi storica.

Il ruolo dei Germani non va sopravvalutato ▪ Tradizionalmente, la colpa della caduta dell'impero romano d'Occidente viene attribuita alle invasioni dei Germani e all'incapacità degli imperatori – più interessati alle trame di palazzo che alla difesa militare – di fronteggiarle. Anche questa spiegazione, però, per quanto apparentemente plausibile, non è sufficiente. In primo luogo, perché tra il III e il IV secolo l'impero era stato governato da ottimi imperatori come Aureliano, Diocleziano, Costantino o Teodosio. In secondo luogo, perché in molti periodi l'impero – grazie all'efficienza della sua burocrazia e delle sue legioni – era riuscito a prosperare e a respingere gli attacchi delle popolazioni barbariche, anche sotto sovrani chiaramente inadatti a ricoprire il loro incarico.

Un guerriero vandalo rappresentato in un mosaico del VI secolo proveniente da Cartagine. (Londra, British Museum / Granger)

Scudo vandalo in ferro con finimenti del III-IV secolo. (Manching, Keltenmuseum / W. Sauber)

Certo, quelle del V secolo non erano semplici scorrerie, ma vere e proprie **migrazioni di popoli**. Tuttavia, le tribù germaniche erano meno numerose di quanto spesso si creda: erano formate da poche decine di migliaia di individui (al massimo 80-100.000, solitamente meno) compresi donne, bambini e anziani, per cui i guerrieri abili alle armi erano relativamente pochi. Alcune fra le popolazioni germaniche che invasero l'impero sarebbero state a malapena in grado di riempire gli spalti del Colosseo.

Le invasioni dei Germani svolsero certamente un ruolo rilevante nel determinare la caduta dell'impero, ma il loro peso non va sopravvalutato: un impero forte, come quello del II secolo, sarebbe stato probabilmente in grado di respingere i Germani.

Un'unica causa non basta

▪ L'impero romano era ormai una realtà in crisi con un'economia poco dinamica, intere zone spopolate e un esercito non più in grado di difenderne i confini. Per capirne la fine dobbiamo quindi rinunciare alla ricerca di un'unica causa e ripercorrere le trasformazioni che abbiamo studiato nelle lezioni precedenti, ripartendo dalle caratteristiche dell'impero all'epoca del suo apogeo.

Nel I secolo affluivano a Roma le ricchezze provenienti dalle conquiste e migliaia di schiavi, la cui manodopera a basso costo permetteva di tenere bassi i prezzi dei prodotti agricoli e artigianali. La prosperità e la tranquillità garantite dalla *pax romana* permisero il fiorire dei commerci e garantirono enormi profitti alle *élite* di tutte le città dell'impero. L'impero poteva permettersi di distribuire gratuitamente grano alla plebe di Roma e di altri importanti centri, di mantenere un'efficiente rete stradale, di assicurare servizi come le terme e gli acquedotti. E il peso della fiscalità era relativamente basso – cosa che garantiva a Roma la fedeltà delle province e consentiva ai ceti egemoni la pratica dell'evergetismo (› Lez. 2).

Ma nel II secolo con la fine delle guerre di conquista **l'esercito iniziò a gravare insopportabilmente sulle casse statali**. Di fronte alla necessità di garantire la difesa del *limes*, gli imperatori aumentarono le imposte e iniziarono a coniare monete che contenevano meno argento e oro. Entrambi questi provvedimenti ebbero conseguenze negative: **i prezzi aumentarono in maniera incontrollata, così come la pressione fiscale**, e questo determinò un generale impoverimento della popolazione. I commerci si contrassero, l'economia divenne meno vitale, il benessere diminuì. Molte persone, non potendo pagare le tasse, abbandonarono le città o i propri campi fuggendo in aree dove gli agenti del fisco non potevano arrivare o si misero sotto la protezione di grandi latifondisti accettando patti di colonato. Per le *élite* economiche e politiche delle province **la convenienza a rappresentare gli interessi dell'impero venne meno**: diminuì il numero di coloro che erano disposti a ricoprire le cariche pubbliche, l'evergetismo entrò in crisi e i latifondisti si chiusero a difesa dei loro privilegi fiscali rifiutandosi di pagare le tasse e di fornire soldati all'esercito. Anche i contadini e le plebi urbane non videro più nessun vantaggio nell'essere sudditi di un impero che, a fronte di una tassazione insopportabile, non garantiva nemmeno lontanamente protezione o privilegi: per questo **mol-**

te popolazioni delle province non si opposero all'arrivo dei Germani, ma li accolsero con favore, considerandoli quasi come dei liberatori.

Le trasformazioni socio-economiche avviatesi dalla fine del II secolo, insomma, portarono a una graduale ma inarrestabile **disintegrazione del tessuto sociale dell'impero** – soprattutto della sua parte occidentale, ormai debole e non più in grado di difendersi dagli attacchi dei Germani anche a causa del disinteresse dei suoi stessi cittadini.

LEGGERE LA STORIA

Gli Unni, «non così barbari»

In questo brano Prisco di Panion, uno scrittore bizantino del V secolo che fu anche ambasciatore presso la corte di Attila, descrive il suo incontro con quello che a prima vista sembrava un Unno, ma che in realtà era un ex cittadino dell'impero.

"Raccontò di essere un greco di nascita e di essersi trasferito come commerciante a Viminacium [una città dei Balcani], la città dei Misi sul Danubio, dove aveva vissuto per lungo tempo e aveva sposato una donna ricchissima. Quando però la città cadde in mano ai barbari, perse tutti i suoi averi e fu assegnato, nella distribuzione della preda, a Onegesio [un consigliere di Attila]. Più tardi, egli si distinse nei combattimenti contro i Romani [cioè i sudditi dell'impero romano d'Oriente] e contro il popolo degli Akatiri e poiché, secondo il costume degli Sciti [cioè gli Unni: Prisco li chiama così perché provenivano dalla regione dell'Asia centrale chiamata Scizia], aveva ceduto al suo padrone barbaro il bottino raccolto in guerra, ottenne la libertà. Si era sposato con una donna barbara e aveva figli. Era commensale di Onegesio e conduceva una vita migliore di quella di un tempo.

Tra gli Sciti, disse, una volta finita la guerra, si vive comodamente, in quanto ciascuno gode di quello che ha e non molesta affatto o pochissimo gli altri e neppure viene molestato. Fra i Romani invece si perisce facilmente in guerra, perché essi ripongono le loro speranze di salvezza in altri, dal momento che per via dei loro tiranni tutti gli uomini non hanno il permesso di portare le armi. E, per quelli che ne fanno uso, la viltà dei loro generali – incapaci di sostenere una guerra – è ancora più rischiosa. In periodo di pace la situazione è persino peggiore dei mali della guerra, a causa delle tasse opprimenti e degli intrighi dei malvagi, dato che le leggi non valgono per tutti. Infatti se il trasgressore della legge appartiene ai ceti ricchi, non è costretto a pagare il fio per la sua colpa; se invece è povero, non sapendo come cavarsela, deve attendersi la punizione stabilita dalla legge, se addirittura non muore prima della sentenza, perché i processi vanno per le lunghe e occorre spendere moltissimo denaro. E la cosa più scandalosa di tutte è che occorre comprarsi i diritti sanciti dalla legge. Poiché a chi non ha niente non sarà concesso neppure di presentarsi davanti a un tribunale, se prima non mette da parte del denaro per il giudice e i funzionari che lo assistono."

(Prisco di Panion, *Frammenti*, in A. Marcone *Il mondo tardoantico: antologia delle fonti*, Carocci, Roma 2000)

^ **Elemento di una bardatura da parata per cavalli**, capolavoro dell'artigianato unno del IV secolo. (Baltimora, Walters Art Museum)

a. Ricostruisci le vicende del greco incontrato da Prisco: come era giunto tra gli Unni? Che cosa gli era successo in seguito?

b. Per quali ragioni il greco preferisce essere suddito degli Unni? Quali fra le sue ragioni trovano corrispondenza in quello che hai imparato in questa lezione?

c. Quale passaggio nel racconto del greco ti pare rappresenti meglio la disaffezione dei sudditi verso l'impero romano?

SINTESI

1 La ripresa delle invasioni

Nel IV secolo l'arrivo in Europa degli Unni crea un generale sommovimento delle popolazioni germaniche, le quali tornano a premere lungo i confini dell'impero romano. Questa volta, a differenza che nel II e III secolo, i Germani intendono varcare il *limes* in cerca non di bottino, ma di nuove terre in cui stabilirsi. Anche se già nei secoli precedenti molti Germani erano entrati nell'esercito imperiale o si erano stanziati nell'impero, abbracciando i valori della cultura latina, i pregiudizi dei Romani contro i barbari, la crescente pressione lungo i confini e le differenze religiose impediscono una piena integrazione tra le due civiltà. Ne è una dimostrazione la disfatta subita dall'esercito dell'imperatore Valente contro i Visigoti ribelli nella battaglia di Adrianopoli, del 378.

2 L'impero romano si divide

L'imperatore Teodosio riesce a fermare i Visigoti e a organizzare la difesa dalle altre popolazioni germaniche. Prima di morire, suddivide il governo dell'impero tra i suoi due figli Arcadio e Onorio. Questa scelta porterà, contro le intenzioni dello stesso Teodosio, alla nascita di due imperi distinti – quello romano d'Oriente e quello romano d'Occidente che, più esposto agli attacchi dei Germani, avrà vita breve.

Per alcuni anni il comandante delle forze imperiali Stilicone riesce a difendere l'Italia dai barbari, ma è costretto ad abbandonare a se stesse le province più occidentali dell'impero dopo che, alla fine del 406, il *limes* del Reno viene sfondato da alcune popolazioni germaniche, che conquistano rapidamente la Gallia e la penisola iberica. Stilicone muore nel 408, assassinato per ordine dell'imperatore d'Occidente Onorio. I Visigoti guidati dal loro re Alarico invadono l'Italia, ormai vulnerabile, e nel 410, saccheggiano Roma.

3 La caduta dell'impero d'Occidente

Alla metà del V secolo il nord dell'Italia e la Gallia vengono devastati dal passaggio degli Unni di Attila, che vengono fermati nel 451 da Ezio, il nuovo comandante dell'esercito imperiale, nella battaglia dei Campi Catalaunici. Nel 454 anche Ezio viene fatto assassinare dall'imperatore Valentiniano, e ciò rende ancor più precaria la difesa dell'Italia. L'impero romano d'Occidente, ormai ridotto a un simulacro di se stesso, cade nel 476 con la deposizione di Romolo Augustolo per mano di Odoacre, che si mette al servizio dell'imperatore d'Oriente e assume il titolo di *rex gentium Italiae*.

4 Perché l'impero romano crollò

Il crollo dell'impero romano non può essere addebitato a un unico fattore. Più che per le invasioni dei Germani, l'impero crolla perché la crisi economica e l'incremento della pressione fiscale alimentano le spinte centrifughe e fanno sì che i cittadini dell'impero siano sempre meno disposti a impegnarsi per la sua difesa.

Le cause della fine dell'impero d'Occidente  MAPPA CONCETTUALE

ZTE ONLINE
Mettiti alla prova con
gli esercizi interattivi

VERIFICA

ORIENTARSI NEL TEMPO E NELLO SPAZIO

1 Per ciascuna località, scrivi che cosa accadde nelle date indicate.

a. Aquileia   Nel 401: ....

b. Ravenna   Nel 402: ....

c. Roma   Nel 410: ....

                 Nel 455: ....

LAVORARE SUL LESSICO

2 Scrivi la definizione delle seguenti parole o espressioni. Poi, con ciascuna di esse, componi una frase da usare come possibile esordio per un'interrogazione.

effetto domino • foederati • *sfondamento del* limes *renano* • *sacco di Roma* • rex gentium Italiae

VERIFICARE LE CONOSCENZE

3 Alcune di queste affermazioni dicono il falso. Individuale e correggile a voce.

a. Gli Unni non erano di origine germanica.

b. Il *limes* danubiano viene superato dai Visigoti con il consenso di Valente.

c. Il *limes* danubiano viene superato dai Visigoti nel 378.

d. Nel 382 Teodosio stringe con Alarico un accordo inedito.

e. Teodosio nomina Stilicone tutore di entrambi i suoi figli.

f. Solo Arcadio mantiene Stilicone come suo tutore.

g. Stilicone ed Ezio vengono assassinati per le stesse ragioni.

h. I Campi Catalaunici si trovavano in Catalogna.

CONFRONTARE E COLLEGARE

4 Completa la tabella: attribuisci a ogni personaggio le sue caratteristiche. (L'esercizio è avviato.)

	Stilicone	Alarico	Attila	Genserico	Ezio	Odoacre
È un barbaro	x	x				
È di origine germanica						
È un vandalo	x					
È un visigoto						
È comandante in capo delle truppe imperiali						x
Saccheggia Roma						
È (o diventa) un re						

LAVORARE SUI CONTENUTI

5 Completa il brano con le parole dell'elenco.

Oriente • *sudditi* • *Odoacre* • *economiche* • *antica* • *Romolo Augustolo* • *Occidente* • *barbari* • *invasioni*

La deposizione di .... da parte di .... è considerata tradizionalmente come la caduta dell'impero romano d' .... Con la data del 476 si pone termine non solo alla storia di Roma, ma all'intera storia ...., e si fa iniziare la storia medioevale.

Non si può individuare una causa principale per la caduta di questa parte dell'impero: ce ne furono molte, e i loro effetti spesso si intrecciarono e si sommarono. Tra queste ricordiamo le sempre più massicce .... dei ...., l'incapacità di alcuni imperatori occidentali, le difficoltà ...., la disaffezione dei .... nei confronti del potere centrale, gli intrighi politici degli imperatori d' ...., che spesso agirono in modo tale da indirizzare le popolazioni barbariche lontano dai loro territori.

I regni romano-barbarici e l'impero bizantino

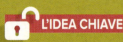 **L'IDEA CHIAVE**

UN REGNO, DUE POPOLI

I regni romano-barbarici sono spesso indeboliti dalla mancata integrazione sociale, culturale e religiosa fra i nuovi dominatori di origine germanica e le popolazioni sottomesse.

 IL PROTAGONISTA

GIUSTINIANO

Con una serie di campagne militari vittoriose riesce a ricostituire l'unità dell'impero, riconquistando parte dell'Occidente. Il suo successo, però si rivelerà effimero.

 IL LUOGO

L'ITALIA

Per quasi vent'anni l'Italia è teatro della guerra tra Goti e Bizantini: le devastazioni, i saccheggi e le pestilenze riducono a un ammasso di rovine quella che un tempo era il giardino dell'impero.

 L'EVENTO

LA CONVERSIONE DI CLODOVEO

Nel 496 il re dei Franchi abbraccia il cattolicesimo. I suoi sudditi ne seguono l'esempio e si integrano con la popolazione gallo-romana: ciò rafforzerà il regno franco.

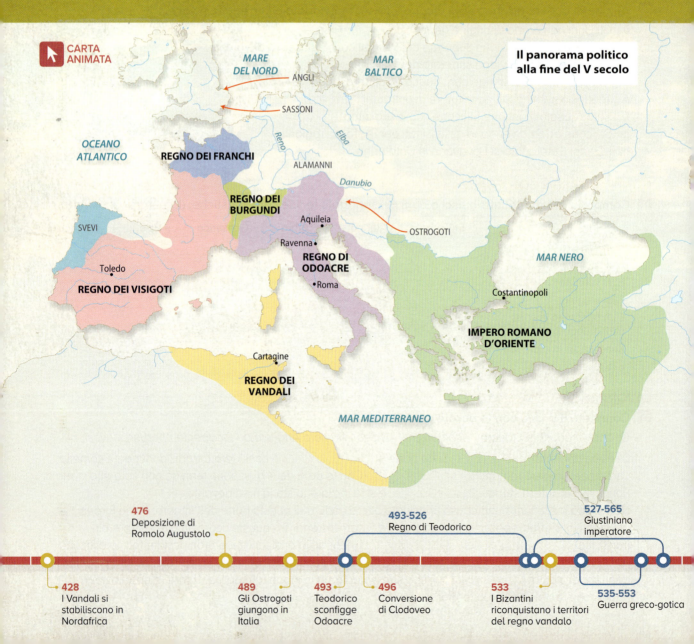

CARTA ANIMATA

Il panorama politico alla fine del V secolo

MARE DEL NORD

MAR BALTICO

ANGLI

SASSONI

OCEANO ATLANTICO

REGNO DEI FRANCHI

Reno

Elba

ALAMANNI

Danubio

REGNO DEI BURGUNDI

Aquileia

OSTROGOTI

SVEVI

Ravenna

MAR NERO

Toledo

REGNO DI ODOACRE

Roma

Costantinopoli

REGNO DEI VISIGOTI

Cartagine

IMPERO ROMANO D'ORIENTE

REGNO DEI VANDALI

MAR MEDITERRANEO

476 Deposizione di Romolo Augustolo

493-526 Regno di Teodorico

527-565 Giustiniano imperatore

428 I Vandali si stabiliscono in Nordafrica

489 Gli Ostrogoti giungono in Italia

493 Teodorico sconfigge Odoacre

496 Conversione di Clodoveo

533 I Bizantini riconquistano i territori del regno vandalo

535-553 Guerra greco-gotica

«L'impero romano partecipa delle prerogative dell'impero di Cristo Signore, superando tutti gli altri in questo mondo e rimanendo invitto fino alla fine dei tempi.»

• Così si esprimeva Cosma Indicopleuste, uno scrittore bizantino contemporaneo di Giustiniano. Cerca in questa lezione il passaggio che spiega che cosa gli imperatori d'Oriente pensavano dei sovrani dei nuovi regni romano-barbarici.

La croce gemmata in un mosaico del VI secolo che decora la basilica di Sant'Apollinare Nuovo a Ravenna. Costruita da Teodorico come luogo di culto ariano, sotto il nuovo dominio bizantino fu convertita, per volontà di Giustiniano, al culto cristiano.

1 Una nuova geografia per i territori dell'impero

Nuovi regni al posto dell'impero d'Occidente ▪ Con la fine dell'impero romano d'Occidente era scomparso un organismo che, per più di quattro secoli, aveva unito all'interno di un unico Stato i paesi affacciati sul Mediterraneo e gran parte dell'Europa centrale. Nelle province occidentali, già dalla prima metà del V secolo si erano stanziate popolazioni germaniche che avevano dato vita a nuove realtà statali, i **regni romano-barbarici** (o latino-germanici), così chiamati perché al loro interno convivevano due differenti popolazioni: i Romani e i barbari. Vediamo, in una rapida panoramica, quali erano i principali regni romano-barbarici alla fine del V secolo (❯ carta in apertura).

▪ Il **regno dei Visigoti**, esteso alla maggior parte della penisola iberica e a parte della Gallia meridionale, fu uno dei più longevi: scomparve all'inizio dell'VIII secolo, quando fu conquistato dagli Arabi.

▪ Il **regno degli Svevi** occupava la Galizia e il nord dell'attuale Portogallo. Sopravvisse solo fino al 585, quando fu conquistato dai Visigoti.

▪ Il **regno dei Franchi** nacque nella Gallia settentrionale e in seguito si estese all'intera Gallia e all'odierna Germania occidentale.

▪ Il **regno dei Burgundi** sorse nella Gallia meridionale, nella zona circostante il corso del Rodano; ebbe vita breve, perché nel 534 fu conquistato dai Franchi.

Due fibbie germaniche in oro: appartenevano al corredo funerario di una donna di alto rango. (Weimar, Museo Thuringens)

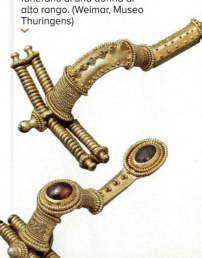

Bizantino

A partire dalla fine del V secolo, l'antico nome greco (Bisanzio) prevalse nell'uso comune rispetto al nome latino (Costantinopoli) della capitale dell'impero romano d'Oriente. Per questo motivo alcuni storici contemporanei preferiscono usare per questo Stato, dopo il 476, la denominazione di «impero bizantino», mentre altri ritengono le due denominazioni equivalenti. Non è quindi un errore, per esempio, dire che l'impero romano d'Oriente sopravvisse fino al 1453.

La basilica di Santa Sofia a Istanbul, edificata nel IV secolo, fu incendiata dai rivoltosi durante la rivolta di Nika del 532 (❭ par. 4) e ricostruita in forme ancora più splendide dall'imperatore Giustiniano. Fu una delle più grandi chiese della cristianità fino al 1453, quando divenne una moschea. Dal 1935 è stata trasformata in un museo. (Klempa / Shutterstock)

- In Inghilterra l'invasione di popolazioni provenienti dalle coste del Mare del Nord (Angli, Sassoni, Juti) non portò alla nascita di un unico organismo politico, ma al sorgere di piccoli **principati indipendenti**.
- Il **regno dei Vandali** era sorto, a partire dal 428, nel Nordafrica (nei territori corrispondenti alle attuali Libia e Tunisia) e si era poi esteso a controllare le isole Baleari, la Corsica, la Sardegna e, per alcuni anni, anche parte della Sicilia.
- L'**Italia** e l'**Illiria** erano sotto il dominio di Odoacre. Come vedremo tra poco, il suo regno durò solo pochi anni ed ebbe termine già nel 489 in seguito all'arrivo degli Ostrogoti.

L'Oriente bizantino

Mentre in Occidente i territori un tempo appartenuti ai Romani subirono le invasioni e si frantumarono nelle monarchie romano-barbariche, in Oriente essi rimasero pressoché integri. Gli abitanti dell'impero romano d'Oriente, detto anche **impero bizantino**, si consideravano gli unici eredi dell'impero romano e della sua tradizione culturale e politica. Per questo si autodefinivano *Romaioi*, ovvero «Romani», in greco: la lingua greca, infatti, in Oriente aveva ormai sostituito quella latina.

Gli imperatori bizantini consideravano i sovrani dei regni romano-barbarici degli usurpatori e sognavano di riuscire a riconquistare i territori dell'Occidente, così da ricomporre l'unità dell'impero.

Le province orientali avevano risentito in maniera molto minore della crisi che a partire dal III secolo aveva colpito l'impero romano; l'economia si era mantenuta più prospera, e le città più popolose e vive. Su tutte, primeggiava la capitale Costantinopoli, che arrivò ad avere fino a 500.000 abitanti e fu abbellita con splendide costruzioni.

La concezione del potere imperiale in Oriente ∙ Agli imperatori bizantini veniva riconosciuta un'autorità indiscussa: si riteneva infatti che il loro potere avesse un carattere sacro, in quanto attribuito direttamente da Dio.

La **sacralità del potere imperiale** veniva ribadita anche dall'elaborato cerimoniale di corte: il sovrano indossava calzari ricoperti di gemme, vesti intessute d'oro o tinte con la porpora, e davanti a lui i sudditi e i dignitari dovevano inchinarsi, secondo l'antico rituale di origine persiana della proscinesi («prosternazione»).

In quanto scelti e legittimati da Dio, gli imperatori ritenevano che fra i propri compiti ci fosse anche quello di proteggere la Chiesa. Tale protezione si traduceva però, concretamente, in un'intromissione nell'operato della Chiesa: gli imperatori bizantini intervenivano nell'elezione dei ve-

Orecchino bizantino del VI secolo: la decorazione, raffinatissima, riproduce dei pavoni. (New York, Metropolitan Museum of Art)

☰ LEGGERE LA STORIA

Una «meravigliosa armonia» fra poteri disuguali

Il brano che segue è tratto da un editto emanato nel 535 dall'imperatore bizantino Giustiniano, nel quale si definiscono i compiti, rispettivamente, dello Stato e della Chiesa.
Anche se prospetta come obiettivo ideale il raggiungimento dell'armonia fra potere civile e potere spirituale, questo documento potrebbe essere definito un manifesto del cesaropapismo (❯ pagina 168), perché afferma il diritto dell'imperatore di intervenire nelle questioni religiose.

❝I due più grandi doni di Dio, concessi agli uomini dalla celeste clemenza, sono il sacerdozio e l'impero; quello cura le cose divine, questo invece regge e sorveglia le cose umane; l'uno e l'altro, venendo da un solo e medesimo principio, sono l'ornamento della vita umana. Perciò nulla starà tanto a cuore agli imperatori, quanto la virtù dei sacerdoti [ovvero del clero], poiché essi pregano perpetuamente Dio anche per loro. Infatti se il sacerdozio è del tutto irreprensibile e pieno di fiducia in Dio, e se l'impero con giustizia e abilità provvede alla cosa pubblica a lui affidata, vi sarà una meravigliosa armonia, che darà al genere umano tutto ciò che è utile. Nutriamo dunque la massima premura per quel che riguarda i veri dogmi di Dio e l'onestà dei sacerdoti: se essi l'hanno, per mezzo suo crediamo che Dio ci darà i più grandi doni: che manterremo ciò che abbiamo, e che otteniamo ciò che non ci è ancora giunto fino ad ora. Tutto si fa bene e giustamente, se si inizia in modo conveniente e gradito a Dio.❞

(*Editto di Giustiniano*, in S.Z. Ehler e J.B. Morrall, *Chiesa e Stato attraverso i secoli*, Vita e Pensiero, Milano 1954)

---

a. Quali sono «i due più grandi doni di Dio», secondo Giustiniano?

b. Qual è il compito del clero? Perché l'imperatore ha interesse a vigilare sulla virtù e l'irreprensibilità dei suoi componenti (compreso il pontefice)?

c. Nel testo si afferma che è giusto, per un imperatore, vigilare sui «veri dogmi di Dio». Ricordi quale imperatore intervenne apertamente in una controversia di natura religiosa (❯ Lez. 4)?

❯ **Un'edizione del XII secolo del *Corpus iuris civilis*.** Nelle miniature riconosciamo Giustiniano, a sinistra, e altri due imperatori bizantini – Leone III e Costantino VII. (Venezia, Biblioteca Marciana)

^
Elmo del IV secolo in argento dorato: apparteneva, probabilmente, a un guerriero germanico arruolato nell'esercito romano. (Leida, Rijksmuseum)

scovi e nelle controversie teologiche convocando e presiedendo concili. Questo controllo del potere politico nella vita della Chiesa viene definito **cesaropapismo** – in quanto presupponeva che il potere civile e politico (quello «di Cesare», ovvero «dell'imperatore») dovesse prevalere su quello religioso (esercitato dal papa, alla guida della Chiesa) –, e rappresentò una costante nella storia dell'impero bizantino.

2 I regni romano-barbarici

Rottura drammatica o lento mutamento? ▪ Fino a qualche decennio fa, lo stanziamento delle popolazioni germaniche sui territori dell'impero veniva considerato dagli storici come un momento di drammatica rottura rispetto al passato e alla tradizione di governo romana. Gli studi compiuti negli ultimi decenni hanno però drasticamente mutato questa interpretazione: oggi gli storici sottolineano come la nascita dei regni romano-barbarici **non** comportò **una netta cesura** rispetto all'impero tardoantico, **ma** fu piuttosto **l'esito di un progressivo mutamento delle strutture sociali ed economiche**.

Molti popoli germanici, infatti, si stabilirono su territori un tempo appartenuti all'impero con il consenso delle autorità imperiali, che riconobbero loro lo status di *foederati*. I Germani non procedettero all'esproprio dei terreni appartenenti alle popolazioni romane, ma seguirono il regime dell'*hospitalitas*, un istituto giuridico romano che prevedeva la cessione di una percentuale delle terre coltivabili oscillante tra il 20% e il 33% del totale. Questi espropri non suscitarono grandi proteste presso le popolazioni locali: in primo luogo, perché spesso i *foederati* occuparono territori scarsamente abitati; in secondo luogo, perché le requisizioni furono fatte soprattutto ai danni dei grandi proprietari terrieri e i coloni (ormai la maggioranza di chi lavorava le terre) non avevano nulla da perdere dal cambio di proprietà.

A rendere meno deflagrante l'arrivo delle popolazioni germaniche giunte in Occidente nel V secolo fu anche il fatto che molti Germani erano da tempo entrati in contatto con la civiltà romana o avevano combattuto a fianco delle legioni imperiali, agli ordini di Stilicone o di Ezio.

Ai Germani l'esercito, ai Romani l'amministrazione ▪ In tutti i regni romano-barbarici vi fu **una rigida divisione** dei compiti tra i Germani e i Latini: i primi mantennero il **controllo dell'esercito**, dal quale, anche per evitare possibili rivolte, esclusero i Romani. A questi ultimi fu lasciata l'**amministrazione del regno**: si trattò, in parte, di una scelta obbligata, dato che i popoli germanici, come sappiamo (❭ Lez. 3), erano privi di una vera e propria concezione dello Stato, e non avevano elaborato una cultura scritta, né tantomeno una tradizione giuridica o amministrativa paragonabili a quelle romane. Per questi motivi, i re barbari trovarono conveniente appoggiarsi all'efficiente struttura burocratica romana, che continuò a riscuotere le tasse, a far giungere in città le derrate alimentari, a curare gli edifici pubblici e così via.

Le *élite* romane mantennero sia il possesso dei propri latifondi (cedendone, al massimo, una parte ai conquistatori), sia il loro ruolo preminente all'interno della società: le famiglie di origine senatoria continuarono a fornire – non più alla corte imperiale, ma a quelle dei sovrani barbarici – consiglieri politici e personale amministrativo qualificato. Anche la maggioranza dei vescovi alla guida delle diocesi era di origine romana.

La compresenza di diversi ordinamenti giuridici ▪ Se in ambito amministrativo l'arrivo dei conquistatori non comportò profondi cambiamenti, una differenza rilevante rispetto al passato si ebbe nel campo del diritto.

Fino a quel momento, il sistema giuridico romano si era basato sul principio della **territorialità del diritto**, secondo il quale le leggi emanate da un'autorità centrale valgono per tutti coloro che risiedono sul territorio di uno Stato.

Per la tradizione germanica, invece, ciascun individuo era tenuto a seguire la legge del popolo di appartenenza, secondo il principio della **personalità del diritto**.

Nei regni romano-barbarici i conquistatori mantennero dunque le proprie leggi e permisero che le popolazioni romane mantenessero le loro.

Si venne a creare una situazione complessa, per cui **i sudditi dello stesso regno venivano giudicati in maniera diversa** a seconda della loro appartenenza etnica: i Germani secondo il diritto tradizionale germanico, i Romani secondo le leggi romane. Tutto ciò era ulteriormente complicato dal fatto che, mentre le leggi romane erano scritte, le norme del diritto germanico erano consuetudinarie e tramandate in forma orale.

Con il tempo, **anche i sovrani barbarici cominciarono a emanare leggi scritte**: le più antiche regolavano esclusivamente i rapporti fra gli individui appartenenti all'etnia dei conquistatori; più tardi, ne vennero promulgate altre, per normare i rapporti fra i conquistatori e le popolazioni di origine romana.

✔ **RIASSUMERE CON UNA MAPPA**

Completa con le parole mancanti.

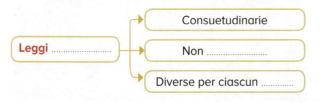

Leggi ....
- Consuetudinarie
- Non ....
- Diverse per ciascun ....

Leggi ....
- Scritte
- Vincolanti su tutto il .... dello ....

^
La fede di un matrimonio misto del VI secolo: su questo anello nuziale d'oro sono incisi i nomi di *Stefani(us)* e *Valatru(da)*, cioè di un uomo romano e una donna gota. (Torino, Museo Civico)

Un'integrazione difficile e parziale ■ Anche se l'arrivo dei Germani non comportò una netta rottura con il passato, i rapporti con i Latini furono spesso conflittuali, soprattutto in quei casi in cui lo stanziamento delle popolazioni germaniche fu accompagnato da violenze e saccheggi. Negli anni successivi alla conquista, i rapporti furono condizionati da due elementi: le **unioni matrimoniali** e la **questione religiosa**. Il modo in cui questi due problemi furono affrontati e risolti condizionò pesantemente il destino dei regni romano-barbarici.

Rispetto alle altre popolazioni barbariche i Germani costituivano una sparuta minoranza: i Visigoti erano circa 100.000, i Vandali 80.000, i Burgundi 40.000, e questo a fronte di una popolazione che nei territori appartenuti all'impero si aggirava attorno ai 18 milioni di persone. La consapevolezza di questo squilibrio spinse i Germani a **difendere la propria identità culturale** mantenendo una netta separazione dai Romani ed **evitando** per quanto possibile **ogni forma di convivenza**. Nella maggior parte dei regni questa strenua difesa portò alla proibizione dei matrimoni misti e, dunque, impedì la fusione tra le popolazioni.

Anche l'**appartenenza religiosa** costituiva un elemento di attrito. Diversamente dalle popolazioni romane, infatti, che erano cattoliche, **la maggioranza dei Germani professava l'arianesimo** e lo considerava un elemento fondamentale della propria identità culturale. Per questo motivo i sovrani dei regni romano-barbarici appoggiarono spesso la Chiesa ariana (dotata di una propria gerarchia ecclesiale e di propri edifici di culto) ai danni di quella cattolica.

I conflitti religiosi ostacolarono i processi di integrazione tanto che molti Romani cominciarono a guardare all'imperatore d'Oriente come a un possibile salvatore, in grado di liberarli dalla dominazione dei barbari.

La mancata fusione sociale e religiosa rese quasi tutti i regni romano-barbarici estremamente fragili: non a caso la maggior parte di essi sopravvisse solo per pochi decenni.

Un esempio di integrazione riuscita: il regno dei Franchi ■ Fra tutti i regni, l'unico ad avere una lunga vita fu quello dei Franchi, proprio perché qui i motivi di contrasto furono velocemente superati. Alla metà

❯ **Il battesimo di Clodoveo.** Secondo la leggenda, una colomba portò dal cielo un'ampolla con l'olio benedetto per il battesimo del re franco; a sinistra è ritratta la regina Clotilde. Tavoletta in avorio del IX secolo. (Amiens, Museo della Piccardia)

del V secolo, i Franchi erano stanziati come *foederati* nella provincia romana della Belgica; sotto la guida del loro re **Clodoveo** (al potere dal 481 al 511), appartenente alla dinastia dei Merovingi, furono protagonisti di una notevole espansione territoriale che li portò a occupare l'intera Gallia.

A quel tempo, i Franchi erano ancora pagani politeisti. Quando Clodoveo decise di convertirsi al cristianesimo – secondo la tradizione, ciò accadde nel 496 –, scelse di abbracciare direttamente la **dottrina cattolica** (non quella ariana), e lo stesso fecero i suoi sudditi.

Il processo di integrazione fu favorito anche dall'**abolizione del divieto di matrimoni misti**, che invece rimase in vigore negli altri regni romano-barbarici. I guerrieri galli romanizzati furono ammessi nell'esercito e già nel VI secolo vescovi di origine franca erano alla guida di numerose diocesi: si formò così un'aristocrazia gallo-franca che costituì il segreto della futura potenza del regno franco.

L'integrazione tra le due etnie, infatti lo compattò e lo rafforzò, tanto che la spinta espansionistica proseguì anche dopo la morte di Clodoveo con gli altri sovrani della dinastia merovingia e portò alla conquista del regno dei Burgundi e di alcune regioni della Germania occidentale. La Gallia perse il suo antico nome e iniziò a essere chiamata «Francia».

3 | I Goti in Italia

La fine di Odoacre e l'arrivo dei Goti ▪ L'Italia ebbe, tra i territori un tempo appartenuti all'impero d'Occidente, una vicenda particolare. Nel 476, dopo aver deposto Romolo Augustolo, **Odoacre** aveva inviato all'imperatore bizantino **Zenone** le insegne imperiali, sia in segno di deferenza verso la sua autorità, sia nella speranza di ottenere una legittimazione per il proprio potere. Zenone, tuttavia, non gli attribuì mai ufficialmente il potere di governo; anzi, in segreto, continuò a considerarlo un usurpatore e a coltivare il progetto di riconquistare l'Italia, un'impresa in quel momento impossibile, dato che l'impero era impegnato a difendersi dalle scorrerie degli Unni e degli Ostrogoti.

^
Moneta d'oro emessa da Odoacre attorno al 480: la legenda, significativamente, riporta il nome dell'imperatore d'Oriente Zenone. (Collezione privata)

⟨ Teodorico e Odoacre in duello su un bassorilievo della basilica di San Zeno a Verona.

Teodorico solleva il globo su cui si erge una piccola vittoria alata. Medaglione in oro del VI secolo. (Roma, Museo Nazionale Romano)
⌄

L'imperatore **giunse** astutamente a **un accordo** con il re dei Goti **Teodorico**, che ricevette l'autorizzazione, una volta sconfitto **Odoacre**, a portare il proprio popolo in Italia. Il patto era vantaggioso per entrambe le parti: i Bizantini allontanavano un pericolo dalle proprie frontiere e si sbarazzavano di quello che consideravano un usurpatore, mentre i Goti ottenevano nuove fertili terre. Nel **489** i Goti (probabilmente 100-125.000 persone compresi donne e bambini) invasero l'Italia: Odoacre, asserragliatosi a Ravenna, fu catturato e giustiziato nel 493.

Il regno di Teodorico ▪ Nel **497**, quattro anni dopo la conquista di Ravenna, Teodorico ottenne dall'imperatore Anastasio (che era succeduto a Zenone) il riconoscimento ufficiale del suo ruolo di **re dei Romani e dei Goti in Italia**. Anche qui, come in altri regni romano-barbarici, la nuova dominazione non comportò un brusco cambiamento rispetto al passato: i Goti erano da tempo in contatto con la cultura romana e lo stesso Teodorico era stato educato presso la corte imperiale di Costantinopoli, dove aveva trascorso circa dieci anni.

A caratterizzare il regno di **Teodorico** fu proprio l'ampiezza dell'orizzonte culturale del sovrano, che non a caso fu ribattezzato **il Grande**: profondo ammiratore della civiltà romana, egli cercò di ricreare la passata grandezza dell'impero e di porre le basi per una pacifica convivenza tra i Latini e i Germani.

Teodorico – che governò dal 493 al 526 – cercò infatti l'appoggio del senato di Roma e si circondò di collaboratori latini provenienti dall'aristocrazia senatoria, ai quali affidò l'amministrazione del regno. La **burocrazia romana** continuò così ad amministrare la giustizia, a raccogliere le tasse, ad applicare gli editti che l'imperatore emanava dalla sua corte di Ravenna. Nella corte regia un ruolo di particolare importanza fu ricoperto da **Severino Boezio** e **Flavio Cassiodoro**, due senatori di altissima cultura – entrambi furono autori di importanti trattati di filosofia –, che divennero i principali consiglieri del re goto.

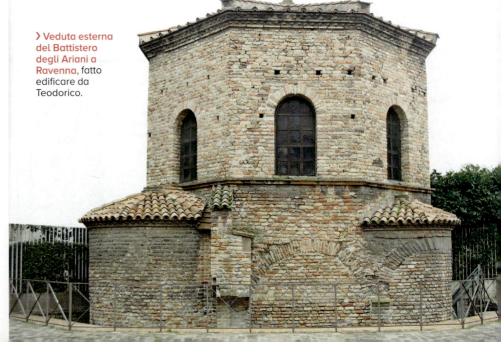

❯ **Veduta esterna del Battistero degli Ariani a Ravenna,** fatto edificare da Teodorico.

❮ **Il palazzo di Teodorico nel mosaico della basilica di Sant'Apollinare Nuovo a Ravenna.** Originariamente, al posto dei tendaggi oggi visibili erano raffigurati i membri della corte di Teodorico: quando i Bizantini ripresero il controllo sulla città, fecero modificare il mosaico. (Scala)

In **politica estera** Teodorico strinse **alleanze** con i Franchi, i Vandali, i Visigoti e le popolazioni germaniche che vivevano nell'Europa centrale, così da riportare l'Italia a svolgere un ruolo di primo piano nell'Europa del tempo.

Nell'ambito di questo progetto la capitale del regno, Ravenna, ritornò a fiorire: per volere di Teodorico la città fu abbellita da splendidi edifici.

Goti e Romani non si integrano pienamente

■ Malgrado l'indubbia levatura intellettuale di Teodorico e la sua politica conciliante verso i Romani, non si ebbe in Italia l'integrazione tra l'elemento latino e quello germanico che negli stessi anni si stava realizzando nel regno dei Franchi. A ostacolare i progetti di assimilazione contribuirono diversi fattori: l'ingresso nell'esercito, per esempio, fu riservato ai soli Goti; i matrimoni misti furono proibiti; infine, i Goti restarono fedeli all'arianesimo, anche se evitarono di perseguitare la Chiesa cattolica.

Tutto ciò indebolì il dominio goto in Italia, e questa debolezza emerse drammaticamente durante gli ultimi anni di regno di Teodorico. Gli imperatori bizantini, infatti, in accordo con alcuni membri della nobiltà romana, organizzarono vari complotti per detronizzarlo e riportare l'Italia sotto l'influenza di Costantinopoli. La scoperta di una di queste cospirazioni portò all'arresto e alla condanna a morte, nel 525, di Boezio (anche se la sua colpevolezza non fu mai del tutto provata). Teodorico, sempre più sospettoso, reagì duramente alle trame dei suoi oppositori ed entrò in conflitto con la Chiesa cattolica; fece persino arrestare l'anziano papa Giovanni I, che morì durante la prigionia.

Valendosi dell'aiuto di Cassiodoro, Teodorico cercò di tornare in seguito a una politica più moderata, ma morì a sua volta nel 526, dopo trentatré anni di regno: malgrado la sua politica lungimirante, il tentativo di giungere a una convivenza tra Latini e Germani era sostanzialmente fallito.

Fibbia per cintura con aquila; artigianato ostrogoto del VI secolo. (Baltimora, Walters Art Museum)
⌄

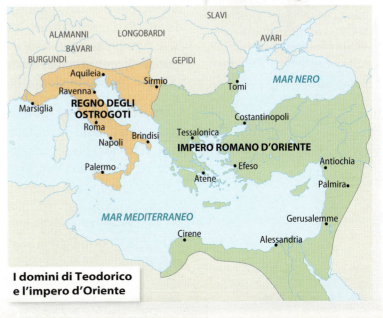

I domini di Teodorico e l'impero d'Oriente

> Giustiniano e il suo seguito in un mosaico con sfondo dorato nella basilica di San Vitale a Ravenna, 546-548.

Spilla vandala d'argento a forma di grifone, del VI secolo. (New York, Metropolitan Museum of Art)
⌄

4 Giustiniano e la riconquista dell'Occidente

Un ambizioso programma politico ▪ Nel **527**, un anno dopo la morte di Teodorico, a Costantinopoli divenne imperatore **Giustiniano**. Nei primi anni del suo regno, l'impero d'Oriente attraversò una fase di relativa tranquillità: sui confini nord-occidentali la pressione dei barbari era diminuita e nel **532** i Bizantini firmarono con l'impero sasanide una pace che garantiva la tranquillità lungo i confini orientali. Il momento era dunque favorevole all'avvio di un progetto ambizioso: Giustiniano mirava a **riunificare il mondo mediterraneo, riportando anche i territori dell'Occidente sotto il dominio bizantino**.

Il primo obiettivo della politica estera aggressiva di Giustiniano fu il **regno dei Vandali**. Nel **533** le truppe bizantine, guidate dal generale **Belisario**, lo attaccarono e, con una guerra che terminò nel giro di pochi mesi, riconquistarono l'Africa, la Sardegna e la Corsica. Le popolazioni latine di quei territori erano profondamente ostili ai dominatori vandali, che fin dall'inizio si erano distinti per la loro particolare violenza, avevano vessato le comunità conquistate e perseguitato la Chiesa cattolica. Accolsero quindi i Bizantini quasi come dei salvatori: non opposero alcuna resistenza e, anzi, prestarono loro aiuto.

La guerra greco-gotica ▪ Dopo la morte di Teodorico, il regno ostrogoto era stato retto da sua figlia **Amalasunta**, la quale nel **534** aveva associato al trono il proprio cugino **Teodato**. La regina era una convinta fautrice del dialogo con l'impero d'Oriente, ma nel **535** venne assassinata da Teodato. Giustiniano pensò dunque di prendere a pretesto la notizia della sua morte per giustificare un intervento militare contro il regno goto che, nei suoi piani, avrebbe portato alla rapida riconquista dell'Italia e della Dalmazia. Contro ogni previsione, però, la guerra greco-gotica fu lunga e sanguinosa.

✓ **RIFLETTERE E DISCUTERE**

Quale avvenimento permise a Giustiniano di avviare senza alcuna esitazione, nel 533, la guerra contro il regno dei Vandali?

Inizialmente i Bizantini attaccarono i Goti sia da est, riappropriandosi del territorio dalmata, sia da sud: le truppe guidate da Belisario, infatti, nel 536 sbarcarono in Sicilia e cominciarono a risalire la penisola sino alla Pianura Padana, finché nel 540 i Bizantini conquistarono Ravenna.

A questo punto, però, Belisario fu richiamato a Costantinopoli: i suoi clamorosi successi militari avevano suscitato, nel governo imperiale, il sospetto che egli stesse acquisendo un pericoloso potere personale e che volesse impossessarsi dell'Italia.

 LEGGERE LA STORIA

La guerra in Italia secondo Procopio di Cesarea

Lo storico bizantino Procopio di Cesarea fu consigliere e segretario di Belisario, e lo seguì nelle sue spedizioni militari in Asia, in Africa e in Italia fino al 540. Ti presentiamo due brani tratti dalla sua opera *La guerra gotica*: il primo descrive le condizioni delle campagne italiane durante il conflitto; il secondo descrive l'assedio di Roma da parte dei Goti, che si protrasse dalla primavera del 537 a quella successiva.

❝L'anno avanzava verso l'estate, e già il grano cresceva spontaneamente anche se però non nella stessa quantità che in passato, ma assai meno. Infatti, non essendo stato interrato nei solchi con l'aratro, né con mano d'uomo, era rimasto in superficie e la terra non poté fecondarne che una piccola parte. Non essendovi poi nessuno che lo mietesse, arrivato a maturità cadde a terra e niente poi ne nacque. La stessa cosa avvenne anche in Emilia, così che gli abitanti di quelle località, lasciate le loro case, si recarono nel Piceno pensando che quella regione, essendo sul mare, non dovesse essere del tutto afflitta dalla carestia. Altrettanto afflitti dalla fame per la stessa ragione furono i Toscani: tra loro quanti abitavano in montagna, macinando ghiande di quercia come grano, ne facevano del pane da mangiare. Com'era naturale, la maggior parte era colta da malattie di ogni tipo e solo pochi erano quelli che riuscivano a sopravvivere. Si dice che non meno di cinquantamila cittadini romani siano morti di fame nel Piceno, e molti di più al di là del golfo ionico.❞

❝I Goti decisero d'interrompere completamente il rifornimento d'acqua alla città, tagliando tutti gli acquedotti, che a Roma sono in numero di quattordici e sono stati costruiti fin dai tempi più antichi in tali dimensioni di larghezza e di altezza che in essi può benissimo passare un uomo a cavallo. [...] Dal canto suo, Belisario provvide con le seguenti misure alla difesa della città. Prese egli stesso il controllo della piccola Porta Pinciana e di quella che si trova più a destra, detta Porta Salaria. [...] Poi fece ostruire con barricate più salde possibili ciascuno degli acquedotti, perché nessuno dall'esterno potesse entrare attraverso quelli con intenzioni ostili. Ma siccome, come ho già detto, gli acquedotti erano stati tagliati, non c'era più acqua per attivare i mulini, e i Romani non erano in grado di farli funzionare a trazione animale perché, trovandosi a corto di cibarie, in conseguenza dello stato d'assedio, a malincuore volevano somministrare ai cavalli ciò che era indispensabile a se stessi.❞

(Procopio di Cesarea, *La guerra gotica* I, 19; II, 20)

Un tubo in piombo dell'acquedotto di Traiano, rimesso in funzione nel VI secolo da Teodorico, che volle imprimere il suo nome sui singoli elementi dell'impianto. (Ravenna, Museo Archeologico) ⌄

a. Per quali ragioni i campi italiani restavano incolti? E con quali conseguenze?

b. Procopio scrive che la popolazione era colta da «malattie di ogni tipo»: dopo aver letto il Paragrafo 4, citane almeno una.

c. Perché gli abitanti di Roma non erano in grado di azionare i mulini a trazione animale? Che cosa era successo ai loro cavalli?

d. Riassumi, con un testo di 5 righe, gli effetti della guerra greco-gotica sulla popolazione e sulle città italiane.

 Totila fa distruggere la città di Firenze, miniatura da un manoscritto della *Cronica* di Giovanni Villani, XIV secolo. (Città del Vaticano, Biblioteca)

✓ **CONFRONTARE**

La vicenda di Belisario ricalca quelle di altri due personaggi che hai incontrato nella lezione precedente: spiega chi sono, motivando la tua risposta.

La partenza di Belisario permise ai Goti, a partire dal 541, di passare al contrattacco: sotto la guida del loro nuovo re **Totila** si ribellarono al governo bizantino e riconquistarono una gran parte dei territori italiani, compresa la città di Roma.

I Bizantini non riuscirono immediatamente a riprendere il controllo della situazione e le sorti del conflitto rimasero per un po' sospese, anche per via della terribile **epidemia di peste** che si abbatté proprio in quegli anni su tutto il Mediterraneo orientale e sul territorio italiano.

La svolta definitiva si ebbe solo nel 552 quando il comandante bizantino **Narsete**, giunto in Friuli dai Balcani con un nuovo esercito, ridiscese la penisola fino in Umbria – lì sconfisse e uccise Totila – per poi proseguire verso Roma e la Campania, dove gli ultimi focolai della resistenza gota furono spenti.

Nel 553 la guerra greco-gotica, cominciata ben diciotto anni prima, ebbe fine: l'Italia ne usciva stremata, dopo che per ben tre volte gli eserciti belligeranti l'avevano percorsa devastando le campagne e assediando e saccheggiando le città. Nell'agosto dell'anno successivo Giustiniano poté emanare una **prammatica sanzione**, ovvero un atto legislativo con il quale sanciva la riconquista dell'Italia e la riunificazione dell'impero.

Un predominio destinato a non durare ▪ Negli anni successivi alla riconquista dell'Italia i Bizantini attaccarono il regno visigoto, riuscendo però a occupare solo una parte della penisola iberica. Malgrado il parziale fallimento della campagna spagnola, il sogno di Giustiniano di restaurare l'unità dell'impero e di riunificare il Mediterraneo pareva essersi realizzato; tuttavia, i fatti avrebbero dimostrato che il suo ambizioso progetto politico era ormai anacronistico e destinato a non durare.

Come vedremo (❯ Lez. 10), molte delle conquiste di Giustiniano ebbero breve durata: nel 568, appena quindici anni dopo la fine della guerra greco-gotica, l'Italia tornò sotto il dominio dei barbari. La realtà è che l'impero bizantino aveva le forze necessarie per sconfiggere i deboli regni romano-barbarici, ma non per difendere i territori conquistati.

La sua economia non era sufficientemente florida per sostenere campagne militari dispendiose come quelle di Giustiniano: fu necessario aumentare le tasse e questa decisione destò un vasto malcontento popolare. Nel 532, a Costantinopoli, il disagio verso le scelte di Giustiniano sfociò nella cosiddetta **rivolta di Nika** («Vittoria», in greco: era la parola d'ordine dei ribelli), una violenta sommossa che l'esercito imperiale represse nel sangue; secondo le fonti del tempo, negli scontri morirono migliaia di persone.

Inoltre, mentre erano ancora impegnati nella riconquista del Mediterraneo, i Bizantini dovettero fronteggiare **due pericolose minacce**: quella rappresentata dagli Unni e da altre tribù barbariche – Avari, Slavi e Bulgari (❯ Lez. 14) –, che avevano ripreso le loro scorrerie nei Balcani; e quella rappresentata dall'impero persiano dei Sasanidi, con cui, nonostante gli

L'impero sotto Giustiniano

Impero di Giustiniano nel 527

Conquiste di Giustiniano fino al 565

Confine dell'impero romano nel III secolo

accordi di pace firmati solo pochi anni prima, nel 640 si riaccesero le ostilità. Ne seguì una guerra ventennale, che non ebbe altro esito se non quello di fiaccare le forze dei due contendenti.

Il *Corpus iuris civilis*

▪ La temporanea ricomposizione dell'impero non fu la più grande impresa di Giustiniano: il suo maggior merito consistette piuttosto in una colossale opera di **sistematizzazione del diritto romano**. Giustiniano, infatti, incaricò una commissione di giuristi di **riunire, riordinare e integrare fra loro le costituzioni emanate dagli imperatori romani nei secoli precedenti all'interno di un unico testo**, che avrebbe dovuto costituire il punto di riferimento per tutti i giudici dell'impero. Nacque così il *Corpus iuris civilis* («Raccolta delle norme del diritto civile»): un'opera fondamentale, perché permise la trasmissione della cultura giuridica romana attraverso i secoli, fino ai giorni nostri. Le leggi che conteneva, infatti, costituirono il fondamento per le successive legislazioni nei paesi che avevano fatto parte dell'impero romano e, di conseguenza, divennero la base del diritto europeo e dell'intero Occidente.

Verso una nuova epoca

▪ Anche se, come abbiamo visto nel Paragrafo 1, lo stanziamento delle popolazioni germaniche all'interno dell'impero non comportò generalmente un brusco mutamento rispetto al passato, questo non significa che la società europea non stesse mutando. Tra il V e il VI secolo proseguirono infatti quelle trasformazioni che abbiamo studiato nelle lezioni precedenti. Soprattutto in Italia, dove gli effetti della guerra greco-gotica e della peste si fecero pesantemente sentire, la popolazione continuò a diminuire. La contrazione dei commerci e la crisi dei centri urbani accentuarono la ruralizzazione della società, mentre le strutture amministrative romane si indebolirono progressivamente. In questo modo il mondo tardoantico, con quel che ancora manteneva della civiltà greco-romana, andava finendo e si annunciava il trapasso verso una nuova epoca: il **Medioevo**.

Scena di caccia su una preziosa placca di bronzo con applicazioni in argento e cuoio, del V-VI secolo. (Parigi, Museo del Louvre)

LE GRANDI EREDITÀ

I tesori di Ravenna

Per più di due secoli Ravenna fu la principale città italiana. A partire dal 404, quando l'imperatore Onorio vi trasferì la propria corte, fu infatti per tre volte capitale: dapprima dell'impero romano d'Occidente, poi del regno di Odoacre, quindi del regno goto di Teodorico. Dopo la riconquista della penisola da parte di Giustiniano, fu il centro amministrativo dell'Italia tornata a far parte dell'impero.

Entro le sue mura si svolsero i principali avvenimenti della storia italiana in epoca tardoantica: fu a Ravenna che Onorio fece giustiziare Stilicone, per poi essere a sua volta assassinato nel corso di una congiura; sempre a Ravenna (e non a Roma, come spesso erroneamente si crede) Odoacre depose Romolo Augustolo, ponendo fine all'impero d'Occidente; qui Odoacre si arrese a Teodorico nella speranza di aver salva la vita; e da qui Teodorico governò su Latini e Goti con l'aiuto di Cassiodoro e Boezio.

Tutti questi avvenimenti sono rimasti impressi nelle pietre della città: a Ravenna gli ultimi grandi lasciti del mondo romano convivono con i monumenti eretti in epoca gota, facendo della città romagnola il simbolo del trapasso dal mondo antico al Medioevo.

La ricchezza dell'interno si mostra anche nella cupola, decorata come un cielo stellato che culmina nella croce dorata posta al centro della volta. Agli angoli sono le raffigurazioni simboliche dei quattro evangelisti.

Mausoleo di Galla Placidia

La geometrica semplicità dell'esterno di questo edificio – fatto erigere dopo il 425 da Galla Placidia, figlia dell'imperatore Teodosio – contrasta con lo splendore dei suoi interni, fittamente ricoperti di mosaici nei toni di un azzurro che il poeta Giuseppe Ungaretti definì «intenso fino alla disperazione». La luce che filtra dall'alto immerge il visitatore in una penombra ovattata, invitandolo al raccoglimento.

Battistero neoniano o degli Ortodossi

Il battistero fu eretto all'inizio del V secolo a fianco dell'antica cattedrale andata distrutta. Poco dopo la metà del secolo, il vescovo Neone fece decorare l'edificio con splendidi mosaici nei quali i simboli cristiani sono resi attraverso il realismo tipico dell'arte romana. Nella raffigurazione degli apostoli, per esempio, i volti dalla forte caratterizzazione e le pieghe delle vesti danno un ulteriore tocco di movimento e di realismo.

L'apostolo Pietro con la corona del martirio raffigurato nel mosaico della cupola.

Battistero degli Ariani e basilica di Sant'Apollinare Nuovo

A Ravenna Teodorico fece erigere una basilica e un battistero che, per la maestosità delle forme architettoniche e la ricchezza dei mosaici, rivaleggiavano con le chiese volute dagli ultimi imperatori. Queste chiese erano però destinate al culto ariano e così si aggiunsero alla cattedrale e al battistero cattolici, in una contrapposizione che ben rispecchia la difficile convivenza tra Latini e Goti.

IN ALTO A SINISTRA **I santi Pietro e Paolo nei mosaici della cupola del Battistero degli Ariani.**

La navata centrale della basilica di Sant'Apollinare Nuovo.

Mausoleo di Teodorico

L'imponente tomba del re goto è un connubio tra l'architettura romana (il corpo inferiore decagonale) e quella germanica (le decorazioni del fregio e la cupola monolitica che ricorda i tumuli dei popoli barbarici). I due stili però non si integrano e restano giustapposti, proprio come avvenne a Romani e Goti sotto la dominazione di Teodorico.

Veduta esterna del Mausoleo di Teodorico.

Basilica di San Vitale

Nei mosaici della basilica di San Vitale, edificata nella prima metà del VI secolo, le figure di Giustiniano e di sua moglie Teodora – caratterizzate dalla solenne postura priva di movimento e di fisicità – tendono all'astrazione, ossia rappresentano non l'imperatore ma la sua autorità. Questi mosaici, capolavori assoluti del tardoantico, segnano dunque il distacco dal naturalismo dell'arte classica e l'approdo al simbolismo medioevale.

Teodora insieme alla sua corte nei mosaici interni della basilica.

SINTESI

1 Una nuova geografia per i territori dell'impero

Nel V secolo sui territori un tempo appartenuti all'impero d'Occidente si formano i regni romano-barbarici, così chiamati in quanto abitati da due differenti popolazioni: Romani e Germani. Nel Mediterraneo orientale si mantiene in vita l'impero romano d'Oriente (o bizantino) con capitale Costantinopoli. L'imperatore d'Oriente dà al proprio potere una connotazione sacra e interviene nella vita della Chiesa, secondo una prassi politica che è definita cesaropapismo.

2 I regni romano-barbarici

Lo stanziamento dei Germani sui territori dell'impero d'Occidente non provoca, generalmente, una netta rottura rispetto al passato. I nuovi dominatori, infatti, lasciano alle popolazioni di origine romana l'amministrazione del regno, riservandosi il controllo dell'esercito. La convivenza tra le etnie è però resa difficile dalla proibizione dei matrimoni misti e dai contrasti religiosi. Questi due ostacoli vengono pienamente superati solo nel regno dei Franchi: la conversione di Clodoveo (496) facilita l'integrazione sociale, religiosa ed etnica, e costituisce un fattore di stabilità politica.

3 I Goti in Italia

Nel 489 i Goti, guidati da re Teodorico, invadono l'Italia e sconfiggono Odoacre. Teodorico cerca la collaborazione dell'aristocrazia latina, ma i contrasti religiosi, il divieto dei matrimoni misti e la politica ambigua dell'impero d'Oriente (che, mirando a riprendere il controllo sull'Italia, incoraggia alcuni complotti contro il re goto) impediscono una piena integrazione fra i nuovi dominatori e la popolazione locale.

4 Giustiniano e la riconquista dell'Occidente

Nel tentativo di ricostituire l'unità dell'impero, nel 535 l'imperatore d'Oriente Giustiniano attacca prima il regno dei Vandali, in Africa, che crolla in pochi mesi, poi il regno ostrogoto. La guerra greco-gotica si combatte prevalentemente in Italia e dura ben diciotto anni, fino al 553. Alla fine i Bizantini prevalgono e riconquistano la penisola, che ha subìto immense devastazioni, e negli anni successivi occupano anche parte della Spagna meridionale. Malgrado i successi militari, le campagne di Giustiniano lasciano l'impero indebolito e costringono l'amministrazione imperiale ad aumentare la pressione fiscale. Nel 532 il malcontento esplode nella drammatica rivolta di Nika. L'eredità più importante lasciata da Giustiniano è il *Corpus iuris civilis*, una monumentale raccolta di leggi che permette la trasmissione della cultura giuridica romana attraverso i secoli, fino ai giorni nostri.

I regni romano-barbarici ► MAPPA CONCETTUALE

VERIFICA

ZTE ONLINE
Mettiti alla prova con gli esercizi interattivi

ORIENTARSI NEL TEMPO E NELLO SPAZIO

1 Indica i principali avvenimenti della storia d'Italia legati a queste date. (L'esercizio è avviato.)

a. 476 Deposizione di .... da parte di ....
b. 489 I .... di .... arrivano in Italia.
c. 493 Morte di ....
d. 493-526 Regno di ....
e. 497 .... viene riconosciuto ufficialmente re dei Romani e dei Goti in Italia.
f. 526-535 .... guida il regno ostrogoto.
g. 535 Inizia la guerra ....; .... sbarca in Sicilia.
h. 534-536 .... re dei Goti.
i. 541-552 .... re dei Goti.
j. 553 .... vince le ultime resistenze dei Goti e riconquista l'Italia.

LAVORARE SUL LESSICO

2 Scrivi la definizione delle seguenti parole o espressioni. Poi, con ciascuna di esse, componi una frase da usare come possibile esordio per un'interrogazione.

Romaioi • hospitalitas • *personalità del diritto* • *prammatica sanzione* • *ruralizzazione della società*

VERIFICARE LE CONOSCENZE

3 Alcune di queste affermazioni dicono il falso. Individuale e correggile a voce.

a. Il sistema giuridico romano era basato sul principio della personalità del diritto.
b. Il principio della territorialità del diritto è alla base del *Corpus iuris civilis*.
c. Sia i Visigoti sia gli Ostrogoti erano ariani.
d. Teodorico si convertì al cristianesimo cattolico seguito da tutti i suoi sudditi.
e. La rivolta di Nika scoppiò prima dell'inizio della guerra greco-gotica.
f. Belisario partecipò solo all'ultima fase della guerra greco-gotica.

LAVORARE SUI CONTENUTI

4 Osserva l'immagine riprodotta qui sotto, completa la sua didascalia scegliendo le opzioni corrette, poi rispondi alle domande.

I dittici consolari erano costituiti da due tavolette iscritte o decorate. Come suggerisce il loro nome, questi preziosi oggetti venivano commissionati dai nuovi consoli in occasione della loro nomina e poi regalati agli amici più cari. Quello qui a fianco (conservato nel Museo di Santa Giulia a Brescia) fu realizzato nel 487, per celebrare l'approdo al consolato dell'aristocratico romano Manlio Boezio.
Qui egli viene rappresentato con uno scettro sormontato ☐ dalla croce cristiana / ☐ dall'aquila imperiale; ai suoi piedi possiamo riconoscere alcune bisacce, che simboleggiano ☐ le alte imposte da lui approvate / ☐ le sue elargizioni di denaro alla comunità. Suo figlio, il filosofo Severino Boezio, collaborò più tardi con il re ostrogoto ☐ Teodorico / ☐ Teodato.

a. Quale sovrano regnando in Italia nel 487, nominò console Manlio Boezio?
b. Perché lo scettro di Boezio è decorato in quel modo?
c. Perché i sovrani barbarici si circondarono di collaboratori di origine romana?
d. In base a quanto hai studiato nel Paragrafo 3, ricostruisci brevemente la vicenda di Severino Boezio.

L'ippodromo di Costantinopoli

Le corse dei carri, il passatempo preferito dei Romani, erano diffuse anche a Costantinopoli; lì, però, il tifo assunse inquietanti sfumature politiche.

I quattro cavalli dell'ippodromo di Costantinopoli, IV secolo. (Venezia, Museo di San Marco)

Polydus, auriga della fazione rossa, celebra la vittoria ottenuta al circo. In una mano stringe la frusta e la corona d'alloro e nell'altra reca la palma della vittoria. Mosaico romano del III secolo. (Trier, Landesmuseum)

Prima che Costantino la scegliesse come seconda capitale dell'impero, Bisanzio era una città di medie dimensioni, la cui popolazione non superava i 30.000 abitanti. In seguito, la fondazione di Costantinopoli e gli imponenti lavori pubblici che l'imperatore vi fece realizzare portarono a una rapida crescita della popolazione, che a fine IV secolo raggiunse e superò i 150.00 abitanti. Nel 430 Costantinopoli, che ormai aveva tra i 200.000 e i 300.000 abitanti, era più popolata della stessa Roma.

A Costantinopoli, esattamente come a Roma, si formò una plebe urbana fatta di artigiani e commercianti, ma anche di persone senza un lavoro fisso, che il governo imperiale teneva a bada ricorrendo alla politica del *panem et circenses*, ossia con distribuzioni gratuite di grano e, soprattutto, con le corse dei carri, che da sempre erano la forma di intrattenimento più popolare dell'impero.

Costantino fece erigere un maestoso ippodromo lungo più di 400 metri e largo oltre 120, e adornato di splendidi monumenti; fra questi spiccava una colonna alta 22 metri, sulla cui sommità era posta una quadriga in bronzo dorato (i suoi quattro cavalli furono poi trasportati, nel 1204, a Venezia per decorare la facciata della basilica di San Marco).

I tifosi si dividono in fazioni A Costantinopoli, come in tutte le città dell'impero, gli aurighi gareggiavano divisi in quattro fazioni – oggi diremmo squadre –, ciascuna contrassegnata da un colore (verde, rosso, azzurro e bianco) e sostenuta dai propri tifosi. Nella capitale bizantina, tuttavia, il tifo del pubblico assunse una forma organizzata e una connotazione politica. Le fazioni, in particolare quelle degli Azzurri e dei Verdi, cominciarono a eleggere i propri capi e a mantenere un elenco ufficiale degli aderenti; i membri di ciascuna fazione presero a distinguersi indossando vesti di colore diverso, ma anche scegliendo pettinature o fogge della barba differenti.

Le fazioni, in tutto simili all'odierno tifo organizzato, si abbandonavano spesso ad atti di delinquenza, attaccando i passanti o saccheggiando le botteghe dei mercanti.

L'imperatore assiste a una corsa di quadrighe; tavoletta d'avorio del V secolo. (Brescia, Museo della Città)

Gli aurighi della fazione azzurra e della fazione verde in un mosaico romano del III secolo. (Roma, Museo Nazionale Romano)

Spesso queste violenze degeneravano, fino a tramutarsi in vere e proprie sommosse popolari: solo nei quindici anni tra il 489 e il 504 a Costantinopoli le fazioni diedero luogo a ben sei ribellioni. La famosa rivolta di Nika del 532 ebbe origine proprio nell'ippodromo e fu guidata dai leader dei Verdi e degli Azzurri, fazioni che tradizionalmente erano rivali, ma che in quell'occasione si trovarono unite nell'opposizione a Giustiniano.

Disagio sociale e strumentalizzazione politica

Per molto tempo gli storici hanno assimilato le fazioni dell'ippodromo a dei partiti politici, o hanno cercato di collegarle alle diverse componenti della società del tempo: per esempio, sostenendo che una fazione curasse gli interessi dei mercanti; o che gli Azzurri rappresentassero i cattolici e i Verdi gli ariani. La realtà era molto più semplice e più triste: gli atti di vandalismo a cui si abbandonavano le fazioni non erano che l'espressione del disagio sociale dei ceti più poveri, i quali davano sfogo attraverso la violenza alla propria disperazione. In assenza di una reale prospettiva politica, le fazioni erano

solo uno strumento nelle mani dei potenti: gli imperatori le usavano per consolidare il proprio consenso tra la plebe urbana; i notabili di corte per cercare di detronizzare gli imperatori mal tollerati. In entrambi i casi i tifosi, erano considerati "carne da macello": coloro che venivano mandati avanti durante gli scontri e di cui, una volta raggiunto il proprio obiettivo, ci si poteva sbarazzare facilmente.

LABORATORIO DELLE COMPETENZE

INDIVIDUARE COLLEGAMENTI E RELAZIONI

1 Usa le informazioni riportate nella tabella e nel brano storiografico proposto per rispondere alle domande.

Gli ultimi imperatori d'Occidente		
455	Petronio Massimo	Ucciso dal vandalo Genserico
455-456	Avito	Posto sul trono da Genserico e deposto poco dopo
457-461	Maiorano	Posto sul trono e in seguito ucciso dal suebo Ricimerio
461-465	Libio Severo	Non riconosciuto dall'impero d'Oriente
465-467	Trono vacante	
467-472	Antemio	Ucciso dal generale svevo Ricimerio
472	Olibrio	Imposto da Ricimerio
472-473	Trono vacante	
473-474	Glicerio	Non riconosciuto dall'impero d'Oriente; spodestato da Giulio Nepote
474-475	Giulio Nepote	Imposto e poi deposto da Oreste
475-476	Romolo Augustolo	Imposto da suo padre Oreste, deposto da Odoacre

«Noi siamo ossessionati dalla caduta dell'impero romano: questa caduta ha assunto il valore archetipo di ogni decadenza e quindi di simbolo delle nostre paure. Il paradosso è che ben pochi contemporanei (a quanto possiamo intuire dalle fonti) si accorsero che la deposizione di Romolo Augustolo significava la fine dell'impero romano d'Occidente. L'impero romano d'Occidente cadde senza rumore nel settembre 476.

Quando venne la reale dissoluzione in Occidente, quando nel 476 sparì l'imperatore di Ravenna, mancò il momento drammatico – la sconfitta militare, l'uccisione del sovrano, la distruzione fisica – che potesse destare echi paragonabili a quelli che accompagnarono la caduta di Ninive, di Babilonia, di Persepoli e fin di Atene, di Sparta, di Tebe.»

(Adattato da A. Momigliano, *La caduta senza rumore di un impero nel 476 d.C.*)

a. Facendo attenzione alle ultime successioni imperiali esposte nella tabella, spiega come è possibile definire quella dell'impero romano una caduta «senza rumore».

b. Nel seguito del suo saggio Momigliano sostiene che la deposizione di Romolo Augustolo «riguardava solo l'Italia». Concordi o meno con questa affermazione?

c. Momigliano sostiene che nel 476 «mancò il momento drammatico», ma quali episodi, nel corso del V secolo, erano già stati vissuti come punti di svolta, indicativi del tramonto di un'epoca?

INTERPRETARE LE INFORMAZIONI

2 Dopo aver completato la tabella, utilizzala come spunto per un testo di 20 righe al massimo, in cui discuterai di come l'integrazione – etnica, sociale e religiosa – o la mancata integrazione abbiano influito sulla durata dei regni romano-barbarici.

	Rapporti con la Chiesa	Matrimoni misti	Stanziamento	Sviluppi
Regno dei Vandali	....	Vietati	....	Conquistato dalle truppe bizantine in meno di un anno di guerra.
Regno dei Franchi	Si convertono al cattolicesimo.	....	Poco violento	....
Regno dei Goti in Italia	Non si convertono ma sono tolleranti verso i cattolici.	Vietati	Poco violento	....

INTERPRETARE LE FONTI

3 Leggi questa lettera di re Teodorico e rispondi alle domande.

In realtà questa missiva non è stata scritta personalmente da Teodorico, ma dal suo consigliere politico Cassiodoro.

«Teodorico re al senato di Roma.

Sebbene intendiamo dedicare tutto il nostro impegno all'intero paese e ci preoccupiamo, con il favore di Dio, di ricondurre ogni cosa alle condizioni di un tempo, tuttavia siamo particolarmente solleciti per le sorti della città di Roma, dove qualsiasi cosa degna venga fatta viene accolta con soddisfazione di tutti. Molti hanno richiamato la nostra attenzione sul fatto che alcuni detestabili usurpatori compiono a danno di Roma azioni che non possono non essere ritenute indegne per cui proprio coloro, di cui soprattutto intendiamo aver cura, subiscono inganni e ingiustizie. Perciò noi facciamo pervenire le nostre disposizioni a voi i quali più crediamo spiacciano i danni che la vostra città subisce. Si dice infatti che nell'interesse di privati l'acqua delle condutture, che si dovrebbero consolidare con ogni impegno, sia stata impiegata per mettere in azione macine da mulino e per irrigare giardini; è ben vergognoso che ciò si verifichi in una città nella quale è appena possibile attingere l'acqua per la coltivazione dei campi. E poiché non possiamo reprimere il reato, prevaricando le leggi, per non distruggere l'efficacia delle leggi stesse, pur di sostenere l'attività produttiva, disponiamo che se il responsabile di questa gravissima colpa è premunito da una prescrizione di trent'anni, a prezzo adeguato paghi il suo abuso sicché ciò che pregiudica le attività produttive pubbliche non venga più osato. [...] Se, invece, un tale abuso risale a questi ultimi tempi, venga eliminato senz'altro. Infatti, l'interesse generale deve essere anteposto alla ingiusta cupidigia di uno solo, cupidigia che di rado si può soddisfare anche nelle cause giuste. [...] Non è quindi triste che noi veniamo accusati di aver trascurato ciò che è all'origine della fama altrui? I templi e gli edifici pubblici che su richiesta di molti abbiamo provveduto a restaurare sono stati lasciati andare in rovina. E poiché volentieri provvediamo a correggere il mal fatto, perché non sembri che noi avalliamo le infrazioni tacendo, abbiamo incaricato Giovanni, uomo di grandi meriti, di svolgere un'inchiesta sui fatti che abbiamo ricordato sopra, perché ce ne faccia una dettagliata relazione e perché possiamo intervenire secondo il costume della nostra giustizia sui reati e sui loro responsabili.»

La punizione dei colpevoli non può avvenire infrangendo le leggi.

Gli allacciamenti abusivi non ancora caduti in prescrizione dovranno essere distrutti.

I quattordici acquedotti che ancora in epoca gota rifornivano Roma di acqua potabile.

Anche se alcune infrazioni sono cadute in prescrizione, i colpevoli saranno ugualmente tenuti al pagamento di una multa.

I monumenti e gli acquedotti hanno donato fama eterna agli imperatori che li hanno eretti.

(Cassiodoro, *Varie* III, 31, in *La storia medievale attraverso i documenti*, a cura di A.M. Lumbelli e G. Miccoli, Zanichelli, Bologna 1974)

a. Individua gli elementi della missiva da cui emerge la volontà di Teodorico di cercare la collaborazione dell'aristocrazia latina; dopo di che utilizza questo documento per descrivere i caratteri della dominazione gota in Italia.

b. Dall'analisi del documento la dominazione gota in Italia si configura più come un momento di rottura o di continuità nei confronti del passato? Motiva la tua risposta.

c. Confronta questo testo con quello proposto a pagina 175: partendo dalla descrizione degli acquedotti di Roma nelle due fonti, descrivi l'evoluzione dei centri urbani italiani dal 476 alla metà del VI secolo.

RUSSIA, UCRAINA E BIELORUSSIA

2014: manifestazione a Kiev a favore della UE.
Sotto a sinistra: il leader ucraino Porošenko.
Sotto a destra: Vladimir Putin.

Venti di guerra

La grande area su cui oggi si estendono la Russia, la Bielorussia e l'Ucraina è stata per secoli territorio di insediamento o di transito per innumerevoli popoli dalle origini etniche più diverse (fra i quali gli Unni), la cui penetrazione era facilitata dalla morfologia pianeggiante e dalla posizione aperta verso tutti i punti cardinali. Per questo motivo quest'area non ebbe un'organizzazione stabile almeno fino al IX secolo d.C., quando nacque la Rus' di Kiev, nucleo originario delle popolazioni slave che nei secoli hanno dato origine agli odierni tre paesi, uniti fino al 1991 nell'URSS, poi dissoltasi.

La questione della Crimea Nel novembre 2013, Viktor Janukovyč, l'allora presidente dell'Ucraina, bloccò la firma di un previsto accordo di libero scambio con l'Unione europea che avrebbe allontanato il paese dalla Russia, la quale, a sua volta, vorrebbe stringere un'unione con alcuni dei suoi confinanti per controbilanciare l'avanzata della UE verso est. Il gesto scatenò proteste antigovernative a Kiev, la capitale, costate un centinaio di morti, cui ha fatto seguito la più grave crisi fra la Russia e i paesi occidentali dopo la fine della guerra fredda. Janukovyč si rifugiò in Russia e le elezioni tenutesi a maggio 2014 videro l'affermazione del partito filo-europeo guidato da Petro Porošenko. La Russia non riconobbe la nuova situazione e avviò operazioni militari in Crimea, una regione autonoma dell'Ucraina, dove la maggior parte della popolazione è di origine russa e ha sede la base navale russa di Sebastopoli. Qui, il movimento indipendentista filo-russo indisse un referendum per decidere l'annessione della Crimea alla Russia e la grande maggioranza della popolazione si espresse in questo senso.

Vladimir Putin, l'attuale presidente della Russia, giustificò il suo appoggio con il fatto che la Crimea, già russa, era stata ceduta all'Ucraina ai tempi dell'URSS, suscitando comunque le proteste degli Stati Uniti e dell'Unione europea, che hanno adottato sanzioni economiche nei confronti di Mosca.

Un passo indietro Per capire in quale contesto si inserisce la tensione fra Ucraina e Russia, da un lato, e fra Russia e i paesi occidentali, dall'altro, occorre considerare il fatto che gran parte del territorio ucraino rimase per secoli sotto il controllo dell'impero russo ed entrò poi a fare parte dell'Unione Sovietica. Nel 1991, con la dissoluzione di quest'ultima, Kiev guadagnò l'indipendenza, ma il legame con la Russia è rimasto forte. Da parte di quest'ultima, in quanto il territorio ucraino

Sotto: proteste di piazza a Kiev. *In basso*: manifestazione a Kiev di filo-russi.

protestando contro i mancati pagamenti da parte della compagnia nazionale del gas ucraina; una situazione analoga si ripeté nel 2009, quando il gigante energetico russo Gazprom ridusse nuovamente le forniture, paralizzando il sistema industriale del suo vicino, con ripercussioni sull'approvvigionamento europeo.

Per aggirare la strozzatura rappresentata dal passaggio del gas sul territorio ucraino, Mosca ha varato il progetto di un nuovo gasdotto adagiato sul fondo del Mar Nero, mentre l'Ucraina ha avviato un piano per abbattere le importazioni di idrocarburi, razionalizzando i consumi interni, sfruttando i propri depositi di gas e cercando nuovi fornitori, in modo da allentare la sua dipendenza dal gigante russo.

Ai confini dell'impero Una situazione simile a quella dell'Ucraina, anche se non altrettanto tesa, è quella della Bielorussia, che ha mantenuto un forte legame con Mosca, grazie al governo presieduto da Aleksandr Lukašenko, in carica da vent'anni. "L'ultimo dittatore d'Europa", come è stato definito per i suoi metodi autoritari e per la repressione delle libertà civili, non è stato tuttavia in grado di evitare che, a causa di mancati pagamenti, la Russia sospendesse più volte le forniture di gas, da cui la Bielorussia è quasi totalmente dipendente. La crisi del 2013 fu più grave delle precedenti, perché legata anche all'arresto di un magnate russo in territorio bielorusso.

Quest'ultimo fatto, apparentemente secondario, dimostra che in alcune delle ex repubbliche sovietiche la Russia pretende di mantenere l'antica influenza, forte della propria posizione di superpotenza, non più militare, ma politica ed energetica.

Gli errori dell'Occidente Occorre però cautela nel giudicare l'atteggiamento del Cremlino. È vero, infatti, che Putin ambisce a recuperare la *grandeur* perduta e che lo sforzo di modernizzare il paese per farne nuovamente un protagonista di primo piano dello scacchiere politico internazionale avviene soprattutto sfruttando la leva delle enormi disponibilità energetiche e della dipendenza di altri paesi da queste riserve. Ma non bisogna dimenticare che, mentre con il crollo dell'URSS si è dissolto il Patto di Varsavia (l'alleanza militare che legava l'URSS a Polonia, Cecoslovacchia, Bulgaria, Romania, Ungheria, Repubblica democratica tedesca e Albania), non altrettanto è accaduto con la NATO, nata dopo la seconda guerra mondiale in funzione antisovietica e di cui fanno parte Stati Uniti, Canada e gran parte dei paesi europei.

Progressivamente, inoltre, gli ex alleati dell'URSS, usciti dal Patto di Varsavia, sono entrati a far parte della NATO e la Russia considera ostile una simile politica che avvicina sempre di più alle sue frontiere basi missilistiche puntate contro il suo territorio.

ospita consistenti minoranze russe ed è un corridoio di transito del gas e del petrolio russi diretti in Europa, dal quale passano i tre quarti del flusso. Da parte dell'Ucraina, in quanto, nonostante abbondi di carbone e disponga di centrali nucleari, il resto dell'energia è prodotto con idrocarburi di provenienza russa. Questa circostanza, fra l'altro, è l'origine delle cosiddette "guerre del gas": nel 2005, la Russia sospese per tre giorni le forniture,

5

L'Alto Medioevo

CIAK si impara! VIDEO

Il mondo dell'Alto Medioevo

1. Quale fu il ruolo del monachesimo nell'Europa altomedioevale?
2. Come era strutturata la *curtis*?

Sarebbe sbagliato descrivere i circa mille anni del Medioevo come un'epoca buia: il Medioevo esordì come un'età di crisi, ma fu anche il periodo in cui si verificarono trasformazioni fondamentali. Per quanto riguarda la politica, la società, l'economia e la cultura, noi – moderni cittadini dell'Europa – dobbiamo moltissimo ai nostri antenati medioevali.

Per convenzione si assume il 476 come data d'inizio del Medioevo, ma per l'Italia la nuova epoca si apre nel 569, con l'inizio della dominazione longobarda. Nei territori invasi si impone un nuovo modello di società, mentre il legame con la tradizione giuridica e culturale della Roma antica resiste più a lungo nei domini bizantini – e ispira l'azione della Chiesa, che inizia a ricoprire un ruolo politico di grande importanza.

⧗ IERI/OGGI

In tutte le civiltà preindustriali, compresa quella medioevale, l'energia a disposizione delle comunità umane era poca e difficile da ottenere; spesso, inoltre, agli uomini vissuti nelle epoche precedenti alla nostra mancavano le conoscenze tecnologiche necessarie per sfruttare appieno le fonti di energia allora utilizzabili. Oggi, per lo meno nelle società del cosiddetto "primo mondo", l'energia è ampiamente disponibile e relativamente a buon mercato. Uno studente, nelle poche ore che vanno dal risveglio al momento del ritorno a casa dopo la scuola, consuma più energia (sotto forma di elettricità, di gas impiegato per il riscaldamento, o di combustibili utilizzati per i mezzi di trasporto) di quanta un uomo del Medioevo ne avesse a

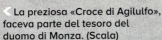

◁ La preziosa «Croce di Agilulfo», faceva parte del tesoro del duomo di Monza. (Scala)

△ La mietitura nell'Alto Medioevo: un lavoro arduo, svolto usando la forza muscolare dei contadini.

▽ I moderni macchinari per la mietitura: efficienti, ma costruiti e azionati con materie prime costose.

disposizione durante un giorno intero. Spesso, però, l'energia prodotta non viene usata in maniera oculata: forse proprio perché crediamo di poterne disporre in abbondanza, la utilizziamo in modo improprio, senza riflettere troppo sugli elevati costi – economici e ambientali – che lo spreco energetico comporta.

a. Quali sono i costi ambientali connessi all'impiego delle diverse forme di energia?

b. Ogni giorno enormi quantità di energia elettrica vengono sprecate a causa di abitudini sbagliate. Cerca su Internet informazioni e consigli per un consumo responsabile.

c. Considera nuovamente le tue abitudini: in che modo potresti ridurre i tuoi consumi energetici?

LEZIONE 9

La società altomedioevale e il ruolo della Chiesa

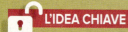 L'IDEA CHIAVE

IL MEDIOEVO, UN'EPOCA NUOVA
Le crisi e le trasformazioni economiche, politiche e sociali dei dieci secoli che convenzionalmente formano il Medioevo furono essenziali per lo sviluppo della civiltà europea.

IL LUOGO

LA FORESTA
Nell'immaginario medioevale è il luogo dell'ignoto e del pericolo, del caos contrapposto all'ordine delle campagne coltivate; ma fornisce legname, selvaggina, cibo per gli uomini e i loro animali.

L'EVENTO

BENEDETTO FONDA MONTECASSINO
Nel 529 Benedetto da Norcia istituisce una nuova comunità monastica che si insedia a Montecassino; sarà disciplinata da una regola che avrà vasta diffusione in tutta Europa.

I PROTAGONISTI

CHIERICI E GUERRIERI
Nella società altomedioevale l'egemonia culturale spetta ai membri del clero; le leve del potere politico spettano invece ai guerrieri, di solito scarsamente istruiti.

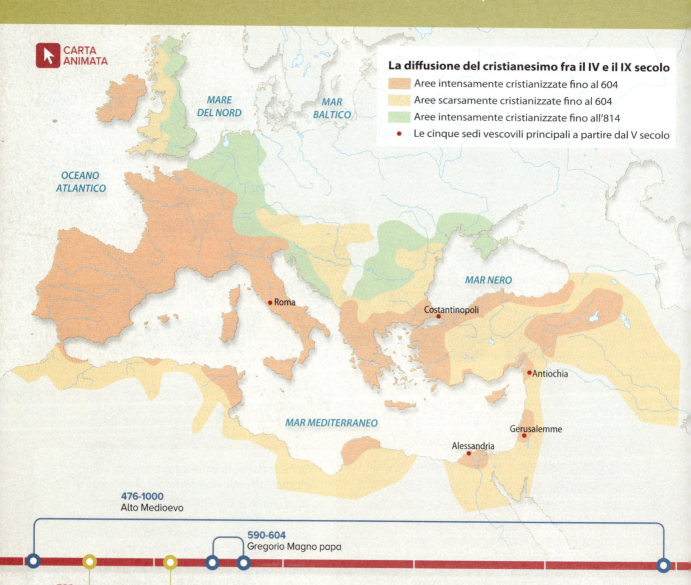

CARTA ANIMATA

La diffusione del cristianesimo fra il IV e il IX secolo
- Aree intensamente cristianizzate fino al 604
- Aree scarsamente cristianizzate fino al 604
- Aree intensamente cristianizzate fino all'814
- Le cinque sedi vescovili principali a partire dal V secolo

MARE DEL NORD

MAR BALTICO

OCEANO ATLANTICO

MAR NERO

Roma

Costantinopoli

Antiochia

MAR MEDITERRANEO

Gerusalemme

Alessandria

476-1000
Alto Medioevo

590-604
Gregorio Magno papa

529
Fondazione del monastero di Montecassino

569
Invasione longobarda dell'Italia

Tre scribi al lavoro rappresentati su una placca d'avorio dell'865. (Vienna, Kunsthistorisches Museum / Scala)

1 Il Medioevo

Un'epoca oscura? ▪ Il Medioevo è il periodo della storia europea compreso fra la caduta dell'impero romano, nel 476, e la scoperta dell'America, nel 1492. Per molto tempo è stato considerato un'epoca buia, oscura, caratterizzata dalla superstizione, dall'ignoranza e dalla violenza. Questa visione corrisponde solo in parte alla verità: senza dubbio, soprattutto nei primi secoli del Medioevo, le città entrarono in crisi, i commerci si contrassero, la popolazione diminuì, i boschi e le selve si estesero occupando terreni fino a quel momento coltivati. Tuttavia, oggi gli storici concordano nel riconoscere che il Medioevo fu anche **un'epoca di grande fervore culturale**. Dall'incontro fra la civiltà latina e quella delle popolazioni germaniche presero forma nuove culture nazionali, e nacquero le lingue che ancora oggi parliamo, poi utilizzate per comporre opere letterarie di enorme importanza; fu nei cosiddetti "secoli bui" del Medioevo che vennero innalzate le grandi cattedrali, messe a punto nuove tecnologie, sperimentate nuove forme politiche.

Sarebbe dunque sbagliato e superficiale, per tutte queste ragioni, considerare il Medioevo come un millennio di crisi: fu invece **un'epoca di grandi e continue trasformazioni**, su cui poggiano le radici dell'Europa moderna. Questa interpretazione storiografica più dinamica, tra l'altro, ha il merito di sottolineare come il lungo periodo medioevale non sia stato affatto unitario e indifferenziato al proprio interno.

Orsi in una miniatura tratta da *Le Livre de Chasse* di Gaston Phébus, 1407. (New York, The Morgan Library)

Nella storiografia italiana è da tempo in uso la suddivisione del Medioevo in **Alto Medioevo** (dal 476 all'anno 1000, con cui iniziò l'XI secolo) e **Basso Medioevo** (dall'anno 1000 al 1492). L'inizio dell'XI secolo costituì, infatti, un momento di forte cesura: come studierai l'anno prossimo, da quel momento le città tornarono a popolarsi, i commerci a crescere e per l'Europa si aprì una nuova fase di sviluppo demografico ed economico.

Quando inizia il Medioevo?

■ Tradizionalmente la data d'inizio del Medioevo viene fissata al 476, anno della caduta dell'impero romano d'Occidente. Possiamo accettare questa **convenzione**, ricordando però che essa si lega a un'interpretazione della storia ormai superata: la scelta del 476, infatti, ben si accordava con la visione del Medioevo come di un'epoca oscura, quella incominciata dopo che il mondo romano era stato improvvisamente – come scrisse uno studioso – «assassinato dai barbari».

Tuttavia, come abbiamo visto nel corso delle precedenti lezioni, la moderna storiografia ha posto in risalto gli **elementi di continuità** tra gli ultimi secoli dell'impero e l'inizio del Medioevo, e ha identificato un lungo periodo, il cosiddetto Tardoantico (III-VI secolo), durante il quale si verificò il graduale passaggio dalla civiltà greco-romana a quella medioevale. Oggi gli storici sono concordi nel sostenere che la frattura tra il mondo antico e quello medioevale non si verificò con la caduta dell'impero romano, ma piuttosto nella seconda metà del VI secolo: fu allora che le strutture cittadine e amministrative del periodo romano vennero definitivamente meno. **In Italia tale passaggio avvenne nel 569, con l'invasione longobarda** (❯ Lez. 10).

Prima di affrontare lo studio del Medioevo è necessario ricordare che la partizione cronologica che abbiamo individuato è valida solo per l'Europa occidentale: le altre civiltà affacciate sul Mediterraneo, come quella araba o quella bizantina, seguirono infatti percorsi completamente diversi. Per fare solo un esempio, durante l'Alto Medioevo, proprio mentre gran parte dei paesi europei attraversava un periodo di crisi e turbolenza, si ebbero lo sviluppo e la massima fioritura della civiltà islamica (❯ Lez. 12).

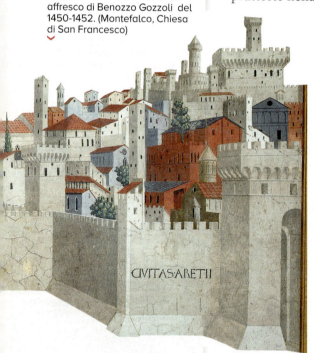

La città di Arezzo in epoca medioevale. Particolare di un affresco di Benozzo Gozzoli del 1450-1452. (Montefalco, Chiesa di San Francesco)

La periodizzazione convenzionale della storia occidentale. I dieci secoli che formavano il Medioevo erano indicati come i «secoli bui». Secondo un'interpretazione oggi superata, infatti, l'epoca medioevale avrebbe rappresentato un periodo di decadenza e oscurantismo tra due periodi di splendore: l'epoca antica, contrassegnata dalle grandi conquiste intellettuali della civiltà greco-romana, e quella moderna, che si apre con il fiorire del Rinascimento e l'avvio dei grandi viaggi di esplorazione.

476 d.C.   1000 d.C.   1492 d.C.

| Età antica | Alto Medioevo | Basso Medioevo | Età moderna |

476
Deposizione di Romolo Augustolo

569
Invasione longobarda

800
Carlo Magno incoronato imperatore

1492
Scoperta dell'America

LEGGERE LA STORIA

Il Medioevo: storia di un'idea

Il termine e il concetto stesso di «Medioevo» furono elaborati a partire dalla fine del XV secolo. Fu allora che gli intellettuali europei individuarono nei secoli precedenti un'epoca buia che li divideva dal sapere dei Greci e dei Romani, e si diffuse la convinzione di appartenere a un'epoca nuova che quei saperi stava recuperando. Nel brano che ti proponiamo lo storico Giuseppe Sergi chiarisce la genesi e i limiti di questa periodizzazione.

"Quella di «Medioevo» è una convenzione cronologica che si è andata consolidando nella cultura comune dell'età moderna e contemporanea. Essa trae origine dalle riflessioni degli umanisti del Quattro e del Cinquecento, animati dalla speranza di una nuova era di rinascimento culturale e di ripresa complessiva. [...] Dopo la metà del Quattrocento intellettuali di diversi ambiti culturali cominciarono a far ricorso alle definizioni «*media aetas*», «*media tempora*», «*media tempestas*»; nel Seicento si arrivò all'uso di «*medium aevum*» e «*middle age*». Poi la fortuna di un aggettivo («medioevale» oppure, oggi più in uso, «medioevale») ha determinato il successo della definizione da cui esso traeva origine: «medio evo», a poco a poco prevalente rispetto a «età di mezzo», nei primi tempi più usata. Nel 1550 lo storico dell'arte Vasari cominciò a usare la periodizzazione tripartita divenuta più consueta (età antica, medioevale, moderna). [...]

«Periodizzare» è un'operazione culturale volta a dare ordine alla comprensione della storia: si ripartisce la storia in «periodi» più o meno lunghi rievocabili in modo sufficientemente omogeneo, nell'impossibilità, per la memoria collettiva degli uomini, di entrare nel magma del passato isolandone singoli momenti. La periodizzazione che ha dato luogo all'idea europea di Medioevo è così condizionata dalla negatività della sua parte finale che, per ritagliare un lungo periodo tutto negativo, si andò a cercare anche un inizio «buio»: il secolo V, la caduta dell'impero romano, la crisi di riadattamento vissuta allora dall'Europa. [...] Oggi gli storici non contestano l'opportunità di continuare a usare il concetto di Medioevo, troppo presente nell'uso comune per essere abolito. Ma ricordano a tutti noi che il cosiddetto Medioevo è durato ben mille anni (una durata enorme) e che non è possibile che i mille anni siano stati tutti uguali. Possiamo invece individuare qualche coerenza nei cinque-sei secoli centrali del Medioevo (quelli intorno all'anno 1000, dall'espansione dei Franchi allo sviluppo dei comuni), intesi come l'infanzia dell'Europa moderna, della sua cultura multietnica (latino-germanica, essenzialmente), delle sue forme di convivenza, dei suoi funzionamenti.

I limiti cronologici del Medioevo più consueti nella tradizione manualistica sono il 476 (deposizione di Romolo Augustolo, ufficialmente ultimo imperatore romano d'Occidente) e il 1492 (scoperta dell'America da parte di Cristoforo Colombo). Una certa fortuna – forse più fuori dell'Italia che nei nostri usi – hanno avuto altre date non lontane, come il 410 (il saccheggio di Roma da parte dei Visigoti) e il 1453 (la conquista di Costantinopoli da parte dei musulmani turchi). In tutti i casi è generalmente riconosciuto come medioevale l'arco cronologico compreso fra i secoli V e XV. Se si considerano poi i campi di studio degli storici di professione, si constata che i secoli V e VI sono analizzati da esperti del cosiddetto «tardoantico», mentre il secolo XV è oggetto d'indagine di «modernisti». Sono dunque in prevalenza i secoli VII-XIV a essere studiati dai «medievisti»."

(Da G. Sergi, *L'idea di Medioevo*, Donzelli, Roma 1998)

〉 **Acquamanile del XIII secolo.** (New York, Metropolitan Museum of Art)

a. Il brano introduce il concetto di «periodizzazione»: cerca il significato del termine sul dizionario, quindi spiega perché, quando guardiamo al passato, abbiamo la necessità di periodizzare.

b. Ancora oggi l'aggettivo «medioevale» viene usato talvolta con un significato dispregiativo: trova la sua definizione sul dizionario, quindi prova a spiegare perché la concezione negativa del Medioevo resiste tuttora.

c. Anche l'età antica, come il Medioevo, è stata suddivisa dagli storici in periodi più corti e unitari. Riesci a ricostruire il modo in cui in questo manuale abbiamo suddiviso la storia di Roma?

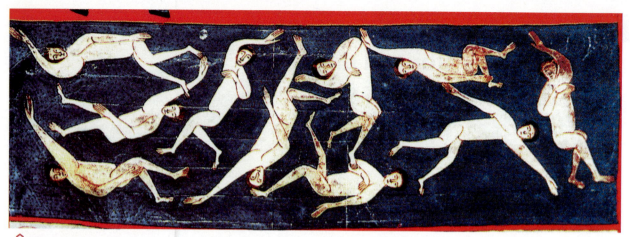

Lo sterminio della terza parte degli uomini operato dai quattro angeli secondo il racconto dell'Apocalisse. Dal *Commento all'Apocalisse* di Beato di Liébana, 1047. (Madrid, Biblioteca Nazionale)

2 La mentalità medioevale

L'idea di una natura ostile ■ La civiltà greco-romana nutriva una sostanziale fiducia nella possibilità dell'uomo di dominare la natura grazie al proprio intelletto. Senza dubbio anche Greci e Romani credevano nell'esistenza di creature mostruose (come i ciclopi o le sirene) che popolavano i luoghi più remoti; ma, per quanto potesse celare insidie e pericoli, la natura era vista soprattutto come dispensatrice di raccolti e di abbondanza. Nel Medioevo si impose invece una **percezione pessimistica della vita**: la visione della natura come dispensatrice di ricchezze non venne mai completamente abbandonata, ma si fece sempre più forte – fino a diventare predominante – la convinzione che il **mondo** fosse un **luogo inospitale, fonte di angosce e di paure**. Nell'immaginario medioevale non solo le terre lontane, ma anche le selve dell'Europa erano popolate da creature mostruose e ostili. Gli animali selvaggi, come i lupi o gli orsi, vennero sempre più spesso visti come fonte di pericolo.

Su questo mondo, vasto e terrificante, gravava poi la minaccia della fine del mondo. Sulla base di alcuni passi evangelici e dell'*Apocalisse di Giovanni*, gli uomini medioevali erano convinti che il giorno del **giudizio universale** fosse prossimo. Fenomeni naturali come i terremoti, le eclissi o il passaggio delle comete venivano interpretati come segni nefasti, che preannunciavano la fine dei tempi. Un analogo significato era attribuito alle scorrerie delle popolazioni nomadi provenienti dalle steppe euroasiatiche: ancora nel XIII secolo in Europa ci fu chi identificò i Mongoli con le leggendarie popolazioni di Gog e Magog, menzionate nell'*Apocalisse*.

L'uomo, un "peccatore" in balìa delle tentazioni ■ Nel passaggio dall'epoca tardoantica all'Alto Medioevo **la concezione della vita e della stessa natura umana divennero più cupe**. Secondo la mentalità cristiana altomedievale, l'**uomo** era essenzialmente – per utilizzare le parole dello storico francese Jacques Le Goff – «**un peccatore**, sempre **pronto a soccombere alla tentazione**, a rinnegare Dio». L'esistenza terrena, infinitamente meno importante della seconda vita che avrebbe atteso l'anima dopo la morte, era infatti considerata un periodo di prova, durante il quale gli uomini dovevano dimostrare la saldezza della propria fede: cedere

Gli uomini riempiono il mondo, raffigurato in due cerchi, uno per i vivi e uno per i morti. Miniatura dall'*Enciclopedia dell'Universo* di Rabano Mauro, XI secolo. (Montecassino, Abbazia)

 A SINISTRA **La caduta nel peccato di Adamo ed Eva,** manoscritto miniato del 1130. (Getty Images)

AL CENTRO **Una donna accusata di adulterio viene punita a bastonate,** manoscritto del XIII secolo. (Londra, British Library)

A DESTRA **Un diavolo alato lancia i dannati nelle fiamme infernali,** affresco della fine dell'XI secolo. (Sant'Angelo in Formis, Basilica di San Michele Arcangelo)

alle tentazioni, cadendo nel peccato, significava precludersi la possibilità di essere ammessi in paradiso.

Per questo motivo, **i valori mondani** e tutti i comportamenti considerati frivoli, eccessivi o smodati **dovevano essere disdegnati**, e all'apprezzamento per i piaceri della vita, tipico della civiltà greco-romana, si sostituì il loro disprezzo. Così, per esempio, l'amore per il buon cibo e il buon vino – che la cultura classica esaltava, a condizione che non vi si eccedesse – fu associato al peccato capitale della gola. Anche il modo di intendere la sessualità mutò profondamente: a partire dall'età tardoantica si iniziò a considerarla lecita solo quando mirava alla procreazione; in caso contrario, essa veniva accostata al peccato capitale della lussuria, e occorreva quindi astenersene – pena la dannazione dell'anima.

La vita morigerata e casta dei monaci, dediti solo a Dio e alla preghiera, divenne un modello da seguire per l'intera società.

La donna, "fonte di peccato"
▪ Il nuovo modo di intendere la sessualità si legò all'emergere di una **visione molto negativa della femminilità**. A partire dall'età tardoantica, le donne iniziarono a essere rappresentate come lo strumento che il demonio impiegava per indurre gli uomini a peccare, così che fossero dannati (proprio come Eva, la prima donna, aveva indotto Adamo a mangiare il frutto proibito, causando la cacciata di entrambi dal giardino dell'Eden).

Le donne erano inoltre reputate anche troppo deboli intellettualmente per difendere se stesse dalle tentazioni: ne erano "prove" il loro amore per gli oggetti belli, la cura eccessiva che rivolgevano al proprio corpo, la tendenza a innamorarsi facilmente. Si riteneva dunque necessario che fossero, per quanto possibile, isolate dal contatto con gli estranei e costantemente sottoposte alla sorveglianza di un uomo – il padre, il marito o il fratello – che ne moderasse gli eccessi. Dovevano inoltre evitare l'ozio ed essere sempre impegnate nella preghiera o in oneste occupazioni, come i lavori femminili. Questo valeva anche per le ragazze di stirpe regale: così, come ricorda lo storico franco Eginardo, persino le figlie di Carlo Magno furono educate in modo tale che «s'impraticchissero nell'arte della lana, e si abituassero al lavoro della conocchia e del fuso, perché non si impigrissero nell'ozio».

La raccolta delle ghiande nella foresta in una miniatura del XIII secolo del Maestro di Ermengaut. (Madrid, Biblioteca dell'Escorial)

3 L'Alto Medioevo in Europa occidentale

L'Europa, un continente spopolato ▪ Durante l'Alto Medioevo l'Europa occidentale si spopolò: secondo alcune stime la sua popolazione passò dai 32 milioni dell'epoca augustea, ai 27 milioni del V secolo, fino ai 18 milioni del VII secolo. Il **calo demografico** fu particolarmente brusco in Italia: qui la popolazione diminuì ben del 66%, passando dai 7,4 milioni del I secolo ai 2,5 del VII secolo. Solo fra l'VIII e l'XI secolo l'andamento demografico tornò ad assumere un valore positivo.

Una conseguenza del calo demografico fu l'**abbandono dei campi coltivati**: l'Europa occidentale tornò a coprirsi di **boschi e foreste**, di grandi spazi dominati dagli animali selvatici e nei quali la presenza umana era rara. Per gli uomini del tempo, i boschi erano una fondamentale **fonte di sostentamento**: fornivano selvaggina e frutti spontanei come noci o castagne; legname da ardere o da usare come materiale da costruzione; erano inoltre luoghi di pascolo per le pecore, le capre e soprattutto i maiali (l'importanza delle foreste, sotto questo profilo, era tale che per definire il valore di un bosco non si indicava la sua superficie, bensì il numero di maiali che potevano pascolarvi). Ma erano anche **luoghi dell'ignoto**, nei quali era pericoloso avventurarsi; oltre alle belve feroci e ai briganti in carne e ossa, si immaginava che fossero popolati anche da terribili mostri e spiriti maligni.

La crisi delle città e dei commerci ▪ La crisi demografica dell'Alto Medioevo colpì in modo particolarmente evidente le città. La società romana era stata una società urbana: le città erano state ricche e popolose, affollate da artigiani e mercanti che vendevano merci provenienti da tutte le province dell'impero. Durante l'Alto Medioevo **le principali città europee si svuotarono**: le più popolose raggiungevano a stento i 50.000 abitanti; la stessa Roma, che nell'antichità aveva superato il milione di abitanti, si trovò ad avere una popolazione di circa 25.000 persone. Molti grandi centri urbani videro la propria superficie ridursi del 75%.

L'evoluzione demografica italiana ed europea (la popolazione è espressa in milioni di abitanti).

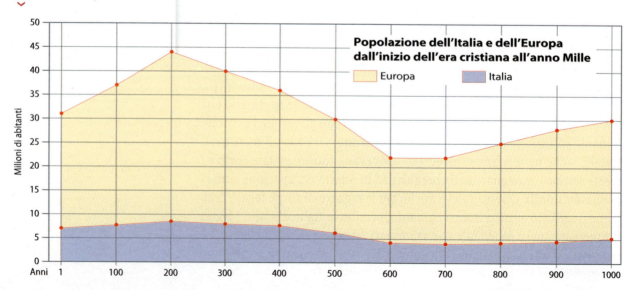

Popolazione dell'Italia e dell'Europa dall'inizio dell'era cristiana all'anno Mille

Europa   Italia

Milioni di abitanti

Anni

Alla **decadenza delle città** si accompagnò una **contrazione dei commerci**, dovuta sia alle difficoltà dell'economia, sia alla crescente **insicurezza dei trasporti**: i mari, infatti, tornarono a essere infestati dai pirati e le strade consolari romane, ormai prive di manutenzione, iniziarono a deteriorarsi, rendendo i viaggi più difficoltosi, più lenti e più costosi.

La crisi dei commerci favorì la pratica dell'**autoconsumo**, già presente nel periodo tardoantico (❯ Lez. 5). In un'economia così povera di scambi, l'impiego della moneta divenne sempre meno necessario e i pagamenti in denaro si ridussero, venendo sostituiti dal baratto.

Durante l'Alto Medioevo, comunque, **i commerci non sparirono del tutto**. Nelle città e nei principali villaggi rurali si mantennero in vita i **mercati locali**, nei quali i contadini scambiavano le eccedenze dei raccolti o compravano quei prodotti, come gli attrezzi in ferro, che non potevano produrre da soli. Il **commercio su media distanza** (ossia nell'ordine di qualche centinaio di kilometri) si mantenne per i beni che, come il sale, andavano necessariamente fatti giungere dai luoghi di produzione. I **traffici su lunga distanza**, invece, si ridussero alle sole merci di lusso – soprattutto le sete e le spezie provenienti dall'Oriente; solo l'alto costo di questi beni permetteva ai mercanti di ammortizzare le enormi spese di viaggio e di realizzare comunque profitti accettabili.

^
Scena di commercio in una miniatura tratta dall'*Enciclopedia dell'Universo* di Rabano Mauro, XI secolo. (Montecassino, Abbazia)

La nascita della *curtis*

▪ Il mutamento delle condizioni demografiche ed economiche nell'Europa dell'Alto Medioevo portò a una trasformazione del modo in cui venivano amministrate le proprietà terriere.

Come abbiamo visto, nel periodo imperiale i latifondi erano coltivati ricorrendo a un massiccio impiego degli schiavi (❯ Lez. 2) o di contadini legati ai grandi proprietari terrieri da contratti di colonato (❯ Lez. 5). Nei primi secoli del Medioevo, però, la diminuzione del numero degli schiavi e il calo demografico generalizzato costrinsero i ricchi possidenti a ricorrere a nuove forme di gestione per i propri latifondi; così, nella Gallia dell'VIII secolo, dall'evoluzione della villa rustica romana nacque la ***curtis*** (al plurale, *curtes*). La *curtis* era divisa in due parti:

– il **dominicato** (da *dominus*, «signore») era un insieme di appezzamenti (che potevano essere fra loro lontani anche kilometri) gestito direttamente dal proprietario, che lo faceva coltivare ai propri schiavi; costituiva il centro amministrativo e produttivo della *curtis*, e ospitava i granai, i frantoi, le macine che servivano all'intera azienda agricola;

– il **massaricio** era invece diviso in tanti lotti più piccoli, detti **mansi**, che il proprietario affidava ai coloni o dava in affitto a contadini liberi; in cambio, essi erano obbligati a corrispondergli un tributo annuale

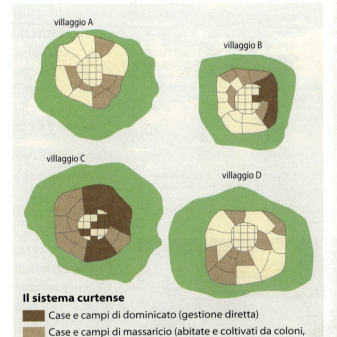

villaggio A

villaggio B

villaggio C

villaggio D

Il sistema curtense

■ Case e campi di dominicato (gestione diretta)

■ Case e campi di massaricio (abitate e coltivati da coloni, gestione indiretta)

■ Case e campi di altri contadini (piccoli proprietari o dipendenti di altre *curtes*)

■ Pascoli e boschi (a ogni quota del villaggio spetta un diritto d'uso)

La *curtis* non era mai un'unità fondiaria compatta: era invece un complesso articolato e non omogeneo, distribuito su vari villaggi. Nel disegno, che riproduce schematicamente il modello più comune di *curtis*, quest'ultima corrisponde all'insieme delle parti colorate in marrone scuro e marrone chiaro distribuite nei quattro villaggi.

❯ **Il monastero benedettino femminile di San Sisto,** fondato a Piacenza nell'874, possedeva una ventina di *curtes* disseminate su un territorio vastissimo, esteso a coprire buona parte dell'Italia settentrionale. Le *curtes* sorgevano lungo il corso del Po, del Ticino, sul Lago Maggiore, fino ad arrivare a Comacchio, sulla costa adriatica.

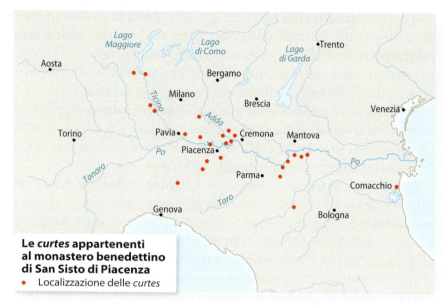

Le *curtes* appartenenti al monastero benedettino di San Sisto di Piacenza
● Localizzazione delle *curtes*

in denaro o in natura (cedendogli, per esempio, una parte dei raccolti) e a prestare alcune giornate di lavoro gratuite (dette ***corvées***).

Grazie a questa particolare struttura il proprietario poteva limitare i costi della manodopera: per capire perché, bisogna ricordare che i lavori agricoli richiedono molta manodopera solo in alcuni periodi dell'anno (per esempio, durante la stagione della mietitura), mentre in altri periodi (come quelli invernali) la forza-lavoro rimane inutilizzata, pur continuando a costituire un costo. La particolare struttura organizzativa delle aziende agricole curtensi consentiva ai proprietari di **ridurre al minimo i costi**: i latifondisti, infatti, mantenevano alle proprie dipendenze solo i pochi lavoratori che vivevano nel dominicato e attingevano alle prestazioni di lavoro "gratuite" dei contadini del massaricio nei periodi di maggiore necessità.

L'economia europea nell'Alto Medioevo
■ In passato molti storici descrivevano le campagne altomedioevali come punteggiate di *curtes* esclusivamente dedite all'autoconsumo; di conseguenza, definivano l'economia altomedioevale come un'economia chiusa e caratterizzata da un ridottissimo volume di scambi. La realtà è però molto diversa, per varie ragioni: innanzitutto **il sistema curtense riguardava solo le grandi proprietà terriere**, ma esistevano anche piccole e medie proprietà contadine. Poi, **l'organizzazione curtense non si diffuse in tutta Europa**, ma solo in alcune aree: per esempio, attecchì pochissimo nell'Italia meridionale. Ma a smentire definitivamente l'idea della *curtis* come un sistema chiuso e autosufficiente bastano due considerazioni: come abbiamo spiegato poco sopra, le *curtes* potevano essere autosufficienti per la produzione di generi alimentari, ma i proprietari terrieri dovevano comunque ricorrere al mercato per acquistare i beni che i loro terreni non potevano produrre. In secondo luogo, i grandi proprietari possedevano più *curtes* (vedi la cartina che apre questa pagina), molte delle quali sorgevano anche lontano dalla loro residenza: i prodotti di quelle *curtes* non erano indirizzati all'autoconsumo ma venivano immessi sul mercato per ricavare il reddito necessario all'acquisto di beni di lusso o di altri prodotti.

Il lavoro nei campi in una rappresentazione di Benedetto Antelami. Formella policroma posta sulla balconata del Battistero di Parma, 1210-1215. (Scala)
∨

4 La crisi dei poteri statali

La proliferazione dei centri di potere • L'Alto Medioevo fu caratterizzato dalla crisi del potere statale: spesso tale crisi viene ricondotta semplicemente alla fine dell'impero romano e al sorgere di realtà politiche più piccole, ma in realtà la crisi fu ben più profonda. A venir meno fu infatti il concetto stesso di uno Stato che attraverso le leggi e i propri rappresentanti governa su un determinato territorio e su tutti coloro che vi risiedono.

La **crisi del potere statale** e il progressivo **indebolimento delle istituzioni** portarono non solo a una frantumazione della società, ma a una vera e propria **moltiplicazione dei centri di potere**. I grandi proprietari terrieri, per esempio, cominciarono ad arrogarsi **potere di comando** su tutte le persone che vivevano e lavoravano nella *curtis*: iniziarono cioè a riscuotere le tasse, a esercitare la giustizia (spesso sulla base delle consuetudini locali) e – servendosi di milizie private – a occuparsi del mantenimento dell'ordine pubblico e della difesa militare in caso di necessità: tutte funzioni che avrebbero dovuto spettare esclusivamente allo Stato. **A un unico potere centrale si sostituirono tanti centri di potere autonomi** – a volte estesi a intere regioni, altre volte a territori di poche decine di kilometri quadrati – che operavano al di fuori di ogni controllo.

A queste trasformazioni si associò inoltre un profondo **cambiamento delle classi dirigenti**.

In epoca imperiale, ai vertici della società romana vi era un'*élite* colta, che conosceva il greco e il latino, apprezzava la letteratura, la filosofia e l'arte; era all'interno di questo gruppo che venivano selezionati i funzionari addetti alla gestione politica e amministrativa dello Stato, accomunati da una grande esperienza in materia di diritto.

Nella società altomedioevale, il **ceto dominante** era invece **un'aristocrazia guerriera**, che basava il proprio potere sul possesso fondiario e sull'esercizio della forza militare. Con pochissime eccezioni, dunque, chi faceva parte di questo gruppo sociale non solo era privo di una cultura giuridica (la conoscenza del diritto non era più ritenuta indispensabile), ma spesso non era neppure in grado di leggere e scrivere.

La riscossione delle tasse da parte di un signore locale, miniatura del XIII secolo.

Il ruolo politico dei vescovi • Di fronte alla crisi delle istituzioni pubbliche, la Chiesa fu spesso chiamata a svolgere i compiti di governo che in teoria avrebbero dovuto essere esercitati dallo Stato. Questo processo fu particolarmente evidente nelle città: lì i vescovi, a causa della latitanza dei rappresentanti dell'impero o dei re, iniziarono a **coordinare la vita civile**, a **organizzare la difesa militare** e ad **amministrare la giustizia**. Di fatto, in assenza di altre autorità civili e militari, molti vescovi si trovarono a **governare le città altomedioevali**.

L'assunzione del potere politico da parte dei vescovi fu anche favorita dal fatto che essi, in quanto massimi rappresentanti locali della comunità ecclesiastica, erano già figure riconosciute come autorevoli dall'intera cittadinanza.

Il patriarca di Aquileia **Poppone** accompagnato da altri componenti del clero; bassorilievo del XI secolo. (Aquileia, Museo Nazionale Paleocristiano)

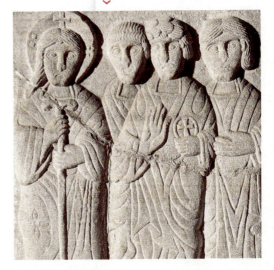

Monasteri / Abbazie

In origine, il termine «monastero» indicava la dimora di un monaco; poi passò a indicare l'edificio dove più monaci (o monache) vivevano in comunità. Il termine «abbazia» è usato per quei monasteri cristiani (quasi tutti, in verità) che sono retti da un superiore, detto abate.

Abate

L'abate (dall'aramaico *abba*, «padre») guida una comunità monastica maschile; la badessa, una femminile. Abati e badesse venivano eletti dai monaci o dalle monache, e restavano in carica a vita.

5 Il monachesimo e la cultura altomedioevale

Le origini del monachesimo ▪ Nel cristianesimo era sempre stata presente la tendenza a isolarsi dal mondo, considerato come fonte di peccato e di tentazione, per dedicare la propria vita esclusivamente alla preghiera.

A partire dal III secolo, soprattutto in Oriente, cominciò a diffondersi il fenomeno del **monachesimo**: i primi monaci (dal greco *mónos*, che significa «solo», «solitario»), scelsero di ritirarsi nei deserti della Siria o dell'Egitto per vivervi da **eremiti**, praticando il digiuno e la penitenza. Già nel IV secolo si diffuse una forma comunitaria di monachesimo (detta **monachesimo cenobitico**, da *kóinóbion*, in greco «vita in comune»): piccoli gruppi di monaci cominciarono a vivere insieme in monasteri (o abbazie), sotto la guida di un'autorità spirituale – generalmente quella dell'abate – e seguendo la disciplina fissata da un **complesso di norme** detto **regola**.

Inizialmente, ogni comunità monastica stabilì una propria regola; con il passare del tempo, alcune regole – per esempio quella redatta da **Basilio di Cesarea** nel IV secolo per la comunità che si era raccolta attorno a lui – furono adottate da più monasteri. Per quanto diverse fra loro, tutte le regole indicavano, come doveri primari dei monaci, la preghiera e l'isolamento dal mondo, la rinuncia ai beni terreni, la castità e l'obbedienza all'abate.

Il monachesimo benedettino ▪ In Occidente il monachesimo si diffuse a partire dal IV secolo e, fin dall'inizio, fu praticato soprattutto nella sua forma comunitaria. Un ruolo fondamentale nella storia del monache-

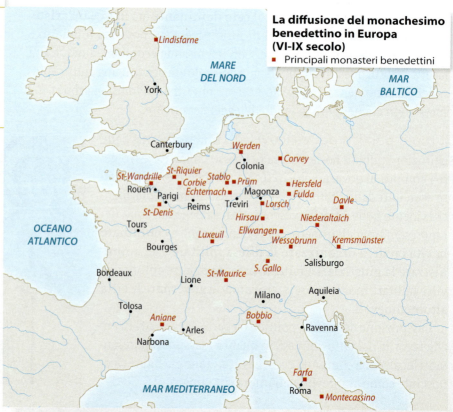

La diffusione del monachesimo benedettino in Europa (VI-IX secolo)

■ Principali monasteri benedettini

simo occidentale fu svolto da **Benedetto da Norcia** (ca. 480-547). Dopo aver vissuto per alcuni anni come un eremita a Subiaco, attorno al **529** Benedetto fondò un monastero a **Montecassino**. Per la comunità che vi si stabilì, egli scrisse una regola – la **regola benedettina** – che, pur essendo nata come una sintesi delle regole monastiche allora esistenti, conteneva alcuni elementi profondamente innovativi. Il principale era costituito dalla norma – sintetizzata nella formula *ora et labora*, cioè «prega e lavora» – per cui i monaci dovevano dedicarsi, oltre che alla **riflessione religiosa**, anche al **lavoro manuale**. Benedetto, infatti, sosteneva che «l'ozio è nemico dell'anima, e perciò i fratelli in certe ore devono essere occupati in lavori manuali, in altre nella lettura divina». I monaci erano dunque invitati a occuparsi dei campi o degli orti che circondavano il monastero, o a svolgere attività nei laboratori artigianali presenti al suo interno.

La regola benedettina conobbe un'immediata fortuna e fu ben presto adottata da altre comunità religiose dell'Europa occidentale. La sua diffusione segnò una svolta nella storia del monachesimo: proprio grazie all'impulso dato all'attività lavorativa dei religiosi, i monasteri si aprirono alla società, diventando importantissimi **centri di produzione**. Spesso, soprattutto nell'Europa centrale, fu grazie all'iniziativa dei monaci benedettini che terreni incolti vennero **bonificati** o recuperati all'agricoltura.

Proprio come era avvenuto ai vescovi nelle città, gli abati iniziarono ben presto a supplire all'assenza delle istituzioni civili, ritagliandosi un **ruolo politico di guida e riferimento** per le popolazioni delle campagne.

Il monopolio ecclesiastico sulla cultura

■ Come abbiamo visto nel paragrafo 4, durante l'Alto Medioevo ai ceti dirigenti non era richiesto di saper leggere o scrivere; solo i membri del clero dovevano necessariamente essere alfabetizzati (e conoscere il latino) per poter leggere i testi sacri. Proprio per questo motivo, furono le strutture ecclesiastiche a mantenere vivo il sapere e a trasmetterlo alle generazioni successive. Questo fece sì che si instaurasse un vero e proprio monopolio della Chiesa sulla cultura del tempo: le sole scuole e le sole biblioteche esistenti erano quelle che sorgevano presso le cattedrali o nei monasteri, e tutti i libri erano scritti da chierici per altri chierici.

Chierici

Sono gli uomini di Chiesa, gli ecclesiastici. Nel Medioevo, la parola «chierico» significava anche «studioso», «uomo dotto» perché quasi soltanto i chierici erano capaci di leggere e di scrivere.

❮ **L'evangelista Matteo raffigurato come copista** in una miniatura tratta dai Vangeli di Ebbone, 823. (Epernay, Biblioteca Municipale)

❯ **Tre monaci che cantano** in una miniatura tratta da un salterio inglese del XIII secolo. (Londra, British Library)

Ovviamente, nella produzione letteraria del tempo si trattavano soprattutto argomenti legati alla religione e alla spiritualità, mentre le scienze matematiche e quelle naturali ricevevano meno attenzione. Nelle scuole monastiche i programmi didattici erano incentrati sulla lettura dei testi sacri e sul canto; per il resto, i maestri si limitavano a impartire le nozioni di base della matematica e della geometria. Anche i generi letterari subirono una profonda modificazione: l'epica, la poesia d'amore e il teatro sparirono (o si mantennero solo al livello della tradizione orale), mentre fiorì la **poesia religiosa**. Il genere dell'autobiografia fu abbandonato: per la mentalità cristiana altomedioevale, infatti, scrivere di se stessi con lo scopo di presentare al mondo le proprie imprese equivaleva a un'inaccettabile peccato di orgoglio. Si diffuse, invece, l'**agiografia**, cioè la letteratura relativa alle vite dei santi e caratterizzata da chiari intenti edificanti: i fedeli, infatti, avrebbero dovuto trarne insegnamento e imitare i santi, presentati come modelli di virtù.

6 La teoria dei due poteri e il primato della Chiesa di Roma

Chiesa e impero: poteri universali spesso in conflitto ▪ Un elemento di continuità tra l'epoca tardoantica e l'Alto Medioevo era rappresentato dalla convinzione che la comunità umana andasse guidata in maniera congiunta dall'autorità civile e dall'autorità religiosa, secondo la cosiddetta «dottrina delle due spade».

Secondo tale teoria, esistevano due poteri **universali** (così detti perché esercitati sull'intera umanità) e **legittimati da Dio**: quello dell'impero e quello della Chiesa. All'**impero** Dio aveva affidato la gestione del **potere temporale** (noi diremmo il potere politico): dovere dei sovrani, dunque, era assicurare il benessere materiale e la sicurezza dei propri sudditi. Alla **Chiesa**, invece, Dio aveva affidato il **potere spirituale**, cioè il governo delle anime: il clero doveva dunque indirizzare il comportamento dei fedeli, così da garantire loro la salvezza, oltre che vigilare sulla salute morale della società nel suo complesso.

I due poteri universali avrebbero dovuto essere **esercitati su un piano di perfetta parità**, e **sostenersi a vicenda**; questo però avvenne raramente, tanto in Oriente quanto in Occidente.

Come abbiamo visto (❯ Lez. 8), nell'impero bizantino i rapporti fra impero e Chiesa furono sempre molto stretti, ma spesso sbilanciati: gli imperatori, infatti, non esitarono a intervenire nella vita della Chiesa, secondo la prassi politica che viene definita "cesaropapismo".

Anche nell'Europa occidentale, durante il Medioevo, si provò a mettere in pratica l'idea di un'armonizzazione fra il potere della Chiesa e quello dell'impero; tuttavia, fra queste due realtà sorsero spesso aspri conflitti.

Dottrina delle due spade
Teoria politica medioevale – basata sull'interpretazione di un passo del Vangelo (*Luca*, 22, 38) – che definiva gli ambiti di competenza dei poteri del papa e dell'imperatore, considerandoli entrambi poteri istituiti da Dio.

Cristo dice al pontefice «prega», all'imperatore «difendi», al contadino «lavora», in una stampa del XV secolo di Johannes Lichtenberger. (Collezione privata)

L'affermazione del primato della Chiesa di Roma • Secondo il pensiero medioevale, a guidare la Chiesa – e dunque a detenere il potere spirituale – era il vescovo di Roma, ossia il papa. In epoca tardoantica a tutti i vescovi si attribuiva pari autorità, anche se un prestigio particolare veniva riconosciuto a quelli che guidavano le cosiddette **sedi apostoliche** – così chiamate perché ospitavano comunità cristiane fondate direttamente dagli apostoli (o su loro iniziativa): era questo il caso di Roma, la cui Chiesa era stata fondata da san Pietro e san Paolo.

A partire dal V secolo, un concilio ecumenico riconobbe un **primato morale** ai vescovi delle cinque più importanti diocesi dell'impero: **Roma**, **Costantinopoli**, **Alessandria**, **Antiochia** e **Gerusalemme**.

 LEGGERE LA STORIA

L'aspirazione al primato nelle parole di papa Gelasio I

Attorno al 494 papa Gelasio I inviò all'imperatore bizantino Atanasio una lettera nella quale esprimeva la posizione della Chiesa di Roma sul rapporto tra potere spirituale e potere temporale. Questo documento ebbe un ruolo fondamentale nell'evoluzione del pensiero politico medioevale: non solo perché fu una delle prime formulazioni della «dottrina delle due spade», ma soprattutto perché segnò una tappa decisiva nell'affermazione del primato del vescovo di Roma.

^ **Papa Gelasio I** in un affresco dell'Ottocento. (Rattenberg, Chiesa di Sant'Agostino / Wolfgang Sauber)

❝Due sono infatti i poteri, o augusto imperatore, con cui questo mondo è principalmente retto: la sacra autorità dei pontefici e la potestà regale. Tra i due, l'importanza dei sacerdoti è tanto più grande, in quanto essi dovranno rendere ragione al tribunale divino anche degli stessi reggitori d'uomini. Tu sai certo, o clementissimo figlio, che, pur essendo per la tua dignità al di sopra degli uomini, tuttavia devi piegare devotamente il capo dinanzi a coloro che sono preposti alle cose divine, e da loro aspettare le condizioni della tua salvezza; e nel ricevere i santissimi sacramenti e nell'amministrarli come compete, tu sai che ti devi sottoporre agli ordini della religione, e non avere funzioni di capo, e che pertanto in queste questioni tu devi essere sottomesso al giudizio degli ecclesiastici e non volere che essi siano obbligati alla tua volontà. Se infatti anche gli stessi sacerdoti ubbidiscono alle tue leggi, per quel che riguarda l'ordine pubblico, sapendo che l'impero ti è stato dato per disposizione divina, e perché non sembri che persino nelle cose puramente materiali essi si oppongano a un giudicato, che esula dalla loro giurisdizione; con che sentimento, io ti chiedo, conviene che tu obbedisca a coloro che sono stati assegnati ad amministrare i divini maestri? Dunque, come sui pontefici incombe il non lieve pericolo d'aver taciuto ciò che si conviene, in rapporto al culto della divinità, così grave pericolo c'è per coloro – Dio non voglia – che serbano un atteggiamento di disprezzo, quando debbono ubbidire. E se conviene che i cuori dei fedeli siano sottomessi a tutti i sacerdoti in genere, che con giustizia amministrano le cose divine, quanto più si deve dar consenso al capo della sede apostolica, a colui che la somma Divinità volle superiore a tutti i sacerdoti, e che sempre dopo la pietà di tutta la Chiesa onorò come tale?❞

(Da Gelasio I, *Lettere*, 59, 8, in S. Gasparri, A. Di Salvo, F. Simoni, *Fonti per la storia medievale*, Sansoni, Firenze 1992)

a. Quale fra le «due spade» deve prevalere sull'altra, secondo Gelasio I, e perché?

b. Quali comportamenti Gelasio I raccomanda all'imperatore? Quali erano i rapporti fra Chiesa e potere politico nell'impero bizantino quando questa lettera fu scritta?

c. Evidenzia nel brano il passaggio in cui Gelasio I proclama la superiorità del vescovo di Roma sugli altri ecclesiastici; poi spiega quali argomentazioni venivano generalmente usate per supportare questa tesi.

Fra le cinque grandi sedi vescovili, Roma era l'unica situata nella parte occidentale dell'impero (❯ vedi la carta a pagina 190): questo fece sì che diventasse il punto di riferimento per le comunità cristiane sorte in Europa occidentale e per i missionari impegnati nella conversione delle popolazioni germaniche. Questo ruolo centrale fu evidenziato dal fatto che, a partire dal VI secolo, il titolo onorifico di «**papa**» – fino a quel momento utilizzato per tutti i vescovi – iniziò a essere riservato esclusivamente al vescovo di Roma.

Inoltre, nello stesso periodo, i papi iniziarono a sostenere il **primato della Chiesa di Roma** sulle altre Chiese e sugli altri vescovi, motivandolo con la loro discendenza (come diretti successori) da san Pietro, ossia l'apostolo a cui Cristo stesso aveva affidato il governo della Chiesa.

L'idea della superiorità del pontefice sugli altri vescovi della cristianità si rafforzò ulteriormente nei primi secoli del Medioevo.

Gregorio Magno, «servo dei servi di Dio»

▪ Per l'affermazione del primato del vescovo di Roma fu decisivo il papato di **Gregorio I** (590-604), uno dei più importanti pontefici della storia, tanto da meritarsi l'appellativo di «Magno».

Prima di essere eletto vescovo di Roma, Gregorio aveva vissuto presso la corte imperiale di Costantinopoli: lì aveva potuto rendersi conto delle pesanti ingerenze dell'imperatore d'Oriente nelle questioni ecclesiastiche, e aveva maturato un atteggiamento fortemente avverso nei confronti del modello cesaropapista. Una volta divenuto pontefice, Gregorio I si adoperò dunque per rafforzare la Chiesa e la sua **autonomia dal potere temporale**.

Convinto sostenitore del dialogo con le popolazioni germaniche, organizzò alcune missioni evangelizzatrici in Inghilterra, ottenendo la conversione del re degli Anglosassoni Etelberto. Strinse inoltre intense relazioni con i Visigoti, i Franchi e i Longobardi (❯ Lez. 10). Questi legami diplomatici costituirono la premessa per l'accettazione, da parte delle comunità cristiane dell'Europa occidentale, del **primato della Chiesa di Roma**.

Papa Gregorio Magno in una miniatura del XII secolo.

Il nuovo ruolo del vescovo di Roma fu sottolineato dall'uso, nei documenti pontifici, della formula *servus servorum Dei* («servo dei servi di Dio») per indicare il papa. Questa scelta univa a un'apparente professione di umiltà l'affermazione del **primato papale**: nell'Antico Testamento, infatti, il titolo di «servo di Dio» era utilizzato per i profeti; mentre la formula «servo dei servi» (analoga a «re dei re» o a «cantico dei cantici») suggeriva una condizione di superiorità, di preminenza. Dunque, definendosi «servo dei servi di Dio», il pontefice si presentava come l'erede dei profeti e il più importante tra tutti gli ecclesiastici.

È importante specificare che, durante tutto l'Alto Medioevo, quello pontificio fu esclusivamente percepito come un primato di prestigio, che non comportava il potere di nominare gli altri vescovi o di intervenire nella vita delle singole diocesi; il papa avrebbe acquisito queste facoltà solo tra XI e XII secolo.

I bestiari medioevali e la loro interpretazione religiosa

Nella cultura altomedioevale i fenomeni naturali erano considerati meritevoli di attenzione solo in quanto simboli di concetti più alti e verità superiori. Ebbero perciò una grande diffusione i bestiari, dove i significati simbolici attribuiti agli animali venivano esplicitati.

"Durante l'Alto Medioevo la Chiesa esercitò un assoluto monopolio sulla cultura. Nei monasteri e nelle scuole situate presso le cattedrali si formavano dei chierici: li si istruiva affinché conoscessero quantomeno la grammatica e il canto – necessari per accostarsi alle Sacre Scritture e recitare inni e salmi. Gli studenti più dotati erano avviati allo studio della teologia, considerata la disciplina più importante, a cui doveva essere subordinato ogni altro sapere. La matematica, la geometria e le scienze naturali invece erano tenute in minore considerazione: anche le persone più istruite non possedevano che i rudimenti di base di queste discipline.

Per la cultura altomedioevale i fenomeni naturali non meritavano di essere indagati di per sé: andavano considerati come simboli, che rimandavano a una verità superiore. Questa concezione del mondo si legava all'interpretazione degli scritti di san Paolo: nella *Prima lettera ai Corinzi* egli scriveva «ora vediamo come in uno specchio, in maniera confusa; ma allora [dopo essere risorti] vedremo faccia a faccia. Ora conosco in modo imperfetto, ma allora conoscerò perfettamente». La natura era quindi osservata e "letta" in chiave simbolica, alla ricerca di significati morali o teologici. Nell'Alto Medioevo si diffusero i bestiari: trattati in cui si forniva una descrizione (a volte molto fantasiosa) dell'aspetto e dell'indole degli animali, associandola a una lettura in chiave morale e religiosa delle loro figure. Così, il cigno, che sotto le penne candide nasconde una pelle nera, veniva "letto" come simbolo dell'invidia. Il pellicano, che secondo una leggenda in caso di necessità si squarciava il petto per nutrire i piccoli con il proprio sangue, era un simbolo dell'amore incondizionato di Cristo per l'umanità. La fenice (una delle numerosissime creature immaginarie descritte nei bestiari, insieme agli unicorni, ai draghi, ai basilischi e così via) era simbolo della risurrezione perché si riteneva fosse capace di rinascere dalle proprie ceneri. Nel *Fisiologo*, uno dei bestiari più letti nel Medioevo, è descritto il leone-formica: un animale nato, appunto, dall'unione di un leone e di una formica e che, in quanto mezzo carnivoro e mezzo erbivoro, non si ciba né di carne né di erba ed è quindi destinato a morire di fame. Verrebbe da chiedersi se veramente gli uomini dell'Alto Medioevo credessero che una tale creatura potesse esistere, ma si tratterebbe di una domanda mal posta: a essere importante non era la reale esistenza di questo animale, ma il suo significato simbolico: la sua doppia natura lo rendeva infatti simile «a un uomo indeciso, incostante in tutti i suoi disegni», che non sapendo scegliere tra il bene e il male finisce per dannare la propria anima.**"**

a. Che cosa differenziava i bestiari medioevali dai moderni manuali di zoologia e di etologia?

b. Utilizzando Internet, svolgi una breve ricerca sulle creature fantastiche presenti nei bestiari medioevali e, quando possibile, indica il significato morale che a esse veniva attribuito.

c. L'unicorno e il drago popolano ancora oggi il nostro immaginario collettivo: conosci film o romanzi in cui essi appaiono? Quale valore simbolico assumono? È lo stesso che si attribuiva loro nel Medioevo, oppure no?

^ **Un pellicano nutre i suoi piccoli** da un manoscritto franco-fiammingo del XIII secolo. (Getty)

IN ALTO **Un drago** in una miniatura franco-fiamminga del XII secolo. (Getty)

SINTESI

1 2 Il Medioevo e la mentalità medioevale

L'idea del Medioevo come di un'epoca contrassegnata dalla violenza e dalla superstizione ha da tempo lasciato il posto a un'interpretazione più dinamica che tiene conto delle trasformazioni compiute dalla società europea in quei secoli. Per questa ragione gli storici italiani distinguono tra l'Alto Medioevo (VI-X secolo) e il Basso Medioevo (dall'XI al XV secolo), l'epoca che si apre con l'anno Mille e che è contrassegnata dallo sviluppo urbano e dei commerci. A caratterizzare la mentalità medioevale è la visione dell'uomo come un peccatore che per guadagnarsi la salvezza eterna deve evitare di commettere peccato facendosi attrarre dai piaceri mondani. Da questa visione discendono la condanna della sessualità e la considerazione negativa della donna, spesso vista come lo strumento con il quale il diavolo spinge l'uomo a peccare.

3 L'Alto Medioevo in Europa occidentale

L'Alto Medioevo è contrassegnato dal calo demografico e da quello dei commerci, che si riducono notevolmente a favore dell'autoconsumo. Nelle campagne i grandi proprietari riorganizzano le proprietà in *curtes*, ossia aziende agricole divise tra il dominicato, gestito direttamente dal proprietario, e il massaricio, i cui campi sono affidati a contadini liberi o schiavi in cambio di un canone di affitto e di giornate di lavoro gratuite (*corveés*).

4 La crisi dei poteri statali

Tipica del Medioevo è la crisi dell'autorità statale che porta al sorgere nelle campagne di poteri autonomi sciolti da ogni controllo da parte dello Stato. Alla crisi dello Stato si accompagna un mutamento dei ceti dirigenti, ora non più formati da un'aristocrazia colta ed esperta di diritto, ma da guerrieri spesso analfabeti.

5 Il monachesimo e la cultura altomedioevale

A partire dal IV secolo si diffonde in Occidente il monachesimo. Nel 529 san Benedetto fonda a Montecassino un monastero per il quale scrive la regola benedettina che impone ai monaci di unire alla preghiera il lavoro manuale (*ora et labora*). La regola benedettina si diffonde in tutta Europa e trasforma i monasteri in centri economici capaci di organizzare le popolazioni delle campagne. I monasteri diventano anche centri di produzione culturale: in un'epoca in cui ai ceti dirigenti non è più richiesto di essere alfabetizzati, i chierici sono gli unici a saper leggere e scrivere, ma il monopolio esercitato dalla Chiesa sulla cultura porta alla scarsa attenzione per le scienze naturali e alla scomparsa di alcuni generi letterari, come la poesia lirica o il teatro, sostituiti dall'agiografia.

6 La teoria dei due poteri e il primato della Chiesa di Roma

Malgrado la crisi dello Stato, il Medioevo teorizza l'unità dell'Europa sotto la guida dei due poteri universali – la Chiesa e l'impero – inviati da Dio a governare gli uomini. All'interno della Chiesa si afferma il primato del vescovo di Roma – il papa – al quale viene riconosciuto un prestigio superiore agli altri vescovi.

La cultura nell'Alto Medioevo    MAPPA CONCETTUALE

Diffusione della regola benedettina → I monasteri diventano centri di produzione culturale

Crisi dello Stato → Affermazione di aristocrazie militari analfabete → Monopolio ecclesiastico della cultura

Monopolio ecclesiastico della cultura → Modificazione dei generi letterari → Scomparsa della poesia lirica e del teatro / Affermazione dell'agiografia

Monopolio ecclesiastico della cultura → Scarsa attenzione alle scienze naturali

LEZIONE 9

ONLINE
Mettiti alla prova con
gli esercizi interattivi

207

VERIFICA

VERIFICARE LE CONOSCENZE

1 **Osserva la carta e rispondi alle domande.**

a. Molte delle *curtes* appartenenti al monastero di San Sisto sorgevano presso importanti corsi d'acqua. Elencali, e spiega perché la presenza dell'acqua poteva rappresentare una risorsa e un vantaggio.

b. Qual era la struttura organizzativa di una *curtis* altomedioevale? Chi possedeva le terre? Chi le lavorava, e a quale titolo?

c. Il fabbisogno alimentare della comunità monastica di San Sisto era abbondantemente coperto dalla produzione delle *curtes* più vicine al monastero. Come venivano utilizzati, secondo te, i prodotti di tutti gli altri possedimenti?

d. Spiega perché durante l'Alto Medioevo la presenza di monaci (specialmente benedettini) favorì la riqualificazione di vasti territori, prima incolti e poi adibiti alla produzione agricola.

LAVORARE SUL LESSICO

2 **Scrivi la definizione delle seguenti parole o espressioni. Poi, con ciascuna di esse, componi una frase da usare come possibile esordio per un'interrogazione.**

regola monastica • agiografia • papa • dottrina delle due spade

ORIENTARSI NEL TEMPO E NELLO SPAZIO

3 **Individua, nelle seguenti coppie, l'avvenimento o il fenomeno meno recente.**

a. ☐ Diffusione del monachesimo in Oriente ☐ Diffusione del monachesimo in Occidente

b. ☐ Diffusione del monachesimo cenobitico ☐ Diffusione del monachesimo eremitico

c. ☐ Basilio di Cesarea scrive la sua regola ☐ Benedetto da Norcia scrive la sua regola

VERIFICARE LE CONOSCENZE

4 **Alcune di queste affermazioni dicono il falso. Individuale e correggile a voce.**

a. In Italia, il passaggio dall'epoca tardoantica al Medioevo fu nel 569, con l'invasione longobarda.

b. Durante l'Alto Medioevo in Italia si verificò un aumento demografico particolarmente sensibile.

c. Durante l'Alto Medioevo si verificò una diminuzione dei centri di potere politico.

d. Durante l'Alto Medioevo anche vescovi e abati assunsero un ruolo politico.

e. In Occidente il monachesimo fu praticato soprattutto nella sua forma eremitica.

f. Gregorio Magno promosse missioni evangelizzatrici nell'Europa orientale.

g. L'autobiografia era fra i generi letterari più diffusi nella letteratura medioevale.

LAVORARE SUI CONTENUTI

5 **Completa il brano con le parole dell'elenco.**

anima • morigerata • vita • monaci • peccatore • natura • piaceri • peccato • riferimento • passioni

La mentalità cristiana altomedioevale proponeva una visione piuttosto cupa della .... e della stessa .... umana. L'uomo era considerato un potenziale .... , sempre esposto a cedere alla tentazione. La donna era considerata non solo una creatura debole, ma una fonte di .... per l'uomo. A tutti gli esseri umani si consigliava di astenersi dai .... mondani e dalle .... eccessive, che avrebbero corrotto e dannato l'............................... . I .... , dediti a una vita .... e casta, venivano proposti come figure di .... per l'intera società.

LEZIONE 10

L'Italia fra Longobardi e Bizantini

📅 L'EVENTO

L'INVASIONE LONGOBARDA
Nel 569 i Longobardi raggiungono l'Italia: la loro dominazione porta al tramonto delle strutture politiche e sociali romane e segna il passaggio dall'età tardoantica al Medioevo.

🔓 L'IDEA CHIAVE

LA FRATTURA DELL'ITALIA
Con l'arrivo dei Longobardi la penisola italiana perde la propria unità politica, e si ritrova divisa sotto due dominazioni diverse. L'Italia tornerà unita solo nel 1861.

👤 LA PROTAGONISTA

TEODOLINDA
Moglie dei re longobardi Autari e Agilulfo, la cattolica Teodolinda collabora con papa Gregorio Magno e favorisce la conversione del suo popolo dall'arianesimo al cattolicesimo.

🌍 IL LUOGO

LO STATO DELLA CHIESA
Nel Lazio i papi assumono, a causa della latitanza del potere bizantino, le funzioni spettanti alle autorità politiche: si forma il primo nucleo di un nuovo Stato territoriale.

CARTA ANIMATA

L'Italia alla fine del VI secolo
- Territori bizantini
- Conquiste longobarde (569-590)

Milano · Verona · Aquileia · Venezia · Istria · Po · Pavia · Liguria · Bologna · Ravenna · Esarcato · MAR LIGURE · Firenze · Pentapoli · Toscana · Spoleto · Duc. di Spoleto · Roma · MAR ADRIATICO · Dalmazia · Danubio · Corsica · Benevento · Bari · Napoli · Duc. di Benevento · I. Baleari · Sardegna · MAR TIRRENO · MAR IONIO · Palermo · Sicilia · MAR MEDITERRANEO

553 Fine della guerra greco-gotica

572 Morte di Alboino

574-584 «Decennio di anarchia»

584-590 Autari re dei Longobardi

636-652 Rotari re dei Longobardi

726-843 Crisi iconoclasta

529 Fondazione del monastero di Montecassino

569 I Longobardi invadono l'Italia

643 Editto di Rotari

727 Rivolta antibizantina in Italia

728 Occupazione longobarda di Sutri

«Feroci e barbare popolazioni sono venute dalla Germania: allo stesso modo mosse dall'isola chiamata Scandinavia pure il popolo dei Winnili che poi regnò felicemente in Italia.»

• Scopri in questa lezione chi erano i Winnili, il popolo scandinavo che Paolo Diacono annovera tra le popolazioni «feroci e barbare».

Scene di battaglia fra Longobardi e Bizantini su un umbone (la decorazione centrale di uno scudo) della fine del VI secolo, ritrovato a Nocera Umbra. Questa cittadina fu occupata dai Longobardi nel 571, e divenne uno dei principali centri della loro dominazione nell'Italia centrale. (De Agostini Picture Library / A. De Gregorio / Bridgeman)

1 La nascita del regno longobardo

La società longobarda ▪ I Longobardi erano una popolazione germanica originaria della Scandinavia. Nel I secolo a.C. avevano iniziato a migrare verso sud, occupando dapprima le coste del mar Baltico e il medio corso del fiume Elba; si erano poi spostati più volte, addentrandosi nell'Europa centro-orientale, fino a stabilirsi, nel 526, in Pannonia, l'attuale Ungheria.

Come molte società seminomadi, anche quella longobarda aveva una struttura molto semplice. Il gradino più basso era occupato dagli **schiavi**; quello immediatamente successivo, dagli **aldii**, uomini semiliberi che pur non avendo un padrone, godevano di diritti limitati; infine c'erano gli uomini liberi detti **arimanni**. All'epoca dell'arrivo in Pannonia, fra gli arimanni non esistevano grosse differenze in termini di prestigio o di potere; ma nei decenni successivi emerse all'interno di questo gruppo un'aristocrazia formata dai più valenti capi militari, che presero il nome di **duchi**.

Gli arimanni erano inoltre raggruppati in clan detti *fare*; i membri di ciascuna fara si ritenevano discendenti di un antenato comune.

Come era tipico del mondo germanico, i Longobardi non avevano una vera e propria organizzazione statale. Solo in caso di necessità veniva eletto un re, la cui autorità sui duchi era molto scarsa, e i cui poteri erano comunque limitati: il sovrano longobardo, per esempio, non poteva legiferare.

Fara

Il termine «fara», oltre a indicare un gruppo parentale, indica anche uno dei corpi di spedizione in cui si divideva il popolo longobardo durante gli spostamenti migratori.

La **giustizia** veniva amministrata sulla base di **norme di diritto consue-tudinario**, non scritte, ma **tramandate oralmente**. Chi commetteva un crimine ai danni di altri non veniva giudicato da un tribunale, ma veniva punito dai familiari di colui che aveva subìto il torto. A loro la legge germa-nica riconosceva il **diritto/dovere di vendicare privatamente il proprio congiunto**, nel modo ritenuto opportuno, anche colpendo i parenti dell'of-fensore. Si innescava così una **faida**: una spirale di violenze e ritorsioni che coinvolgeva due gruppi familiari e poteva durare per generazioni.

L'invasione dell'Italia ▪

Nel **568**, guidati dal loro re **Alboino**, i Longo-bardi – circa 100.000 persone di cui 35.000 guerrieri – lasciarono la Panno-nia e si diressero verso l'Italia, che raggiunsero l'anno successivo.

La guerra greco-gotica (❭ Lez. 8) si era conclusa da pochi anni, lascian-do sulla penisola un segno pesante: la popolazione era diminuita, anche a causa delle pestilenze; le città si erano spopolate; le campagne erano state devastate. L'Italia era diventata una provincia dell'impero bizantino, che però non vi aveva stanziato truppe sufficienti a difenderla da nuove ag-gressioni. Così, i Longobardi occuparono, nel giro di tre anni, quasi tutta la sua parte settentrionale e la Toscana, fondando un **regno** che ebbe come capitale dapprima Verona e in seguito **Pavia**.

In un periodo immediatamente successivo (le fonti non permettono di sapere con esattezza quando) gruppi di guerrieri longobardi si spinsero ancora più a sud, fondando i **ducati di Spoleto e Benevento**, che si man-tennero sempre autonomi rispetto al regno fondato da Alboino. Come ab-biamo detto, nella società longobarda il re esercitava un controllo limitato sui duchi; per questo motivo l'occupazione dell'Italia non avvenne in ma-niera coordinata, ma fu lasciata all'iniziativa dei singoli duchi a capo delle diverse fare. Una testimonianza dell'invasione longobarda rimane ancora oggi impressa nei toponimi di molte località italiane, che contengono la parola «Fara» o «Farra»: per esempio Fara Gera d'Adda o Fara Novarese, in Lombardia; Fara Vicentino, in Veneto; Fara San Martino, in Abruzzo.

✔ **CONFRONTARE**

Per quanti anni si era protratta la guerra greco-gotica? Da quanto tempo si era conclusa, quando i Longobardi giunsero in Italia?

Un cavaliere longobardo e una figura zoomorfa raffigurati nello «Scudo di Stabio», lastrina in bronzo dorato del VII secolo. (Berna, Historisches Museum)
˅

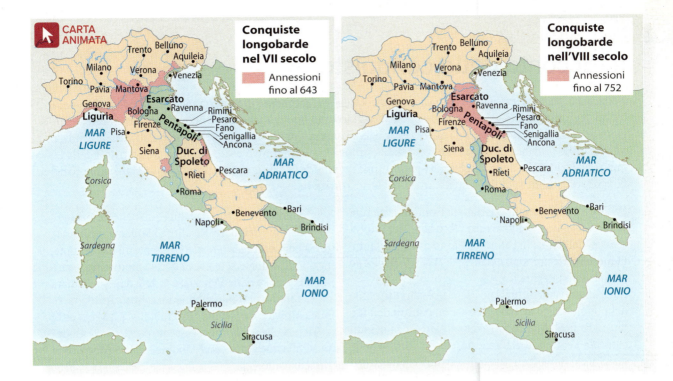

La mancanza di coordinamento politico da parte dei Longobardi permise ai loro avversari di mantenere il controllo delle aree più facilmente difendibili, che in genere corrispondevano alle zone costiere; alla fine del VI secolo rimasero ai Bizantini la Liguria, alcune parti del litorale veneto e friulano, i territori dell'**Esarcato** (❯ paragrafo 4) e della **Pentapoli**, il Lazio e la quasi totalità dell'Italia meridionale e insulare. Il collegamento tra le regioni bizantine affacciate sul Tirreno e quelle affacciate sull'Adriatico era garantito da un corridoio territoriale altamente fortificato, che attraversava gli Appennini e aveva il suo centro principale nella città di Perugia.

Il «decennio di anarchia»

▪ Nel 572 re Alboino fu ucciso nel corso di una congiura ordita da sua moglie Rosmunda. I duchi longobardi elessero Clefi come suo successore, ma anche il suo regno durò poco: egli fu assassinato nel 574. Dopo la sua morte, i duchi non reputarono necessario scegliere un nuovo sovrano, e lasciarono il trono vacante: iniziò così il cosiddetto «**decennio di anarchia**».

Durante questo periodo, i Bizantini riorganizzarono le proprie forze e passarono al contrattacco, riuscendo a strappare ai Longobardi il controllo di alcuni centri dell'Emilia e della Lombardia. Queste sconfitte convinsero i duchi della necessità di avere un re in grado di coordinare la guerra contro i loro avversari: così, nel 584, fu eletto come nuovo sovrano **Autari** (584-590).

La guerra tra Longobardi e Bizantini si protrasse per tutto il periodo longobardo, contribuendo a impoverire ulteriormente l'Italia. Malgrado gli esiti alterni, nel lungo periodo i Longobardi riuscirono a erodere i domini bizantini: le città della costa veneta furono conquistate all'inizio del VII secolo; fra il 641 e il 643 re **Rotari** (636-652) si impadronì della Liguria; fra il 751 e il 752 furono occupate Ravenna e la Pentapoli.

Esarcato

Era la regione direttamente amministrata dall'esarca, il governatore militare bizantino in Italia, che risiedeva a Ravenna. Corrispondeva grossomodo alla parte più orientale dell'attuale Emilia-Romagna.

Pentapoli

Dal greco, la regione delle «cinque città» – Rimini, Pesaro, Fano, Senigallia e Ancona – che copriva un importante e strategico tratto della costa adriatica.

✔ **CONOSCERE**

Osserva la carta che apre questa pagina. Sotto quale dominazione si trovava la località in cui vivi all'inizio del VII secolo, alla fine del VII secolo, alla metà dell'VIII secolo?

Il racconto della conquista

Nella sua *Storia dei Longobardi*, Paolo Diacono ricostruisce il momento dell'invasione longobarda e gli avvenimenti degli anni successivi. Per comprendere il suo racconto bisogna sapere che i nomi allora attribuiti alle regioni geografiche erano diversi da quelli odierni: la «Venezia», per esempio, corrispondeva all'attuale Friuli, al Veneto e alle province di Bergamo e Brescia. Il termine «Liguria» veniva usato per indicare i territori della Liguria, del Piemonte e della Lombardia (quest'ultima regione derivò il suo nome proprio dallo stanziamento dei Longobardi). Infine la città di Ticino, citata nel testo, corrisponde a Pavia.

"I Longobardi dunque, lasciata la Pannonia, si muovono con le mogli, i figli e tutti i loro beni, per impossessarsi dell'Italia. In Pannonia erano rimasti quarantadue anni. Ne uscirono nel mese di aprile, [...] il giorno dopo la santa Pasqua. [...]
Il re Alboino con tutto il suo esercito e la moltitudine del popolo misto arrivò agli estremi confini dell'Italia. [...] Di lì Alboino, dopo aver varcato senza nessun ostacolo i confini della Venezia, che è la prima delle province d'Italia, [conquistò il] territorio della città o piuttosto del castello di Cividale. [...] Quindi Alboino giunse al fiume Piave e lì gli venne incontro il vescovo di Treviso, Felice: su sua richiesta, il re – generoso com'era – gli permise di conservare tutti i beni della sua chiesa, confermando la concessione con un decreto. [...] Dunque Alboino prese Vicenza, Verona e le altre città della Venezia, ad eccezione di Padova, Monselice e Mantova. [...] Alboino, entrato in Liguria, fece il suo ingresso a Milano [...] il giorno tre di settembre, al tempo dell'arcivescovo Onorato. Dopo di che prese tutte le città della Liguria, eccetto quelle poste sul litorale marino. L'arcivescovo Onorato abbandonò Milano e fuggì a Genova.
In quel tempo, la città di Ticino, sostenendo l'assedio per più di tre anni, resisteva con valore, mentre l'esercito longobardo era accampato non lontano da essa, dalla parte occidentale. Intanto, cacciati i soldati imperiali, Alboino occupò tutto il territorio fino alla Tu-

scia, eccettuate Roma e Ravenna e qualche fortezza posta sulla riva del mare. Né allora i Romani avevano la forza per poter resistere, perché la pestilenza scoppiata al tempo di Narsete aveva ucciso moltissimi uomini in Liguria e nella Venezia, e in più, dopo un'annata che abbiamo detto di abbondanza, una carestia terribile colpiva e devastava l'intera Italia. [...] Ma la città di Ticino, che sopportava l'assedio da tre anni e alcuni mesi, alla fine si arrese ad Alboino e ai Longobardi che l'assediavano. [...]
[Alboino], dopo aver regnato in Italia per tre anni e sei mesi, fu ucciso per il tradimento della moglie. [...] [Al suo posto] i Longobardi tutti di comune accordo elessero re in Ticino Clefi, uomo nobilissimo della loro nazione. Questi uccise o cacciò dall'Italia molti potenti Romani. Dopo aver tenuto il regno insieme alla moglie Masane per un anno e sei mesi, fu sgozzato con la spada da un uomo del suo seguito. Dopo la sua morte, i Longobardi rimasero per dieci anni senza re e stettero sotto il comando dei duchi. Ogni duca aveva la sua città: Zaban Ticino, Wallari Bergamo, Alichis Brescia, Euin Trento, Gisulfo Cividale. Ma ci furono anche altri trenta duchi, oltre questi, ognuno nella sua città. In questi giorni molti nobili Romani furono uccisi per cupidigia."

(Da Paolo Diacono, *Storia dei longobardi*, Milano, Fondazione Valla-Mondadori, 1995)

Fibula longobarda a forma di cavallo del VI secolo. (Roma, Museo Nazionale dell'Alto Medioevo)

a. Spiega perché Alboino, giunto nei pressi di Treviso, trova come interlocutore politico il vescovo della città.

b. Perché i Longobardi incontrano scarsa resistenza durante la loro invasione?

c. Come morirono Alboino e Clefi? Come viene definito il periodo in cui i Longobardi rimasero privi della guida di un sovrano? Quando e perché, infine, i duchi decisero di eleggere un nuovo re?

2 La "frattura" longobarda

La divisione dell'Italia • Lo stanziamento dei Longobardi in Italia determinò una netta frattura rispetto al passato: per questo motivo molti storici individuano nel 569 il momento in cui per la nostra penisola ebbe termine l'età tardoantica e iniziò il Medioevo.

La **frattura** fu in primo luogo **territoriale**: a partire dal I secolo a.C., l'Italia era sempre stata unita all'interno di un'unica entità politica e questa unità non era venuta meno né con il regno di Odoacre, né durante la dominazione ostrogota; ora, invece, la penisola era divisa tra Bizantini e Longobardi.

La divisione politica della penisola si sarebbe mantenuta nei secoli successivi; l'Italia avrebbe ritrovato la propria unità solo nel 1861, in seguito alle lotte del periodo risorgimentale.

^
Un guerriero longobardo a cavallo attacca e uccide un nemico. Piatto di Isola Rizza del VII secolo. (Verona, Museo di Castelvecchio)

I guerrieri al vertice della società • La **cesura con il passato** fu altrettanto rilevante per quanto riguarda le **strutture sociali**. A differenza delle popolazioni germaniche che si erano stanziate all'interno dell'impero nel V secolo, i Longobardi avevano avuto pochi contatti con il mondo romano e avevano dunque subìto solo in minima parte l'influenza della civiltà latina. Il loro comportamento fu quindi molto diverso da quello tenuto dagli Ostrogoti: negli anni immediatamente successivi alla conquista, per esempio, si abbandonarono a saccheggi e violenze contro i possidenti terrieri, che furono uccisi o costretti a cercare scampo nei territori ancora in mano ai Bizantini.

Tali scelte determinarono un mutamento epocale: i possidenti romani, discendenti dall'antico ceto senatorio, formavano un'*élite* colta, capace di gestire la complessa burocrazia romana. Ora questo ceto veniva spazzato via e il suo posto ai vertici della società italiana fu preso da un'**aristocrazia di guerrieri** che ignoravano completamente la tradizione di governo e la cultura romana.

La dominazione longobarda portò dunque al definitivo **collasso delle strutture amministrative romane** che, come abbiamo visto (❯ Lez. 8), avevano continuato a operare efficacemente anche durante il periodo ostrogoto. Cessò quindi, per esempio, la riscossione delle tasse dirette; mentre si mantenne solo quella – molto più semplice da gestire – delle tasse indirette, ossia dei pedaggi richiesti nei porti o lungo le strade.

Anche **nei territori italiani sottoposti al dominio bizantino** si verificarono **analoghi cambiamenti**. Il continuo stato di guerra con i Longobardi costrinse i rappresentanti dei ceti dirigenti a **tralasciare l'amministrazione del territorio per farsi carico**, piuttosto, **della sua difesa militare**: costoro divennero dunque dei guerrieri e cominciarono a guidare personalmente le truppe in battaglia.

❯ **Fibule longobarde** ritrovate nella necropoli di Spilamberto, in provincia di Modena, nel 2003.

> La «Lamina di re Agilulfo», nota anche come «Trionfo di re Agilulfo», lastra in bronzo dorato lavorato a sbalzo, opera di orafi longobardi del VII secolo. (Firenze, Museo del Bargello)

Il destino dei vinti ▪ Gli storici si sono a lungo interrogati su quale fu il destino delle popolazioni locali di origine romana all'arrivo dei Longobardi. Nell'Ottocento si riteneva che i conquistatori longobardi le avessero ridotte in uno stato analogo alla schiavitù. Studi recenti hanno dimostrato invece che nelle campagne, e soprattutto nelle città, continuarono a esistere comunità consistenti di Italici liberi, dotati di una certa ricchezza, che però adottarono i costumi dei nuovi dominatori. Molti di essi, per esempio, assunsero nomi di origine germanica e abbandonarono il diritto romano a favore di quello longobardo: in poche parole tesero, seppur molto lentamente, a integrarsi con i conquistatori.

Gli effetti della conquista sulle città italiane ▪ Le violenze che si accompagnarono alla conquista longobarda e lo stato di guerra dei decenni successivi produssero alcune modificazioni nel panorama geopolitico italiano.

Alcune località fino ad allora periferiche, come Ferrara o Benevento, assunsero un'importanza politica strategica. Altre città, che in epoca romana erano state ricche e popolose – come Brescello nella Pianura Padana o Concordia Sagittaria sul litorale veneto – furono invece ripetutamente saccheggiate e ridotte alla dimensione di piccoli villaggi.

Il mutamento più evidente si verificò proprio sulle coste venete e friulane: lì sia l'arrivo dei Longobardi, sia il successivo arretramento dei Bizantini spinsero chi vi risiedeva – comprese le autorità religiose – a cercare riparo sulle isole delle **lagune**. Così, per esempio, la sede del patriarcato di Aquileia fu spostata a Grado, una cittadina fondata nel V secolo dalle popolazioni in fuga dagli Unni.

Un'importanza anche maggiore ebbe la decisione del vescovo di Altino di trasferirsi a Torcello, una delle numerose isole della vicina laguna. Egli fu presto seguito dalle popolazioni locali: su un'isola vicina, attorno al villaggio di Rialto, si formò il primo nucleo di una nuova città – **Venezia** – destinata a un lungo e luminoso futuro.

I principali centri della costa veneta alla fine del VI secolo

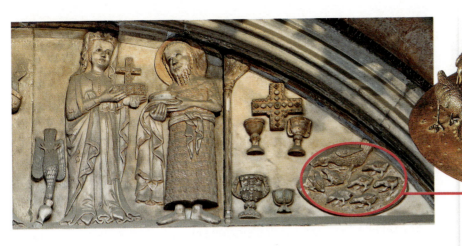

3 Una società in trasformazione

La conversione al cattolicesimo ■ Al momento del loro arrivo in Italia i Longobardi erano una popolazione seminomade e scarsamente romanizzata, con una cultura basata esclusivamente sull'oralità. Lo stanziamento in Italia e la necessità di doversi confrontare con la più articolata civiltà latina portarono a profonde modifiche nella loro società e nella loro cultura.

Fra i Longobardi giunti in Italia, alcuni erano cristiani ariani, mentre altri professavano ancora culti pagani. Ma già verso la fine del VI secolo ebbe inizio il processo che portò alla loro conversione al cattolicesimo.

In questo delicato passaggio, due personaggi ebbero un ruolo fondamentale. Il primo fu **Gregorio Magno** (❯ Lez. 9), papa fra il 590 e il 604. Mentre i suoi predecessori avevano mantenuto un atteggiamento ostile nei confronti dei Longobardi, egli ricercò costantemente un dialogo con la corte di Pavia; inoltre inviò nell'Italia settentrionale numerosi predicatori e favorì la nascita di monasteri. La sua opera di evangelizzazione trovò il sostegno politico di **Teodolinda** – moglie di re Autari e poi, in seconde nozze, di re Agilulfo – che era di origine bavara ed era cattolica. La regina si adoperò in prima persona per promuovere il cattolicesimo all'interno della corte (per esempio fece battezzare il figlio avuto da Agilulfo) e presso il suo popolo, anche patrocinando l'edificazione di nuove chiese (come la basilica di San Giovanni, l'attuale duomo di Monza, un importante centro del cattolicesimo situato in un'area per il resto ampiamente ariana).

Tuttavia, la conversione dei Longobardi al cattolicesimo fu però estremamente lenta, perché ostacolata da **notevoli resistenze**: a molti Longobardi, infatti, l'adozione del cattolicesimo appariva come un intollerabile cedimento ai nemici Bizantini.

L'opposizione alla politica filocattolica della corte longobarda si concretizzò in un'aperta **rivolta dei duchi del Veneto e del Friuli**, che insorsero contro il re nel **688**, ma l'anno dopo furono definitivamente sconfitti nella battaglia di Cornate d'Adda. La loro disfatta spianò la strada alla conversione dei Longobardi, che all'inizio dell'VIII secolo poteva dirsi compiuta.

Corona votiva di Teodolinda in oro, gemme e madreperla, VI-VII secolo. (Monza, Museo del Duomo)

Una nuova concezione del potere regale ▪ Nell'arco di pochi decenni, la società longobarda subì profonde trasformazioni, non solo sul piano religioso. Da seminomadi che erano, i Longobardi divennero stanziali; si diedero un ordinamento politico, amministrativo e giuridico più articolato; svilupparono – anche grazie al confronto con le popolazioni sottomesse – una cultura via via più raffinata.

Una importante trasformazione riguardò il modo di concepire il potere regale. Tradizionalmente, i Longobardi eleggevano un re solo nei momenti di bisogno e gli conferivano poteri molto limitati; nella cultura giuridica romana, invece, la presenza di un sovrano era considerata indispensabile, e a lui si riconoscevano numerose prerogative.

Ma nel **584**, in occasione dell'elezione al trono di re Autari, tutti i duchi gli donarono parte delle loro terre; sorse così un **demanio regio**, che garantiva al sovrano le risorse economiche indispensabili per esercitare una reale autorità sul regno. L'amministrazione di questi territori fu affidata a una rete di funzionari di nomina regia, detti **gastaldi**.

Già all'inizio del VII secolo, Agilulfo e sua moglie Teodolinda patrocinavano il restauro o la costruzione di edifici di culto: una funzione che era estranea alle tradizionali prerogative dei re germanici e che dimostra come i re longobardi avessero fatto proprie abitudini e prerogative dei sovrani romani.

L'editto di Rotari ▪ Una tappa fondamentale nella storia dei Longobardi si verificò nel **643**: l'anno in cui re Rotari (al potere dal 636 al 652) emanò un **editto** che **raccoglieva le norme tradizionali e consuetudinarie del popolo longobardo** (fino ad allora trasmesse oralmente) ed era scritto **in latino**.

Re Rotari e la sua corte in una miniatura dal manoscritto delle *Leges Langobardorum* (l'editto di Rotari). Il sovrano, seduto sul trono, è ben riconoscibile per la posizione preminente, la corona e lo scettro. (Madrid, Biblioteca Nazionale / Scala)

Sia l'abbandono della trasmissione orale del diritto, sia la scelta del latino come lingua ufficiale dimostrano come la cultura romana avesse profondamente influito su quella longobarda. Rotari ne era consapevole: non a caso, con l'intento di **preservare le tradizioni proprie del suo popolo**, fece precedere le disposizioni di legge dalla leggenda sulle origini dei Longobardi e dall'elenco dei re che lo avevano preceduto.

Con la stesura di questo documento, **Rotari sancì il diritto dei sovrani longobardi di legiferare**: egli, infatti, non si limitò a far trascrivere le leggi tradizionali, ma modificò l'intero ordinamento giuridico longobardo introducendo nuove norme e cassandone altre. Quest'opera di riorganizzazione viene sottolineata con orgoglio nel prologo dell'editto, in cui

 LEGGERE LA STORIA

Gli uomini dalle lunghe barbe

All'inizio del suo editto, Rotari fece porre la tradizionale leggenda sulle origini del popolo dei Longobardi – qui riportata nella versione, sostanzialmente analoga, fornita nell'VIII secolo da Paolo Diacono nella sua *Storia dei Longobardi*. La scelta del sovrano dimostra la volontà di difendere le tradizioni del suo popolo, che sentiva minacciate dal contatto con la civiltà romana.

"Usciti dalla Scandinavia, i Winnili, con i loro capi Ibor e Aio, giunsero nella regione chiamata Scoringa e lì si fermarono per alcuni anni. In quel tempo Ambri e Assi, capi dei Vandali, opprimevano con la guerra tutti i territori vicini e, insuperbiti dalle molte vittorie, inviarono messi ai Winnili perché pagassero tributi ai Vandali o si preparassero a combattere. Allora Ibor e Aio, d'accordo con la madre Gambara, decisero che era meglio difendere la libertà con le armi, piuttosto che infangarla con il pagamento di tributi. Fanno quindi sapere ai Vandali che avrebbero combattuto, ma non servito. Erano allora i Winnili tutti nel fiore della giovinezza, ma pochissimi di numero, dal momento che erano solo la terza parte della popolazione di un'unica isola, e non particolarmente grande.

Racconta a questo punto la tradizione antica una favola ridicola: cioè che i Vandali, recatisi da Godan, gli avrebbero chiesto la vittoria sui Winnili; egli avrebbe risposto che avrebbe dato la vittoria a quelli che per primi avesse visto al sorgere del sole. Si dice che allora Gambara andasse da Frea, la moglie di Godan, chiedendo la vittoria per i Winnili, e Frea le suggerisse che le donne dei Winnili si sistemassero i capelli sciolti intorno al viso così da farli sembrare barbe e appena giorno si presentassero insieme agli uomini e si disponessero, per farsi vedere anch'esse da Godan, da quella parte dove egli era solito guardare dalla finestra volta ad Oriente. E così si dice che fosse fatto. E Godan, al sorgere del sole, vedendole, avrebbe detto: «Chi sono questi lunghe-barbe?». Allora Frea gli avrebbe suggerito di donare la vittoria a quelli cui aveva attribuito il nome. E così Godan avrebbe concesso la vittoria ai Winnili. Queste sono cose degne di riso e prive di qualsiasi valore. La vittoria non è stata infatti assegnata al potere degli uomini, ma al contrario è amministrata dal cielo.

È certo però che i Longobardi, che prima erano detti Winnili, furono chiamati così in un secondo tempo per la lunghezza della barba mai toccata dal rasoio. Infatti nella loro lingua *lang* significa «lunga», e *bart* «barba»."

(Da Paolo Diacono, *Storia dei Longobardi*, Fondazione Valla-Mondadori, Milano 1995)

Ciondolo con immagine del dio Godan a cavallo. (Collezione privata)

a. Cerca su Internet informazioni su Godan (chiamato anche Wotan, o Odino) e su sua moglie Frea (chiamata anche Freyja).

b. Paolo Diacono era un ecclesiastico e scrisse quando la conversione dei Longobardi era già ultimata. In che modo egli giudica la leggenda che riporta?

c. Come molti miti, anche questo mischia elementi fantastici a dati storicamente attendibili: prova a distinguere gli uni dagli altri.

d. Quali trasformazioni, attestate anche nell'editto di Rotari, stavano modificando la natura della società longobarda rispetto ai tempi più antichi?

L'**incoronazione del re longobardo Ratchis,** miniatura di un codice manoscritto del 744. (Madrid, Biblioteca Nazionale / Lessing)

si afferma: «ci è parso necessario promulgare migliorata la presente legge, che rinnova ed emenda tutte le precedenti, aggiunge ciò che manca e toglie ciò che è superfluo».

L'editto di Rotari fu la più completa fra le raccolte di leggi emanate nei regni romano-barbarici durante l'Alto Medioevo. La maggiore novità dell'editto di Rotari – e anche in questo ritroviamo l'influsso della tradizione di governo romana – fu il tentativo di **limitare la faida** introducendo un risarcimento in denaro, detto **guidrigildo**, versato dal colpevole alla vittima o ai suoi congiunti.

Il guidrigildo veniva calcolato in proporzione sia alla gravità del reato, sia allo stato giuridico della persona danneggiata: l'offesa inferta a un arimanno "meritava" una compensazione superiore rispetto alla stessa offesa inferta a un aldio o a uno schiavo. Gli schiavi che subivano un torto, peraltro, non venivano neppure risarciti direttamente: un eventuale guidrigildo veniva versato al loro padrone.

Resta da spiegare perché Rotari ritenne necessario **mettere per iscritto e al tempo stesso modificare le leggi tradizionali** del proprio popolo. In seguito allo stanziamento in Italia e all'occupazione delle terre sottratte ai Romani, la società longobarda si era profondamente modificata, e **l'iniziale uguaglianza tra gli arimanni era venuta meno**. Alcuni di essi si erano arricchiti, e avevano formato un'aristocrazia terriera che spadroneggiava su coloro che dalla conquista non avevano tratto alcun vantaggio personale. Con il suo editto, **Rotari mirava a limitare gli effetti di questo squilibrio**: le norme scritte avrebbero tutelato i più deboli dall'arbitrio e dalle prevaricazioni dei potenti.

4 I territori bizantini in Italia

L'esarca, massima autorità bizantina ▪ Superata la sorpresa iniziale per l'invasione longobarda dell'Italia, già alla fine del VI secolo gli imperatori bizantini riorganizzarono i territori della penisola rimasti sotto il loro controllo. Il governo dell'Italia peninsulare fu affidato a un **esarca**: un alto funzionario che univa nelle sue mani sia il potere militare sia quello civile in modo da poter più efficacemente organizzare la difesa dai Longobardi. L'esarca scelse come propria sede **Ravenna**, una città facilmente difendibile e dotata di uno dei più grandi porti dell'epoca, che rendeva possibili i contatti con Costantinopoli. I restanti territori furono suddivisi in ducati affidati a funzionari detti **duchi** e dipendenti dall'esarca.

Questa organizzazione, tuttavia, si rivelò ben presto poco funzionale: le comunicazioni fra i diversi ducati erano difficoltose, sia a causa della conformazione geografica della penisola, sia a causa della presenza longobarda sul territorio. Ben presto l'impero d'Oriente, impegnato a cercare di contenere l'espansione araba (❯ Lez. 12) cessò di inviare rinforzi militari. Gli Italici dovettero dunque organizzare autonomamente la difesa dai Longobardi, e cominciarono ad autogovernarsi e a obbedire sempre meno agli ordini dei rappresentanti dell'impero. Nel ducato di Napoli l'aristocrazia terriera locale si sostituì di fatto al duca nell'azione di governo. In manie-

Duchi

Dal latino *dux*, legato al verbo *ducere*, «condurre». Dalla parola «duca» deriverà il titolo di «doge», attribuito nel Medioevo al primo magistrato delle repubbliche di Venezia e Genova.

^
L'imperatore d'Oriente
Costantino IV offre
all'arcivescovo Mauro il
Rescritto dei privilegi della
Chiesa ravennate. Accanto al
sovrano, i fratelli Eraclio, Tiberio
III e Giustiniano II. (Ravenna,
Basilica di Sant'Apollinare in
Classe)

ra analoga, nella laguna veneta i ceti locali assunsero il controllo della carica di duca: si gettarono così le basi per la nascita della futura repubblica di Venezia, guidata dal doge.

Solo la Sicilia e la Sardegna, che non ricadevano sotto la giurisdizione dell'esarca, mantennero stretti rapporti con la corte bizantina.

Dal Patrimonio di San Pietro allo Stato della Chiesa ■ I rapporti tra l'Italia e l'impero d'Oriente furono complicati anche dai contrasti religiosi. La tradizione di governo bizantina riconosceva all'imperatore la facoltà di intervenire nelle questioni ecclesiastiche (cesaropapismo); ma tali ingerenze non erano accettate in Occidente. Nel corso del VI e del VII secolo gli imperatori bizantini e i vescovi italiani entrarono più volte in contrasto a causa di questioni teologiche. In diverse occasioni, gli imperatori ordinarono addirittura l'arresto dei papi: papa Martino I, per esempio, fu deportato nel 653 a Costantinopoli e morì due anni più tardi in prigionia. Significativo del peggioramento dei rapporti tra impero e Italici fu quanto avvenne nel 693, quando i soldati stanziati a Roma impedirono ai messi imperiali di arrestare papa Sergio I.

Nel ducato di Roma la tendenza all'autonomia da Bisanzio portò alla formazione di una nuova entità politica. Il papato possedeva nel Lazio vasti latifondi, che venivano indicati col nome di **Patrimonio di San Pietro**. I pontefici ne ricavavano ovviamente ricchezza, ma anche uomini: le terre, infatti, venivano affidate ai membri dell'aristocrazia romana che in cambio si impegnavano a garantire la difesa del ducato. Grazie alla disponibilità di denaro e uomini armati, i pontefici iniziarono a intervenire direttamente nell'amministrazione del ducato di Roma. Gradualmente, anche a causa

del progressivo indebolimento del controllo bizantino sull'Italia, l'attività del papato si trasformò in un **dominio temporale** su Roma e sul Lazio: si formò così uno **Stato della Chiesa** vero e proprio.

Indicare una data precisa per la sua nascita è impossibile: la sua formazione fu infatti il frutto di un processo lento, che prese avvio negli anni immediatamente successivi all'invasione longobarda, per concludersi attorno alla metà dell'VIII secolo. Va sottolineato che la creazione di questa nuova entità statale non fu casuale, ma fu l'esito di una politica perseguita dal papato con grande chiarezza di intenti: lo prova il fatto che i documenti emessi dalla cancelleria pontificia iniziarono ad applicare la locuzione «Patrimonio di San Pietro» all'intero ducato di Roma, mentre gli abitanti di Roma e del Lazio venivano indicati come «il gregge di San Pietro».

La crisi iconoclasta ▪ L'insofferenza per il dominio bizantino e la tendenza alla formazione dello Stato della Chiesa si intersecarono a partire dal 726 con l'aprirsi di una controversia religiosa destinata a durare a lungo e a dividere la cristianità. In quell'anno l'imperatore d'Oriente **Leone III l'Isaurico** decretò l'iconoclastia, invitando i propri sudditi a **distruggere tutte le raffigurazioni di Dio, di Gesù Cristo e dei santi.**

La decisione di Leone era dovuta in primo luogo a ragioni religiose: alcune immagini sacre avevano raggiunto una popolarità tale che i fedeli le veneravano in modi che ricordavano l'idolatria pagana, attribuendo loro poteri magici e la capacità di guarire dalle malattie. L'iconoclastia aveva però anche motivazioni politiche: infatti le icone più importanti erano custodite presso i monasteri, i quali – grazie alle donazioni dei fedeli che vi si recavano in pellegrinaggio – avevano accumulato enormi ricchezze e accresciuto il proprio prestigio; era quindi interesse dell'imperatore indebolire i monasteri e riportarli sotto il controllo della corona.

Gli scontri tra favorevoli e contrari all'iconoclastia ebbero importanti conseguenze anche sul piano politico. In primo luogo, perché furono così aspri da **minacciare**, in alcuni momenti, **la coesione dell'impero bizantino**; poi, perché provocarono un **allontanamento fra la Chiesa d'Oriente** – solidale con le decisioni degli imperatori di Costantinopoli – **e la Chiesa**

di **Roma** – che invece approvava il culto delle immagini sacre (❯ Lez. 10).
Solo nell'843 un editto pose fine all'iconoclastia; la frattura fra le Chiese
d'Oriente e d'Occidente, però, non si ricompose del tutto.

La rivolta antibizantina del 727 ▪ A seguito della crisi iconoclasta

i rapporti tra l'impero d'Oriente e l'Italia si inasprirono ulteriormente. Fin
da subito, il papa e i vescovi italiani si opposero apertamente all'iconoclastia: il successivo tentativo di Leone III di imporre con la forza la distruzione delle immagini fece esplodere il malcontento verso la dominazione
imperiale che covava da tempo.

Nel **727 i territori bizantini d'Italia si ribellarono**. Le truppe che pre-
sidiavano i ducati di Venezia, della Pentapoli, di Roma e l'Esarcato si am-
mutinarono; l'esarca stesso fu catturato e ucciso, e Ravenna passò sotto il
controllo dei rivoltosi; a Roma il duca locale, accusato di tramare contro il
papa in accordo con Leone III, fu catturato dalla folla e accecato.

Le uniche regioni italiane non toccate dalla rivolta furono la Sicilia e la
Sardegna: erano infatti esposte alla minaccia della conquista da parte degli Arabi (❯ Lez. 12), e dunque non potevano fare a meno della protezione
militare garantita dai Bizantini.

L'intervento longobardo ▪ In questo scenario politico così confuso

giocò un ruolo importante il re longobardo **Liutprando** (712-744). Egli
infatti cercò di approfittare della crisi in Italia e dei contrasti fra la Chiesa di Roma e l'imperatore d'Oriente, per sottrarre territori ai Bizantini ed
espandere il proprio dominio. Così, dopo aver conquistato Bologna e altri centri bizantini in Emilia e nelle Marche, si diresse verso il Lazio; lì occupò il castello di Sutri, una località distante solo una quarantina di kilometri da Roma.

Di fronte alla minaccia longobarda, papa Gregorio II pose momentaneamente fine ai contrasti con l'impero e costrinse Liutprando a liberare la cittadina, che nel **728** fu ufficialmente restituita al papato. Per molto tempo la
«donazione di Sutri» è stata considerata l'atto fondativo dello Stato della
Chiesa. Ma, come abbiamo spiegato poco sopra, la creazione di questa nuova entità politica fu piuttosto l'esito di un lento processo.

Fibbia longobarda ritrovata a Sutri, VI secolo. (Londra, British Museum / Sailko)

Moneta che raffigura il re longobardo Liutprando. (Londra, British Museum)

Dov'è Sutri?

Umbria
Lago di Bolsena
Terni
Viterbo
Rieti
Tevere
Sutri
Lazio
Lago di Bracciano
MAR TIRRENO
Roma

❮ **Il cosiddetto «Tempietto longobardo»,** oggi oratorio di Santa Maria in Valle, a Cividale del Friuli (Udine). Si tratta della più importante e meglio conservata testimonianza architettonica dell'epoca longobarda. Fu edificato verso la metà dell'VIII secolo nel luogo in cui un tempo sorgeva la gastaldia, il palazzo del gastaldo, signore della città. La costruzione si deve probabilmente ad Astolfo, duca del Friuli dal 744 al 749 e re dei Longobardi dal 749 al 756, e a sua moglie Giseltrude.

SINTESI

1 La nascita del regno longobardo

La società longobarda, come molte società germaniche, ha una struttura molto semplice basata sulla preminenza degli uomini liberi che formano l'esercito (arimanni) e che sono guidati da capi militari detti duchi. Il re viene eletto solo in caso di necessità ed esercita un'autorità limitata sui duchi. Nel 569, guidati da re Alboino, i Longobardi invadono l'Italia e fondano nel nord della penisola un regno con capitale Pavia; nell'Italia centro-meridionale sorgono invece i ducati di Benevento e Spoleto. L'occupazione della penisola avviene in maniera non organizzata, cosa che permette ai Bizantini di mantenere il controllo di alcune regioni. Nel 572 Alboino viene ucciso in una congiura e la stessa sorte tocca nel 574 al suo successore Clefi. Nel 584, dopo essere rimasti per dieci anni senza un sovrano, i duchi eleggono re Autari. La guerra proseguirà anche nei decenni successivi e porterà alla progressiva erosione dei domini bizantini.

2 La "frattura" longobarda

L'invasione longobarda costituisce un momento di svolta per l'Italia: pone infatti fine all'unità politica della penisola e porta alla sostituzione al vertice della società delle *élite* di origine latina con un ceto di guerrieri che ignora la tradizione di governo romana. Lo stanziamento longobardo comporta anche la scomparsa di alcune città, come Concordia e Brescello, e lo sviluppo di altri centri, come Venezia, il cui primo nucleo si forma ad opera delle popolazioni che per fuggire ai Longobardi si rifugiano nella laguna veneta.

3 Una società in trasformazione

Lo stanziamento in Italia modifica profondamente la società longobarda: anche grazie all'opera di papa Gregorio Magno e della regina Teodolinda i Longobardi, che al loro arrivo erano pagani o ariani, si convertono al cattolicesimo. Inoltre i sovrani accrescono il proprio potere e si dotano di attribuzioni che prima non avevano, come la capacità di emanare nuove leggi. Nel 643 Rotari raccoglie in un Codice le leggi tradizionali del suo popolo limitando la faida e introducendo norme tese a contrastare gli effetti delle disparità sociali sorte tra i Longobardi nei decenni successivi alla conquista.

4 I territori bizantini in Italia

I territori rimasti ai Bizantini sono suddivisi in ducati e posti sotto il governo dell'esarca, un alto funzionario con sede a Ravenna. In realtà i ducati si rendono presto autonomi da Bisanzio e iniziano a organizzare autonomamente la difesa dai Longobardi. Nel ducato di Roma il papa si sostituisce progressivamente ai funzionari bizantini, dando così luogo a quello che diverrà poi lo Stato della Chiesa. I rapporti – già tesi – tra Italici e Bisanzio peggiorano in seguito al decreto sull'iconoclastia dell'imperatore Leone l'Isaurico (726). Nel 727, allo scoppio di una rivolta contro il governo bizantino, il re longobardo Liutprando conquista Bologna e altre città e occupa il castello di Sutri, nei pressi di Roma, ma la reazione del papato lo costringe a evacuare Sutri che torna sotto il controllo del pontefice.

L'Italia longobarda 🔖 **MAPPA CONCETTUALE**

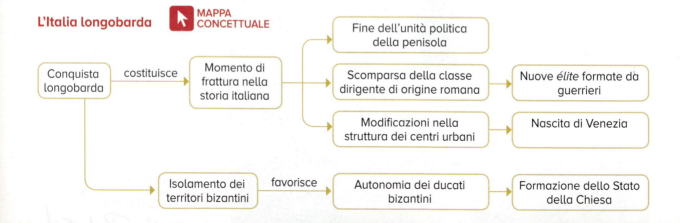

ONLINE
Mettiti alla prova con
gli esercizi interattivi

223

LEZIONE 10
VERIFICA

CONFRONTARE E COLLEGARE

1 Completa la tabella, che mette a confronto l'invasione ostrogota che hai studiato nella Lezione 8 e l'invasione longobarda, descritta in questa lezione. L'esercizio è avviato.

	Invasione ostrogota	Invasione longobarda
Data	....	....
Capo della spedizione	Teodorico	....
Dimensioni della popolazione	100.000-125.000 persone	Circa .... persone, di cui .... guerrieri
Caratteristiche dell'invasione	Gli Ostrogoti arrivano in Italia su invito dell'imperatore d'Oriente	....
Caratteristiche dell'occupazione	L'occupazione dei territori conquistati è coordinata da Teodorico	L'occupazione dei territori conquistati non avviene in maniera coordinata: ....

LAVORARE SUL LESSICO

2 Scrivi la definizione delle seguenti parole o espressioni. Poi, con ciascuna di esse, componi una frase da usare come possibile esordio per un'interrogazione.

aldio • arimanno • faida • guidrigildo • gastaldo • esarca

VERIFICARE LE CONOSCENZE

3 Alcune di queste affermazioni dicono il falso. Individuale e correggile a voce.

a. I Longobardi erano originari della Pannonia.
b. I ducati di Verona e Benevento rimasero di fatto indipendenti dall'originaria corte di Pavia.
c. Tutti i Longobardi giunti in Italia erano pagani.
d. La trasmissione del potere regale presso i Longobardi divenne elettiva.
e. Nel 688 scoppiò la rivolta antibizantina.
f. L'importante zona strategica della Pentapoli comprendeva cinque città del litorale friulano e veneto.
g. I duchi dei territori bizantini dipendevano dall'esarca.
h. Liutprando donò Sutri a Gregorio Magno.

LAVORARE SUI CONTENUTI

4 Osserva l'immagine riprodotta qui sopra, completa la didascalia e poi rispondi alle domande.

Nel 2011 l'UNESCO ha inserito nella lista dei Patrimoni mondiali dell'umanità le sette località che formano il circuito denominato *Longobardi in Italia: i luoghi del potere (568-774)*. Una di queste località è Monte Sant'Angelo, in provincia di Foggia. Qui sorgeva un santuario dedicato a San Michele Arcangelo e fondato nel 490; i Longobardi lo trasformarono in una sorta di "santuario nazionale" dopo la loro conquista del Gargano, avvenuta nel ☐ V secolo / ☐ VII secolo. L'arcangelo Michele, infatti, è un santo guerriero: per questo veniva accostato a Wotan (detto anche ☐ Odino / ☐ Alboino), la principale figura ☐ del pantheon germanico / ☐ della storia longobarda. Dopo la conversione dei Longobardi ☐ all'arianesimo / ☐ al cattolicesimo, il santuario divenne meta di intensi pellegrinaggi. Presso il suo museo si conservano decine di oggetti votivi, come questa figurina in lamina di bronzo dorato, risalente all'VIII secolo.

a. Usando la carta a pagina 211, stabilisci di quale ducato longobardo faceva parte Monte Sant'Angelo.
b. Descrivi il percorso religioso dei Longobardi nel periodo compreso fra il VI e l'VIII secolo.
c. Quali due personaggi lo indirizzarono in maniera significativa?

ANIMAZIONE Tecniche di scrittura nel Medioevo

La vita nei monasteri

I monasteri benedettini, oasi di alta spiritualità ma anche centri produttivi e culturali, sono uno dei simboli della civiltà medioevale.

Monaci cistercensi al lavoro in una miniatura del XII secolo. (Cambridge, University Library)

L'amanuense Frate Rufillo all'opera con raschietto e inchiostri in una miniatura del XII secolo. (Colonia, Fondazione Martin Bodmer)

Microcosmi autonomi: così lo storico francese Jacques Le Goff definiva i monasteri medievali. Ogni comunità monastica, infatti, doveva essere in grado di provvedere in maniera indipendente alle proprie necessità: non solo il cibo, le vesti, gli attrezzi per lavorare i campi, ma anche i libri di preghiere o le medicine che potevano servire ai monaci dovevano essere autoprodotti. Per questo motivo, i monasteri erano vere e proprie cittadelle che ospitavano orti e frutteti, stalle e pollai, magazzini e cantine, mulini e frantoi, laboratori per la tessitura del lino o della lana. Il cuore di queste isole di civiltà era ovviamente costituito dalla chiesa e dal chiostro, dove i monaci potevano ritirarsi a meditare e a pregare. Nei pressi della chiesa sorgeva la sala capitolare: vi si teneva il capitolo, ovvero l'assemblea dei monaci della comunità, sotto la guida dell'abate.

C'erano poi i dormitori: generalmente, ciascun monaco aveva a disposizione una piccola cella arredata con lo stretto indispensabile. I pasti venivano consumati nel refettorio comune, a fianco del quale si trovavano le cucine. I malati erano ricoverati presso un'infermeria e curati con i medicamenti preparati nella farmacia del monastero. Solitamente, in ogni complesso monastico alcuni locali venivano destinati ad accogliere i pellegrini o gli ospiti di passaggio; talvolta si trattava di qualche stanza, ma spesso – in particolare quando i monasteri sorgevano lungo le strade più frequentate o presso i valichi alpini – venivano approntate vere e proprie foresterie, che potevano anche essere poste al di fuori delle mura abbaziali.

Al lavoro negli *scriptoria*

I monasteri non furono solamente entità produttive importanti dal punto di vista economico: furono anche preziosi centri di conservazione e irradiazione della cultura. La regola benedettina prevedeva che ogni monastero avesse una sua biblioteca, per conservare la Bibbia, le opere dei padri della Chiesa e i principali testi teologici. Alcuni monaci, detti amanuensi, erano incaricati di ricopiare i testi conservati presso la biblioteca: i volumi di cui si possedeva più di una copia potevano infatti essere scambiati con altre opere, custodite in altri monasteri. Gli amanuensi lavoravano pazientemente in laboratori detti *scriptoria*, ricopiando non solo le opere degli autori cristiani, ma anche quelle degli scrittori classici greci e latini, che poterono così essere conservate e tramandate nel corso dei secoli.

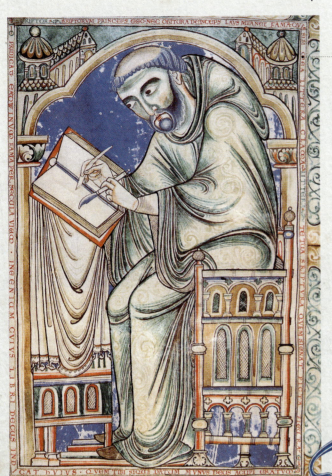

Il monaco amanuense Eadwine intento al suo lavoro in una miniatura del XII secolo. (Londra, Victoria and Albert Museum)

Un monaco in preghiera, statuetta del XIII secolo.

I monaci si riuniscono in chiesa più volte, di giorno e di notte, per pregare insieme in nome di tutti i cristiani. (Londra, British Library)

I volumi di maggior pregio venivano decorati con splendide miniature, veri e propri capolavori dell'arte medioevale.

La giornata dei monaci Al suono di una campana, i monaci si riunivano in chiesa otto volte al giorno per i momenti di preghiera comune che scandivano il tempo della quotidianità. In una giornata d'inverno, per esempio, i monaci si svegliavano verso le due di notte, per recitare insieme la preghiera detta mattutino; poi, all'alba, verso le cinque del mattino, recitavano le lodi. Quindi facevano colazione e, verso le sei, pregavano ancora insieme. Durante la mattinata e il pomeriggio ogni monaco si dedicava alle rispettive attività lavorative, ma altri momenti di preghiera erano fissati alle nove del mattino, a mezzogiorno, alle tre del pomeriggio e alle sei, per la recita dei vespri – le preghiere del tramonto. Dopo la cena comunitaria i monaci si ritrovavano per recitare la compieta, la preghiera che concludeva la loro giornata; infine, si ritiravano nelle proprie celle, verso le dieci di sera, per qualche ora di sonno.
Malgrado le molte attività che fervevano nei monasteri, il compito principale dei monaci era infatti la preghiera e a quella dovevano in primo luogo dedicarsi.

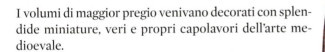

ATTIVITÀ

a. Oltre all'abate e agli amanuensi, un monastero ben organizzato prevedeva la presenza di altre figure specializzate, come il portiere, l'elemosiniere, il maestro dei novizi o il cellario. Svolgi una ricerca in modo da identificarle e chiarire quali compiti avevano.

b. I monaci erano esperti nell'uso delle erbe officinali: nel corso dei secoli alcuni dei loro preparati hanno acquisito una notevole fama e sono stati commercializzati con buon successo. Cerca su Internet notizie circa almeno uno di questi prodotti.

Le fonti di energia nell'Alto Medioevo

Ricostruzione di un mulino ad acqua ad Aldersgate, Londra. (Londra, Museum of London)

Il laboratorio di un fabbro in una miniatura di Jehan de Grise del 1340. (Granger)

La società medioevale, come tutte le società preindustriali, era contrassegnata dalla scarsità di energia.

'uomo medioevale aveva a disposizione quattro principali fonti di energia: l'energia idraulica, quella eolica, i combustibili naturali (legna, torba e carbone) e il lavoro degli animali. I combustibili naturali, e la legna in particolare, svolgevano un ruolo fondamentale: permettevano di riscaldare le abitazioni, di cuocere il cibo, di alimentare i forni dove cuocere la ceramica o fondere i metalli. Ma, malgrado l'importanza della legna, la principale fonte di energia a disposizione dell'uomo medioevale era senza dubbio quella prodotta dagli animali, fossero essi cavalli, muli, buoi (o gli uomini stessi).

L'energia degli animali Grazie agli animali era possibile coltivare la terra e trasportare carichi pesanti; ma anche mettere in moto i carri, trainare dalla riva le imbarcazioni che dovevano risalire la corrente e azionare le macine dei mulini o dei frantoi. Anche nell'artigianato e nell'agricoltura la fonte primaria di energia disponibile era quella animale o umana: i telai, i torni dei vasai, i mantici dei fabbri e anche la maggior parte delle macine per i cereali erano mossi dal lavoro di uomini, muli o asini.

I mulini sono solo per il grano Occorre precisare che l'immagine tradizionale delle campagne medioevali punteggiate di mulini è in larga parte scorretta. I mulini

a vento furono inventati in Iran nel VII secolo d.C. e in Europa non giunsero che a partire dall'XI secolo (forse grazie ai crociati di ritorno dalla Terrasanta). I mulini ad acqua, invece, erano già conosciuti e utilizzati nell'impero romano; nell'Alto Medioevo furono riscoperti e conobbero una certa diffusione.

Il loro impiego era però limitato da due fattori: uno economico (costruirli e mantenerli in esercizio costava molto), l'altro tecnologico. L'azione dell'acqua sulle pale, infatti, produceva un moto rotatorio verticale che gli uomini del tempo sapevano trasformare in un moto rotatorio orizzontale, ma non in un moto alternato. Ciò significava che l'energia idrica poteva essere applicata a un numero molto ridotto di attività: per lungo tempo, quasi tutti i mulini ad acqua presenti in Europa servirono esclusivamente a macinare i cereali. Solo a partire dalla fine del X secolo l'invenzione dell'albero a camme rese possibile applicare l'energia idrica a macchine impiegate per altri scopi industriali, come la lavorazione dei tessuti o quella dei metalli.

ATTIVITÀ

a. Che cos'è un albero a camme? In che modo permette di creare un movimento alternato?

b. L'albero a camme rese possibile l'invenzione della gualchiera: scopri su Internet di cosa si trattava.

c. Immagina la vita di un contadino del tempo: in quante delle sue occupazioni (mietitura, aratura, dissodamento dei campi...) poteva contare su apporti di energia diversa da quella prodotta da lui stesso?

Il lago di Val Viola in Trentino. (Shutterstock)

Le montagne tra sviluppo e incuria

Circa il 35% del territorio italiano è montuoso. La montagna è un mondo affascinante, una straordinaria risorsa economica e culturale, ma è anche una realtà vulnerabile.

n passato, chi abitava in montagna conduceva una vita davvero grama: a causa del clima rigido e della povertà dei terreni, nelle zone montuose i raccolti erano molto meno abbondanti che in pianura. Ciò rendeva necessario praticare, oltre a un'agricoltura di mera sussistenza, anche l'allevamento; e sfruttare, per quanto possibile, le risorse – alimentari, ma non solo – offerte dai boschi.

Un territorio aspro ma generoso... In estate il bestiame (pecore, capre o vacche) veniva portato negli alpeggi, dove porzioni di terreno erano state disboscate così da creare radure che potevano essere utilizzate per il pascolo. I boschi fornivano la legna usata come combustibile e come materiale da costruzione, e venivano inoltre impiegati per pascolarvi i maiali; inoltre, rappresentavano una preziosa fonte di sostentamento, sia perché erano ricchi di selvaggina da cacciare e di frutti spontanei o funghi, sia perché erano, per una parte consistente, costituiti da castagneti – molto diffusi tanto sull'arco alpino quanto sulla dorsale appenninica.
Le castagne costituivano un elemento essenziale nell'alimentazione delle popolazioni di montagna sia per il loro elevato valore proteico, sia perché maturavano in autunno, ossia in un periodo in cui gli altri prodotti della terra scarseggiavano. Le piante di castagno crescevano spesso spontanee, ma altrettanto spesso erano piantate e coltivate dall'uomo. Malgrado l'asprezza della vita in montagna, il rapporto tra uomo e ambiente era dunque armonico: le comunità montane sapevano sfruttare sapientemente, e rispettosamente, le risorse messe a disposizione dall'ambiente in cui vivevano.

... con un equilibrio fragile Negli ultimi decenni le montagne italiane si sono spopolate e questo ha portato a un arretramento dell'agricoltura e dell'allevamento: lungo l'arco alpino dal 1960 a oggi sono stati abbandonati circa 800.000 ettari di prati, che si sono inselvatichiti. Il bosco ha rioccupato spazi che da secoli erano stati colonizzati dall'uomo. L'avanzata del bosco non rappresenta uno sviluppo positivo ma, al contrario, è indice di un preoccupante degrado dell'ambiente montano. A essere occupate dai boschi sono infatti aree agricole, costituite per lo più da pascoli e prati: questo porta alla sparizione degli alpeggi, ovvero alla trasformazione di un ecosistema che è parte del nostro territorio e della sua storia. Cosa ancor più grave, la minor presenza umana comporta la mancata cura delle opere create per irreggimentare le acque: la carenza di manutenzione si lega all'incremento del dissesto idrogeologico – ossia a un maggior pericolo di frane, smottamenti e alluvioni.

LABORATORIO DELLE COMPETENZE

INTERPRETARE LE FONTI

1 **Leggi il brano estratto dall'editto di Rotari, poi rispondi alle domande.**

L'editto di Rotari raccolse le leggi tradizionali dei Longobardi apportandovi però importanti modifiche, così da adattare le norme consuetudinarie del mondo germanico alla nuova realtà sociale ed economica seguita allo stanziamento in Italia.

Rotari raccolse le norme consuetudinarie dei Longobardi, apportandovi però importanti modifiche, con l'intento di adattare la legislazione alla nuova realtà sociale ed economica vissuta dal suo popolo in seguito allo stanziamento in Italia.

L'editto è composto di 388 capitoli numerati progressivamente.

Si espone in questo articolo e nei seguenti il principio secondo cui alla faida andava sostituito il guidrigildo.

Gli aldii erano semiliberi: potevano possedere proprietà private ma erano sottoposti al controllo di un arimanno.

I servi erano schiavi con funzioni particolari – spesso incaricati dei lavori artigianali – e dunque considerati di maggior valore rispetto agli altri schiavi.

In questo articolo viene introdotto il concetto dell'ordalìa (vedi domanda c).

«Quanta è stata, ed è, la nostra sollecitudine per la prosperità dei nostri sudditi lo dimostra il tenore di quanto è aggiunto sotto, principalmente per le continue fatiche dei poveri, così come anche per le eccessive esazioni da parte di coloro che hanno maggior potere, a causa dei quali abbiamo saputo che subiscono violenza. Per questo, confidando nella grazia di Dio onnipotente, ci è parso necessario promulgare migliorata la presente legge, che rinnova ed emenda tutte le precedenti ed aggiunge ciò che manca e toglie ciò che è superfluo. Vogliamo che sia riunito tutto in un volume, perché sia consentito a ciascuno vivere in pace nella legge e nella giustizia e con questa consapevolezza impegnarsi contro i nemici e difendere se stesso e il proprio paese. [...]

45. Per quanto riguarda il risarcimento di lesioni o ferite che si verifichino tra uomini liberi, si paghino le composizioni in questa misura, secondo quanto è prescritto sotto, ponendo fine alla faida, cioè all'inimicizia. [...]

63. Delle dita della mano. Se qualcuno stacca il pollice della mano di un altro, gli paghi una composizione pari alla sesta parte del valore di costui, cioè di quanto quell'uomo sarebbe valutato se lo avesse ucciso.

64. Del secondo dito. Se qualcuno stacca il secondo dito della mano di un altro, paghi una composizione di 16 solidi. [...]

89. Delle dita della mano. Se qualcuno stacca il pollice della mano a un aldio o a un servo ministeriale altrui, paghi una composizione di 8 solidi, oltre alle cure e al compenso del medico.

90. Se stacca il secondo dito della mano, paghi una composizione di 6 solidi. [...]

202. Se una donna trama per la morte del proprio marito da sé o per interposta persona, sia facoltà del marito fare di lei ciò che vuole; e così pure dei beni della donna. Ma se ella nega, sia consentito ai suoi parenti scagionarla o con un giuramento o mediante un campione, cioè con un duello. [...]

297. Della violenza a una serva. Se qualcuno violenta una serva altrui, paghi una composizione di 20 solidi.»

(Da *Editto di Rotari*, in *Le leggi dei Longobardi*, a cura di C. Azzara e S. Gasparri, La storia, Milano 1992)

a. Nel prologo Rotari afferma di aver rinnovato le leggi longobarde aggiungendo «ciò che manca». Quale importante evoluzione del potere regio è sottintesa a questa annotazione?

b. Utilizza i capitoli riportati per spiegare in che modo Rotari cercò di limitare il ricorso alla faida.

c. Il capitolo 202 fa riferimento alla pratica dell'ordalìa, o «giudizio di Dio», tipica del Medioevo e poi rimossa dagli ordinamenti giuridici moderni. Utilizzando Internet o un'enciclopedia, svolgi una breve ricerca e chiarisci a quali aspetti della mentalità medioevale era connessa tale pratica.

d. Considera il contenuto del capitolo 297: a chi avrebbe dovuto essere corrisposto il guidrigildo?

INTERPRETARE LE FONTI

2 **Osserva l'immagine, leggi i testi che l'accompagnano e rispondi alle domande.**

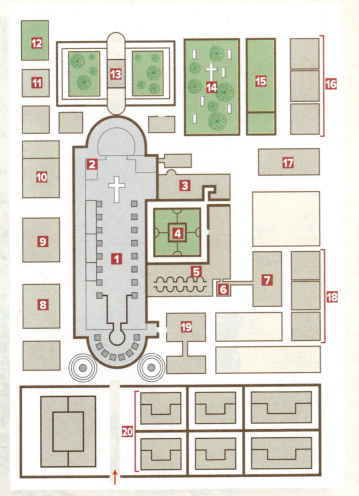

L'immagine nel disegno si basa su un documento conservato nella biblioteca dell'abbazia benedettina di San Gallo, in Svizzera. Attorno all'830 fu presentato all'abate un progetto per la riedificazione del monastero. Il progetto non fu mai realizzato e, probabilmente, non era neanche pensato per essere tradotto in realtà: è comunque un documento di grande importanza, in quanto costituisce la rappresentazione del monastero ideale.

1 Chiesa
2 *Scriptorium*
3 Dormitorio dei monaci
4 Chiostro
5 Refettorio, cantina e dispensa
6 Cucina
7 Forno e birrificio
8 Alloggio per gli ospiti di riguardo
9 Scuola
10 Alloggio dell'abate
11 Farmacia
12 Orto dei semplici

13 Alloggio dei novizi e ospedale
14 Cimitero dei monaci e frutteto
15 Orto
16 Pollai e alloggi per gli addetti ai pollai
17 Granaio
18 Mulino, frantoio e fornace
19 Ospizio per pellegrini e poveri
20 Stalle e porcili; alloggi per stallieri e porcai

a. Individua sulla pianta i principali ambienti del monastero e spiegane la funzione. Fra gli spazi deputati alla preghiera e alla riflessione e quelli destinati ad altre funzioni quali sono prevalenti?
b. In che modo il progetto qui proposto si lega con la definizione data da Jacques Le Goff dei monasteri come «microcosmi autonomi»? Motiva la tua risposta.

INTERPRETARE LE FONTI

3 **Leggi il brano seguente, tratto dall'inventario dei possedimenti dell'abbazia di Saint Germain-des-Prés (vicino a Parigi) all'inizio del IX secolo. Poi rispondi alle domande.**

I *bunuaria*, gli arpenti e le pertiche erano antiche misure di superficie o di lunghezza.

«Walafredo colono e sua moglie, colona, uomini di San Germano, hanno con sé due figli. Il capofamiglia tiene due mansi, per sette *bunuaria* di terra arabile, sei arpenti di vigna, quattro arpenti di prato. Paga per ogni manso un bue all'anno; l'anno seguente un porco adulto; quattro denari per il diritto d'uso del bosco, due moggi di vino per il pascolo, una pecora con un agnello. Egli ara quattro pertiche per il grano invernale e due pertiche per il grano primaverile; fa *corvée*, trasporti, lavori manuali e taglio di legno per quanto gli si comanda.»

(Da R. Boutrouche, *Signoria e feudalesimo*, Il Mulino, Bologna 1971)

a. Walafredo pagava un tributo annuale per il diritto di utilizzare il bosco: con quali vantaggi?
b. Quale passaggio del testo ci indica che l'abbazia poteva disporre di manodopera gratuita?

6

Gli Arabi e la diffusione dell'islam

CIAK si impara! VIDEO

L'islam, una nuova religione

1. Che cosa è e quando si verifica l'ègira?
2. Perché in ogni moschea è sempre presente una fontana?

Con il termine arabo *islam*, letteralmente «sottomissione a Dio», si intende, oltre alla religione musulmana fondata da Maometto nel VII secolo in Arabia, l'insieme di pratiche sociali, politiche e culturali che a tale religione fanno riferimento.

Grazie alla predicazione di Maometto e alle conquiste militari effettuate dai suoi successori, l'islam si diffonde nel volgere di pochi decenni in un'area vastissima, estesa dalle coste dell'Atlantico all'Asia centrale. Questa rapida espansione si accompagna allo scambio fra la cultura degli Arabi e quella delle popolazioni conquistate. Ne deriva una nuova, ricchissima e vivace civiltà, sfaccettata al proprio interno e aperta a numerose influenze.

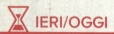 IERI/OGGI

L'islam è, con il cristianesimo e l'ebraismo, una delle tre grandi religioni monoteistiche. Tutte e tre condividono sia la fede nello stesso, unico Dio, sia alcuni precetti morali che dovrebbero guidare i comportamenti dei fedeli.
Nel corso dei secoli cristiani, ebrei e musulmani si sono spesso trovati a convivere e a confrontarsi. In molti casi tale vicinanza si è risolta in maniera pacifica e, attraverso il dialogo, ha portato a un reciproco arricchimento, sia sul piano culturale sia su quello materiale. In altri, le differenze religiose sono state causa di aspri disaccordi, talvolta sfociati in conflitti e persecuzioni verso chi adorava Dio in modo diverso.

◄ Brocca araba a forma di rapace, 796. (San Pietroburgo, Museo dell'Ermitage)

⋀ L'incontro tra Maometto e Mosè in una miniatura del XV secolo. (Parigi, Biblioteca Nazionale / RMN)

⋁ Papa Francesco in visita a Gerusalemme con alcune autorità musulmane. (Getty Images)

Ormai da decenni i rappresentanti di queste tre grandi fedi hanno avviato un approfondito e sincero dialogo interreligioso; eppure, malgrado i molti passi avanti, l'intolleranza religiosa è ancora diffusa e spesso si esprime in forme violente. Soprattutto, ancora oggi in molti luoghi del nostro pianeta ci sono persone perseguitate e uccise a causa della loro fede.

a. L'intolleranza religiosa è spesso causata da una scarsa conoscenza della fede altrui. Tu quanto conosci le diverse religioni?

b. Secondo papa Francesco, il confronto interreligioso richiede di «mantenersi fermi nelle proprie convinzioni più profonde, con un'identità chiara e gioiosa ma aperti a comprendere quelle dell'altro». Come pensi si possa tradurre, nella vita di tutti i giorni, questo invito all'apertura?

Maometto e la nascita dell'islam

IL LUOGO

LA MECCA
È la principale città santa dell'islam; anche nel VI secolo era un importante centro religioso, oltre che una tappa obbligata lungo le piste carovaniere che solcavano la penisola arabica.

IL PROTAGONISTA

MAOMETTO
È il fondatore della nuova religione, un condottiero e un capo politico. Per i musulmani, è l'ultimo e il definitivo fra i profeti scelti da Dio per annunciare il suo messaggio di salvezza.

L'EVENTO

L'ÈGIRA
Nel 622 Maometto si trasferisce a Yàthrib – poi ribattezzata Medina – e ne assume il controllo: nasce la prima *umma*, una comunità dei fedeli musulmani, che è al tempo stesso religiosa e politica.

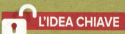

L'IDEA CHIAVE

L'ISLAM
L'islam non è solo la terza grande religione monoteista, ma anche una ricca e articolata civiltà le cui conquiste intellettuali hanno profondamente arricchito l'umanità.

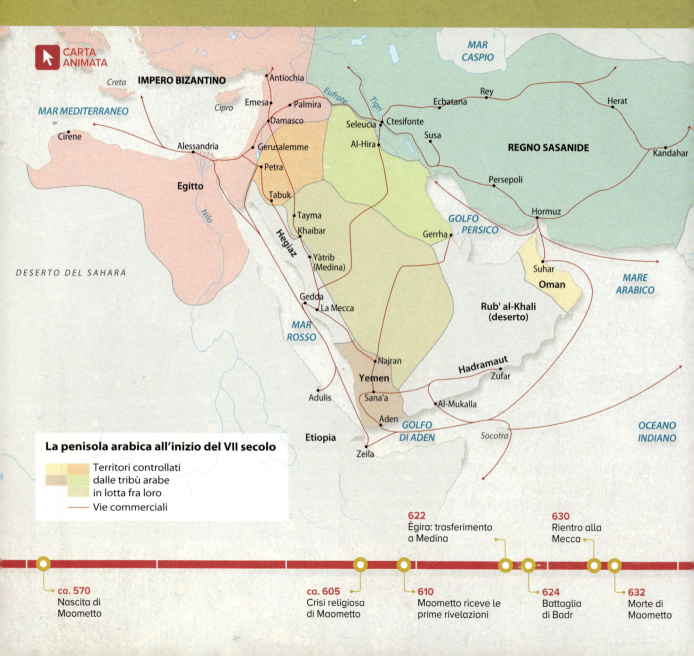

CARTA ANIMATA

La penisola arabica all'inizio del VII secolo

Territori controllati dalle tribù arabe in lotta fra loro

Vie commerciali

622 Ègira: trasferimento a Medina

630 Rientro alla Mecca

ca. 570 Nascita di Maometto

ca. 605 Crisi religiosa di Maometto

610 Maometto riceve le prime rivelazioni

624 Battaglia di Badr

632 Morte di Maometto

Fedeli musulmani in pellegrinaggio alla Mecca per pregare presso la Ka'ba il luogo più sacro dell'islam. (Zurijeta / Shutterstock)

1 L'Arabia preislamica

I regni dell'Arabia meridionale ▪ L'Arabia è una vasta penisola – la sua superficie è dieci volte superiore a quella dell'Italia – posta tra il Mar Rosso, l'oceano Indiano e il Golfo Persico. Il suo territorio è per gran parte occupato da un ampio tavolato desertico, nel quale le precipitazioni sono quasi del tutto assenti e dove le temperature nei mesi più caldi possono superare i 50 gradi.

Solo lungo le sue coste meridionali (oggi occupate dagli Stati dello Yemen e dell'Oman) l'arrivo di aria umida proveniente dall'oceano rende le temperature relativamente più miti e le precipitazioni più frequenti. I Romani soprannominavano questa regione *Arabia Felix* (cioè Arabia «felice», «prospera» o «fertile») e favoleggiavano della sua ricchezza, basandosi sui racconti dei viaggiatori orientali; effettivamente nell'antichità vi sorsero regni ricchissimi, la cui prosperità si fondava sul commercio delle spezie, importate dall'India, e dell'incenso locale. Nel 25 a.C. Augusto cercò di impadronirsi di questi territori organizzando una spedizione militare, ma tale missione si concluse in modo fallimentare.

Le città dell'interno e la società beduina ▪ Lungo le vie carovaniere che attraversavano la penisola arabica, in corrispondenza di grandi oasi, si formarono alcune importanti città abitate da mercanti e artigiani. Nelle aride regioni dell'interno, dove a causa della scarsità di acqua lo sviluppo di insediamenti stabili era quasi impossibile, vivevano popolazioni noma-

Stele funeraria araba in alabastro con scena di banchetto e cammelli, III secolo. (Parigi, Museo del Louvre)

❮ **La porta sacra della Ka'ba** nel momento in cui viene sollevata la *kiswa*, la "veste" di seta nera con ricami di lamine d'oro che riproducono versetti del Corano. La *kiswa*, che normalmente copre la Ka'ba, durante il pellegrinaggio sacro annuale viene sollevata a metà altezza, per evitare che venga strappata dai fedeli; quando le cerimonie del pellegrinaggio sono avviate, la *kiswa* viene tolta per essere poi sostituita: ogni anno, infatti, ne viene predisposta una nuova, mentre i brandelli di quella vecchia vengono divisi tra i fedeli come reliquie in cambio di offerte. (Nusain Yousuf)

di, i **beduini** (dall'arabo *bedw*, «abitante del deserto»), che si dedicavano all'allevamento e occasionalmente alle razzie nei confronti delle comunità stanziali e delle carovane in transito. La società beduina aveva un'organizzazione tribale: ogni tribù, guidata da uno **sceicco**, era divisa in clan, ciascuno dei quali era composto da varie famiglie.

In grande maggioranza, gli abitanti della penisola arabica erano **animisti** (ossia adoravano le forze della natura sotto forma di alberi, corpi celesti, pietre e così via) e **politeisti**, dato che veneravano numerose divinità femminili e maschili. Nelle principali città sorgevano santuari che custodivano **idoli** dedicati alle diverse divinità. Il più importante luogo di culto era il santuario della **Ka'ba**, nella città della Mecca, visitato ogni anno da migliaia di pellegrini, in cui si custodiva la **Pietra Nera**, una roccia meteoritica oggetto di profonda venerazione.

Una società in trasformazione ▪ Grazie alla sua posizione geografica, a cavallo fra l'oceano Indiano e il Medio Oriente, l'Arabia aveva sempre costituito un importante snodo commerciale. La sua importanza crebbe ulteriormente nel VI secolo, quando le piste carovaniere di terra – che partendo dall'Oriente attraversavano l'altopiano iranico, la Mesopotamia, la Siria e il Libano per raggiungere i porti del Mediterraneo – divennero insicure a causa delle frequenti guerre tra l'impero bizantino e quello persiano. I mercanti cominciarono dunque a spostarsi sempre più spesso via mare, sbarcando sulle coste meridionali della penisola arabica, per poi raggiungere le coste della Siria seguendo le rotte carovaniere che attraversavano le zone desertiche.

L'intensificarsi dei commerci favorì lo sviluppo economico dei centri urbani e il rafforzamento dei ceti mercantili e artigianali (a cui si accompagnò, però, una crescita del divario sociale tra ricchi e poveri). **La Mecca**, allora sotto il controllo dell'influente tribù dei **Qurayshiti**, divenne il principale emporio commerciale della penisola; il suo primato era conteso solo dalla città di **Yàthrib**, che sorgeva circa 350 chilometri più a nord.

L'intensificazione dei traffici ebbe importanti conseguenze anche sul piano culturale: seguendo le carovane fino in Siria o in Palestina, i mercanti arabi entrarono in contatto con le civiltà del Vicino Oriente e con le religioni monoteistiche – cristianesimo ed ebraismo – che vi erano diffuse. Nelle principali città arabe nacquero così comunità ebraiche e cristiane.

Fu in questo ambiente, attraversato da forti trasformazioni sociali e da altrettanto forti fermenti culturali, che visse e si formò Maometto.

Sceicco

La parola deriva dall'arabo *shaykh*, «anziano». Come in tutte le società antiche, anche nel mondo arabo gli anziani godevano di grande prestigio. All'interno delle tribù, lo sceicco aveva funzione di capo militare e di giudice nelle contese.

Idoli

Si definisce «idolo» ogni oggetto che viene adorato in quanto ritenuto una divinità o il simbolo di una divinità. Il termine deriva da una parola greca che significa «immagine», «simulacro». Chi adora gli idoli viene definito «idolatra»; questo termine, talvolta, è usato in senso dispregiativo con il significato di «seguace di una falsa religione».

❮ **Brocca in ceramica utilizzata dai pellegrini arabi** nel VII secolo. (Toronto, Aga Khan Museum)

2 Maometto, il Profeta

La rivelazione e gli inizi della predicazione • Maometto (in arabo Muhammad) **nacque alla Mecca** attorno al **570** da una famiglia di mercanti di modeste condizioni economiche, appartenente a un ramo minore della tribù dei Qurayshiti. Sui primi anni della sua vita possediamo poche informazioni: sappiamo che attorno ai sei anni rimase orfano, che venne affidato alla tutela dello zio Abu Talib e che la sua gioventù fu probabilmente segnata dalle ristrettezze economiche. Poco più che ventenne entrò al servizio di Khadîja, la ricca vedova di un mercante; per conto di Khadîja, che qualche anno più tardi avrebbe sposato, Maometto si recò più volte in Palestina e in Siria; lì ebbe la possibilità di conoscere e frequentare le comunità ebraiche e cristiane. Questi incontri influenzarono la sua formazione religiosa, indirizzandolo verso un rigoroso monoteismo.

Verso i quarant'anni Maometto attraversò una profonda crisi religiosa che lo spinse a ritirarsi dagli affari e a dedicare il proprio tempo alla meditazione e alla preghiera. Spesso si recava a riflettere sul monte Hira, poco distante dalla Mecca. Secondo la tradizione, fu lì che nel **610** gli apparve l'arcangelo Gabriele, il quale gli rivelò l'esistenza di un unico dio creatore dell'universo e lo incaricò di diffondere tra gli Arabi la rivelazione che aveva appena ricevuto. Maometto, in qualità di **profeta**, cominciò dunque a predicare una nuova religione, che si distingueva dagli antichi culti delle popolazioni arabe per il suo stretto monoteismo e affermava l'uguaglianza di tutti gli uomini, in quanto figli di Dio.

In poco tempo, attorno a lui si radunò una nutrita comunità di fedeli; i suoi discepoli furono definiti **musulmani** – dal termine arabo *muslim*, «sottoposti alla volontà di Dio», in quanto partecipi dell'**islam**, ovvero la sottomissione, l'abbandono nelle mani di Dio.

L'ègira • La predicazione di Maometto destò l'ostilità dei Qurayshiti della Mecca: questi guardavano con sospetto i contenuti egualitari della nuova religione e, inoltre, temevano che la condanna del culto degli idoli avrebbe messo a rischio i loro affari, in gran parte legati all'accoglienza dei pellegrini in visita ai santuari locali.

> Maometto entra alla Mecca e distrugge le statue e gli idoli pagani presso la Ka'ba. Maometto non è rappresentato, ma il cavallo bianco e le fiamme simboleggiano la sua presenza. Manoscritto persiano del XIX secolo. (Parigi, Biblioteca Nazionale)

Dov'è Badr?

✔ **CONOSCERE**

A differenza del calendario gregoriano, che è basato sul ciclo solare, quello islamico si basa sulle fasi lunari. Non si può dunque ricavare la data islamica corrispondente a una data gregoriana con una semplice sottrazione. Scopri in che anno siamo secondo il calendario islamico utilizzando un convertitore tra i tanti disponibili su Internet.

Maometto e l'armata islamica durante una battaglia in una miniatura del 1594. (Copenaghen, David Collection)

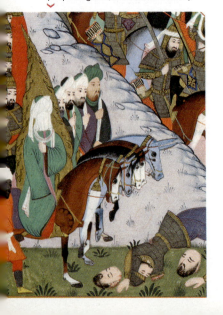

Per alcuni anni la protezione garantita dalla moglie Khadîja e dallo zio Abu Talib assicurò a Maometto e ai suoi compagni una relativa tranquillità, ma nel 619 la morte sia di Khadîja sia di Abu Talib lasciò la piccola comunità raccolta attorno a Maometto completamente indifesa. Nel frattempo la predicazione di Maometto si era diffusa tra le tribù dei beduini e negli altri centri dell'Arabia: per questo motivo gli abitanti di Yàthrib, il centro che da tempo contendeva alla Mecca il controllo delle rotte carovaniere, invitarono Maometto in città chiedendogli di assumerne il controllo e di porre fine ai contrasti tribali che la dividevano. Nel **622** Maometto e i suoi compagni abbandonarono La Mecca e si trasferirono a Yàthrib, che fu ribattezzata «la città del Profeta» ossia *al-Madinat an-Nabi* o, più semplicemente, **Medina**.

Il trasferimento (in arabo **ègira**) a Medina costituì per la nascente società islamica un evento di fondamentale importanza, tanto che i musulmani hanno assunto il **622** come **anno iniziale dell'era islamica e del loro calendario**. A Medina Maometto assunse infatti il controllo politico e civile della città: nasceva così la prima vera *umma*, ovvero la prima comunità di fedeli musulmani uniti non dai tradizionali vincoli tribali ma dalla comune fede religiosa.

Il ritorno alla Mecca

Da Medina Maometto iniziò contro i pagani della Mecca una guerra fatta per lo più di razzie contro le carovane dei Qurayshiti. Le prime vittorie contro di loro, come quella conseguita nel **624** nella **battaglia di Badr**, accrebbero il prestigio di Maometto e portarono molti beduini (e persino alcuni abitanti della Mecca) a convertirsi all'islam. La guerra contro gli idolatri si protrasse per otto anni, durante i quali Maometto proseguì la sua opera di proselitismo. Fondamentale nel decretare il successo finale dell'islam fu la decisone di Maometto di **incorporare nella nuova religione alcuni elementi della devozione tradizionale** – affermando, per esempio, che la Ka'ba era il primo tempio innalzato da Abramo e da suo figlio Ismaele (considerato il capostipite degli Arabi) in onore del vero Dio; che la Pietra Nera era stata portata sulla Terra dall'arcangelo Gabriele; e che i musulmani dovevano compiere il pellegrinaggio verso

La Mecca, indicata come una città santa. Queste sue prese di posizione indebolirono l'opposizione di molti fra i sostenitori dei Qurayshiti.

Nel **630** Maometto rientrò alla Mecca da trionfatore, alla testa dei suoi uomini e al grido di «*Allah akbar*» («Dio è il più grande»). Subito dopo si recò presso il recinto sacro della Ka'ba e distrusse tutti gli idoli che vi si trovavano, tranne la Pietra Nera e due icone raffiguranti Cristo e sua madre Maria; le pratiche idolatriche furono vietate e la fede islamica si impose, negli anni successivi, anche presso le ultime tribù beduine.

Quando Maometto morì, nel **632**, la nuova religione si era diffusa in tutta l'Arabia e, per la prima volta nella loro storia, gli Arabi erano uniti in un solo Stato, il *dar-al-islam*.

3 La religione islamica

Una religione monoteista e rivelata

▪ Come l'ebraismo e il cristianesimo, anche l'islam è un monoteismo, perché predica l'esistenza di **un unico Dio, creatore di tutto l'universo**. Così come per gli ebrei e per i cristiani, anche per i musulmani Dio è buono – l'appellativo che più usano per indicarlo è «il Misericordioso» – e ha cura dei propri figli; alla fine dei tempi giudicherà il loro comportamento premiando chi ha vissuto in maniera virtuosa e punendo invece i peccatori. A questo Dio sommamente giusto il fedele deve affidare la propria vita, in modo che egli lo aiuti a mantenersi sulla retta via allontanandolo dal peccato.

Come l'ebraismo e il cristianesimo, l'islam si presenta come una **religione rivelata** (ovvero frutto di una diretta manifestazione di Dio ad alcuni individui, incaricati di diffondere il suo messaggio). In particolare, per i musulmani l'islam rappresenta il **compimento della rivelazione divina**: Dio avrebbe parlato agli uomini attraverso i patriarchi e i profeti ebraici, come Abramo, Mosè, Giuseppe, Davide; poi attraverso Gesù, venerato come profeta con grande reverenza (nel Corano si legge «e già inviammo Noè e Abramo e stabilimmo fra la loro progenie il dono della Profezia e il Libro [...] e ancora inviammo Gesù figlio di Maria, e demmo a lui il Vangelo, e ponemmo nei cuori di coloro che lo seguirono mitezza e misericordia», Sura 57, 26-27); e infine attraverso Maometto.

Per i musulmani, infatti, gli ebrei e i cristiani condividono la rivelazione divina, ma in misura minore e scorretta: proprio perché gli uomini travisarono il messaggio presente in queste due prime rivelazioni, Dio decise di inviare un nuovo profeta, Maometto, a portare loro la verità definitiva. Maometto, che è quindi il Profeta per antonomasia, è detto il «sigillo dei profeti» perché l'ultimo, il più importante e il definitivo inviato di Dio: lui ha consegnato agli uomini l'integrale rivelazione divina e dopo di lui non vi possono essere ulteriori rivelazioni o ulteriori profeti.

Le verità rivelate a Maometto, in un primo tempo tramandate per lo più oralmente e affidate alla memoria dei primi seguaci, furono riordinate e messe per iscritto solo una ventina d'anni dopo la morte del Profeta: il loro insieme costituisce il **Corano** (dal termine arabo *quran*, che significa «recitazione», «predicazione»), il testo sacro dell'islam.

---

dar al-islam

Letteralmente, «la casa dell'islam»: è lo spazio territoriale e politico soggetto alla legge islamica e abitato dalla *umma* («comunità») dei credenti, entro il quale è vietato condurre guerre. Si oppone al *dar al-harb*, «la casa della guerra», ossia il territorio extra-islamico.

✓ CONOSCERE

I musulmani si riferiscono spesso a Maometto chiamandolo semplicemente «il Profeta», con l'iniziale maiuscola. Prova a spiegare perché.

Pagina miniata del Corano. (Milano, Biblioteca Ambrosiana)

Il Corano, la parola di Dio

Il teologo musulmano al-Ghazali (1058-1111) ha definito il Corano come «un mare profondo che contiene ogni genere di perle e di pietre preziose», e in effetti poche opere nella storia della civiltà possiedono una ricchezza paragonabile alla sua. Tuttavia con questa sua affermazione al-Ghazali intendeva suggerire che, così come non ci si avventura da soli nella vastità del mare, allo stesso modo chi si accosta alla lettura del Corano necessita di una guida: questo testo infatti va considerato non come opera dell'uomo, ma come parola divina rivolta all'uomo; e, in quanto tale, è insondabile nella sua profondità.

Per i lettori occidentali leggere questo testo straordinario, composto con un linguaggio ricco e immaginifico e in prosa rimata, può essere piuttosto difficile per varie ragioni. Per prima cosa, alle nostre orecchie sfugge la poeticità dei suoi versetti, che poggia su assonanze e rime impossibili da rendere in traduzione. Un altro ostacolo è rappresentato dal fatto che il Corano è un testo composito e asistematico: al suo interno le argomentazioni teologiche, i precetti di vita quotidiana, le profezie e le ammonizioni morali si susseguono secondo un ordine che può risultare faticoso comprendere. Per fare un esempio, i 114 capitoli (le sure) che lo compongono non sono organizzate per temi, né presentate secondo l'ordine in cui furono rivelate a Maometto, ma disposte grossomodo in ordine di lunghezza decrescente, dalla più lunga alla più corta. Ma questi e altri ostacoli possono comunque essere superati attraverso lo studio e l'approfondimento, che permettono di cogliere appieno la ricchezza dei contenuti di quest'opera.

L'arcangelo Gabriele in una miniatura tratta da un testo persiano del XIV secolo, il *Compendio delle cronache* di Rashid al-Din. (Edimburgo, University Library)

❝Grida, in nome del tuo Signore che ha creato – ha creato l'uomo da un grumo di sangue! Grida! Ché il tuo Signore è il Generosissimo. Colui che ha insegnato l'uso del calamo, ha insegnato all'uomo ciò che non sapeva.❞
(Corano, Sura 96, 1-5 – detta «del Grumo di Sangue»)

Secondo tutti i commentatori queste furono le prime parole che l'arcangelo Gabriele rivolse a Maometto. La rivelazione si apre dunque ribadendo che Dio è il creatore dell'universo, ed è compito del Profeta predicare agli uomini la verità della sua esistenza.

❝Dio è la Luce dei cieli e della terra, e si rassomiglia la Sua Luce a una Nicchia, in cui è una Lampada, e la Lampada è in un Cristallo, e il Cristallo è come una Stella lucente, e arde la Lampada dell'olio di un albero benedetto, un Olivo né orientale né occidentale, il cui olio per poco non brilla anche se non lo tocchi fuoco. È Luce su Luce [...].❞
(Corano, Sura 24, 35 – detta «della Luce»)

Dio è trascendenza: la sua realtà esiste al di fuori e oltre questo mondo. Tuttavia la sua presenza si rifrange come luce in ogni angolo del creato; in questo modo Dio entra in contatto con l'umanità e porta a ciascuno il suo messaggio di salvezza.

Lampada da moschea prodotta in Siria attorno al 1340. (Londra, Victoria and Albert Museum)

La pagina della Sura «dell'Alba» in un Corano moderno. (A. Achu).

"Io mi rifugio presso il Signore dell'Alba, dai mali del creato, e dal male di una notte buia quando s'addensa, e dal male delle soffianti sui nodi, e dal male dell'invidioso che invidia."
(Sura 113, 1-5 – detta «dell'Alba»)

La Sura dell'Alba, una delle più brevi del Corano, è una delle due cosiddette sure apotropaiche (dal greco «che allontana o annulla gli influssi maligni»), la cui recitazione serve a rassicurare il fedele sulla presenza di Dio e ad allontanare da lui ogni sciagura o tentazione.

L'arcangelo Israfil suona le trombe del giudizio in una miniatura del 1280. (Washington, Freer Gallery of Art)

"Non vedi colui che taccia di menzogna il Dì del Giudizio? È quello stesso che scaccia l'orfano, e non invita a nutrire il povero. Guai a quelli che pregano e sono incuranti delle loro preghiere, che sono pieni di ostentazione e rifiutano di dare ciò che è utile."
(Sura 107, 1-7 – detta «dell'Elemosina»)

L'adesione del fedele alla fede coranica deve essere totale e tramutarsi in regola di vita. Il Corano è estremamente duro verso coloro che professano in modo esteriore la loro fede e non assolvono agli obblighi di fratellanza che dovrebbero unire tutti gli uomini.

"Per le puledre veloci correnti anelanti, scalpitanti scintille gareggianti a corsa di primo mattino, suscitando polvere a nembi nel pieno della turba nemica!
In verità l'uomo è ingrato verso il suo Signore ed egli stesso ne è testimone, feroce d'amore dei beni terreni."
(Sura 100, 1-8 – detta «delle Puledre veloci»)

Il Corano, come la Bibbia, contiene pagine di pura poesia come la splendida Sura delle Puledri veloci. La bellezza dei versi, in arabo ritmati da un prezioso gioco di rime, non è però fine a se stessa: vi si unisce l'invito ad anteporre l'amore per Dio a quello per i beni terreni.

"Le inviammo il Nostro Spirito, che apparve a lei sotto forma di un uomo perfetto. Ella gli disse: "Io mi rifugio nel Misericordioso, avanti a te se tu sei timorato di Dio". Le disse: "Io sono il Messaggero del tuo Signore, per donarti un fanciullo purissimo". "Come potrò avere un figlio, rispose Maria, se nessun uomo mi ha toccata mai, e non sono una donna cattiva?""
(Sura 19, 17-20 – detta «di Maria»)

Maria (in arabo Maryam), madre di Gesù, è la sola donna chiamata per nome nel Corano. A lei è dedicata un'intera sura, a testimonianza del grande rispetto che i musulmani nutrono nei suoi confronti e nei confronti di Gesù, considerato un importante profeta. Il racconto coranico dell'annunciazione corrisponde precisamente a quello evangelico.

Pannello con cavalli del periodo fatimida, XI secolo (New York, Metropolitan Museum of Art)

Una rara raffigurazione dell'annunciazione dal *Compendio delle cronache* di Rashid al-Din. (Edimburgo, University Library)

RIFLETTERE E DISCUTERE

In base a quanto hai studiato finora, prova a spiegare perché i fedeli dell'islam non si autodefinirebbero mai come «maomettani» (un termine spesso usato impropriamente come sinonimo di «musulmani»).

Secondo i musulmani, il Corano è la parola di Dio, dettata dall'arcangelo Gabriele a Maometto. Il Profeta è semplicemente colui che ha diffuso fra gli uomini le verità rivelate, non l'autore del Corano (considerarlo così sarebbe una blasfemia), che invece è Dio stesso.

I cinque pilastri dell'islam

▪ Ogni buon musulmano è tenuto al rispetto di cinque precetti fondamentali, i cosiddetti Cinque pilastri dell'Islam. Li elenchiamo di seguito.

– La **professione di fede** (in arabo, *shahada*) in Dio, nella sua unicità e nella verità da lui rivelata a Maometto. L'ingresso nella comunità dei fedeli non avviene attraverso un sacramento, ma con la semplice accettazione dell'unicità di Dio e della sua rivelazione. Chiunque affermi con cuore sincero e di fronte ad almeno due testimoni di credere che «non c'è altro Dio al di fuori di Dio, e Maometto è il suo Profeta» entra automaticamente a far parte della *umma*.

– La **preghiera**, che va ripetuta cinque volte al giorno, osservando un preciso rituale e rivolgendo il viso verso La Mecca. Deve essere svolta in condizioni di purezza spirituale e materiale. Il fedele deve avere la mente sgombra da altri pensieri, così da poter rivolgere la propria attenzione esclusivamente a Dio. Prima di pregare, ci si deve lavare le mani, il volto, la testa e i piedi in segno di rispetto verso la magnificenza di Dio. Anche l'ambiente in cui si prega dev'essere pulito: per questo i musulmani si inginocchiano su tappeti che li separino dalla sporcizia del suolo.

– La pratica della carità attraverso l'**elemosina**, in aiuto ai più bisognosi. In passato, questo tipo di elemosina (in arabo *zakat*, «elemosina legale, prescritta») prendeva la forma del pagamento di una tassa. Oggi i fedeli sono tenuti a devolvere una percentuale (calcolata liberamente) dei propri guadagni annuali alla comunità, a organizzazioni caritatevoli o allo Stato di residenza; in più possono versare anche offerte volontarie. Il significato morale di questa prescrizione è chiaro: in una comunità unita dalla fede tutti sono chiamati alla solidarietà.

– Il **digiuno** dall'alba al tramonto nel mese sacro di Ramadan, quello in cui Maometto ricevette la rivelazione dall'arcangelo Gabriele.

– Il **pellegrinaggio** (l'*hajj*) verso la città santa della Mecca, che deve essere compiuto almeno una volta nella vita.

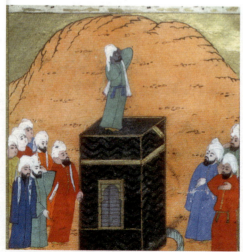

❯ A SINISTRA **Bilal, il primo muezzin dell'islam, dirige la preghiera** dalla cima della Ka'ba, manoscritto persiano del XVI secolo. (Istanbul, Museo Topkapi)

A DESTRA **Processione che celebra la fine del Ramadan** in una miniatura irachena del 1237. (Parigi, Biblioteca Nazionale)

Una religione priva di sacerdoti ▪ Diversamente da molte altre religioni – comprese le altre due grandi religioni monoteiste, l'ebraismo e il cristianesimo – l'islam delle origini non prevedeva l'esistenza di una classe sacerdotale consacrata. Questo perché ciascun fedele musulmano si rivolge a Dio direttamente, attraverso la preghiera, intessendo con lui un dialogo che non ha bisogno di intermediari.

Non sono pertanto sacerdoti né il *muezzin* («chi invita alla preghiera») – il cantore che, salmodiando dal minareto della moschea, ricorda ai fedeli quando praticare le cinque preghiere individuali quotidiane; né l'*imam*

Minareto

Dall'arabo *manar*, «faro»: è la torre presente in quasi tutte le moschee.

Moschea

È l'edificio di culto per i musulmani. Il termine deriva dall'arabo *masjid*, «luogo di adorazione».

 LEGGERE LA STORIA

La professione di fede nell'islam

In questo brano Heinz Halm, storico e studioso dell'islam, commenta la *shahada*, che, apparentemente semplice nella forma, è in realtà il manifesto di un rigoroso monoteismo ed espone in forma sintetica importanti princìpi dottrinali.

"I cinque doveri fondamentali dell'Islam sono noti anche come i suoi «pilastri». Il primo di essi è la professione di fede, la «testimonianza» (*shahada*): «Professo che non esiste altra divinità oltre che Dio stesso e che Muhammad è l'Inviato di Dio». Con questa formula bipartita il musulmano si dichiara per il monoteismo assoluto e per la missione profetica di Muhammad, riconoscendo parallelamente nel Corano lasciato dal Profeta la parola divina rivelata.

In arabo «Dio» si dice «Allah» (forma contratta di *al-ilàh*, «la divinità»). Non si tratta dunque di un nome proprio (come Zeus o Shiva), ma di un appellativo (come *Deus*, *Dieu*) e va quindi tradotto con Dio. Il monoteismo assoluto è d'altra parte un cardine del Corano, dove è condannato come peccato grave ogni tentativo di porre qualsivoglia forma di divinità al fianco di Dio. L'«associare» è il peccato per antonomasia; l'«associazionista», ovvero il politeista, il peggiore dei peccatori. Il manifesto del monoteismo è la sura CXII: «Nel no-

me di Dio, clemente e misericordioso! Di': "Egli, Dio, è uno, Dio, l'Eterno. Non generò né fu generato e nessuno Gli è pari"». La critica indirizzata al cristianesimo è chiara: Dio non ha un figlio, e non è figlio a sua volta. Il dogma trinitario cristiano è inammissibile per il musulmano. Gesù è un profeta mandato da Dio, ma non il figlio di Dio.

La missione profetica di Muhammad, oggetto della seconda parte della professione di fede, è per il musulmano l'ultima e definitiva rivelazione divina, dopo la quale non ci sarà che il Giudizio Finale, evocato in numerosi passi del Corano. Per questa ragione Muhammad viene chiamato anche «suggello dei profeti» (*khàtarn an-nabtytn*): la sua missione profetica chiude la serie delle precedenti, che da Adamo, attraverso Noè, Abramo e i patriarchi, Mosè e numerose altre figure veterotestamentarie, tra cui David e Salomone, arriva fino a Gesù.**"**

(H. Halm, *L'Islam*, Laterza, Roma-Bari 2000)

---

a. Halm definisce la *shahada* «bipartita»: che cosa sostengono le sue due parti?

b. In che cosa differiscono la concezione di Dio nell'islam e nel cristianesimo? Quale ruolo il Corano riconosce a Cristo?

c. Perché Maometto è detto il «sigillo (o suggello) dei profeti»?

❯ Il credo islamico della *shahada* rappresentato su un pannello in marmo del XIII secolo. (Copenaghen, David Collection)

(«colui che sta davanti, che precede») – un membro della comunità che, grazie alla sua condotta integerrima e alla sua conoscenza del Corano, riceve l'incarico di guidare la preghiera collettiva del venerdì, il giorno festivo per i musulmani; e neppure l'*ulema* («il sapiente», «il saggio») – un teologo studioso delle Sacre Scritture e dei testi giuridici, che viene interrogato in casi di dubbio su certi passaggi dottrinali.

Ancora oggi, la maggioranza dei musulmani condivide questa posizione; i musulmani che aderiscono al ramo minoritario dell'islam, quello sciita (❯ Lez. 12), si affidano invece a un clero strutturato e molto influente.

4 La civiltà islamica

La legge islamica si basa sull'interpretazione del Corano e della *sunna* ▪ Il Corano, il testo sacro dell'islam, è il punto di riferimento obbligato per tutti i musulmani, che sono chiamati ad adeguare i propri comportamenti al suo messaggio. Contiene prescrizioni religiose e verità teologiche, ma anche norme relative ai comportamenti morali; inoltre, fornisce alcune indicazioni giuridiche (in tema di diritto di famiglia, di diritto tributario, di diritto penale e così via) senza però dare indicazioni precise su come i fedeli debbano applicarle, ma limitandosi a dichiarare il loro valore etico.

Una scuola coranica in una miniatura del 1432. (New York, Metropolitan Museum of Art)

La legge islamica – la **shari'a** – si basa sull'interpretazione, oltre che del Corano, anche della **sunna** (dall'arabo «tradizione», «consuetudine», «regole di vita»), ovvero la raccolta degli *hadith*, le brevi narrazioni scritte che illustrano i detti e le azioni attribuiti a Maometto, così come sono stati tramandati dai suoi collaboratori. È proprio la *sunna* a definire con precisione i comportamenti a cui i credenti sono tenuti. Per fare un esempio: il Corano ricorda al fedele il dovere della preghiera, ma è la *sunna* a stabilire che le preghiere rituali devono essere effettuate cinque volte al giorno.

È importante precisare che è dalla **sunna**, e non dal Corano, che **derivano molte delle consuetudini e delle pratiche tipiche del mondo musulmano**. In quanto scritta dagli uomini e non parola di Dio, la *sunna* non possiede la stessa sacralità del Corano e può essere oggetto di **diverse interpretazioni**. Sin dai primi secoli dell'islam alcuni *hadith* furono tacciati di dubbia attendibilità; e nel IX secolo, per esempio, il teologo islamico al-Bukhari realizzò una cernita degli *hadith*, e stabilì che, su un totale di 90.000, quelli pienamente attendibili erano circa 7300. Anche al giorno d'oggi non tutte le comunità musulmane sono concordi nel determinare quali *hadith* siano accettabili e quali no; all'interno del vasto mondo islamico esiste tuttora una grande **varietà di opinioni** riguardo all'applicazione pratica dei precetti del Corano.

Il divieto delle immagini ▪ Abbiamo visto poco sopra come la *shari'a* si basi sulle interpretazioni, operate nel corso del tempo dai teologi e dai giuristi musulmani, del Corano e della *sunna*. E come molte delle consuetudini tipiche della cultura islamica derivino più dalla *sunna* che dal libro sacro dell'islam.

Una delle questioni più complesse riguarda la produzione di immagini figurative. **Nel Corano non compare esplicitamente alcun divieto di riprodurre la figura umana, ma solo quello di rappresentare Dio** – così da evitare ogni possibile ricaduta nell'idolatria, ossia nell'«errore manifesto» (Sura 6, 74) di chi adora le immagini come fossero divinità.

Placchette calligrafiche con due nomi di Allah, XVII secolo. (Copenaghen, David Collection)

LEGGERE LA STORIA

Le origini e lo sviluppo della *sunna*

Nel brano che segue, lo studioso del mondo arabo Alberto Ventura indaga sulla nascita della *sunna* e illustra i dubbi sulla autenticità di molti degli *hadith* che la compongono.

❝Si è già detto dell'importanza eccezionale che l'insegnamento e l'esempio del Profeta hanno avuto nell'elaborazione della dottrina islamica. La *sunna*, termine che fra i suoi significati ha quello di «comportamento» o «regola di condotta», può ben essere definita in senso più generale come la «tradizione», nel senso che essa raccoglie tutto ciò che è stato tramandato a proposito dei detti e dei fatti del Profeta dell'islam. Nella sua qualità di interprete unico ed autorizzato del messaggio divino, Muhammad ha in qualche modo rappresentato con il suo comportamento un prosieguo naturale della rivelazione, quasi un commento vivente al libro sacro. Le generazioni coeve di Muhammad vedevano dunque nel suo esempio un modello di comportamento assoluto, dotato di un valore normativo secondo al solo Corano (e talvolta pari ad esso).

Di pari passo con la narrazione del fatto, si era soliti ricordare anche il nome di colui che per ultimo l'aveva raccontato, e da chi questi lo aveva appreso, fino a risalire al Profeta stesso o a quello dei suoi Compagni che per primo aveva riferito le parole o i gesti di Muhammad in una particolare circostanza. Nasceva così l'*hadith*, termine che significa letteralmente «nuova», «notizia», ma col quale si finì ben presto con l'intendere esclusivamente tutte quelle narrazioni che avevano per protagonista più o meno diretto il Profeta.

Il materiale che si andava così organizzando, in modo ancora non sistematico e senza alcuna ufficialità, veniva distinto in due parti nettamente definite. Da una parte il testo vero e proprio dell'*hadith*, chiamato *matn*, e dall'altra la catena di trasmettitori (*isnàd* o *sanad*, letteralmente «appoggio»), vale a dire l'elenco dei nomi che garantivano l'attendibilità della notizia. Naturalmente, maggiore era la reputazione di affidabilità dei trasmettitori, più ampiamente accettato era il racconto, il che tuttavia innescò il meccanismo perverso della fabbricazione di *isnàd* autorevoli al solo scopo di far circolare un *hadith* inventato per interessi di parte. Il fenomeno della falsificazione divenne talmente usuale che uno studioso del secondo secolo dell'ègira, Yazid ibn Harun, ebbe a lamentarsi del fatto che nella città di Kufa tutti i trasmettitori di tradizioni tranne uno erano dei falsari.❞

(A. Ventura, *L'Islam sunnita nel periodo classico*, in *Islam*, a cura di G. Filoramo, Laterza, Roma-Bari 2012)

a. Per quali ragioni le azioni di Maometto finirono per assumere valore normativo?

b. Che cos'è l'*isnàd*? E qual è la sua funzione?

c. A tuo avviso, perché qualcuno poteva avere interesse a inventare nuovi *hadith*? Motiva la tua risposta.

❮ Coppa in ceramica con una iscrizione della sunna: «La generosità è una disposizione degli abitanti del paradiso»; in rosso, al centro, una parola ripetuta che forse significa: «Possa tu essere ricompensato». IX secolo. (Toronto, Aga Khan Museum)

Un esempio di calligrafia con elementi decorativi in una pagina di un Corano maghrebino del 1250. La calligrafia può essere considerata una vera e propria arte, basata su regole ben precise e su scansioni ritmiche e armoniche che sono al tempo stesso visive, verbali e foniche, in quanto le iscrizioni andrebbero lette e recitate. (New York, Metropolitan Museum of Art)

La proibizione dell'arte figurativa è invece presente in molti *hadith*: secondo le interpretazioni più restrittive, i musulmani hanno il divieto non solo di rappresentare e personificare Dio, ma anche di raffigurare tutti gli esseri animati. Altre interpretazioni vietano la raffigurazione di esseri umani e animali, ma permettono quella di vegetali e paesaggi.

Mentre il divieto di raffigurare Dio (che anche l'ebraismo, per esempio, prevede) non è mai stato messo in dubbio all'interno del mondo musulmano, si è invece spesso dibattuto sull'opportunità o meno di rappresentare il volto di Maometto. L'interpretazione prevalente, sviluppata nel mondo arabo, vuole che in segno di rispetto gli artisti lo raffigurino celato da un velo. Tuttavia, nel corso dei secoli e soprattutto nei paesi islamici ma non di cultura araba (come la Turchia, la Persia, l'India: ❯ Lez. 12), interpretazioni più liberale delle Scritture permisero agli artisti di realizzare miniature in cui il Profeta appare a volto scoperto.

In considerazione di questi vincoli alla rappresentazione figurativa, è facile capire perché nell'arte islamica abbia avuto grande sviluppo lo stile ornamentale dell'**arabesco**, basato sulla ripetizione di **motivi geometrici** o su elementi decorativi ispirati alla **calligrafia**.

Il ruolo della donna nella società

• Anche il ruolo della donna è stato spesso, nel corso dei secoli, inteso in maniera diversa.

Rispetto a quanto avveniva nella società beduina, l'islam introdusse importanti cambiamenti: alle donne furono infatti riconosciuti vari diritti e pari dignità rispetto all'uomo, sebbene quest'ultimo mantenesse un ruolo dominante all'interno della famiglia. Il Corano, per esempio, mantenne la **poligamia**, una pratica largamente diffusa in epoca preislamica, ma la regolamentò – limitando a quattro il numero massimo delle mogli che ogni uomo poteva sposare, a patto che le trattasse tutte con pari dignità – e indicò come preferibile il matrimonio monogamico.

Tuttavia, già a partire dal VII secolo **alcune interpretazioni della** *sunna* **ridussero le libertà delle donne**: per esempio, non riconoscendo loro gli stessi diritti nella divisione dell'eredità, o attribuendo alla loro testimonianza in tribunale un valore inferiore rispetto a quella degli uomini. Nei secoli successivi, quando l'islam si diffuse in contesti differenti, le sue prescrizioni si fusero con le usanze di varie culture locali, molte delle quali attribuivano alle donne scarsi diritti. Anche oggi **la condizione femminile nel mondo islamico differisce da paese a paese**.

❮ **Donne e uomini nella moschea.** Le donne con i figli sono posizionate in un'area distinta da quella degli uomini. Miniatura iraniana del XVI secolo. (Oxford, Bodleian Library)

L'uso del velo islamico

Come spiega l'islamista Malise Ruthven, l'uso del velo islamico è una questione estremamente delicata che mal si presta a generalizzazioni e che, al contrario, richiederebbe di essere esaminata con attenzione. Occorre distinguere i casi in cui la scelta di indossare il velo è, per le donne, una libera affermazione del proprio credo da quelli in cui l'abbigliamento tradizionale viene loro imposto, negando o limitando i loro diritti.

❝L'abito "islamico" tipico, indossato sempre più spesso dalle donne in molte città musulmane, non ha nessun particolare precedente storico, pur ispirandosi a un generico ideale di pudore femminile estrapolato dal Corano. Noti come [...] *hijab*, questi vestiti, che ricordano delle tende, con sottogola che fasciano il viso come quelli delle suore, sono pensati per celare i capelli e le forme del corpo e, a detta di chi li porta, sarebbero simili a quelli delle mogli di Maometto, cui il Corano ordina (nell'unico passo che fa riferimento alla clausura femminile, XXXIII, 53-59) di proteggersi «restando dietro una tenda» e di «ricoprirsi dei loro mantelli». [...] Molti studiosi sostengono che, lungi dal rappresentare l'interiorizzazione di modelli patriarcali, l'adozione dell'*hijab* significa esattamente il contrario, facilita una nuova mobilità sociale e permette alle donne di «invadere» luoghi pubblici in precedenza riservati agli uomini. [...] Tuttavia, questo punto di vista non è certo unanimemente condiviso, e alcuni studi dimostrano che le donne che indossano l'*hijab* hanno meno probabilità di lavorare fuori casa o di frequentare l'università rispetto a quelle che non lo portano.
In linea di principio esiste un'enorme differenza tra il caso in cui la donna veste il velo spontaneamente e quello in cui le è imposto per legge. La prima esercita un suo diritto, la seconda è privata della libertà di scelta. In realtà, la questione è molto più complessa di quanto queste due alternative lascino supporre. Sia nei paesi musulmani sia in quelli non musulmani il velo è diventato un simbolo di identità culturale, un contrassegno per mezzo del quale la donna credente sembra proclamare la propria posizione politica e religiosa. Nei paesi in cui sono possibili altre scelte, come quelli occidentali, l'atto di velarsi può essere un gesto di indipendenza che sottolinea il rifiuto dei predominanti costumi sociali non musulmani. A Grenoble, in Francia, una studentessa di scuola superiore che rifiutò di togliersi il velo intorno al capo anche durante le lezioni di educazione fisica divenne a un tempo una sorta di eroina e di paria nazionale: «La Francia è la mia libertà, ma lo è anche il velo», proclamò la ragazza. Spesso, però, scelte di questo tipo dipendono anche da una pressione da parte della famiglia, del marito o delle compagne. I significati del *chador* variano da zona a zona, da città a città, e soprattutto tra *dar al-islam* e *dar al-harb*. Bisogna dunque essere molto cauti nell'applicare una qualsiasi forma di generalizzazione.❞

(M. Ruthven, *Islam*, Einaudi, Torino 2007)

a. Nel mondo islamico, che è estremamente variegato, esistono molti tipi di abiti femminili tradizionali. Aiutandoti con Internet, svolgi una ricerca per capire le differenze tra *hijab*, *chador*, *niqab* e *burqa*, specificando le loro caratteristiche e le regioni in cui vengono impiegati.

b. Sottolinea il passaggio in cui l'autore spiega come sia necessario distinguere i casi in cui l'uso del velo è una scelta da quelli in cui invece rappresenta un'imposizione.

c. Che cosa intende Ruthven quando scrive che i significati degli abiti femminili tradizionali «variano da zona a zona, da città a città, e soprattutto tra *dar al-islam* e *dar al-harb*»? Discutine con i tuoi compagni.

Studentesse di Teheran che indossano differenti tipi di velo: quello della ragazza al centro è il chador. (Ana Maria Vaida)

Un concetto controverso: il *jihad* • La parola *jihad* deriva dalla radice *j-h-d*, utilizzata per comporre termini che esprimono l'idea di «massimo sforzo», «impegno teso verso uno scopo». Nel Corano, questo vocabolo viene usato sempre ed esclusivamente per indicare lo sforzo, etico e spirituale, di automiglioramento del credente: lo «sforzo sulla via di Dio», ovvero l'impegno a comprendere, interiorizzare e praticare quelle virtù – l'amore per il prossimo, la fratellanza, la carità – che l'islam, così come il cristianesimo, pone al centro del proprio messaggio.

La dottrina islamica, invece, ha impiegato il termine *jihad* in una duplice accezione, e sulla base di un *hadith*, a fianco del «**grande *jihad***» coranico basato sul processo di crescita interiore del credente, ha posto un «**piccolo *jihad***» per indicare «la lotta in nome di Dio, per la causa di Dio»; nel corso dei secoli, questa espressione è stata spesso interpretata in modo inesatto, tanto da portare molti – sia fra i non musulmani, sia fra gli <mark>integralisti</mark> musulmani – a intenderla come «guerra santa contro gli infedeli per l'espansione dell'islam».

In effetti alcuni versetti del libro sacro autorizzano il combattimento vero e proprio (espresso con la radice *q-t-l*, che significa «guerra», e non con il termine *jihad*), ma con lo scopo di regolamentarlo: si legge infatti, nella Sura 22, 190-195: «Combattete sulla via di Dio coloro che vi combattono, ma non oltrepassate i limiti, ché Dio non ama gli eccessivi. Uccidete dunque chi vi combatte dovunque vi troviate e scacciateli di dove hanno scacciato voi [...]. Se però essi sospendano la battaglia, Iddio è indulgente e misericorde. Combatteteli dunque sino a che non ci sia più scandalo e la religione sia quella di Dio. Ma se cessano la lotta, non ci sia più inimicizia che per gli iniqui».

Il significato di questo passo è molto chiaro: tra musulmani e non musulmani non deve necessariamente esserci inimicizia; la guerra è ammessa a scopo di difesa, o giustificata contro coloro che non hanno ancora abbracciato l'islam, a eccezione degli adepti di religioni monoteiste per i quali «la religione sia quella di Dio» (il Dio degli ebrei, dei cristiani, dei musulmani); tuttavia, le ostilità devono cessare appena possibile; inoltre i combattimenti non devono «oltrepassare i limiti» – ossia non devono coinvolgere coloro che non sono in grado di difendersi (donne, anziani, bambini) – perché «Dio non ama gli eccessivi».

La società preislamica era divisa da odi feroci e violenze tribali: questo spiega i precetti del Corano che mirano a codificare la guerra, per limitarne così la portata distruttiva. Tuttavia, nei secoli è accaduto diverse volte che le indicazioni coraniche siano state travisate, o consapevolmente strumentalizzate da chi cercava una legittimazione religiosa alle proprie scelte politiche.

Integralisti

I sostenitori dell'integralismo, cioè di una concezione politica o religiosa rigorosa, che rifiuta tutte le posizioni differenti dalle proprie. Movimenti integralisti esistono in tutte le religioni.

La biblioteca islamica di Bassora in Iraq raffigurata in una miniatura del 1236. (Parigi, Biblioteca Nazionale)

Il giardino nella cultura islamica

Il giardino ha ricoperto un ruolo particolare nella cultura e nell'architettura islamiche. In esso riviveva infatti il ricordo delle oasi che sorgevano, uniche isole di vita, nel mezzo degli inospitali deserti dell'Arabia: come il deserto, a causa dalla mancanza di acqua, è negazione e assenza della vita, così il giardino doveva essere vivo, verdeggiante di piante rigogliose e ricco di acqua.

Il giardino, che un muro separava dalla realtà esterna aumentandone così le caratteristiche di luogo protetto e sicuro, era concepito come il posto in cui riposarsi dalle fatiche della vita e dedicarsi all'appagamento dei cinque sensi: la vista e l'olfatto appagati dai colori e dal profumo dei fiori; il gusto dalla bontà dei frutti; il tatto sollecitato dalla fresca ombra delle piante; l'udito che si appaga del silenzio rotto solo dal gorgoglio dell'acqua e dal canto degli uccelli. Nella cultura islamica il giardino viene anche inteso come metafora e simbolo del paradiso e delle beatitudini eterne che attendono il fedele nell'altra vita. Il Corano, infatti, descrive il paradiso come un giardino verdeggiante, irrorato da fontane e rivi d'acqua, in cui crescono piante e frutti di ogni specie e colore. I giardini sono dunque luoghi di contemplazione delle bellezze del creato e di meditazione sulla generosità di Dio.

I giardini islamici vengono progettati seguendo una struttura geometrica regolare: mentre in natura le piante selvatiche crescono in maniera casuale, nel giardino la natura deve essere domata dalla razionalità dell'uomo, e quindi messa al suo servizio. Tradizionalmente i giardini sono divisi in quattro settori da altrettanti rivoli d'acqua che si incontrano, o si dipartono, da una vasca centrale, o da camminamenti pedonali.

Nell'architettura islamica, lo spazio del giardino e quello del palazzo che lo ospita si integrano in modo armonioso. Anche gli edifici più importanti, come per esempio i palazzi dei califfi, si richiamano all'archetipo degli accampamenti beduini presso le oasi: sono quindi progettati per armonizzarsi all'ambiente circostante – e non per contrapporvisi con forme monumentali. Per questo nell'architettura islamica giardini, cortili, porticati e padiglioni (ampi ma raramente alti più di due piani) vengono accostati in maniera sapiente, in modo che si crei una continuità, un dialogo, fra spazi aperti e spazi chiusi.

︿ **Un rigoglioso giardino islamico** in una miniatura indiana del XVI secolo. (Londra, British Library)

a. Osserva l'immagine e individua gli elementi tipici del giardino islamico descritti nel testo, quindi spiega le ragioni della sua importanza simbolica.

b. Perché i giardini arabi sono tradizionalmente protetti da un muro di cinta?

c. Quali significati simbolici vengono associati all'acqua, la cui presenza è fondamentale nel giardino arabo?

SINTESI

1 L'Arabia preislamica

Nel VII secolo la penisola arabica è abitata in prevalenza da tribù di beduini nomadi; esistono centri urbani solo lungo le sue coste meridionali o in prossimità delle oasi. La società beduina ha un'organizzazione tribale. Gli Arabi sono animisti e politeisti; la loro religiosità prevede che adorino gli idoli custoditi presso i santuari delle città principali. Il centro religioso più importante è La Mecca. I contatti commerciali e culturali degli Arabi con gli altri popoli si intensificano in epoca tardoantica e influiscono profondamente sulla società araba, favorendo lo sviluppo urbano e la diffusione di nuove idee e conoscenze.

2 Maometto, il Profeta

Maometto, nato alla Mecca intorno al 570 da una famiglia di mercanti, grazie ai suoi viaggi entra in contatto con le comunità ebraiche e cristiane del Medio Oriente. Matura così una consapevolezza religiosa che lo indirizza verso il monoteismo. Secondo la tradizione, nel 610 l'arcangelo Gabriele gli appare, gli rivela l'esistenza di un unico Dio e lo incarica di farsene profeta presso gli Arabi. Maometto raccoglie attorno a sé un gruppo di convertiti ma l'ostilità della tribù meccana dei Qurayshiti lo costringe a trasferirsi a Medina nel 622 è l'ègira. Da lì intraprende, contro i mercanti della Mecca, una guerra che si conclude nel 630, con la sua vittoria e la conversione dei suoi avversari. Nel 632, alla morte di Maometto, gli Arabi sono uniti in una comunità statale per la prima volta nella loro storia.

3 La religione islamica

L'islam (in arabo, «sottomissione a Dio») è una religione monoteista che predica l'esistenza di un unico Dio, creatore dell'universo e misericordioso verso le sue creature. Per i musulmani, il messaggio che Dio ha consegnato a Maometto è contenuto nel Corano e costituisce il compimento delle rivelazioni affidate a una serie di profeti, tra i quali Abramo, Mosè e Gesù; Maometto è l'ultimo dei profeti, quello definitivo. Ogni musulmano è tenuto al rispetto di cinque precetti, detti "i cinque pilastri dell'islam": la professione di fede, la preghiera rituale, l'elemosina, il digiuno nel mese di Ramadan e il pellegrinaggio alla Mecca.

4 La civiltà islamica

La legge islamica, la *shari'a*, si basa sull'interpretazione del Corano e della *sunna* (l'insieme dei detti e delle azioni attribuiti a Maometto). Molte delle consuetudini e delle pratiche tipiche della società islamica non derivano dal libro sacro – che più che altro espone precetti morali – ma dalla *sunna*, soggetta – nel corso del tempo e nei vari contesti geografici e culturali del vasto mondo islamico – a diverse interpretazioni, più o meno restrittive, da parte dei teologi.

Maometto e l'islam    **MAPPA CONCETTUALE**

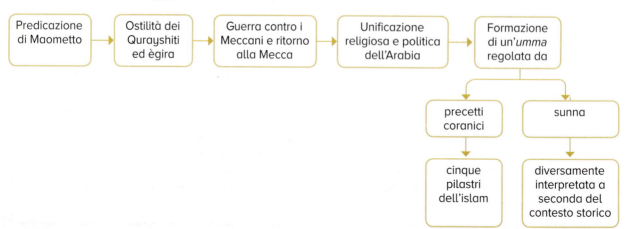

Predicazione di Maometto → Ostilità dei Qurayshiti ed ègira → Guerra contro i Meccani e ritorno alla Mecca → Unificazione religiosa e politica dell'Arabia → Formazione di un'*umma* regolata da → precetti coranici → cinque pilastri dell'islam / sunna → diversamente interpretata a seconda del contesto storico

LEZIONE 11

ZTE ONLINE
Mettiti alla prova con
gli esercizi interattivi

249

VERIFICA

ALLENARE LE ABILITÀ E LE COMPETENZE

1 Stabilisci, per ciascun episodio o elemento, se rappresenta una causa (Ca) o una conseguenza (Co) dello scontro fra Maometto e la tribù meccana dei Qurayshiti.

	Ca	Co
a. Il monoteismo di Maometto.	☐	☐
b. Le credenze politeistiche e animiste dei Qurayshiti.	☐	☐
c. L'ègira.	☐	☐
d. Gli attacchi alle carovane commerciali fra il 622 e il 630.	☐	☐
e. La battaglia di Badr.	☐	☐
f. La distruzione degli idoli conservati entro il sacro recinto della Ka'ba.	☐	☐

LAVORARE SUL LESSICO

2 Scrivi la definizione delle seguenti parole o espressioni. Poi, con ciascuna di esse, componi una frase da usare come possibile esordio per un'interrogazione.

sceicco • muezzin • imam • ulema • hadith • umma • shari'a

VERIFICARE LE CONOSCENZE

3 Alcune di queste affermazioni dicono il falso. Individuale e correggile a voce.

a. Nell'Arabia preislamica, lo sceicco era un capo religioso.
b. La Ka'ba è il principale santuario di Medina.
c. I musulmani prendono l'ègira come data di partenza per il loro calendario.
d. L'ègira è il trasferimento di Maometto da Medina alla Mecca.
e. Ebraismo, cristianesimo e islam si definiscono «religioni rivelate».
f. L'islam come predicato da Maometto non prevedeva l'esistenza di un clero sacerdotale.
g. Il Corano ammette la poligamia, a certe condizioni, ma incoraggia la monogamia.
h. Un *ulema* è un esperto studioso della *shari'a*.

LAVORARE SUI CONTENUTI

4 Completa le affermazioni con le parole dell'elenco.

libro sacro • profeta • monoteista • clero • rivelata • idolatria • tribali • tollerante • politeisti

L'islam predicato da Maometto è una religione:
- .... , perché Maometto si considerava un .... che agiva per indicazione divina;
- saldamente .... : per questo inizialmente Maometto viene osteggiato dai mercanti della Mecca, legati a culti .... ;
- contraria all' .... ;
- universale perché si rivolge idealmente a tutti gli uomini e in particolare proclama la fratellanza di tutti gli Arabi e il superamento delle divisioni .... ;
- sincretica e .... nei confronti dell'ebraismo e del cristianesimo;
- basata su un .... e su una serie di precetti che fissano il comportamento dei fedeli;
- priva di .... e di sacramenti.

è Pelato!

LEZIONE 12 L'espansione araba

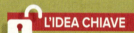 **L'IDEA CHIAVE**

 L'EVENTO

 **I PROTAGONISTI**

 IL LUOGO

UN IMPERO PER L'ISLAM
Dopo la morte di Maometto gli Arabi attaccano l'impero bizantino e quello persiano, e nell'arco di pochi decenni costituiscono un califfato esteso dalla Spagna sino al Pakistan.

LA RIVOLTA DI MU'AWIYA
Dal 657 il governatore della Siria Mu'awiya si oppone ad Ali (l'ultimo dei califfi elettivi, morto nel 661). Sarà il capostipite della dinastia ereditaria dei califfi omayyadi.

GLI SCIITI
Sono quei musulmani che non accettano la presa di potere degli Omayyadi e sostengono come unici leader legittimi della *umma* i discendenti di Ali, cugino e genero di Maometto.

BAGHDAD
Fondata nel 762 dai califfi abbasidi, diventa in breve tempo una città popolosa e splendida, adorna di giardini e palazzi, e un centro commerciale e culturale di prima importanza.

CARTA ANIMATA

L'espansione araba fino al 661
- - - - - Il regno sasanide nel 610
Territori unificati da Maometto (622-632)
Territori unificati da Abu Bakr (632-634)
Conquiste dei califfi Omar, Othman e Ali (634-661)

632-661 Califfato elettivo

680 Battaglia di Kerbala; muore Husayn, figlio di Ali

661-750 Califfato omayyade

827-902 Conquista araba della Sicilia

750-1258 Califfato abbaside

632 Muore Maometto

657 Mu'awiya si ribella ad Ali

711 Avvio della conquista della Spagna

732 Battaglia di Poitiers

«Damasco: qui lo straniero, scorda il paese natio. Città di amanti e amati, colombe che tubano sui rami al vento e, tra gioia ed effluvi, superbi fiori.»

• Scopri in questa lezione per quanto tempo Damasco, descritta così dal poeta persiano Nur al-Din, fu capitale del mondo arabo.

1 La nascita del califfato

I primi successori di Maometto: i califfi ben guidati ▪ Al momento della morte di Maometto, avvenuta nel 632, gli Arabi erano per la prima volta riuniti da una stessa fede religiosa e in una sola comunità statale. Maometto non aveva però lasciato indicazioni su chi avrebbe dovuto succedergli alla guida del *dar al-islam*: la sua scomparsa aprì dunque un dibattito al tempo stesso politico e religioso, destinato ad avere enormi conseguenze.

Alcuni, rifacendosi alle tradizioni delle tribù beduine, volevano che il successore del Profeta fosse il suo parente più prossimo: dunque Ali, cugino e genero di Maometto (aveva infatti sposato Fatima, la sua figlia prediletta). Altri, invece, proponevano di eleggere un successore scegliendolo tra i «compagni del Profeta», ossia tra coloro che erano stati al suo fianco sin dagli inizi della sua predicazione. Infine, al controllo della comunità musulmana aspirava anche la potente famiglia meccana degli Omayyadi (appartenente alla tribù dei Qurayshiti), nonostante i suoi rappresentanti fossero stati tra i principali oppositori di Maometto e tra gli ultimi a convertirsi all'islam.

Prevalsero infine coloro che sostenevano l'opzione elettiva e per circa trent'anni, dal 632 al 661, il *dar al-islam* fu governato da quattro **califfi** scelti fra i più fedeli compagni di Maometto e soprannominati più tardi «**i ben guidati**» (in quanto avrebbero operato rettamente, sotto la guida di Dio e procedendo lungo il percorso tracciato dal Profeta).

˄
Gli splendidi mosaici della moschea omayyade di Damasco, 709-715. (DeA / Dagli Orti / Bridgeman)

Califfi

Khalifa, in arabo, significa «successore», «vicario». Il califfo divenne la suprema autorità politica (ma non religiosa) islamica, in quanto successore di Maometto, capo dei credenti e supremo difensore dell'islam.

Abu Bakr (sulla sinistra), suocero e successore di Maometto, fu il primo dei quattro «califfi ben guidati». Miniatura turca del XVI secolo. (R. Michaud / AKG)
˅

Il profeta Maometto, al centro, con i califfi suoi successori: Abu Bakr, Omar, Othman e Ali. Miniatura turca del XVI secolo. (R. Michaud / AKG)

Il primo califfo fu **Abu Bakr** (al potere dal 632 al 634) – suocero di Maometto nonché uno tra i primi convertiti all'islam – che indicò come suo successore **Omar** (634-644). Poi toccò a **Othman** (644-656) e infine ad **Ali**, (656-661) – il già ricordato genero di Maometto. Nella tradizione islamica i tre decenni del **califfato elettivo** sono considerati una sorta di età dell'oro: effettivamente, Abu Bakr e i suoi successori riuscirono a garantire l'integrità della *umma* e organizzarono il nuovo Stato dal punto di vista amministrativo, militare e giuridico.

Le prime conquiste islamiche ▪ Durante il califfato elettivo, gli Arabi **attaccarono l'impero bizantino e l'impero persiano dei Sasanidi**, strappando numerosi territori al primo e conquistando interamente il secondo. Le ragioni di questa rapida espansione vanno ricercate in primo luogo nella determinazione degli Arabi: la certezza di combattere per la vera fede contribuì infatti ad accrescere la tradizionale aggressività delle tribù beduine. Ma gli Arabi approfittarono anche della **debolezza dei Bizantini e dei Persiani**, che nei decenni precedenti erano stati contrapposti in una guerra continua, servita solo a logorarne le forze. Inoltre, per sostenere quella lunga e inutile guerra, entrambi gli imperi avevano aumentato le tasse destando un crescente malcontento nella popolazione. Va inoltre ricordato che gli imperatori bizantini erano spesso intervenuti nelle questioni religiose, perseguitando tutti coloro che non accettavano le posizioni teologiche ortodosse. Il crescente malcontento delle popolazioni sottoposte al dominio bizantino e a quello sasanide fece sì che queste non opponessero affatto una strenua resistenza ai conquistatori arabi – che anzi furono spesso accolti con speranza.

Nel volgere di pochi anni, dunque, gli Arabi sottrassero ai Bizantini il controllo della **Siria** e della **Palestina**, conquistando Damasco nel 636, Gerusalemme nel 637 e Cesarea nel 640. Poi, nel 641, avviarono la conquista dell'**Egitto**, che fu completata nel 643 con la presa di Alessandria. Anche la **Libia** fu occupata. Solo pochi anni più tardi, nel 655, una flotta musulmana (costituita grazie al prezioso aiuto dei marinai siriani ed egiziani, molto più esperti degli Arabi nell'arte della navigazione) ebbe la meglio su quella bizantina nella cosiddetta «battaglia degli alberi», che portò alla conquista araba dell'isola di **Cipro**.

❯ Il caravanserraglio di al-Kharana, edificato nel deserto della Giordania nel 711. (G. Gravante)

Il "patto" fra il califfo e i cristiani di Gerusalemme

Al momento dell'avanzata araba molte città scelsero di arrendersi ai nuovi conquistatori e stipulare con loro dei trattati di resa. Grazie alla protezione assicurata dalle sue mura, Gerusalemme resistette più a lungo di altre città della Palestina, ma alla fine, nel 636, il vescovo locale fu incaricato di trattare la capitolazione, che avvenne secondo i termini del documento che segue. Il testo qui presentato regola esclusivamente i rapporti fra la comunità cristiana e i nuovi dominatori (ai cristiani di Gerusalemme che si arrendono, i musulmani concedono una relativa libertà personale e religiosa, purché essi versino un'imposta, detta *jizya*, e accettino una serie di restrizioni), ma va specificato che condizioni simili si applicavano anche ai sudditi ebrei. Ebrei e cristiani, infatti – in quanto appartenenti alle religioni monoteiste rivelate che hanno preceduto l'islam – venivano considerati *dhimmi*, ovvero rappresentanti della *al-dhimma* («la gente protetta»; ❯ Paragrafo 2), e non erano costretti a convertirsi alla nuova fede musulmana.

❝Nel nome di Dio Clemente Misericordioso.
Questo è il patto che il servo di Dio, Omar, Comandante dei credenti, diede alla gente di *Aelia* [Gerusalemme]. Egli diede loro sicurezza per loro stessi, il loro denaro, le loro chiese, le loro croci, i loro malati e i sani, e per tutta la comunità; che le loro chiese non siano occupate né distrutte e che niente manchi nelle loro proprietà in tutto o in parte, né nelle loro croci, né niente del loro denaro; e non vengano obbligati a lasciare la loro religione e che nessuno di essi sia maltrattato e che nessun ebreo viva in *Aelia* con loro.
La gente di *Aelia* dovrà pagare il tributo come tutti gli abitanti delle altre città e dovrà espellere i Bizantini e i banditi. Chi di essi decide di partire sarà sicuro e avrà la sicurezza per se stesso e per il suo denaro finché raggiunga la sua destinazione. Chi di essi rimane avrà la sicurezza e avrà gli obblighi del tributo come tutti i cittadini di *Aelia*. Chi, tra la gente di *Aelia*, volesse prendere il suo denaro e andarsene con i Bizantini avrà la sicurezza fino a quando li raggiunga. [...] Chi lo desidera potrà andare con i Bizantini, e chi lo desidera potrà tornare dai suoi parenti, e non si prenderà nulla del suo raccolto.
Su quanto è incluso in questa lettera vige la garanzia di Dio e la protezione del suo Profeta, dei Califfi e dei fedeli musulmani, se essi [i cristiani] pagheranno il tributo, come si deve. [...]
[Seguono le condizioni accettate dai cristiani].❞

(J.R. Marcus, *The Jews in the Medieval World – A Sourcebook*, JPS, New York 1938)

a. Chi erano i *dhimmi*? Perché i musulmani non li ponevano sullo stesso piano rispetto alle altre popolazioni da loro sottomesse?

b. Che cos'era la *jizya*? Quali altri obblighi contrassero i sudditi cristiani ed ebrei verso i califfi?

c. Un passaggio di questo documento specifica che nessun ebreo deve vivere in *Aelia* insieme ai cristiani: questo significa ☐ che gli ebrei dovranno essere espulsi dalla città / ☐ che la comunità cristiana e quella ebraica della città potranno convivere, occupando però quartieri separati.

d. Per quali ragioni molti sudditi dell'impero di Bisanzio non lo difesero con convinzione, ma preferirono la resa ai conquistatori musulmani?

❯ **La Cupola della Roccia a Gerusalemme,** detta anche Moschea di Omar perché sorta sul luogo in cui il califfo pregò in occasione del fine dell'assedio della città, nel 637. Fu ultimata nel 691. Custodisce la roccia da cui, secondo la tradizione, Maometto spiccò il volo su un carro di fuoco per ascendere al cielo. La stessa roccia è considerata quella su cui il patriarca Abramo avrebbe accettato di compiere, prima di venire fermato da Dio, il sacrificio di suo figlio, che per i musulmani è Ismaele, mentre per gli ebrei e i cristiani è Isacco.
(Zebra / Shutterstock)

La **moschea omayyade di Damasco** edificata nel 707. (O. Cam / Shutterstock)

Anche l'attacco sferrato all'impero sasanide fu travolgente: la capitale Ctesifonte cadde nel 637; negli anni successivi, gli Arabi conquistarono una a una tutte le province fino ad allora sottomesse al dominio persiano.

Alla metà del VII secolo l'impero arabo si estendeva dalle coste della Tunisia sino all'Asia centrale (❯ carta di apertura a pagina 250).

2 Il califfato omayyade

La fine del califfato elettivo ▪ La rapida espansione militare si accompagnò alla nascita di forti tensioni all'interno della società islamica. Le più importanti famiglie della Mecca, che avevano avuto un ruolo di primo piano nelle conquiste, ben presto cominciarono a rivendicare un ruolo analogo nella conduzione del califfato. Il gruppo dei compagni di Maometto, tuttavia, non era disposto a condividere il proprio potere. Le prime avvisaglie della crisi che di lì a poco avrebbe spaccato la *umma* si ebbero nel 656, quando il terzo califfo, Othman, fu ucciso in circostanze poco chiare; al suo posto fu eletto poco dopo Ali, il genero di Maometto, nonostante alcuni sospettassero che fosse implicato nella morte del suo predecessore.

Nel 657 il governatore della Siria **Mu'awiya**, appartenente all'importante famiglia meccana degli Omayyadi e imparentato con Othman, accusò apertamente Ali di essere un usurpatore e si ribellò contro di lui. All'interno del califfato scoppiò così una **guerra civile** che si concluse nel **661** con l'esilio e la morte di Ali e l'ascesa al califfato di Mu'awiya. Questi trasferì la capitale dalla Mecca a **Damasco** in Siria e, al momento della sua morte, indicò come suo legittimo successore il proprio figlio **Yazid**: il **califfato divenne così ereditario** e dal 661 sino al 750 fu trasmesso all'interno della **dinastia degli Omayyadi**.

La *umma* si spacca: la nascita dello sciismo ▪ Alla presa di potere degli Omayyadi non si rassegnarono quei musulmani che avevano sostenuto **Ali** e che, dopo la sua morte, garantirono il loro appoggio al figlio

❯ **La moschea Husayn di Karbala.** Per i musulmani sciiti Karbala – in Iraq, a un centinaio di kilometri a sud di Baghdad – è una città santa. Ogni anno viene raggiunta da milioni di fedeli in pellegrinaggio, soprattutto in occasione dell'*ashura* (la ricorrenza in cui si commemora il martirio di Husayn, figlio del califfo Ali e nipote di Maometto, e dei suoi seguaci) e dell'*arbain* (la cerimonia che conclude il periodo di 40 giorni di lutto aperto dall'*ashura*). (L.E. Johns / SFC)

Il mondo islamico oggi
- Sunniti
- Sciiti
- Minoranze musulmane

‹ **Nel mondo islamico i sunniti rappresentano la maggioranza.** Attualmente, tuttavia, gli sciiti costituiscono quasi la totalità della popolazione in Iran, hanno una forte presenza in Iraq e sono una minoranza significativa in Libano e in Palestina.

di Ali e Fatima, **Husayn**. Costoro chiedevano un ritorno alla purezza originale dell'islam e reputavano che ciò potesse avvenire solo a patto che la guida della *umma* fosse assunta da un membro della famiglia del Profeta. Si opposero dunque fieramente ai califfi insediatisi a Damasco, organizzando diverse rivolte. Durante la più violenta, Husayn venne trucidato con tutto il suo seguito nella **battaglia di Karbala** (680).

Nonostante la sconfitta subita, gli **sciiti** – ovvero i sostenitori della *shi'a*, «il partito», «la fazione» (di Ali e dei suoi discendenti) – non si piegarono. Nei decenni successivi, anzi, si contrapposero in maniera sempre più decisa alla corrente maggioritaria dei musulmani (detti **sunniti**, perché osservanti della tradizione espressa dalla *sunna*), caratterizzandosi anche per posizioni dottrinali diverse e per l'importanza che viene attribuita, nello sciismo, alla gerarchia sacerdotale. Si determinò così la principale divisione religiosa interna al mondo islamico, che resiste tuttora.

Il rafforzamento e l'espansione dell'impero islamico

Sotto il dominio degli Omayyadi l'impero arabo si trasformò in una solida monarchia centralizzata, con una burocrazia ramificata e un sistema fiscale efficiente. La corte califfale si ingrandì e adottò un raffinato cerimoniale, ispirato a quelli in vigore presso l'impero bizantino o l'antico impero per-

Un bruciaincenso a forma di leone; artigianato arabo dell'XI secolo. (Parigi, Museo del Louvre)
⌄

Le conquiste degli Omayyadi
- L'estensione del califfato alla fine dell'epoca omayyade (750)
- Impero bizantino

> ❯ Una palazzina omayyade fortificata ad Amman, in Giordania, costruita attorno alla metà dell'VIII secolo. (High Contrast)

✔ CONOSCERE

In quale Stato si trovano oggi Bukhara e Samarcanda? Quali Stati occupano attualmente la regione del «Maghreb»? Rispondi aiutandoti, se serve, con un atlante geografico.

Maghreb

Dall'arabo, «paese del tramonto», «Occidente»: con questo nome gli Arabi designano complessivamente i paesi dell'Africa settentrionale, a ovest dell'Egitto.

siano. A poca distanza dalla capitale i califfi e le famiglie dell'aristocrazia araba fecero realizzare splendide costruzioni – i cosiddetti «castelli del deserto» – che avevano al tempo stesso la funzione di presidi militari, centri di produzione agricola e lussuose dimore.

L'**espansione islamica** riprese con rinnovato vigore: nell'**Asia centrale** gli Arabi conquistarono le importanti città di Bukhara (710) e Samarcanda (712), lungo la Via della seta, e giunsero fino all'attuale Pakistan, per arrestarsi solo presso i confini dell'impero cinese.

Nel **Mediterraneo** si spinsero fino alle porte di Costantinopoli – che assediarono senza successo per ben due volte (❯ Paragrafo 4) –, occuparono il Maghreb e, a partire dal 711, anche la penisola iberica – dove il loro arrivo pose fine al regno dei Visigoti. Di lì, nel 719, i conquistatori musulmani attraversarono i Pirenei per invadere la parte sud-occidentale dell'attuale Francia (la regione della Linguadoca), su cui mantennero il controllo fino al 759. La loro avanzata in Europa fu però fermata dai **Franchi**, che nel **732**, guidati da Carlo Martello (❯ Lez. 13), li sconfissero nella **battaglia di Poitiers**.

Una società tollerante e culturalmente raffinata ▪ Proprio come avevano fatto i califfi ben guidati, anche i califfi omayyadi si mostrarono tolleranti verso gli ebrei e i cristiani – purché questi accettassero di pagare annualmente un tributo (la *jizya*) e riconoscessero l'autorità dei loro nuovi sovrani. Complessivamente, si può sostenere che l'islam delle origini mostrò nei confronti delle comunità ebraiche e cristiane una tolleranza ben superiore a quella che, nei secoli successivi, i cristiani avrebbero dimostrato verso i musulmani.

Come abbiamo visto, ebrei e cristiani venivano considerati *dhimmi*. **Lo status giuridico dei *dhimmi*, era inferiore a quello dei musulmani**: i *dhimmi* non potevano testimoniare in tribunale, sposare una donna musulmana, portare armi o servire nell'esercito, cavalcare cavalli (solo muli e asini) – ma godevano della libertà di culto. Malgrado la loro condizione di inferiorità giuridica, cristiani ed ebrei potevano comunque entrare nell'amministrazione imperiale e commerciare liberamente – tanto che molti fra loro raggiunsero posizioni di prestigio e una ricchezza considerevole.

Contrariamente a quanto si crede, **gli Arabi non cercarono di obbligare cristiani o ebrei ad abbracciare l'islam**; né, peraltro, avrebbero avuto interesse a farlo, dato che una conversione dei *dhimmi* avrebbe comportato una cospicua diminuzione dei tributi riscossi.

Nella maggior parte dei casi furono invece i cristiani e gli ebrei a scegliere liberamente di convertirsi e ad adottare le usanze degli Arabi. Così l'**arabo** – la lingua dei conquistatori e del Corano – divenne la **lingua comune** di molte popolazioni dell'impero omayyade, sostituendo il greco, l'aramaico e altre parlate locali.

Lo scambio culturale fu reciproco: anche gli Arabi si dimostrarono aperti a recepire le conoscenze e talune abitudini delle popolazioni che avevano assoggettato. Per fare solo alcuni esempi, i testi medici, scientifici e filosofici della tradizione greca furono tradotti in arabo e attentamente studiati (e per tramite degli Arabi conservati e, in seguito, tramandati in Occidente). Anche nell'arte, nella musica, nella letteratura si verificarono proficue mescolanze di stili e tecniche. Si sviluppò così una nuova e originale civiltà, caratterizzata da un livello culturale, scientifico e tecnologico molto superiore rispetto quello dell'Europa del tempo.

3 Il califfato abbaside

La fine del predominio arabo sull'impero islamico • Durante il periodo omayyade, la conversione all'islam delle popolazioni conquistate non intaccò il predominio politico e sociale esercitato dagli Arabi sulle altre etnie: infatti, sebbene i convertiti potessero accedere agli incarichi amministrativi ed entrare nell'esercito, le più importanti cariche civili e militari continuarono a essere riservate esclusivamente agli Arabi. Le discriminazioni colpivano persino chi nasceva da padre arabo e da madre non araba, e ovviamente venivano percepite da tutti i non arabi come ingiuste e contrarie ai princìpi di uguaglianza proposti dalla religione islamica. Questo portò all'emergere di diverse **tensioni**, che a lungo andare indebolirono la compagine statale. Inoltre, malgrado l'efficiente burocrazia creata dagli Omayyadi, l'amministrazione di un impero esteso dalle coste dell'Atlantico alle propaggini dell'Himalaya era oggettivamente complessa; questo favoriva le **tendenze autonomistiche** delle regioni più lontane dalla capitale.

Nel **750** una rivolta scoppiata nell'Iran orientale si concluse con la conquista del califfato da parte di **Abu l'-Abbas** della famiglia persiana degli **Abbasidi** – che discendeva da al-Abbas, uno zio di Maometto. Quasi tutti i rappresentanti della casata omayyade furono uccisi: i pochi che riuscirono a scampare cercarono rifugio nella penisola iberica, dove fondarono l'**emirato** di Cordova, uno Stato islamico indipendente dal califfato.

Durante l'epoca abbaside l'accesso alla corte imperiale e alle più alte cariche politiche e militari fu aperto anche ai musulmani di origine non araba; nei decenni successivi, anzi, **gli Arabi furono progressivamente allontanati dal potere** e si ritrovarono emarginati rispetto alla nuova classe dirigente, prevalentemente di origine persiana.

⌃ **Un dinar abbaside** del 781. (Collezione privata)

Emirato

Il dominio di un emiro. La parola emiro deriva dall'arabo *amir*, «comandante» – un termine che non ha alcuna connotazione religiosa, ma designa un'autorità politica.

∧ **Il Palazzo degli Abbasidi a Baghdad.** L'edificio fu costruito nel X secolo. (Mazenod)

Baghdad

In epoca abbaside il nome della città era *Madinatal-Salam*, ovvero «Città della pace». Con il tempo finì per imporsi invece il nome attuale, derivato da quello del villaggio di Baghdadu (ovvero «donato da Dio»), preesistente nella stessa località.

Una nuova capitale ▪ Il secondo califfo abbaside, **al-Mansur** (754-775), scelse di spostare la capitale più a Oriente, in una località centrale rispetto ai due poli dell'impero (i possedimenti mediterranei e quelli dell'Asia centrale) e tale che potesse garantire un miglior controllo sulle vie commerciali che lo attraversavano. Nel 762 fondò quindi, presso il fiume Tigri e poco lontano da dove sorgeva l'antica capitale sasanide di Ctesifonte, la città di Baghdad. La sua posizione – ancor più lontana dall'Arabia rispetto a Damasco e situata proprio nel cuore dei territori un tempo appartenuti all'impero persiano – rispecchiava perfettamente i nuovi equilibri politici che stavano emergendo all'interno del califfato (❯ carta a pagina 260).

Baghdad nacque come città-palazzo fortificata e preclusa al popolo: era cinta da una doppia cerchia di mura e aveva una pianta circolare, che alludeva alla perfezione dell'universo e all'armonia che lo governava. Ma ben presto si ingrandì e divenne una grande metropoli commerciale e culturale, oltre che una città splendida, con magnifici palazzi e giardini rigogliosi. Da lì, i califfi ressero abilmente un impero vastissimo, e lo fecero prosperare sia favorendo l'agricoltura, tramite la costruzione di canali che consentivano l'irrigazione delle terre aride, sia dando un forte impulso ai commerci.

La conquista della Sicilia ▪ I califfi abbasidi non perseguirono una politica espansionistica aggressiva come quelli omayyadi: cercarono piuttosto di difendere e consolidare i confini del loro immenso impero. Fra i territori aggiunti al loro dominio ci fu però la Sicilia, all'epoca possedimento bizantino. La sua conquista fu avviata nell'**827**, con lo sbarco degli Arabi presso Mazara del Vallo; nell'**831** fu espugnata Palermo, mentre la principale piazzaforte bizantina, Siracusa, cadde nell'**878**; dopo una guerra durata diversi decenni, nel **902** i Bizantini abbandonarono definitivamente l'isola.

Il dominio arabo ebbe effetti **benefici** per la Sicilia, che conobbe uno straordinario **sviluppo economico** e, grazie alla sua posizione centrale nel Mediterraneo, divenne uno snodo importante per i **traffici commerciali** che si svolgevano fra le diverse regioni del califfato. Gli Arabi promossero la realizzazione di opere di **canalizzazione** delle acque che aumentarono la redditività dei campi in tutta l'isola; inoltre introdussero nuove colture pregiate, come quelle del **cotone**, dei **datteri** e degli **agrumi**. Il rinnovato dinamismo economico favorì lo sviluppo dei centri urbani; in particolare di Palermo, sede della corte degli emiri arabi, che fu abbellita con la costruzione di magnifici edifici e divenne una delle città più ricche e raffinate del Mediterraneo.

Il califfato perde la sua unità politica ▪ Nel IX secolo ripresero forza le **tendenze separatiste** che già erano state all'origine della crisi del califfato omayyade. Sorsero così diversi potentati, sui quali i califfi abbasidi non riuscirono più a esercitare una reale autorità politica. Partendo dalle regioni più periferiche, vaste aree dell'impero si resero autonome

Le tappe della conquista araba in Sicilia

MAR TIRRENO

Isole Eolie (836)

Palermo (831)

Tindari (836)

Messina (843)

Mazara del Vallo (827)

Corleone (839)

Assedio di Enna (828-859)

Taormina (902)

Mineo (828)

Agrigento (829)

Fallito assedio di Siracusa (827-828)

Pantelleria (700 circa)

MAR MEDITERRANEO

LEGGERE LA STORIA

Baghdad, «l'ombelico del mondo»

Una delle prime decisioni prese dai califfi abbasidi fu lo spostamento della capitale dell'impero da Damasco a una nuova città, appositamente fondata in Mesopotamia sulle sponde del Tigri. Lo storico statunitense Ira M. Lapidus espone, in questo brano, gli effetti principali di tale scelta e descrive la Baghdad del IX secolo, la città di cui si favoleggia in molti dei racconti delle *Mille e una notte*, e che un geografo arabo del tempo, al-Ya'Qubi, definì «l'ombelico del mondo».

"Il Medio Oriente non aveva mai visto una città così grande. Baghdad non era un'unica città, bensì un centro metropolitano, fatto di un agglomerato di distretti posti a cavallo del fiume Tigri. Nel IX secolo essa misurava circa 25 miglia quadrate e aveva una popolazione compresa fra i 300.000 e i 500.000 abitanti. Era dieci volte più grande della Ctesifonte sassanide e più grande di tutti gli insediamenti messi insieme – città piccole e grandi, villaggi e borghi – della [vicina] regione di Diyala. Era più grande di Costantinopoli, che si stimava avesse una popolazione di 200.000 abitanti, e di qualsiasi altra città mediorientale, e rimase tale fino al XVI secolo, quando fu superata da Istanbul. Ai suoi tempi Baghdad era la città più grande del mondo, Cina esclusa.

La sua grandezza è un segno dell'incomparabile importanza che essa rivestì per la formazione dell'impero abbaside, della sua società e della sua cultura. In quanto capitale, Baghdad era al centro delle opportunità economiche offerte dall'impero. Essa divenne un grande emporio internazionale e la sede di tessiture, concerie, cartiere e altre manifatture che fornivano enormi quantità di prodotti. Della massima importanza per la storia del Medio Oriente fu però il carattere cosmopolita della sua popolazione. Questa era composta da ebrei, cristiani e musulmani, oltreché da pagani non dichiarati, persiani, iracheni, arabi, siriani ed elementi provenienti dall'Asia centrale. A Baghdad si insediarono anche soldati e ufficiali, gli operai che la costruirono, la gente dei villaggi limitrofi, i mercanti del Khorasan e dell'est impegnati nei traffici con l'India attraverso il Golfo Persico. Baghdad fu dunque il prodotto dei sommovimenti, delle migrazioni, dei cambiamenti economici e delle conversioni del secolo precedente; la casa di una nuova società mediorientale, eterogenea e cosmopolita, composta di molti elementi arabi e non arabi, ora integrati in un'unica società sotto gli auspici dell'impero arabo e della religione islamica. Baghdad fornì le risorse materiali e umane necessarie per governare un vasto impero; fu il punto di coagulo della cultura che divenne la civiltà islamica.**"**

(I. M. Lapidus, *Storia delle società islamiche*, Einaudi, Torino 1993)

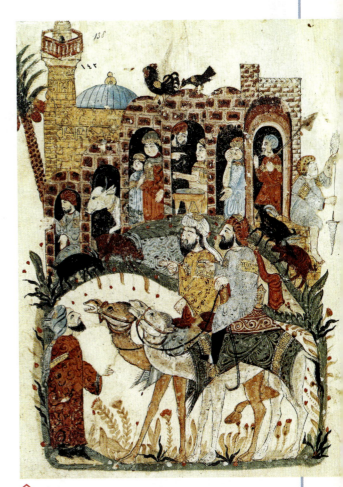

Due ricchi mercanti arabi a Baghdad in sella ai loro cammelli, in una miniatura del 1237. (Parigi, Biblioteca Nazionale / Scala)

a. Perché Lapidus definisce la capitale abbaside «un centro metropolitano»?

b. Quale elemento geografico favorì lo sviluppo di Baghdad come centro commerciale internazionale? Quali prodotti vi si scambiavano?

c. Durante il califfato abbaside la componente araba perse importanza: secondo te, lo spostamento della capitale da Damasco a Baghdad favorì o rallentò tale processo?

La frammentazione del califfato abbaside

- Il territorio del califfato abbaside
- ····· Confini fra i territori governati, di fatto, in maniera autonoma da dinastie locali

❮ La grande moschea di Samarra, in Iraq, con il suo splendido minareto elicoidale edificato tra l'830 e l'852.

sotto la guida di dinastie locali: questo avvenne nei territori del Nordafrica occidentale, in Egitto, nello Yemen e nel Khorasan (una regione dell'Iran). Alla fine del X secolo il califfo di Baghdad controllava direttamente solo l'Iraq e una parte del Medio Oriente.

La dinastia abbaside rimase comunque al potere fino al 1258, anno in cui Baghdad fu conquistata dalle truppe del Gran Khan mongolo.

4 Bisanzio e l'Europa occidentale di fronte all'espansione islamica

Lo scontro con l'impero bizantino ▪ Come abbiamo visto nel Paragrafo 1, già i califfi ben guidati riuscirono a impadronirsi, con poco sforzo, della Siria, della Palestina e dell'Egitto, e assunsero il controllo di Cipro e del Mediterraneo orientale. Costantinopoli dovette affrontare per ben due volte – dal 674 al 678, e poi ancora dal 717 al 718 – l'assedio dei califfi omayyadi. In entrambi i casi riuscì a resistere sia grazie alle sue poderose mura, sia grazie all'invenzione del cosiddetto «**fuoco greco**». Questa miscela incendiaria, la cui composizione era mantenuta segreta (probabilmente comprendeva zolfo, salnitro, derivati del petrolio come nafta e bitume, resine vegetali), veniva utilizzata per appiccare il fuoco alle navi nemiche e bruciava anche a contatto con l'acqua.

Durante il califfato abbaside, le relazioni diplomatiche fra l'impero bizantino e quello islamico divennero più frequenti: la guerra aperta fra i

Una raffigurazione del «fuoco greco» in un manoscritto del XII secolo. (Madrid, Biblioteca Nazionale)

due imperi fu sostituita da una serie di continue scaramucce di confine, che non diedero luogo a modificazioni territoriali rilevanti ed ebbero come teatro principale la penisola anatolica. L'unica eccezione fu rappresentata dalla conquista araba della Sicilia: per i Bizantini questo evento rappresentò un duro colpo, perché persero il controllo delle rotte che attraversavano il Mediterraneo centrale.

Anche nei secoli successivi, nonostante la perdita della sua unità politica, il califfato rimase per l'impero bizantino una costante minaccia. Solo a partire dalla fine del IX secolo, con l'ascesa al potere della dinastia dei Macedoni (❯ Lez. 14), i Bizantini riuscirono a passare alla controffensiva e a riconquistare Creta, Cipro e Antiochia, ristabilendo il proprio controllo sul Mediterraneo orientale.

La presenza islamica favorisce lo sviluppo dei commerci ▪ In

passato alcuni storici sostennero l'ipotesi che la supremazia araba sulle rotte del Mediterraneo avesse portato a una contrazione dei commerci internazionali, e dunque contribuito al declino dell'Europa occidentale. In realtà, le cose andarono diversamente: la crisi economica vissuta dall'Occidente nei primi secoli del Medioevo si verificò per ragioni del tutto indipendenti dalla presenza araba (❯ Lez. 9). Al contrario di quanto si riteneva, i commerci nel Mediterraneo si mantennero vivi e, anzi, furono in una certa misura facilitati dal formarsi sulle sponde orientali e meridionali di un nuovo grande impero. Una più attenta analisi dei documenti di origine araba ha dimostrato che mercanti italiani – soprattutto quelli dei territori sottoposti a Bisanzio – furono lasciati liberi di commerciare lungo le sponde del Mediterraneo. Già nel 722 mercanti di Napoli e Gaeta intrattenevano rapporti d'affari con i musulmani; nel 977 al Cairo giungevano navi da Amalfi; a partire dal IX secolo navi veneziane raggiunsero i porti della Siria e dell'Egitto.

Imbarcazione mercantile araba in una miniatura del XIII secolo. Nell'immagine, i mercanti arabi sono all'interno della nave, mentre l'equipaggio è composto da indiani. (Parigi, Biblioteca Nazionale)

SINTESI

1 La nascita del califfato

Dal 632 sino al 661 la *umma* è retta dai quattro «califfi ben guidati», scelti tra i più stretti collaboratori del Profeta. Sotto il loro governo gli Arabi attaccano l'impero bizantino, al quale strappano la Siria, la Palestina, l'Egitto e Cipro, e quello persiano, che conquistano interamente.

2 Il califfato omayyade

Nel 661 la rivolta del governatore della Siria Mu'awiya porta alla nascita del califfato omayyade, con capitale Damasco. Una parte dei musulmani non riconosce l'autorità degli Omayyadi e sostiene che la guida della *umma* debba spettare ai discendenti di Maometto tramite suo genero Ali: nasce in questo modo la divisione tra sciiti e sunniti. Durante il periodo omayyade l'espansione araba prosegue in Asia centrale, nell'Africa settentrionale e fino alla penisola iberica. In Europa l'avanzata araba è arrestata dai Franchi, che li sconfiggono nel 732 a Poitiers.

La società islamica si dimostra tollerante nei confronti di cristiani ed ebrei, ai quali viene riconosciuto lo status di *dhimmi*. Molti cristiani si convertono comunque all'islam e adottano la lingua e le abitudini dei dominatori. Anche gli Arabi adottano alcuni tratti delle popolazioni assoggettate: l'esito di questi scambi è la nascita di una nuova e originale civiltà.

3 Il califfato abbaside

Nel 750 una rivolta porta all'affermazione della casata persiana degli Abbasidi e mette fine al predominio arabo sulla gestione politica, militare e sociale dell'impero. Mentre i pochi sopravvissuti della dinastia omayyade si rifugiano in Spagna, dove fondano l'emirato indipendente di Cordova, i califfi abbasidi di Baghdad rafforzano il loro dominio. Fra l'827 e il 902 conquistano la Sicilia, strappandola ai Bizantini. A partire dal IX secolo le regioni più lontane dalla capitale si rendono via via autonome dall'autorità dei califfi. Il califfato sopravvivrà comunque fino al 1258.

4 Bisanzio e l'Europa occidentale di fronte all'espansione islamica

A partire dal VII secolo, la formazione del califfato islamico minaccia la stabilità dell'impero bizantino, che si vede strappare vasti territori. Costantinopoli resiste per ben due volte – dal 674 al 678, e dal 717 al 718 – all'assedio dei califfi omayyadi. Durante il califfato abbaside, i contatti diplomatici fra l'impero bizantino e quello islamico diventano più frequenti, ma non mancano occasioni di tensione: la perdita della Sicilia è un duro colpo per i Bizantini in Occidente. La supremazia araba sul Mediterraneo non ostacola i commerci internazionali: gli Arabi controllano i principali porti ed è loro interesse garantire la sicurezza delle rotte marittime, che rimangono accessibili ai mercanti europei.

Il califfato

	Arco cronologico	Capitale	Principali conquiste territoriali
Califfato elettivo dei «califfi ben guidati»	632-661	La Mecca	• In Medio Oriente: Siria, Palestina, Cipro, Mesopotamia, Iran • In Africa: Egitto, Libia
Califfato omayyade	661-750	Damasco	• In Africa: territori corrispondenti agli odierni Tunisia, Algeria, Marocco • In Europa: penisola iberica, regione sud-occidentale dell'attuale Francia • In Asia centrale: territori corrispondenti agli attuali Uzbekistan, Kazakistan, Afghanistan e Pakistan
Califfato abbaside	750-1258	Baghdad	• Nel Mediterraneo: Sicilia, Creta

LEZIONE 12

 **Z TE** ONLINE
Mettiti alla prova con
gli esercizi interattivi

263

VERIFICA

ORIENTARSI NEL TEMPO E NELLO SPAZIO

1 Completa la legenda di questa carta con le date e le parole opportune. Poi indica dove risiedeva il califfo, guida politica del mondo islamico, nel primo centenario dell'ègira.

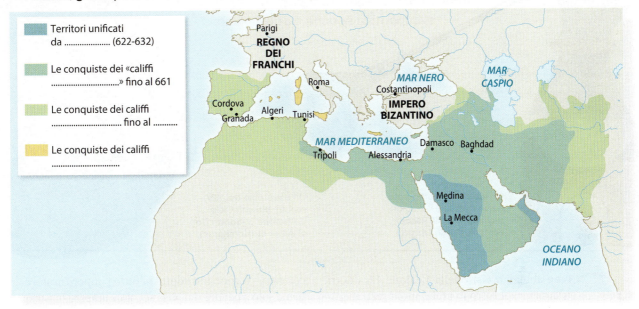

Legenda:
- Territori unificati da .... (622-632)
- Le conquiste dei «califfi ....» fino al 661
- Le conquiste dei califfi .... fino al ....
- Le conquiste dei califfi ....

LAVORARE SUL LESSICO

2 Per ognuna delle seguenti coppie chiarisci il significato dei due termini, mettendone in luce le differenze o le somiglianze.
  a. *dar al-islam / dar al-harb*
  b. califfo / emiro
  c. sunniti / sciiti

VERIFICARE LE CONOSCENZE

3 Alcune di queste affermazioni dicono il falso. Individuale e correggile a voce.
  a. Ali fu il primo dei «califfi ben guidati».
  b. Mu'awiya apparteneva a un'importante famiglia siriana.
  c. La battaglia di Karbala riveste un significato importante per i musulmani sciiti.
  d. Durante il califfato degli Omayyadi furono conquistate Bukhara e Samarcanda.
  e. Durante il califfato degli Abbasidi Costantinopoli fu assediata due volte.
  f. Durante gli assedi di Costantinopoli, gli Arabi utilizzarono il «fuoco greco».
  g. Durante il califfato degli Abbasidi fu conquistata Palermo.
  h. L'emirato di Cordova era retto da emiri abbasidi.

ALLENARE LE ABILITÀ E LE COMPETENZE

4 Stabilisci, per ciascun episodio o elemento, se rappresenta una causa (Ca) o una conseguenza (Co) dell'espansione araba nel Mediterraneo.

	Ca	Co
a. L'indebolimento dell'impero bizantino in epoca tardoantica.	☐	☐
b. La politica estera aggressiva dei califfi.	☐	☐
c. La riduzione della presenza bizantina in Italia.	☐	☐
d. Lo sviluppo commerciale della Sicilia.	☐	☐
e. L'introduzione in Europa di nuove colture.	☐	☐

Scienza e tecnica nel mondo arabo

La civiltà islamica raggiunse vette di eccellenza sia in campo scientifico sia in quello tecnologico. Ma gli Arabi furono anche degli straordinari mediatori di saperi sviluppati in epoche e paesi diversi.

Un alambicco raffigurato su un manuale arabo di alchimia del XIII secolo. (Londra, British Library)

Un astrolabio del XIV secolo. (Kuwait City, Collezione al-Sabah Dar al-Athar al-Islamiyyah)

Come abbiamo visto nella Lezione 12, i dotti islamici tradussero in arabo molti testi medici, scientifici e filosofici della tradizione greca ed ellenistica, preservando così saperi e scoperte che in Occidente erano ormai dimenticati, e che rischiavano di perdersi per sempre. Fu grazie alla fondamentale mediazione culturale degli Arabi che gli Europei poterono riscoprire, per esempio, molte opere di Aristotele – che, ben poco o per nulla conosciute in Europa prima del XII secolo, tornarono a circolare in Occidente attraverso le traduzioni e i commenti dello studioso arabo di Spagna Averroè (1126-1198).

Matematica e astronomia
Gli Arabi non si limitarono a preservare le scoperte dei secoli precedenti, ma le arricchirono con contributi originali e innovativi. Tra l'VIII e il IX secolo i califfi abbasidi promossero la fondazione di scuole di scienze matematiche e fecero tradurre in arabo gli *Elementi* di Euclide e altri importanti testi del periodo ellenistico. Partendo da queste opere il matematico, astronomo e scienziato persiano Muhammad al-Khwarizmi (ca. 780-ca. 850) pose le basi per la nascita dell'algebra e della trigonometria.
I contatti culturali e commerciali con l'India permisero agli Arabi di conoscere le cifre da 1 a 9 più la cifra 0 – importantissima perché serve a indicare l'assenza delle unità, o delle decine, o delle centinaia nella scrittura di un numero – oltre che un sistema di numerazione posizionale (in cui cioè ogni cifra assume un valore diverso a seconda della propria posizione). Le cosiddette «cifre arabe» – che sono in realtà indiane, e facilitano moltissimo i calcoli perché, per esempio, si possono mettere in colonna – furono introdotte in tutto l'impero arabo e da lì, ma solo a partire dal XIII secolo, giunsero in Europa. Sempre muovendo dalle scoperte del periodo ellenistico, l'astronomo Muhammad al-Battani (ca. 858-929) trovò nuove prove a favore della precessione degli equinozi e perfezionò i metodi per il calcolo delle eclissi. Gli astronomi arabi furono anche all'avanguardia nella costruzione di strumenti – come l'astrolabio – utili sia per lo studio dei fenomeni celesti sia per la navigazione.

Medicina e alchimia
Anche nel campo delle scienze mediche gli studiosi arabi si valsero della lezione dei testi greci ed ellenistici, ma compirono importanti passi avanti nello studio delle malattie e delle tecniche di cura. Uno dei più illustri medici islamici fu il persiano Abu Ali Ibn Sina, noto in Occidente come Avicenna (980-1037), il cui testo intitolato *Il canone della medicina* – che riordinava sistematicamente le dottrine mediche di Ippocrate e Galeno e quelle biologiche di Aristotele – costituì prima in Oriente e poi anche in Occidente il riferimento più autorevole almeno fino al XVI secolo. Gli Arabi hanno anche il merito d'aver elaborato i primi ricettari farmaceutici, con le indicazioni precise sulle proporzioni degli ingredienti e sulla loro combinazione. Per il loro approfondito studio delle piante e degli elementi naturali, compresi i metalli, possono essere definiti come gli inventori dell'alchimia, una disciplina prescientifica che si può considerare l'antenata della chimica. Fra i medici-alchimisti più noti va ricordato il persiano Abu Bakr Mohammad al-Razi (865-930): a lui si devono, fra le altre cose, i primi utilizzi dell'alcol in medicina e la sintesi dell'acido solforico.

Un medico visita un paziente a letto in presenza di alcuni familiari. Manoscritto del 1334. (Vienna, Österreichische Nationalbibliothek)

Una grande noria sul fiume Oronte presso Hama, in Siria. La noria è una ruota idraulica che ha la funzione di sollevare acqua sfruttando la corrente di un corso idrico. (Ash Clark)

Manoscritto con cifre arabe del 1257. (Monaco, Bayerische Staatsbibliothek)

Nuove tecnologie e nuove colture

Abbiamo già sottolineato l'importanza del ruolo di mediazione che gli Arabi svolsero facendo da ponte fra l'Estremo Oriente e il mondo mediterraneo. Una delle principali innovazioni tecnologiche importate in Occidente grazie a loro fu la tecnica di fabbricazione della carta – messa a punto dai Cinesi nel II secolo a.C. e adottata nell'impero arabo a partire dall'VIII secolo d.C. La diffusione in Europa di questo nuovo materiale per scrivere seguì le rotte del commercio arabo: nel X secolo, per esempio, uno dei centri più importanti per il commercio della carta era la Sicilia degli emiri.

Anche per l'agricoltura gli Arabi svolsero un'analoga funzione di propagazione di tecniche e saperi. Infatti perfezionarono e diffusero in tutto l'impero le tecniche di irrigazione tipiche del Medio Oriente: per esempio le norie – le ruote idrauliche in uso in Mesopotamia, che permettevano di sollevare l'acqua dai pozzi o dai fiumi per poi distribuirla in maniera razionale in tutti i campi – furono impiegate anche in Africa, in Sicilia e in Spagna. Lo stesso avvenne per i *qanat*, detti anche foggare: queste reti sotterranee di canalizzazione, che permettono di proteggere l'acqua dal sole riducendone l'evaporazione, erano state tipiche della Persia, ma grazie agli Arabi furono adottate in tutto il Maghreb e, ancora oggi, alimentano le oasi del Marocco e della Tunisia.

Infine, gli Arabi diffusero nel bacino del Mediterraneo piante prima sconosciute: il cotone, il riso, gli spinaci, le pesche, i meloni, le arance, i limoni, le carrube e la canna da zucchero.

La penisola iberica e la Sicilia – le due regioni europee sottoposte al dominio islamico – trassero notevoli van-

taggi da queste innovazioni agricole. Per fare solo alcuni esempi, in Spagna, nella regione semiarida della Mancia (dove le precipitazioni sono inferiori ai 400 ml l'anno) – gli Arabi crearono un'efficiente rete d'irrigazione che permise di estendere notevolmente la superficie delle terre coltivate. Anche nel sud della Spagna e in Sicilia furono realizzati importanti lavori di canalizzazione, e furono introdotte le nuove pregiate colture. La Conca d'Oro, la vallata alle porte di Palermo, si riempì di magnifici agrumeti e divenne una delle zone più ricche dell'intero Mediterraneo.

ATTIVITÀ

a. Partendo dal sito treccani.it, cerca l'articolo «Arabismi» incluso nell'*Enciclopedia dell'italiano* (2010). Leggilo per scoprire alcuni dei termini della lingua italiana derivati dall'arabo. A quali ambiti appartengono? Secondo te, perché?

b. Nel modulo di ricerca del sito catalogo.museogalileo.it inserisci le parole «astronomia araba video». Guarda il filmato che riuscirai così a raggiungere, e annota i nomi degli strumenti astronomici inventati dagli Arabi.

Le moschee

La moschea è l'edificio di culto per i musulmani, dedicato alla preghiera – soprattutto quella comunitaria del venerdì – e all'insegnamento religioso.

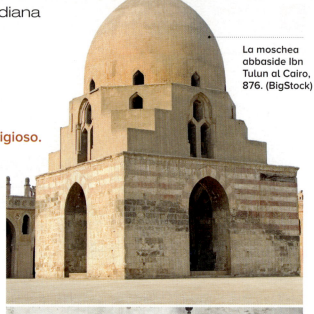

La moschea abbaside Ibn Tulun al Cairo, 876. (BigStock)

l termine arabo *masjid* – da cui deriva l'italiano «moschea» – indica un luogo di adorazione in cui il fedele musulmano possa inginocchiarsi per pregare Dio. A differenza del cristianesimo – che richiede che la messa sia svolta in un edificio consacrato – per l'islam qualsiasi luogo può essere *masjid*, in quanto un fedele può rivolgersi a Dio ovunque si trovi: ma la moschea ha ovviamente un'importanza particolare.

Un modello comune: la casa del Profeta Secondo la tradizione, la prima moschea fu l'abitazione di Maometto a Medina: si trattava di un semplice cortile in terra battuta circondato su due lati da un muro privo di aperture. Sugli altri due lati una tettoia di foglie poggiata su tronchi di palma formava una specie di portico, sotto il quale chi pregava trovava riparo dal cocente sole dell'Arabia. Tutte le moschee costruite nei secoli successivi – da quelle più piccole nei villaggi di campagna a quelle monumentali costruite nelle capitali dei califfi – si richiamano a questa struttura di base: una vasta corte a cielo aperto e alcune sale scandite ritmicamente da file di colonne che, nel loro susseguirsi, ricordano i tronchi di palma nel cortile della casa del Profeta. A questa struttura di base, ricorrente, fa da contraltare una grande varietà nelle forme architettoniche, ispirate alle tradizioni delle popolazioni preislamiche o elaborate secondo nuovi e inediti modelli: varietà che rispecchia la ricchezza della civiltà islamica e la molteplicità delle sue espressioni regionali.

Gli elementi ricorrenti A qualsiasi latitudine sorgano, siano state costruite nei deserti africani o nelle steppe asiatiche, le moschee hanno sempre alcuni elementi comuni. Davanti all'ingresso c'è sempre una fontana o una vasca dove i fedeli possono svolgere le abluzioni prescritte dal Corano. Nella sala di preghiera una nicchia chiamata *mihrab* indica la direzione della Mecca, verso la quale bisogna rivolgersi mentre si prega. Alla destra del *mihrab* sorge il pulpito in legno, il *minbar*, dal quale il venerdì l'imam guida la preghiera della comunità. Il pavimento delle moschee è sempre ricoperto da tappeti che servono a isolare i fedeli dal suolo e a mantenerli nello stato di purezza necessario per accostarsi a Dio. Un elemento non costitutivo delle moschee, ma talmente tipico da essere associato automaticamente a esse, è il minareto, la torre dalla quale i *muezzin* invitano i fedeli alle cinque preghiere giornaliere.

Il *mihrab* e *minbar* della moschea Sultan al-Nasir al Cairo, 1318. (Ferdonio)

Spazi semplici e suggestivi Le moschee sono prive di arredi oltreché, ovviamente, di statue e dipinti che raffigurino immagini sacre. Questa spoglia semplicità non impoverisce gli spazi interni di questi edifici di culto, ma li dilata, rendendoli ancora più suggestivi; contribuisce inoltre a far risaltare meglio i motivi geometrici, vegetali o calligrafici che spesso ne ornano le pareti.

ATTIVITÀ

a. Un musulmano può pregare anche fuori dalla moschea, purché rispetti alcune norme rituali: elencale, documentandoti su Internet se necessario.

b. Spiega perché all'interno delle moschee non compaiono rappresentazioni figurative.

c. Utilizzando Internet, svolgi una ricerca sulla moschea di Roma, la più grande in Italia. Prepara una scheda descrittiva che contenga i dati più importanti relativi a questo edificio e correda il tuo lavoro con alcune immagini.

I *malqaf*, torrette per convogliare l'aria negli edifici, a confronto con i condizionatori d'aria. (A. Javaheri; E. Kanaridis)

Difendersi dal caldo

La civiltà islamica nacque e si diffuse in luoghi desertici o molto aridi. Per gli Arabi fu quindi necessario imparare a proteggersi dalle alte temperature.

Gli architetti arabi utilizzarono tecniche costruttive ispirate allo studio della natura, in grado di garantire ottimi risultati contro il calore eccessivo – il principale problema per chi vive in zone desertiche o comunque molto aride.

Soluzioni ingegnose ed efficaci... In primo luogo, le abitazioni erano costruite con muri spessi e con materiali che isolavano termicamente le stanze dal caldo torrido dell'esterno. Ancora oggi negli *ksar* – i villaggi fortificati tipici del Maghreb – l'impiego dell'argilla permette di mantenere all'interno degli edifici temperature gradevoli durante tutto l'anno. Poi, si cercava di garantire un buon arieggiamento: per esempio, sulla sommità degli edifici si costruivano torrette – dette *malqaf* (analoghe ai *badgir* persiani), che intercettavano le brezze e, sfruttando il principio fisico della convezione, convogliavano verso i piani inferiori l'aria fresca (che è più pesante e tende a scendere) mentre, come camini, aspiravano l'aria calda (che è più calda e tende a salire). Inoltre, quando era possibile, gli edifici venivano protetti dall'irraggiamento solare con piante che li ombreggiassero; infine, venivano creati canaletti nei quali scorreva un sottile velo d'acqua che, evaporando, rinfrescava gli ambienti: questo accorgimento fu usato, per esempio, nel palazzo della Zisa a Palermo.

... che è possibile applicare alle esigenze contemporanee Noi, per difenderci dal caldo che assilla le nostre metropoli, abbiamo scelto la strada peggiore: impieghiamo infatti condizionatori elettrici i quali, oltre a innalzare i consumi energetici, con i loro motori generano ulteriore calore e finiscono per aumentare la temperatura dei centri urbani. La soluzione per scam-

pare alla canicola estiva non va ricercata in questi costosi e inquinanti marchingegni ma nella direzione diametralmente opposta, ossia in un'architettura sostenibile, capace di mettere a frutto – opportunamente aggiornati – gli accorgimenti da secoli impiegati dagli Arabi. Così, chi si occupa di bioarchitettura promuove l'utilizzo, in edilizia, di materiali e intercapedini che isolino efficacemente gli ambienti interni e favoriscano la circolazione naturale dell'aria e la ventilazione; o di vetri capaci di schermare i raggi del sole nei mesi estivi e di sfruttare al meglio l'irraggiamento solare in quelli invernali. La presenza del verde urbano – nei parchi pubblici ma anche nei giardini privati – può contribuire notevolmente all'abbassamento delle temperature delle nostre città e aiutare a renderne l'aria più respirabile. Come ha ricordato l'architetto Renzo Piano: «Il tema centrale dell'architettura del XXI secolo dovrà essere l'umanesimo, la presa di coscienza che stiamo costruendo edifici in un mondo fragile. La sostenibilità non ha a che fare solo con l'energia, ma con tutto quanto, con la città».

ATTIVITÀ

a. Svolgi, aiutandoti con Internet, una breve ricerca sul fenomeno comunemente denominato «isola di calore»: definiscilo, spiegane le cause, proponi alcune soluzioni.

b. Anche in Italia le tecniche edilizie tradizionali, utilizzate fino a pochi decenni fa, miravano a perseguire obiettivi di efficienza energetica. Avrai sicuramente visitato edifici storici: elenca quali soluzioni costruttive li caratterizzavano riguardo ai problemi del riscaldamento e della conservazione del calore (in inverno) e del raffreddamento (in estate).

LABORATORIO DELLE COMPETENZE

INTERPRETARE LE FONTI

1 Leggi il cosiddetto «*hadith* di Gabriele», uno dei più importanti della *sunna*, in quanto espone i precetti teologici alla base del Corano e i comportamenti che il fedele deve seguire. Poi rispondi alle domande.

Questo è l'*isnàd*: – ossia l'elenco dei testimoni – che garantisce l'autenticità dell'*hadith*. Omar, il secondo dei califfi ben guidati e stretto collaboratore del Profeta, è considerato una fonte attendibilissima.

«Omar ibn al-Khattab (Allah si compiaccia di lui) riferisce: «Un giorno, mentre eravamo seduti accanto al Messaggero di Dio (pace su di lui), ecco apparirci un uomo dagli abiti candidi e dai capelli di un nero intenso; su di lui non traspariva traccia di viaggio, ma nessuno di noi lo conosceva. Si sedette di fronte al Profeta, mise le ginocchia contro le sue e poggiando le palme delle mani sulle sue cosce gli disse: «Oh Muhammad, dimmi che cos'è l'islam». Il Messaggero di Dio disse: «L'islam è che tu testimoni che non c'è altro dio che Allah e che Muhammad è il Messaggero di Dio; che tu compia la preghiera rituale, versi la *zakàt*, digiuni nel mese di Ramadan e faccia il pellegrinaggio alla Casa, se ne hai la possibilità». «Tu dici il vero!», disse l'uomo. Ci sorprese che fosse lui a interrogare il Profeta e ad approvarlo. L'uomo chiese allora: «Dimmi che cos'è l'*imàn* [la fede]». Il Profeta rispose: «È che tu creda in Dio, nei suoi angeli, nei suoi Libri, nei suoi Messaggeri e nell'Ultimo Giorno, e che tu creda nel decreto divino, sia nel bene che nel male». «Tu dici il vero!», replicò l'uomo, che riprese dicendo: «Dimmi che cos'è l'*ihsàn* [il retto comportamento del fedele]». Egli rispose: «È che tu adori Dio come se lo vedessi; perché, se tu non lo vedi, certamente Egli ti vede». L'uomo disse: «Dimmi che cos'è l'Ora [del giudizio finale]». Il Profeta rispose: «L'interrogato non ne sa più di chi lo interroga». L'uomo disse: «Parlami allora dei segni premonitori». Egli rispose: «Quando la schiava genererà la sua padrona e quando vedrai i pastori, miseri, scalzi e nudi competere nelle costruzioni più elevate». Dopodiché l'uomo sparì e io rimasi assorto. Allora il Profeta (pace su di lui) mi chiese: «Omar, sai tu chi mi ha interrogato?». Io risposi: «Dio e il suo Messaggero ne sanno di più». «Era Gabriele», disse, «che è venuto per insegnarvi la vostra religione».

(Al-Nawawi, *Il giardino dei devoti – Detti e fatti del Profeta* a cura di A. Scarabel, SITI, Trieste 1990)

Si tratta di Maometto.

La comparsa improvvisa di quest'uomo lascia intendere che egli sia un messaggero celeste.

Questi sono i cosiddetti «sei articoli di fede»: ossia le sei credenze legate agli aspetti metafisici dell'islam.

Il senso della risposta di Maometto è oscuro, ma non il significato generale: il giorno del giudizio sarà preceduto da eventi fuori dall'ordinario.

I segni che lasceranno intravedere il giorno del giudizio.

La partenza dello sconosciuto avviene, come il suo arrivo, in una maniera improvvisa che rimanda al soprannaturale.

L'arcangelo Gabriele, lo stesso che aveva rivelato a Maometto l'esistenza di Dio sul monte Hira.

a. Maometto definisce l'islam elencando cinque doveri: indica come sono abitualmente chiamati questi obblighi e spiegali con parole tue.

b. Perché nel definire la fede Maometto parla di «libri» e di «messaggeri» al plurale?

c. La definizione che Maometto fornisce dell'*ihsàn*, ossia del comportamento che deve tenere il fedele, appare vaga, ma in realtà è fortemente prescrittiva per il fedele: sai spiegare il perché?

d. A differenza del cristianesimo, le religioni pagane avevano un ruolo strumentale ma non davano al fedele il conforto di Dio. Considerando la risposta di Maometto alla domanda sull'*ihsàn*, lo stesso si può dire dell'islam?

COMPRENDERE IL CAMBIAMENTO

2 Rispondi alle domande e svolgi le attività collegate alla carta.

a. Nell'uso quotidiano spesso si usano erroneamente i termini «musulmano» e «arabo» come sinonimi. Dopo aver chiarito le differenze di significato tra i due termini, colora in giallo nella carta i territori abitati da popolazioni musulmane, evidenzia con un tratteggio diagonale le aree geografiche abitate da popolazioni arabe e con un tratteggio orizzontale i territori a maggioranza sciita.

b. Inizialmente il termine «arabo» riguardava le popolazioni semitiche originarie della penisola arabica. In seguito a quali avvenimenti tale termine è passato a indicare anche altre popolazioni?

c. Spesso chi vive in Occidente tende a considerare il mondo islamico come un "blocco unico e indifferenziato". Tuttavia, fra le varie realtà che lo compongono esistono notevoli differenze. Aiutandoti con Internet prepara una ricerca sulla condizione delle donne, al giorno d'oggi, in Turchia, Algeria, Arabia, Afghanistan e Indonesia. Esponi i risultati in una presentazione che metta in luce la varietà di situazioni sociali e culturali che caratterizzano il mondo islamico.

INDIVIDUARE COLLEGAMENTI E RELAZIONI

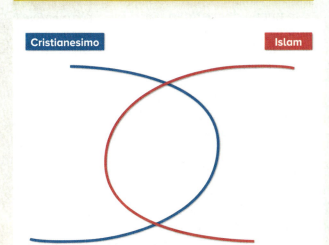

3 Completa lo schema riportando nell'insieme corretto ciascuno dei termini o delle espressioni dell'elenco. Se vuoi prosegui individuando altre voci da inserire nello schema. Tieni conto che alcune voci possono non appartenere a nessuna delle due religioni.

monoteismo • rifiuto dell'idolatria • Dio creatore del cosmo • presenza di un clero • assenza di sacramenti • religione rivelata • richiesta di sacrifici a Dio • ricompensa per i giusti dopo la morte • fratellanza universale • presenza di un testo sacro • riconoscimento di Abramo come patriarca • presenza di più divinità • sacralità della vita umana

ARABIA SAUDITA

Veduta di La Mecca con al centro la Ka'ba. *A sinistra in alto*: donna velata. *A sinistra in basso*: un'aula scolastica.

La Mecca dell'oro nero

La terra che vide la nascita dell'islam nel VII secolo è ancora oggi la culla della religione musulmana. Medina, dove il profeta Maometto morì, e la Mecca, dove egli nacque nel 570 e dove ogni anno si recano due milioni di fedeli per onorare il pellegrinaggio prescritto dal Corano, sono le due città più sacre per i musulmani. Da lì partì quel fenomeno dirompente, l'islam appunto, che in pochi decenni dilagò nelle regioni vicine e arrivò a conquistare anche parte dell'Europa.

Il peso della tradizione... La vita, la società, la politica e anche l'economia dell'Arabia Saudita sono tutte plasmate sui princìpi dell'islam. L'intreccio fra politica e religione è inscindibile e si rifà ai dettami del wahabismo, una versione integralista dell'islam sunnita cui aderisce la grande maggioranza dei cittadini. L'Arabia è una monarchia assoluta governata dalla famiglia Al-Saud, al potere dal 1932, il cui nome è stato aggiunto a quello del paese. Benché i poteri siano concentrati nelle mani della famiglia reale, il suo controllo sulla società non potrebbe avvenire senza l'appoggio degli *ulema*, che costituiscono l'élite religiosa a cui è affidata l'interpretazione dei testi sacri e che esercita la propria influenza su molti aspetti della vita pubblica. D'altra parte la legge stessa obbliga i cittadini a essere musulmani.

Per molti versi, dal punto di vista culturale e sociale l'Arabia è ancora arcaica e proiettata verso il passato: per esempio le donne non possono divorziare, non hanno diritto all'eredità sui beni del marito, non sono libere di viaggiare o di guidare da sole, non possono essere titolari di un'impresa; la danza, la musica, il cinema e il teatro in pubblico sono proibiti; è in vigore la pena di morte, che si esercita perfino nei confronti degli omosessuali; Internet e la libertà di stampa subiscono forti limitazioni.

... e quello del petrolio D'altra parte, però, il paese è il primo produttore al mondo di petrolio (circa un quinto del totale globale), con una serie di conseguenze rilevanti per la società saudita. La produzione è così elevata che la monarchia saudita può esercitare un peso determinante all'interno dell'OPEC, l'organizzazione dei paesi produttori di petrolio, soprattutto per far rispettare a tutti le rispettive quote di produzione (affinché nessuno si avvantaggi sugli altri) e garantire la stabilità del mercato. Inoltre il paese detiene il 4 per cento circa delle riserve di gas naturale.

Le entrate derivanti da questa gigantesca ricchezza stanno aiutando l'Arabia a risalire nella classifica del benessere, tanto che oggi il PIL pro capite (ovvero il reddito medio di ogni cittadino) è di circa 30 mila dollari annui, un dato superiore a quello dell'Italia. In soli

Sotto, da sinistra a destra: impianto per la produzione di idrocarburi; re Abdullah a colloquio con Obama; pannelli solari; esercito saudita in parata.

due anni, dal 2008 al 2010, la quota del reddito nazionale derivante dal settore dei servizi è cresciuta dal 28 al 38 per cento, perché il governo sta cercando di usare le entrate petrolifere per sviluppare anche gli altri settori dell'economia.

Verso la modernizzazione

L'alfabetizzazione è pari all'86 per cento del totale, ma raggiunge il 97 per cento fra i giovani, grazie allo sforzo in corso per migliorare il sistema scolastico. Anche le donne vedono la propria condizione migliorare: ogni anno si laureano più ragazze che ragazzi; il numero delle donne che lavorano è in crescita, grazie alle politiche promosse dal governo; negli ultimi due decenni la percentuale di ragazze che frequentano l'università è più che quadruplicata e oggi supera il 40 per cento del totale; parallelamente, il numero medio di figli per donna è sceso da sei a poco più di due. Inoltre, a partire dal 2015, anche le donne possono votare per l'elezione dei consigli municipali.

Lo sforzo della monarchia per portare l'Arabia sulla via della modernizzazione è davvero a tutto tondo. Sono in atto giganteschi progetti per costruire le cosiddette *economic cities*, ovvero nuove e modernissime città create per garantire occupazione, crescita e stabilità economica, promuovendo lavori non legati al petrolio e usando forme di energia alternativa.

Tradizionalmente l'economia saudita impiegava una numerosissima manodopera straniera, sottopagata rispetto a quella nazionale e per questo molto richiesta, con l'effetto, però, di creare forti diseguaglianze di reddito all'interno del paese. Negli ultimi anni, invece, per favorire l'impiego dei propri cittadini, il governo ha fissato delle quote massime di stranieri impiegabili nelle imprese, aiutando così a ridurre tali diseguaglianze, che comunque restano forti: si stima, infatti, che fra i due e i quattro milioni di cittadini sauditi, specialmente quelli delle aree rurali, vivano con meno di 6.000 dollari l'anno, considerati la soglia di povertà.

Un nuovo ruolo

La modernizzazione coinvolge la stessa fonte della ricchezza saudita, poiché la monarchia sta cercando di ridurre la propria dipendenza dal petrolio. Sono stati avviati, infatti, progetti per lo sviluppo dell'energia nucleare e di quella solare per usi interni, destinando la produzione di idrocarburi alle esportazioni.

Questi importanti processi di crescita hanno portato il governo di Riyad a svolgere un ruolo politico su scala globale che va oltre il potere derivante dal petrolio e nel vasto mondo arabo esso rappresenta un significativo baluardo contro la propagazione del terrorismo islamico. Grazie al programma di sviluppo dell'energia nucleare e agli investimenti per potenziare i propri armamenti, oggi il paese è una potenza militare in grado di competere con l'Iran, con il quale rivaleggia sia per il predominio politico ed economico nell'area mediorientale sia per quello religioso, dal momento che ciascuno dei due paesi pretende di rappresentare l'islam più puro (l'Iran è a maggioranza sciita, l'Arabia a maggioranza sunnita).

La rinascita dell'impero

L'impero di Carlo Magno

1. Come viene definito da un punto di vista culturale il periodo carolingio?
2. Quando è incoronato imperatore Carlo Magno?

In Europa il vuoto politico creato dalla caduta dell'impero romano viene colmato nell'VIII secolo dall'espansione dei Franchi guidati dalla dinastia dei Carolingi. La loro affermazione trova compimento nel Natale dell'anno 800 con l'incoronazione di Carlo Magno a imperatore. L'impero carolingio si richiama a quello romano, ma da questo è molto diverso, sia perché ha il suo baricentro nel cuore dell'Europa, sia per gli stretti legami con le istituzioni ecclesiastiche. Il nuovo impero sopravvive solo pochi decenni: la sua disgregazione e le concomitanti scorrerie di Ungari, Vichinghi e Saraceni sprofondano l'Europa in un periodo di anarchia e guerre. L'impero, questa volta con il suo centro nella Germania, rinascerà alla metà del IX secolo grazie a Ottone I di Sassonia.

 IERI/OGGI

Per quasi cinque secoli l'impero romano aveva unito all'interno di un unico Stato l'Europa mediterranea e quella continentale, e aveva incluso anche ampie zone del Vicino Oriente e dell'Africa. Nel 476 il crollo dell'impero romano d'Occidente pose fine a questa unità e lasciò l'Europa politicamente divisa e sottoposta a dominazioni diverse: l'impero bizantino nei Balcani, i regni romano-barbarici nella penisola iberica, in Gallia e in Italia. Insieme all'unità politica, scomparve anche la *pax romana* che tanti benefici aveva portato alle genti che facevano parte dell'impero.
Tra IX e X secolo l'Europa trovò una momentanea unità prima sotto l'impero carolingio, poi sotto quello degli Ottoni, ma

◄ La spada di Carlo Magno. (Parigi, Museo del Louvre / Bridgeman / Alinari)

∧ L'imperatore Ottone II riceve l'omaggio delle nazioni in una miniatura del 985. (Chantilly, Musée Condé)

∨ Il momento della votazione al Parlamento Europeo. (EPA)

si trattava sempre di unioni parziali e che ebbero breve durata. Dalla caduta dell'impero romano sono dovuti trascorrere 1500 anni prima che, nella seconda metà del XX secolo, la nascita dell'Unione Europea riunisse nuovamente i popoli dell'Europa all'interno di un unico organismo capace di assicurare loro la pace.

a. Nella Lezione 2 abbiamo seguito un immaginario viaggiatore attraverso l'impero romano. Prova a immaginare di partire oggi dall'Italia per raggiungere Lisbona o l'Estonia: quante frontiere troveresti sul tuo cammino? Quante diverse monete dovresti usare?

b. Sulla base di quanto hai appena risposto, spiega di quali vantaggi godiamo nel far parte di un unico, grande continente politicamente unito.

Dal regno dei Franchi all'impero carolingio

 IL PROTAGONISTA

CARLO MAGNO
Re dei Franchi, pone fine al dominio longobardo in Italia ed estende i suoi possedimenti su buona parte dell'Europa centro-occidentale. Nell'800 viene incoronato imperatore dei Romani.

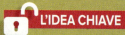 **L'IDEA CHIAVE**

IL RICHIAMO ALL'IMPERO ROMANO
L'impero carolingio è considerato da Carlo Magno come la continuazione di quello romano; in realtà è un impero cristiano, molto diverso da quello di Augusto, a partire dai territori sui cui si estende.

 **IL LUOGO**

AQUISGRANA
È la capitale dell'impero, ma Carlo Magno vi risiede di rado: la mancanza di un apparato burocratico efficiente lo costringe a spostarsi, insieme alla corte, per controllare i propri domini.

 L'EVENTO

LA BATTAGLIA DI RONCISVALLE
Nel 778 la retroguardia dell'esercito franco viene decimata dai Baschi. Questo episodio ispirerà leggende e poemi epici incentrati sulla figura del paladino Orlando.

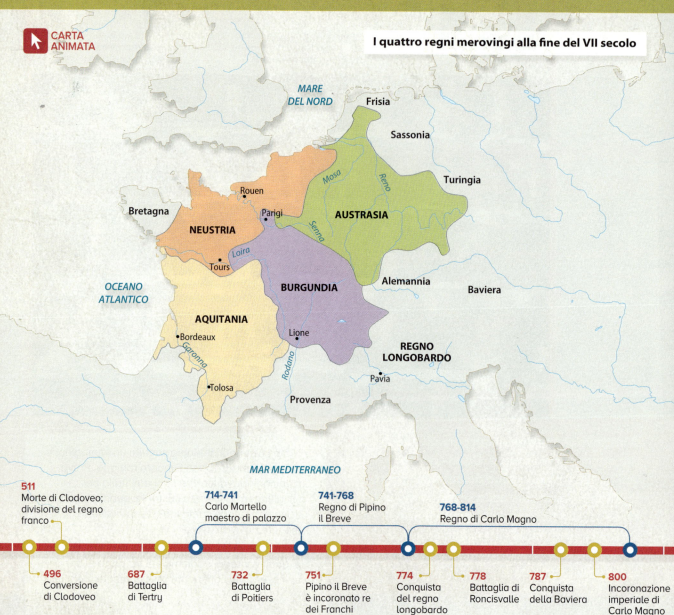

CARTA ANIMATA

I quattro regni merovingi alla fine del VII secolo

MARE DEL NORD · Frisia · Sassonia · Turingia · Rouen · Bretagna · Parigi · Mosa · Reno · AUSTRASIA · NEUSTRIA · Senna · Loira · Tours · Alemannia · Baviera · OCEANO ATLANTICO · BURGUNDIA · Lione · AQUITANIA · Bordeaux · REGNO LONGOBARDO · Garonna · Rodano · Pavia · Tolosa · Provenza · MAR MEDITERRANEO

511
Morte di Clodoveo; divisione del regno franco

714-741
Carlo Martello maestro di palazzo

741-768
Regno di Pipino il Breve

768-814
Regno di Carlo Magno

496
Conversione di Clodoveo

687
Battaglia di Tertry

732
Battaglia di Poitiers

751
Pipino il Breve è incoronato re dei Franchi

774
Conquista del regno longobardo

778
Battaglia di Roncisvalle

787
Conquista della Baviera

800
Incoronazione imperiale di Carlo Magno

L'incoronazione di Carlo Magno in una miniatura di Jean Fouquet del XV secolo. (Parigi, Biblioteca Nazionale)

1 L'ascesa dei Franchi

La frammentazione del potere merovingio • In Europa la fine dell'impero romano d'Occidente (476) aveva portato a un vuoto di potere che era stato solo momentaneamente colmato dalle conquiste di Giustiniano (> Lez. 8). Come abbiamo visto, i regni romano-barbarici sorti sulle rovine dell'impero romano d'Occidente si erano rivelati fragili a causa della mancata integrazione fra le popolazioni di origine latina e i Germani, e molti di loro non erano sopravvissuti che per pochi decenni.

L'unica significativa eccezione era stata rappresentata dal regno dei Franchi, sorto nella Gallia settentrionale. La conversione al cattolicesimo del re **Clodoveo** (496), della dinastia dei **Merovingi**, aveva infatti spinto i suoi sudditi a seguirne l'esempio; ciò aveva facilitato l'integrazione tra Franchi e Latini, e favorito la nascita di un'aristocrazia composta dai membri delle due etnie. L'assenza di tensioni religiose ed etniche aveva consentito al regno franco di rafforzarsi e di perseguire una politica di espansione a danno dei vicini regni degli Alamanni, dei Burgundi e dei Visigoti. Clodoveo riuscì così a unificare l'intera Gallia, che iniziò a essere chiamata «**Francia**», ovvero «terra dei Franchi».

Le api d'oro, emblema dei Merovingi, provenienti dal tesoro ritrovato nella tomba del re Childerico I. (Parigi, Biblioteca Nazionale)

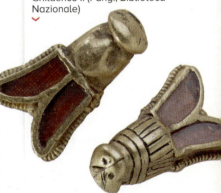

Come altre popolazioni germaniche, i Franchi avevano una concezione dello Stato molto diversa dalla nostra: consideravano i territori del regno come un possedimento personale del sovrano. Perciò, alla morte di Clodoveo (511), il suo regno fu diviso tra i suoi quattro figli maschi. Sorsero così i **quattro regni** di **Austrasia**, **Neustria**, **Aquitania** e **Borgogna**,

più piccoli e ovviamente più instabili, anche perché minati dalle contese fra i rappresentanti dell'aristocrazia franca: un ceto di guerrieri professionisti che si erano circondati di clientele armate – ossia di milizie che obbedivano ai loro ordini – e che, approfittando della propria forza militare e della debolezza del potere regio, si resero largamente autonomi da esso.

All'inizio dell'VIII secolo tutti i regni nati dalla disgregazione di quello di Clodoveo erano ancora formalmente governati dai discendenti della dinastia merovingia, ma, di fatto, il potere era stato assunto dalle principali famiglie dell'aristocrazia franca, che avevano monopolizzato l'importante carica di **maestro di palazzo** (o maggiordomo di palazzo). I maestri di palazzo erano i funzionari incaricati dell'amministrazione della corte, del fisco e dei possedimenti regi, e avevano quindi nelle proprie mani l'intera amministrazione del regno.

L'affermazione dei Pipinidi ▪
Nel regno di Austrasia la carica di maestri di palazzo era ricoperta da appartenenti alla **famiglia dei Pipinidi** – così detta dal nome del suo capostipite, Pipino di Landen (morto nel 640). Nel corso dell'VIII secolo i Pipinidi iniziarono a essere noti come **Carolingi**, dal nome dell'esponente più prestigioso della loro stirpe, Carlo Magno.

Una tappa importante nell'affermazione di questa casata si ebbe nel 687: il maestro di palazzo **Pipino II di Héristal** (ca. 640-714) sconfisse, nella **battaglia di Tertry**, gli eserciti dei regni di Neustria e Borgogna, che furono annessi al regno di Austrasia.

La riunificazione dei territori franchi fu portata a termine da suo figlio, **Carlo Martello** (ca. 690-741). Dopo aver conquistato l'Aquitania, egli estese i confini del regno sconfiggendo i Bavari e occupando la Turingia e l'Alemannia. Il nome di Carlo Martello si lega a una sua celebre vittoria: quella ottenuta nel **732** a **Poitiers** contro gli Arabi che, dopo essersi impadroniti della penisola iberica, avevano oltrepassato i Pirenei e occupato parte della Francia meridionale. La battaglia di Poitiers contribuì ad arrestare l'avanzata degli Arabi in Europa (❯ Lez. 12), ma ebbe soprattutto l'effetto di accrescere il prestigio dei Pipinidi che, da quel momento, poterono presentarsi anche come difensori della cristianità.

Prima di morire, Carlo Martello – pur non essendo re ma solo maestro di palazzo – suddivise il regno franco tra i suoi due figli, **Carlomanno** (705-

Dove sono Tertry e Poitiers?

REGNO UNITO

Tertry

Parigi

FRANCIA

Poitiers

Pipino I di Landen
(morto nel 604)

Pipino II di Héristal
maestro di palazzo dal 681 al 714

Carlo Martello
maestro di palazzo dal 714 al 741

Pipino III il Breve
maestro di palazzo dal 741 al 751
re dei Franchi dal 751 al 768

Carlomanno
maestro di palazzo dal 741 al 747

Carlo Magno
re dei Franchi dal 771 all'814
re dei Longobardi dal 774 al 781
imperatore dall'800 all'814

Carlomanno
maestro di palazzo dal 768 al 771

> **Carlo Martello sconfigge gli Arabi a Poitiers.** Statua di Jean-François-Théodore Gechter del 1841. (Collezione privata)

754) e **Pipino III**, detto **il Breve** (714-768). Quest'ultimo riuscì però a estromettere dal potere il fratello, costringendolo a farsi monaco nell'abbazia di Montecassino, e poté così riunire nuovamente il regno nelle proprie mani.

Pipino è consacrato re dei Franchi

• Malgrado il potere e il prestigio accumulati, Pipino il Breve era ancora soltanto un funzionario regio: il legittimo sovrano era infatti **Childerico III**, ultimo discendente della casata dei Merovingi. Per consolidare definitivamente la propria autorità, Pipino avrebbe dovuto detronizzare Childerico e farsi incoronare re al suo posto: un atto di gravità inaudita, che avrebbe sicuramente suscitato lo sdegno dell'aristocrazia franca. Pipino decise dunque di **cercare il sostegno del papato**: l'unica istituzione esistente in Europa in grado di legittimare il passaggio della regalità da una dinastia a un'altra.

Da tempo i Carolingi avevano posto sotto la propria protezione numerosi monasteri e sedi vescovili; inoltre, come abbiamo visto, la loro immagine di difensori della Chiesa era stata ulteriormente rafforzata dalla vittoria contro gli Arabi a Poitiers. Il papato, del resto, aveva bisogno di un valido alleato per difendersi dai Longobardi, che sottoponevano a una costante pressione i territori del nascente Stato della Chiesa (> Lez. 10), e non poteva più contare sul sostegno dell'impero bizantino, impegnato a difendersi in Oriente dagli Arabi e nei Balcani dai Bulgari. Inoltre i rapporti fra la Chiesa di Roma e Bisanzio si erano già incrinati in seguito alla crisi iconoclasta e alla rivolta scoppiata nel 727. In queste condizioni, il regno franco appariva l'unico in grado di fornire al papato la protezione politica e militare di cui necessitava.

Nel 750 Pipino il Breve inviò a Roma due ambasciatori, ai quali papa Zaccaria dichiarò che il titolo di re dei Franchi spettava a chi esercitava di fatto il potere sul popolo. Forte dell'appoggio del pontefice, nel 751 Pipino convocò l'assemblea generale dell'aristocrazia franca, che depose Childerico III e **acclamò re lo stesso Pipino**.

La sua **incoronazione** avvenne durante una cerimonia religiosa – Pipino venne unto da un vescovo con l'olio santo usato per impartire i sacramenti – che ribadì la dimensione sacra del potere regale: l'autorità del nuovo sovrano franco doveva essere considerata indiscutibile, perché conferitagli direttamente da Dio.

✔ **CONOSCERE**

Ricordi chi aveva fondato il monastero di Montecassino, e quando?

✔ **RIFLETTERE E DISCUTERE**

Presso i popoli germanici la scelta di un nuovo re era sempre stata suggellata dalla sua acclamazione. Perché, secondo te, Pipino il Breve volle anche farsi incoronare durante una cerimonia religiosa?

Cristo in trono in un particolare della «Croce di Galla Placidia», detta anche «Croce di Desiderio». Il prezioso manufatto, di epoca carolingia, attraverso la ricchezza di pietre preziose, gemme di vetro e cammei doveva rappresentare la devozione a Cristo Salvatore, ma anche esaltare il ruolo delle dinastie regnanti, richiamando il valore e la potenza della Chiesa e allo stesso tempo il potere imperiale di eredità romana. (Brescia, Museo Civico)

Lo scontro con i Longobardi ■ Mentre il regno dei Franchi si rafforzava sotto la guida di Pipino il Breve, in Italia la situazione politica evolveva rapidamente. Il nuovo re dei Longobardi **Astolfo** (al potere dal 749 al 756) aveva ripreso le ostilità contro i Bizantini e, dopo aver conquistato le città di Ferrara e Ravenna (751), aveva iniziato a minacciare il ducato di Roma. Di fronte alla pressione longobarda, l'alleanza tra Franchi e papato si rafforzò: nel **754** papa **Stefano II** si recò personalmente in Francia per chiedere l'aiuto di Pipino. Durante il soggiorno in Francia, il pontefice **ripeté l'incoronazione di Pipino e incoronò anche i suoi due figli, Carlomanno e Carlo** (il futuro Carlo Magno), sancendo così la definitiva affermazione della dinastia carolingia.

In cambio, Pipino intervenne a difesa del papato e nel 754 e poi ancora nel 756 effettuò due vittoriose spedizioni contro i Longobardi. Astolfo fu costretto a rinunciare a Ravenna e ai territori dell'esarcato, che – in seguito a un accordo probabilmente stipulato in occasione del soggiorno del papa in Francia – non furono riconsegnati ai Bizantini ma affidati al governo del pontefice, andarono così ad aggiungersi al ducato di Roma, sul quale il papa esercitava già, di fatto, la propria autorità. Con questo atto il processo di formazione del primo nucleo dello Stato della Chiesa poté dirsi compiuto.

Proprio in questo periodo venne redatto il documento noto come «**Donazione di Costantino**», uno dei più celebri falsi della storia. Secondo questo atto, nel 314 l'imperatore Costantino I avrebbe fatto dono al papa della parte occidentale dell'impero. Su questa base, durante il Medioevo il papato rivendicò il possesso di alcuni territori e l'autorità per consacrare e legittimare i sovrani dei nuovi regni dell'Europa occidentale. Solo nel 1440, grazie a un accurato studio sulla lingua utilizzata nel documento, il letterato fiorentino Lorenzo Valla riuscì a dimostrare che era un falso, creato con lo scopo di legittimare le aspirazioni della Chiesa al potere temporale.

La morte di re Astolfo in un incidente di caccia (756) e l'incoronazione a re di **Desiderio** (sul trono dal 757 al 774) favorirono la stipulazione di una pace tra Franchi e Longobardi. Come era usuale, l'accordo fu sancito dalle nozze dei due figli di Pipino, **Carlo** e **Carlomanno**, con due principesse longobarde, Ermengarda e Gerberga (secondo la tradizione, figlie di Desiderio). L'accordo fu però di breve durata: l'Italia era entrata nel mirino dell'espansionismo franco e da lì a poco le ostilità tra i due regni sarebbero riprese.

❯ **La donazione di Costantino a papa Silvestro I.** Il Papa con il capo coperto dalla mitra vescovile, simbolo del potere religioso, è seduto in trono in posizione sopraelevata rispetto all'imperatore Costantino. Nel 1246, quando l'affresco fu eseguito, nessuno aveva ancora messo in dubbio l'autenticità della donazione. (Roma, Chiesa dei Quattro Coronati)

2 Carlo Magno e la rinascita dell'impero

La conquista del regno longobardo ▪ Alla morte di Pipino il Breve, nel 768, il regno franco venne diviso tra i suoi figli. Carlomanno, però, morì nel 771; da quel momento e fino all'814 unico re dei Franchi fu **Carlo**, che i posteri avrebbero poi chiamato «**Magno**», ossia «il Grande». Il nuovo sovrano proseguì nella politica di conquiste avviata dal padre e dedicò buona parte dei suoi 46 anni sul trono all'espansione dei propri domini.

A fare le spese di questa politica estera aggressiva furono in primo luogo i Longobardi: poco dopo essere salito al potere, Carlo Magno ripudiò la moglie Ermengarda, atto che equivaleva a dichiarare nullo l'accordo con Desiderio. Nel 773 tornò in Italia, sconfisse l'esercito longobardo e spense facilmente gli ultimi tentativi di resistenza organizzati da **Adelchi**, il figlio di re Desiderio. Con la resa di Verona e della capitale Pavia, nel **774**, ebbe fine la dominazione longobarda sull'Italia settentrionale e centrale.

Per la nostra penisola questo passaggio non costituì tuttavia un cambiamento drastico. Il regno longobardo non fu annesso a quello franco, ma fu considerato un'entità a se stante, tanto che i territori appartenuti al regno longobardo poterono mantenere le proprie leggi e il proprio ordinamento. Ben presto i funzionari provenienti dall'aristocrazia franca chiamati ad amministrare i nuovi possedimenti si integrarono, tramite unioni matrimoniali, con le famiglie locali. A meno di dieci anni dalla conquista, si potevano già trovare molti Longobardi tra i ranghi dell'amministrazione regia e dell'esercito franco.

Il resto della penisola rimase suddiviso fra altre dominazioni: il Lazio, la Romagna, l'Umbria e le Marche costituivano il Patrimonio di San Pietro. A sud, resisteva il ducato longobardo di Benevento. I Bizantini controllavano direttamente la Sardegna e la Sicilia, mentre altri loro territori – come il ducato di Napoli e la laguna di Venezia – erano ormai di fatto indipendenti dal controllo imperiale.

Le campagne di Carlo Magno ▪ Dopo la conquista del regno longobardo, l'espansionismo franco seguì tre direttrici.

A **nord**, Carlo Magno mosse guerra ai **Sassoni** e ai **Frisoni**, che vivevano nelle attuali Germania settentrionale e Olanda. A causa dell'accanita resistenza dei Sassoni, tali campagne militari si prolungarono per oltre un trentennio ed ebbero anche un risvolto religioso. I Sassoni e i Frisoni, infatti, erano pagani: alla conquista dei loro territori da parte dei Franchi si accompagnarono la **conversione forzata al cristianesimo** e lo sterminio di quanti si rifiutavano di abbandonare i culti tradizionali.

A **est**, **nell'Europa centrale**, i Carolingi conquistarono le attuali regioni della Baviera e della Carinzia, all'epoca occupate dai **Bavari**. Il duca bavaro Tassilone III nel 787 fu costretto a dichiararsi vassallo (❭ Par. 4) di Carlo Magno. Fra il 795 e il 796 una nuova campagna militare portò alla sottomissione e alla conversione forzata degli **Àvari** – una popolazione proveniente dall'Asia le cui incursioni minacciavano l'Italia settentrionale.

Busto di Carlo Magno con la corona imperiale di Carlo IV. La corona è opera di orafi di Praga, realizzata per l'incoronazione di Carlo IV nel 1349 ad Aquisgrana. (Aquisgrana, Duomo / Scala)

Carlo Magno a cavallo in una statua del IX secolo. Il globo che regge in mano rappresenta il mondo su cui Carlo esercita il suo dominio. (Parigi, Museo del Louvre)

L'impero di Carlo Magno

- Il Regno dei Franchi nel 771
- Conquiste di Carlo Magno (771-814)
- Aree d'influenza carolingia
- Domini bizantini

Infine, **dirigendosi a sud-ovest**, i Carolingi provarono a estendere il proprio dominio alla **penisola iberica**, dalla quale gli **Arabi** muovevano per saccheggiare la Francia meridionale. Nel 778 una prima spedizione in Spagna fu costretta alla ritirata. Durante il ritorno in Francia la retroguardia dell'esercito carolingio, agli ordini del conte Rolando, fu decimata a Roncisvalle dalle locali popolazioni basche. L'episodio, di scarsa importanza militare, ispirò tuttavia numerosi poemi epici, primo fra tutti la celeberrima *Chanson de Roland*. Una seconda spedizione in Spagna, avviata nell'801, si concluse con la conquista della zona tra i Pirenei e il fiume Ebro e la formazione della marca ispanica (> Par. 3), che doveva avere la funzione di cuscinetto tra i domini musulmani e la Francia.

La rinascita dell'impero
▪ Alla fine dell'VIII secolo i domini di Carlo Magno si estendevano dalle coste del Mediterraneo a quelle del Mare del Nord: il vuoto politico lasciato dalla fine dell'impero romano era stato colmato. A completare l'opera mancava solo un riconoscimento ufficiale, che attribuisse a Carlo un prestigio analogo a quello degli imperatori d'Oriente. Questa aspirazione si concretizzò a Roma nel dicembre dell'**800**.

Nei mesi precedenti la nobiltà romana aveva deposto papa Leone III accusandolo di condotta immorale: Leone III si era rifugiato presso Carlo

> **La battaglia di Roncisvalle** in un manoscritto miniato di San Gallo del XIII secolo. Nei racconti leggendari ispirati alla scaramuccia di Roncisvalle, l'esercito franco viene assalito da guerrieri arabi, e non dai montanari baschi come invece avvenne. Rolando, animato dalla fedeltà al suo sovrano e alla religione cristiana, combatte valorosamente; già ferito a morte, comunica a Carlo Magno di allontanarsi dal luogo dell'imboscata suonando il suo corno da caccia. (Collezione privata)

Magno, il quale giunse a Roma per riportare la pace in città e il 23 dicembre rimise Leone III sul soglio pontificio. Il 25 dicembre, giorno di Natale, nella basilica di San Pietro **Carlo Magno fu incoronato imperatore** dal papa mentre il popolo di Roma lo salutava al grido di «Augusto, coronato da Dio, grande e pacifico imperatore dei Romani» – per indicare che egli raccoglieva la tradizione degli imperatori romani per volontà di Dio e, dunque, che il suo potere andava considerato sacro.

L'incoronazione di Carlo Magno era stata lungamente e accuratamente preparata dalla corte carolingia e dal papato. È necessario ricordare che, da un punto di vista formale, l'impero romano d'Occidente non era mai venuto meno, in quanto, al momento della deposizione di Romolo Augustolo, Odoacre aveva inviato le insegne imperiali a Costantinopoli: pertanto era formalmente possibile (nonostante un vuoto di potere di oltre trecento anni) procedere alla nomina di un nuovo imperatore.

Come prevedibile, l'incoronazione di Carlo Magno destò le proteste degli imperatori d'Oriente, i quali si consideravano gli unici eredi della tradizione imperiale romana; ma in quel momento alla corte di Bisanzio era in corso una feroce lotta per il potere nel corso della quale l'imperatore Costantino VI era stato detronizzato da sua madre Irene. Alla fine i Bizantini furono quindi costretti ad accettare la situazione che si era determinata e a firmare con i Carolingi un trattato con il quale Carlo Magno, in cambio del sostanziale riconoscimento del suo titolo da parte del nuovo imperatore d'Oriente, Niceforo I, rinunciava a ogni pretesa sulla città di Venezia, che Carlo aveva provato ad annettere al regno d'Italia e che invece riuscì a conservare la propria autonomia.

^ **Carlo Magno con spada e globo** in una miniatura del XV secolo. (Londra, British Library)

3 L'impero carolingio

Un impero "romano"? ▪ Carlo Magno considerava il suo impero non come un'entità politica nuova, ma come la prosecuzione dell'antico impero romano; egli stesso si presentava come erede dei Cesari.

In realtà basta osservare una cartina per notare come le differenze tra i due imperi fossero maggiori dei punti in comune. L'impero romano aveva il proprio baricentro nel Mediterraneo ed era esteso a tutti i paesi affacciati sulle sue sponde. L'**impero carolingio**, invece, era limitato alla sola **Europa occidentale**, e di esso non facevano parte l'Italia meridionale e insulare e la stessa Roma, ossia quelle regioni che dell'impero erano state la culla e il cuore. Per contro, l'impero carolingio si estendeva su regioni che, come la Sassonia o la Frisia, non erano mai entrate a far parte della sfera di influenza latina. A differenza di quello romano, l'impero carolingio era dunque **un impero continentale**, il cui **baricentro** non si trovava nelle sponde del Mediterraneo ma **nell'Europa centrale**, tra le valli del Reno e della Loira.

CARTA ANIMATA

L'incoronazione di Carlo Magno

Ti proponiamo tre documenti di provenienza diversa che riguardano l'incoronazione imperiale di Carlo Magno. Il primo, tratto da una fonte di origine vaticana, presenta Carlo come protagonista della cerimonia. Il secondo, tratto dalla biografia del sovrano redatta attorno all'830 dal cronista franco Eginardo, presenta un Carlo contrariato dalla decisione di Leone III di nominarlo imperatore. L'ultimo documento, una fonte bizantina, descrive l'incoronazione come un mero scambio di favori tra il pontefice e il sovrano carolingio; anche il gesto dell'unzione con l'olio sacro è sbeffeggiato come una cerimonia ridicola, durante la quale Carlo viene ricoperto di olio «dalla testa ai piedi».

"Essendo arrivato il giorno del Natale di Nostro Signore Gesù Cristo, si riunirono tutti insieme di nuovo nella medesima basilica del beato Pietro apostolo. E allora il venerabile e benefico pontefice incoronò [Carlo] con le sue mani con una preziosissima corona. Allora tutti i fedeli Romani, vedendo quanta protezione e amore aveva avuto per la santa Chiesa romana e per il suo vicario, per volontà di Dio e del beato Pietro possessore delle chiavi del Regno dei Cieli esclamarono all'unanimità con voce altisonante: «A Carlo, piissimo augusto coronato da Dio, grande e pacifico imperatore, vita e vittoria!». Fu detto per tre volte, davanti alla sacra confessione del beato Pietro apostolo, invocando contemporaneamente parecchi santi; e così da tutti fu fatto imperatore dei Romani. Subito il santissimo sacerdote e pontefice unse re il suo eccellentissimo figlio Carlo con l'olio santo, nello stesso giorno del Natale di Nostro Signore Gesù Cristo.**"**

(*Vita di Leone III, Pontificale romano*, II, p. 7)

"Venne a Roma per rimettere a posto la situazione della Chiesa, che era diventata eccessivamente confusa, e vi si trattenne per tutto il periodo invernale. In questo periodo prese il titolo di imperatore e di Augusto. Ciò dapprima lo contrariò, a tal punto che giunse a dichiarare che in quel giorno, anche se era una delle più grandi festività, mai sarebbe entrato in chiesa se avesse potuto supporre quale era il progetto del pontefice. In seguito però sopportò con grande tolleranza l'odio su-

scitato dall'aver egli assunto quel titolo, sdegnandosi soprattutto di ciò gli imperatori romani [ossia i Bizantini], vinse la loro arrogante fierezza con la sua magnanimità, nella quale indubbiamente li superava di gran lunga, e ottenne ciò mandando loro frequenti ambascerie e chiamandoli fratelli nelle sue lettere.**"**

(Eginardo, *Vita di Carlo*, 28)

"Rifugiatosi [Leone] presso il re dei Franchi, questi punì severamente i di lui nemici e lo rimise sul trono allorché, circa il medesimo tempo, Roma cadde in potere dei Franchi. [Leone], restituendo a Carlo il favore che aveva ricevuto, lo coronò *basileus* [re, imperatore] dei Romani nel tempio del beato apostolo Pietro, ungendolo dalla testa ai piedi e ponendogli addosso le vesti imperiali e la corona, nel mese di dicembre, giorno 25, indizione nona.**"**

(Teofane, *Cronografia*, 108)

a. Perché, secondo te, il documento scritto da un cronista carolingio presenta Carlo come seccato dall'incoronazione?

b. Considerando i rapporti tra Leone III e Carlo Magno nell'anno 800, ti sembra plausibile che la decisione di ricreare un impero in Occidente fosse un'iniziativa esclusiva del pontefice?

c. Quale significato aveva l'unzione del sovrano? E per quale ragione il testo bizantino la ridicolizza?

Carlo Magno riceve la corona imperiale. Miniatura del XV secolo. (Parigi, Biblioteca Nazionale / Olycom)

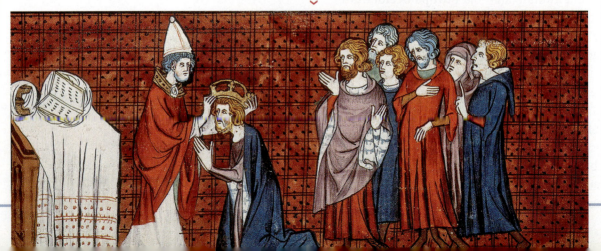

La struttura amministrativa dell'impero • Anche nell'amministrazione dello Stato, le differenze fra l'impero romano e quello carolingio erano notevoli. L'impero romano aveva sempre potuto contare su un apparato burocratico esteso ed efficiente, formato da personale qualificato ed esperto di diritto, grazie al quale gli imperatori potevano controllare le province senza muoversi da Roma.

La struttura amministrativa dell'impero carolingio era invece più rudimentale. Carlo Magno scelse come capitale del proprio impero la città di Aquisgrana (oggi Aachen, in Germania), dove fece costruire un palazzo nel quale risiedeva la cancelleria imperiale. Qui venivano redatti i **capitolari**, i decreti imperiali così chiamati perché il testo era suddiviso in brevi articoli detti capitoli. I territori dell'impero furono suddivisi in circa 250 circoscrizioni dette **contee**, affidate al governo di un conte che aveva il compito di riscuotere le imposte, amministrare la giustizia, assicurare il mantenimento dell'ordine pubblico e la difesa militare. Nelle zone di confine, maggiormente esposte agli attacchi dall'esterno, furono create circoscrizioni più grandi, dette **marche**, rette da un marchese. Le regioni abitate da gruppi etnici ben definiti e poco inclini ad accettare il dominio franco (come per esempio la Sassonia) furono organizzate in circoscrizioni ancora più ampie, definite **ducati** e affidate a un duca.

L'operato di conti, duchi e marchesi era sottoposto al controllo di funzionari della corte imperiale, solitamente un laico e un ecclesiastico, detti **missi dominici**. Questa struttura era comunque molto rudimentale: conti e marchesi erano scelti all'interno della classe dirigente franca ed erano quindi essenzialmente dei guerrieri, non sicuramente degli amministratori esperti di diritto come erano stati i governatori delle province romane.

Va inoltre considerato che nell'Europa del IX secolo non esisteva una rete stradale paragonabile a quella romana: ciò rendeva le comunicazioni fra Aquisgrana e le altre città dell'impero molto difficoltose. Gli imperatori romani avevano potuto tenere sotto controllo le province senza allontanarsi da Roma, ma per Carlo Magno questo fu impossibile. Egli risiedette nella capitale solo per brevi periodi; la sua fu una corte itinerante, che si spostava dove era necessaria la presenza personale del sovrano.

^ **Carlo Magno e la sua corte** in una miniatura del XVI secolo. (Parigi, Biblioteca Nazionale)

✔ **RIFLETTERE E DISCUTERE**

Con una ricerca su Internet, scopri qual era la gerarchia fra i titoli nobiliari di conte, marchese e duca. Poi prova a motivarla, facendo riferimento al contenuto di questo sottoparagrafo.

‹ **Il trono di Carlo Magno** all'interno della cappella del Palazzo di Aquisgrana, edificato tra il 790 e l'805.

Un impero cristiano

Un'altra importante differenza fra l'impero romano e quello carolingio era il suo **fondamento nella religione cristiana**. Non a caso, a partire dall'XI secolo, l'impero fu ribattezzato «Sacro romano impero».

Il cristianesimo era servito ai Carolingi per legittimare le guerre di espansione condotte contro le popolazioni pagane dell'Europa centro-settentrionale (Sassoni, Frisoni e Avari), contro gli Arabi stanziati nella penisola iberica e contro i Longobardi che, pur essendo ormai cattolici, minacciavano il papato. Non possiamo dire che la Chiesa fosse alleata dei Carolingi: era soprattutto l'organizzazione stessa dell'impero che, nel suo funzionamento, si appoggiava alla Chiesa, tanto che la quasi totalità dei consiglieri e del personale di corte di Carlo Magno era costituita da chierici. Questa era una scelta obbligata, in un'epoca in cui a saper leggere e scrivere erano solo gli ecclesiastici: i vescovi e gli abati di alcuni importanti monasteri – come quelli di San Gallo, Fulda, Lorsch o Reichenau – furono chiamati ad affiancare i funzionari imperiali nell'amministrazione dello Stato e a collaborare con loro, agendo con «concordia e affetto», come recitava un capitolare emanato da re Pipino.

Per assicurarsi l'appoggio delle più potenti realtà ecclesiastiche, Carlo Magno concesse loro dei privilegi, detti **immunità**, grazie ai quali i vescovi o gli abati potevano non far entrare i funzionari regi nei propri possedimenti e provvedere personalmente alla riscossione delle tasse e all'amministrazione della giustizia. Nel lungo periodo, tali privilegi – analoghi a quelli che a partire dal III secolo erano riconosciuti ai latifondisti romani (⟩ Lez. 5) – finirono per creare centri di potere sempre più autonomi dal controllo del sovrano, contribuendo all'indebolimento dell'impero.

Una rinascita culturale

Carlo Magno, che nonostante non fosse istruito si interessava di storia e di filosofia, accolse presso di sé i più importanti uomini di cultura del tempo. Ad Aquisgrana sorse così la celebre **Scuola Palatina**, frequentata da intellettuali come l'anglosassone Alcuino di York, il longobardo Paolo Diacono e l'irlandese Giovanni Scoto Eriugena.

A SINISTRA **Gli eruditi della Scuola Palatina, Alcuino da York e Rabano Mauro** regalano le loro opere al vescovo di Magonza. Miniatura del IX secolo. (Vienna, Österreichische Nationalbibliothek)

A DESTRA **Carlo Magno ispeziona i lavori di costruzione della cappella palatina di Aquisgrana.** Miniatura del XV secolo. (Parigi, Biblioteca Nazionale)

Carlo inoltre intervenne per migliorare la formazione culturale dei chierici, favorendo la creazione di *scriptoria* e di scuole presso i monasteri e le chiese vescovili. Una particolare attenzione fu rivolta all'insegnamento del latino, la cui conoscenza nei secoli precedenti era andata via via scemando. Per facilitare le comunicazioni e la trasmissione del sapere fu incoraggiato l'utilizzo – nelle scuole, nei monasteri, nell'amministrazione pubblica e nella cancelleria imperiale – della **minuscola carolina**, un nuovo stile di scrittura particolarmente chiaro e leggibile.

La politica culturale attuata da Carlo Magno era in parte dovuta a motivi pratici: come abbiamo visto, gli ecclesiastici svolgevano un ruolo fondamentale nell'amministrazione dell'impero e l'imperatore doveva poter disporre di personale capace di leggere e scrivere. Ma Carlo era anche un sincero credente e riteneva indispensabile che i chierici avessero una solida conoscenza del latino: solo così avrebbero potuto comprendere le Sacre Scritture e officiare i sacramenti correttamente.

In passato molti storici videro nel periodo carolingio un'epoca di riscoperta e di eccezionale fioritura della cultura: è questo il significato dell'espressione «**rinascita carolingia**». Tuttavia, questa interpretazione eccessivamente ottimistica va ridimensionata. La politica culturale di Carlo Magno ebbe senza dubbio effetti positivi (basti pensare a come, negli *scriptoria* dei monasteri, furono ricopiati e tramandati i capolavori della letteratura classica), ma le riforme carolinge non uscirono dall'ambito ristretto delle chiese e dei conventi, e non si tradussero quindi in un rinnovamento culturale dell'intera società.

Il monogramma utilizzato come firma da Carlo Magno (che leggeva a malapena e non sapeva scrivere). Era composto dalle lettere KRLS, con al centro le vocali A, O, U riunite, che rimandavano al nome latinizzato dell'imperatore (Karolus).

I cavalieri promettono fedeltà a Carlo Magno. Miniatura del XIV secolo. (Venezia, Biblioteca Marciana / Bridgeman / Alinari)

4 Il vassallaggio

Un legame su base personale

▪ Grazie ai sovrani carolingi, il vuoto politico lasciato dalla caduta dell'impero romano d'Occidente era stato colmato. Per capire le ragioni del loro successo, bisogna ricordare che i regni altomedioevali erano stati indeboliti dall'irrequietezza delle aristocrazie militari, formate da guerrieri insofferenti alle imposizioni dei sovrani. I Carolingi seppero **assicurarsi la fedeltà dell'aristocrazia franca** e servirsi della sua forza militare per unificare e ricostituire l'impero. Ciò fu possibile attraverso l'impiego del **legame vassallatico**: un tipo di rapporto nuovo, **su base personale**, estraneo alla cultura giuridica romana.

Nell'antica Roma lo Stato era considerato un'entità politica impersonale basata sulla preminenza della legge: per questo motivo, chiunque ricopriva cariche pubbliche era fedele allo Stato e tenuto ad applicare le sue leggi, a prescindere da chi fosse l'imperatore al governo. Il legame tra i magistrati e l'imperatore era di tipo **istituzionale**: esattamente come quello che oggi intercorre fra i funzionari pubblici e il governo in carica.

Nell'Alto Medioevo questa concezione dello Stato si indebolì e venne sostituita da concezioni diverse, ispirate alla cultura dei popoli germanici. I Germani attribuivano grande importanza ai **rapporti tra singoli individui, basati sulla fiducia e la fedeltà reciproca**. Uno dei vincoli più significativi era quello che legava i guerrieri al loro sovrano: i re avevano un seguito (detto *trustis*) di guerrieri armati che giuravano fedeltà al re e combattevano al suo fianco. Far parte della *trustis* regia era considerato un grande onore; tuttavia, questo legame si interrompeva nel momento in cui un guerriero si allontanava dalla corte.

I Carolingi seppero tramutare quello che era un legame provvisorio in un **vincolo indissolubile**, destinato a perdurare per tutta la vita: nacque così il **rapporto vassallatico**.

Vasso

Il termine deriva dalla parola celtica *gwas*, che significava «ragazzo», «giovane servo».

Il giuramento vassallatico ▪ Il patto di vassallaggio prevedeva che un guerriero (detto <mark>vasso</mark> o **vassallo**) si mettesse sotto la protezione di un signore (si «accomandasse», nel linguaggio del tempo) e gli giurasse fedel-

---

📖 **LEGGERE LA STORIA**

I giuramenti di Quierzy

Nell'858, a Quierzy, la località della Francia dove si svolgevano gli incontri tra i sovrani carolingi e l'aristocrazia franca, il re Carlo il Calvo – nipote di Carlo Magno – e i suoi vassalli rinnovarono il reciproco giuramento di fedeltà.

"Giuramento dei fedeli. Io vi servirò fedelmente per quanto io saprò e potrò, con l'aiuto di Dio, senza inganno o frode e con il consiglio e l'aiuto secondo il mio ufficio e la mia persona affinché quel potere che Dio vi concesse, voi possiate conservarlo ed esercitarlo secondo la sua volontà e per la salvezza vostra e dei vostri fedeli."

"Giuramento del re. Anche io per quanto saprò e potrò ragionevolmente fare, con l'aiuto di Dio, onorerò ciascuno di voi secondo la sua condizione e persona; e veglierò che egli sia onorato ed aiutato; gli conserverò la sua propria legge e il suo diritto; e userò verso lui quella giusta misericordia di cui egli avrà bisogno e di cui farà ragionevole richiesta, come un re fedele deve onorare e salvare secondo giustizia i suoi fedeli. E per quanto lo consente l'umana debolezza e per quanto Dio mi darà intelligenza e potere, non abbandonerò questa decisione a favore di nessuna persona né per consiglio malevolo né per alcuna altra indebita esortazione; e se io sarò deviato a causa della mia debolezza, quando avrò capito ciò, cercherò volontariamente di porvi riparo."

(*Monumenta Germaniae Historica*)

La corte del re raffigurata sulla copertina in avorio di un libro del IX secolo. La scena è ispirata alla Bibbia e rappresenta il re Davide in trono. Possiamo immaginare che così Carlo Magno dettasse i suoi ordini e componesse i capitolari. (Parigi, Museo del Louvre)

a. Spiega in che cosa consistevano i doveri dei vassalli, qui riassunti nella formula «il consiglio e l'aiuto».

b. Quali erano invece gli obblighi del signore?

c. Secondo lo storico francese Robert Boutruche, «questi doveri, malgrado la loro reciprocità, restavano ineguali [...]; [infatti] i servizi richiesti ai dipendenti erano più impegnativi degli obblighi del padrone». Concordi con tale affermazione?

tà, impegnandosi a fornirgli aiuto e consiglio (in latino «*auxilium et consilium*») – ossia a proteggerlo, a combattere al suo fianco e a fornirgli il suo consiglio ogni volta che il signore l'avesse richiesto. Lo scambio di queste promesse si svolgeva durante una cerimonia (detta **omaggio**) ricca di atti simbolici: il vassallo doveva inginocchiarsi davanti al signore, porre le proprie mani nelle sue e quindi giurargli fedeltà sul Vangelo o su una reliquia.

Il **legame** che si veniva così a creare era considerato **sacro e indissolubile**: disattendere al giuramento fatto sarebbe stato fonte di enorme disonore sia per il signore sia per il vassallo. Solo la morte di uno dei contraenti avrebbe potuto spezzare tale vincolo, che, essendo basato sulla reciproca fedeltà, non era trasmissibile agli eredi.

Il giuramento di fedeltà dei vassalli davanti al re in una miniatura spagnola del XIV secolo. (Madrid, Biblioteca Nazionale)

Almeno inizialmente, solo i re poterono accettare l'omaggio vassallatico, proprio perché tale patto derivava da quelli delle *trustis* germaniche: molti capitolari carolingi ribadivano il divieto, per i membri dell'aristocrazia franca, di avere propri vassi.

Il feudo: terre da coltivare, non da amministrare

Tra gli obblighi che il signore aveva nei confronti del vassallo vi era quello di assicurargli il mantenimento. Il signore poteva farsene carico direttamente, accogliendo il vassallo presso la propria abitazione, oppure poteva concedergli un **feudo** o **beneficio**, ossia un territorio su cui sorgevano un certo numero di tenute agricole che il vassallo avrebbe fatto coltivare ai suoi servi, così da trarne il necessario al proprio sostentamento.

Le terre che costituivano il feudo restavano di proprietà del signore ed erano affidate al vassallo solo temporaneamente (si diceva, infatti, che erano «date *in precaria*»). Quando il legame vassallatico si interrompeva – a causa della morte di uno dei contraenti –, anche l'assegnazione del feudo si considerava conclusa e le terre dovevano essere restituite al signore (se ancora vivo) o alla sua famiglia. In realtà, come vedremo nella prossima lezione, molte volte ciò non avveniva.

Contrariamente a quanto spesso si ritiene, il vassallo non riceveva il diritto di governare il feudo e non poteva né amministrarvi la giustizia, né riscuotervi le tasse.

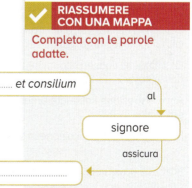

✓ **RIASSUMERE CON UNA MAPPA**

Completa con le parole adatte.

```
                    ┌──────────────┐    e offre    ┌──────────────────┐
             ┌─────▶│ ............. │─────────────▶│ .......... et     │
             │      └──────────────┘               │     consilium     │
          giura                                    └──────────────────┘
                                                            │
   ┌──────────┐                                             al
   │ vassallo │                                             ▼
   └──────────┘                                      ┌──────────────┐
             ▲                                       │   signore    │
             al                                      └──────────────┘
             │      ┌──────────────┐  e assegna      assicura │
             └──────│ ............. │◀────────────────────────┘
                    └──────────────┘
```

SINTESI

1 L'ascesa dei Franchi

Dopo la morte di Clodoveo, il regno franco si divide in quattro regni (Austrasia, Neustria, Aquitania e Borgogna) che cadono sotto il controllo dell'aristocrazia franca. In Austrasia emerge la casata dei Pipinidi, che assume il controllo del titolo di maestro di palazzo e, con Pipino II di Héristal (ca. 640-714) e Carlo Martello (ca. 690-741), riunifica il regno franco. Carlo Martello sconfigge gli Arabi a Poitiers (732) e ferma la loro avanzata in Francia: la vittoria permette ai Pipinidi di presentarsi come i protettori della cristianità. Grazie all'alleanza con il papato (che cercava una protezione militare contro i Longobardi), nel 751 Pipino il Breve depone l'ultimo sovrano merovingio e si fa incoronare re dei Franchi. Poi, nel 754 e nel 756, interviene in Italia in aiuto del papa sconfiggendo i Longobardi.

2 Carlo Magno e la rinascita dell'impero

Le ostilità tra Franchi e Longobardi riprendono con l'ascesa al trono di Carlo Magno (al potere dal 768 all'814). Dopo aver dichiarato nulla la pace stipulata dal padre, Carlo conquista l'Italia settentrionale ponendo fine al regno longobardo (774). Nuove campagne militari portano alla sconfitta dei Sassoni, dei Frisoni degli Avari, alla conquista della Baviera e all'impegno militare franco nella penisola iberica contro gli Arabi. Nel Natale dell'anno 800 Carlo viene incoronato imperatore dal papa, nella basilica di San Pietro.

3 L'impero carolingio

L'impero carolingio ha il proprio baricentro non più nel Mediterraneo, ma nel cuore dell'Europa. La sua struttura amministrativa è piuttosto semplice: viene suddiviso in circa 250 contee e in circoscrizioni più grandi – le marche e i ducati – affidate a membri dell'aristocrazia franca e controllate solo in maniera saltuaria dai missi dominici. L'impero è inoltre costretto ad appoggiarsi alla Chiesa, in quanto solo i chierici possiedono una cultura adeguata.

4 Il vassallaggio

I sovrani carolingi legano a sé l'aristocrazia franca tramite il vassallaggio, un tipo di rapporto che vincola reciprocamente un vassallo – che si impegna a essere fedele e a garantire «aiuto e consiglio» – a un signore – che si impegna a offrire la sua protezione. Spesso il signore assegna temporaneamente al vassallo un feudo, in modo che il vassallo possa farlo coltivare e trarne il necessario per il proprio sostentamento. Il rapporto vassallatico ha termine solo alla morte di uno dei due contraenti; quando si conclude, le terre assegnate come feudi devono essere restituite al signore o alla sua famiglia.

Due imperi a confronto

Impero romano	Impero carolingio
Gli imperatori risiedono a Roma e da lì governano l'impero.	La capitale è Aquisgrana, ma in realtà la corte è itinerante.
Ha il suo baricentro nel Mediterraneo.	Ha il suo baricentro nel cuore dell'Europa.
Economia mercantile, ampi traffici commerciali, città popolose, largo uso della moneta.	Tendenza all'autoconsumo, traffici commerciali limitati, città poco popolate, ricorso al baratto.
Ceti dirigenti colti ed esperti nell'amministrazione dello Stato.	Ceti dirigenti formati da guerrieri spesso analfabeti.
Amministrazione imperiale organizzata ed efficiente.	Non esiste una vera e propria burocrazia: l'amministrazione dell'impero è delegata ai chierici.
L'impero trova legittimazione in se stesso.	Il potere imperiale è legittimato dall'incoronazione da parte del pontefice.
Province governate da senatori o funzionari scelti dall'imperatore.	Territori affidati a conti, duchi e marchesi scelti tra i vassalli dell'imperatore.

LEZIONE 13

ONLINE
Mettiti alla prova con
gli esercizi interattivi

289

VERIFICA

ORIENTARSI NEL TEMPO E NELLO SPAZIO

1 Completa questo elenco cronologico di avvenimenti relativi alla storia dei Franchi.

a. ....   Conversione di .... al cattolicesimo.
b. 511   Nascono i quattro regni di .... , Neustria, Aquitania e Borgogna.
c. ....   Carlo .... sconfigge gli .... a Poitiers.
d. 751   L'ultimo re merovingio, ... , viene deposto.
e. 751   Pipino .... diviene re dei Franchi.
f. ....   Carlo .... diviene re dei Longobardi.
g. 787   Carlo Magno sottomette i ....
h. 796   Carlo Magno sottomette gli ....

LAVORARE SUL LESSICO

2 Scrivi la definizione delle seguenti parole o espressioni. Poi, con ciascuna di esse, componi una frase da usare come possibile esordio per un'interrogazione.

maestro di palazzo • *Donazione di Costantino* • *contea, marca, ducato* • *capitolari* • *missi dominici* • *immunità*

VERIFICARE LE CONOSCENZE

3 Alcune di queste affermazioni dicono il falso. Individuale e correggile a voce.

a. La casata dei Pipinidi fornì al regno di Aquitania numerosi maestri di palazzo.
b. Papa Stefano II trovò in Pipino il Breve un formidabile avversario.
c. L'ultimo re longobardo fu Astolfo.
d. La *Chanson de Roland* è ispirata alla battaglia di Poitiers.
e. L'imperatrice Irene era la madre di Carlo Magno.
f. Carlo Magno fu incoronato imperatore da papa Leone III.
g. La cerimonia con cui si stringeva un patto di vassallaggio era detta «omaggio».
h. Di solito, i vassalli ricevevano delle immunità per il proprio sostentamento.

VERIFICARE LE CONOSCENZE

4 Scrivi tre brevi testi (5 righe al massimo) per spiegare che cosa unisce i personaggi delle seguenti coppie.

a. Clodoveo • Childerico
b. Desiderio • Adelchi
c. Alcuino di York • Paolo Diacono

CONFRONTARE E COLLEGARE

5 Completa la tabella con le parole opportune. Poi rispondi alle domande.

	Estensione	Baricentro geografico e politico	Capitale	Struttura amministrativa
Impero romano	Su tre continenti	....	Roma	....
Impero carolingio	.... centro-....................	Territorio compreso fra la valle del .... e quella della	....	Piuttosto ....

a. Quale ulteriore elemento differenziava profondamente l'impero di Carlo Magno da quello romano?
b. Perché la corte carolingia può essere definita itinerante?

L'Europa nel IX e nel X secolo

 L'EVENTO

IL GIURAMENTO DI STRASBURGO

Nell'842 Ludovico il Germanico e Carlo il Calvo si alleano contro il fratello Lotario: mentre l'impero carolingio si avvia alla disgregazione, si delineano i futuri regni di Francia e Germania.

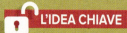 **L'IDEA CHIAVE**

L'EUROPA SOTTO ASSEDIO

A pochi secoli dalla fine delle invasioni barbariche l'Europa è nuovamente devastata dalle razzie e dai saccheggi, questa volta a opera di Ungari, Saraceni e Normanni.

 IL LUOGO

FRASSINETO

Nell'890 i Saraceni creano in Costa Azzurra un avamposto imprendibile; da qui, per più di ottant'anni, muoveranno per saccheggiare la Francia meridionale e le Alpi orientali.

 IL PROTAGONISTA

OTTONE I

Divenuto re di Germania, accresce il suo prestigio sconfiggendo gli Ungari. Riesce a ricostituire l'unità dell'impero, che diversamente da quello carolingio avrà il suo centro in Germania.

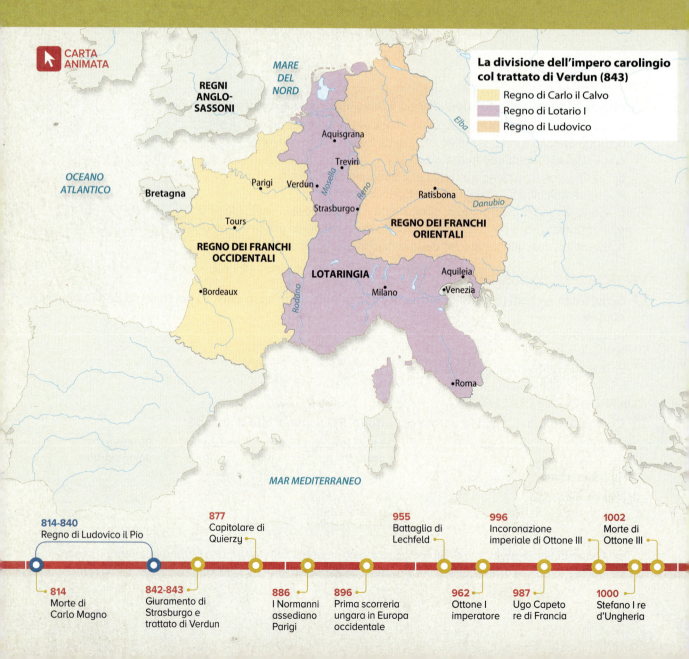

CARTA ANIMATA

MARE DEL NORD

REGNI ANGLO-SASSONI

OCEANO ATLANTICO

Bretagna

La divisione dell'impero carolingio col trattato di Verdun (843)
- Regno di Carlo il Calvo
- Regno di Lotario I
- Regno di Ludovico

Aquisgrana

Treviri

Parigi · Verdun

Mosella · Reno · Elba

Ratisbona · Danubio

Tours

Strasburgo

REGNO DEI FRANCHI ORIENTALI

REGNO DEI FRANCHI OCCIDENTALI

LOTARINGIA

Aquileia · Venezia

Milano

Bordeaux

Rodano

· Roma

MAR MEDITERRANEO

814-840 Regno di Ludovico il Pio

877 Capitolare di Quierzy

955 Battaglia di Lechfeld

996 Incoronazione imperiale di Ottone III

1002 Morte di Ottone III

814 Morte di Carlo Magno

842-843 Giuramento di Strasburgo e trattato di Verdun

886 I Normanni assediano Parigi

896 Prima scorreria ungara in Europa occidentale

962 Ottone I imperatore

987 Ugo Capeto re di Francia

1000 Stefano I re d'Ungheria

«Chi avrebbe mai creduto che dei pirati sarebbero giunti fino a Parigi percorrendo la Senna, e distruggendo chiese e monasteri? Dio ha dato loro la spada per punirci!»

• Così, nell'845, il monaco Pascasio Radberto esprime il suo sgomento per le prime scorrerie di quei "pirati" che nell'866 avrebbero addirittura preso d'assedio Parigi. Scopri nella lezione perché questo episodio fu importante.

Lo sbarco dei Vichinghi nelle isole britanniche nell' 866, lo stesso anno in cui assediarono Parigi. Miniatura del XII secolo. (Parigi, Biblioteca Nazionale / Bridgeman / Alinari)

1 La disgregazione dell'impero carolingio

Ludovico il Pio e le lotte per il potere ▪ Carlo Magno morì nell'814; com'era tradizione tra i Franchi, i suoi possedimenti avrebbero dovuto essere divisi tra i suoi figli maschi, ma dei tre eredi del defunto imperatore uno solo – Ludovico – sopravvisse al padre. L'impero passò dunque interamente a Ludovico, il quale regnò sino all'840 mantenendosi nella tradizione di governo tracciata dal padre. Rese ancora più saldi i legami fra l'impero e la Chiesa e favorì i monasteri, tanto da guadagnarsi l'appellativo di **Ludovico il Pio**. Durante il suo regno iniziò, tuttavia, il processo di disgregazione dell'impero carolingio.

Ludovico il Pio, in previsione della propria morte, suddivise i propri possedimenti tra i suoi figli; inoltre, modificò più volte questa suddivisione, favorendo ora un figlio, ora un altro. Questi cambiamenti contribuirono ad acuire le tensioni all'interno della dinastia imperiale e causarono lo scoppio di una guerra tra gli eredi di Ludovico: il primogenito **Lotario** e i figli minori **Ludovico II il Germanico** e **Carlo il Calvo**. Lo stesso Ludovico il Pio si trovò direttamente coinvolto nel conflitto e per ben due volte fu deposto da un'assemblea composta dai membri dell'aristocrazia franca.

Dal giuramento di Strasburgo al trattato di Verdun ▪ Ludovico il Pio morì nell'840. Due anni dopo, Ludovico il Germanico e Carlo il Cal-

Papa Stefano IV incorona Ludovico il Pio a Reims nell'816, due anni dopo l'ascesa al trono. Miniatura del XIV secolo. (Castres, Biblioteca Municipale)

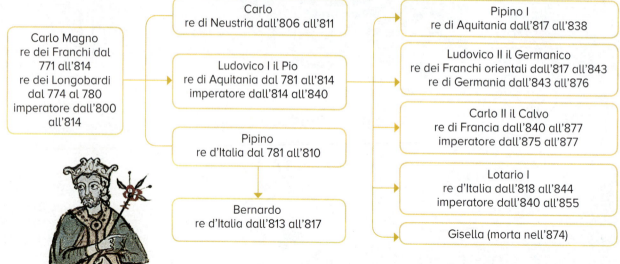

Carlo Magno
re dei Franchi dal 771 all'814
re dei Longobardi dal 774 al 780
imperatore dall'800 all'814

- **Carlo**
re di Neustria dall'806 all'811

- **Ludovico I il Pio**
re di Aquitania dal 781 all'814
imperatore dall'814 all'840
  - **Pipino I**
  re di Aquitania dall'817 all'838
  - **Ludovico II il Germanico**
  re dei Franchi orientali dall'817 all'843
  re di Germania dall'843 all'876
  - **Carlo II il Calvo**
  re di Francia dall'840 all'877
  imperatore dall'875 all'877
  - **Lotario I**
  re d'Italia dall'818 all'844
  imperatore dall'840 all'855
  - **Gisella** (morta nell'874)

- **Pipino**
re d'Italia dal 781 all'810
  - **Bernardo**
  re d'Italia dall'813 all'817

Lotario in trono; particolare di una miniatura dell'849-851.

Sigillo di Carlo il Grosso del IX secolo. (Parigi, Biblioteca Nazionale)

vo si incontrarono a **Strasburgo** e, con un giuramento solenne, strinsero un'alleanza contro il fratello Lotario. Nell'**843** lo sconfissero e lo costrinsero a firmare il **trattato di Verdun**, con il quale l'impero veniva suddiviso in tre regni indipendenti: il **regno dei Franchi occidentali**, corrispondente alla Gallia, fu assegnato a Carlo il Calvo; il **regno dei Franchi orientali**, che copriva i territori situati a est del Reno, fu affidato a Ludovico il Germanico.

A Lotario rimase invece il **titolo imperiale**: i territori a lui assegnati si estendevano dal Mare del Nord sino al Mediterraneo e comprendevano la cosiddetta Lotaringia (attuali Paesi Bassi e Lorena), la Borgogna, la Provenza e l'Italia settentrionale. Si trattava di regioni distanti e molto diverse tra di loro, che erano state accorpate con il solo scopo di assicurare a chi deteneva il titolo di imperatore il controllo sull'Italia e sulla regione di Aquisgrana, ossia sulle due aree che avevano costituito il cuore dell'impero di Carlo Magno.

Al contrario di quelli di Lotario, i territori assegnati a Ludovico il Germanico e a Carlo il Calvo possedevano una certa **unitarietà politica e culturale**. La nascita di questi due regni veniva a evidenziare la formazione, in Europa, di due ambiti geografici ben distinti fra loro: il regno dei Franchi occidentali, di lingua neolatina, sarebbe poi diventato il regno di Francia, mentre da quello dei Franchi orientali, dove si parlavano lingue di derivazione germanica, sarebbe nata la Germania.

La deposizione di Carlo il Grosso • Nell'884 la morte dei vari membri della dinastia consentì a **Carlo il Grosso**, figlio di Ludovico il Germanico, di riunire nelle proprie mani il titolo imperiale e le corone di Francia, Germania e Italia. Ma la ricostituzione dell'impero carolingio non era destinata a durare: Carlo il Grosso era privo sia dell'autorità politica necessaria a controllare le aristocrazie dei suoi regni, sia della forza militare indispensabile a difenderli dalle scorrerie di Ungari e Normanni.

Questa sua incapacità divenne evidente nell'886, quando i Vichinghi assediarono Parigi: a salvare la città non fu l'imperatore, ma un suo vassallo – il conte Odone. L'episodio diede il colpo di grazia alla già traballante

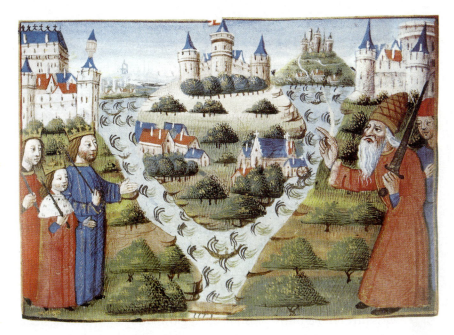

❮ **Il trattato di Verdun: Ludovico il Pio divide l'impero tra i suoi tre figli.** Miniatura del XV secolo tratta dalla *Cronaca dei Re di Francia*. (Parigi, Biblioteca Nazionale / Alamy)

autorità di Carlo il Grosso, che nell'**887** fu deposto dai vassalli tedeschi e, l'anno seguente, anche da quelli francesi.

Quasi contemporaneamente, i territori che avevano fatto parte dei domìni di Lotario (Italia, Provenza e Aquitania) si resero indipendenti. A meno di un secolo dalla sua nascita, l'impero carolingio era definitivamente tramontato.

2 I motivi di una crisi

Il vincolo vassallatico perde forza ▪ L'impero carolingio, che al momento dell'incoronazione di Carlo Magno pareva così solido, si era disgregato nel corso di pochi decenni. Per capire le ragioni di questa rapida crisi è necessario ricordare che i sovrani carolingi avevano potuto estendere i loro domìni e fondare un impero grazie alla loro capacità di legare a sé l'aristocrazia franca attraverso il giuramento vassallatico. La tendenza all'anarchia della nobiltà guerriera era stata in questo modo limitata e la sua forza militare era stata impiegata al servizio della corona. Il vassallaggio, almeno inizialmente, fu quindi un fattore di forza e non di debolezza: ma non lo fu così a lungo.

Nei primi tempi solo i sovrani potevano ricevere l'omaggio vassallatico (❯ Lez. 13). Ma presto le disposizioni dei capitolari carolingi, che proibivano esplicitamente agli aristocratici franchi di avere propri vassalli, iniziarono a essere disattese: molti nobili si dotarono dunque di una propria clientela armata. Inoltre, dato che era uso ricompensare i vassalli assegnando loro un feudo, sempre più spesso accadeva che un vassallo, attratto dalla possibilità di accumulare più feudi, prestasse contemporaneamente giuramento di fedeltà a diversi signori. Questo fenomeno, detto «**pluralità degli omaggi**», svuotò il vincolo vassallatico di ogni contenuto reale. Chi era teoricamente tenuto a essere fedele a più signori, finiva spesso per non esserlo a nessuno.

Contadini costruiscono il castello del signore in una miniatura del 1411. (Berlino, Staatliche Museen / Scala)
⌄

Per fare un esempio, accadeva spesso che un vassallo legato a due signori fra i quali sorgeva una controversia scegliesse di non prestare aiuto né all'uno né all'altro; parteggiando per il primo, infatti, egli sarebbe venuto meno al proprio obbligo di non danneggiare il secondo e viceversa.

I feudi diventano ereditari... ▪ Una seconda evoluzione trasformò ulteriormente il rapporto di vassallaggio. Come abbiamo visto (❯ Lez. 13), il legame vassallatico, in quanto basato sulla fedeltà reciproca, si scioglieva alla morte di uno dei due contraenti e non poteva essere trasmesso agli eredi.

Con il passare del tempo, però, si affermò la tendenza a trasmetterlo di padre in figlio. Era infatti illogico, per esempio, che un nuovo signore allontanasse dalla propria clientela i vassalli che avevano servito fedelmente suo padre. Da un punto di vista formale, il vincolo vassallatico continuò a essere inteso come un legame personale e non ereditario – tanto che, alla morte di un sovrano, i suoi vassalli erano tenuti a prestare omaggio al nuovo re: tuttavia, nella pratica, fu sempre più spesso tramandato di padre in figlio.

Questo comportò che anche i feudi divenissero ereditari: la concessione di terreni veniva rinnovata allorché un giovane vassallo subentrava al padre defunto nel rapporto di fedeltà verso il signore. Nell'**877** Carlo il Calvo emanò il **capitolare di Quierzy**, con il quale, di fatto, si riconosceva l'**ereditarietà** dei feudi che erano stati concessi direttamente dal sovrano – i cosiddetti «**feudi maggiori**». L'ereditarietà dei «feudi minori» (quelli concessi da signori che non erano insigniti del titolo regio) fu ufficialmente riconosciuta solo molto più tardi, nel 1037; tuttavia, già nel X secolo la trasmissione dello stesso feudo da una generazione all'altra era una pratica molto diffusa.

La pluralità degli omaggi e l'ereditarietà dei feudi finirono per **snaturare il significato del patto vassallatico**. Mentre nell'VIII secolo un vassallo riteneva proprio dovere aiutare il suo signore difendendolo e consigliandolo, alla fine del IX egli si considerava tenuto a rispettare quasi solo dei "doveri negativi" – come quelli di non tradirlo, non attaccarlo, non minacciare i suoi possedimenti o la sua famiglia.

... e lo stesso avviene per le cariche ▪ Tale trasformazione nel modo di intendere il patto vassallatico – lo strumento che aveva permesso ai sovrani carolingi di legare a sé l'aristocrazia franca e di dare unitarietà politica ai propri domini – finì per indebolire sia l'impero carolingio sia i regni nati dalle sue ceneri.

Carlo Magno e i suoi successori avevano assegnato le contee, le marche e i ducati ai vassalli più fidati. Tuttavia, dato che all'epoca i concetti di Stato e di potere pubblico erano piuttosto confusi, **le cariche di conte e di duca** iniziarono a essere **associate ai feudi sui quali si esercitavano**, e sempre più spesso **furono considerate** – proprio come i feudi – **trasmissibili per via ereditaria**.

Così i rappresentanti dell'aristocrazia diedero vita a **dinastie nobiliari** che rivendicavano i propri diritti su domini feudali sempre più svincolati dal controllo dei sovrani.

Due storie di vassallaggio

Ti proponiamo due brani. Il primo risale all'833; si tratta di una lettera scritta da Eginardo (il biografo di Carlo Magno) alla cancelleria di Lotario, che aveva da poco deposto suo padre Ludovico il Pio e assunto il titolo imperiale, per chiedere che il nuovo imperatore accetti tra i propri vassalli Frumoldo, già vasso di Carlo Magno e di Ludovico il Pio.
Il secondo brano è tratto da un manuale scritto nell'843 da Dhouda, moglie del marchese di Settimania, per spiegare al figlio primogenito Guglielmo come comportarsi verso il suo signore, il re Carlo il Calvo.

❝ Frumoldo, figlio del conte N. [...], colpito più dalla malattia che dalla vecchiaia – infatti egli soffre per un continuo e grave dolore ai piedi – possiede in Borgogna, nel villaggio di Ginevra, dove suo padre è stato conte, un piccolo beneficio che egli teme di perdere se non sarà aiutato dalla vostra benevolenza, poiché a causa della malattia, di cui soffre, non può venire a Palazzo. Per questa ragione egli vi prega che, per sovvenire al suo bisogno, vi degniate di chiedere al signore imperatore [Lotario I] che gli permetta di mantenere quel beneficio, che gli è stato concesso dal suo avo [Carlo Magno] e che suo padre [Ludovico il Pio] gli permise di mantenere, fino a quando, una volta recuperate le forze, potrà venire alla sua presenza e accomandarsi con rito solenne. ❞

(Eginardo, *Epistole*, 2, in *Monumenta Germaniae Historica*)

❝ Ti esorto, figlio: conserva fedelmente la tua devozione, finché avrai vita, col corpo e con la mente. Man mano che ti perfezionerai nel cammino intrapreso, credo fermamente che sarai di grande utilità a te stesso e ai tuoi familiari. Giammai, neppure una volta, esca dalla tua bocca una parola infame e ingiuriosa per la follia dell'infedeltà; non nasca e non proliferi nel tuo cuore il pensiero di essere in alcun modo infedele al tuo signore. Coloro che si comportano in tal modo sono definiti con termini duri e infamanti. Non credo tuttavia che questo possa accadere a te o a coloro che militano con te; questa abitudine, come ben sappiamo, non si manifestò mai nei tuoi progenitori; non fu mai presente, né lo è o lo sarà nel futuro. ❞

(G. Zanoletti, *Educare nel Medioevo. Per la formazione di mio figlio*, Jaca Book, Milano 1982)

> ❯ **Eginardo e il vescovo Turpino scrivono le gesta di Carlo Magno.** Miniatura tratta da *Les Croniques de France* della fine del XV secolo. (Torino, Biblioteca Nazionale)

a. Nella sua lettera, Eginardo appare più interessato a far sì che Frumoldo mantenga il proprio feudo piuttosto che al fatto che venga accolto tra i vassalli di Lotario. Spiega quale evoluzione del vassallaggio possiamo cogliere attraverso questa lettera.

b. Quali sono i doveri, secondo Dhouda, ai quali un vassallo è tenuto nei confronti del proprio signore? Li definiresti doveri positivi (ovvero, impegni a fare) o negativi (ovvero, impegni a non fare)?

c. Integra i documenti con quanto hai studiato ed esprimi un parere sull'efficacia dei rapporti vassallatici nel legare l'aristocrazia franca ai sovrani carolingi attorno alla metà del IX secolo.

ANIMAZIONE
Ungari e Saraceni
in battaglia

3 L'Europa sotto assedio

La ripresa delle invasioni • A partire dal IX secolo, l'Europa tornò a essere oggetto di nuove invasioni provenienti da sud, da est e da nord. In realtà il termine «invasioni», per quanto entrato nell'uso storiografico, è improprio: a differenza dei popoli germanici che posero fine all'impero romano, le popolazioni che si riversarono sull'Europa in quel periodo non cercavano territori dove stanziarsi, ma solo bottino da razziare e, dopo i saccheggi, tornavano nelle regioni dalle quali erano partiti.

Le scorrerie dei Saraceni • Muovendo dalle città del Nordafrica o della penisola iberica, bande di Saraceni raggiungevano le coste italiane e francesi per compiere razzie ai danni di villaggi e città. Nell'846 i Saraceni giunsero a saccheggiare Roma e la basilica di San Pietro; l'anno dopo, si impadronirono di Bari, che mantennero sotto il proprio controllo fino all'871; anche in seguito, l'Italia meridionale fu particolarmente esposta alle loro scorrerie.

Lungo le coste, i Saraceni crearono alcune piazzeforti che fungevano da basi per le scorrerie dirette verso le regioni più interne. Il più noto di questi insediamenti fu **Frassineto** (una località del sud della Francia, presso l'attuale città di Saint-Tropez), che restò sotto il controllo musulmano dall'890 al 973. Muovendo da lì, i Saraceni raggiunsero le Alpi occidentali e devastarono il Piemonte centro-meridionale e le valli svizzere. Un altro importante caposaldo, sorto nell'882 alla **foce del fiume Garigliano**, garantì per oltre trent'anni ai Saraceni il controllo dei territori a cavallo di un'area strategica, compresa fra il Lazio e la Campania.

Saraceni

Con questo termine, durante il Medioevo, i cristiani indicavano le popolazioni islamiche stanziate lungo le sponde del Mediterraneo.

˄ **Soldati saraceni a cavallo** in un affresco del XIII secolo. (Francia, Pernes-les-Fontaines / Scala)

L'Italia intorno al Mille

→ Conquista araba della Sicilia
○ Piazzeforti saracene

■ LEGGERE LA STORIA

Due covi saraceni

Ecco come Liutprando da Cremona, vescovo vissuto nel X secolo, descrive la nascita, la collocazione e la valenza strategica delle piazzeforti saracene di Frassineto e Garigliano.

❝[Frassineto] è circondata dal mare da un lato e dagli altri è difesa da una densissima selva di rovi. Se qualcuno vi entra, è trattenuto dall'intrico dei rami e trafitto da acuminate spine tanto che non può né avanzare né ritornare se non con grande travaglio. Ma per un disegno di Dio occulto e giusto, giacché non può essere diversamente, alcuni Saraceni, una ventina appena, salpati dalla Spagna su una piccola nave, senza volerlo furono trascinati sin lì dal vento. Questi pirati, sbarcati di notte, entrano nel paese di nascosto e uccidono – ahi, dolore! – i cristiani; impadronitisi del luogo, apprestano il monte Mauro vicino al paese come rifugio contro le popolazioni confinanti, rendendo quella selva di rovi ancor più estesa e più folta, per propria difesa, con questa legge: se qualcuno da essa avesse tagliato anche un solo ramo, sarebbe morto per colpo di spada. E così avvenne che fu tolta ogni possibilità di accedervi se non per una sola via strettissima. Fidando dunque nell'asperità del luogo, perlustrano di nascosto le genti vicine tutt'intorno. Mandano messi in Spagna per far venire quanti più uomini possono, lodano il luogo ed assicurano di non far alcuna stima delle genti vicine. Infine conducono con sé per il momento solo cento Sa-

raceni a prender conferma della verità dell'asserzione. Ma anche i Saraceni che, come ho detto, erano stabiliti a Frassineto, dopo la sconfitta dei Provenzali, straziavano non poco alcune parti dell'Italia superiore a loro vicine; tanto che, saccheggiate molte città, giunsero ad Acqui, che dista circa quaranta miglia da Pavia. [...] Nel medesimo tempo i Saraceni, salpati con le loro navi dall'Africa, occuparono la Calabria, l'Apulia, il Beneventano ed anche quasi tutte le città dei Romani, di modo che ogni città, metà la tenevano i Romani, metà gli Africani. Avevano inoltre stabilito una fortificazione sul monte Garigliano [più precisamente, sulle altre che racchiudevano la valle formata dal fiume Garigliano] in cui conservavano ben al sicuro le donne, i bambini, i prigionieri e tutte le loro robe. Nessuno da Occidente o da Settentrione poteva passare per andare a Roma a pregare sulle tombe dei beatissimi apostoli, senza che fosse preso da questi e lasciato libero dopo il pagamento di un forte riscatto. Sebbene infatti l'infelice Italia fosse oppressa da molte stragi degli Ungari e dei Saraceni di Frassineto, tuttavia da nessuna furia o peste era tormentata come dagli Africani.❞

(Liutprando, *Antapodosis*, I 2, 3; II 43-44, 52-54)

I Saraceni assediano la città di Salonicco nel 904. Miniatura dell'XI secolo. (Madrid, Biblioteca Nazionale)

a. Sulla base delle indicazioni geografiche fornite da Liutprando e di quanto scritto nel Paragrafo 3, individua l'area sottoposta alle scorrerie dei Saraceni con base a Frassineto.

b. Chi sono i «Romani» e gli «Africani» citati da Liutprando nella seconda parte del brano?

c. Le basi saracene di Frassineto e Garigliano sopravvissero a lungo (rispettivamente, per 83 e 33 anni) anche a causa del fatto che l'aristocrazia feudale del X secolo si dimostrò incapace di coalizzarsi per far fronte a una minaccia comune. Spiega perché, tenendo conto del quadro politico dell'Europa del tempo.

CARTA ANIMATA

Le invasioni dei Vichinghi, dei Saraceni e degli Ungari

■ Domini arabi
→ Vichinghi
→ Saraceni
→ Ungari

Il re Stefano I e la moglie Gisella di Baviera commemorano la fondazione della cattedrale di Budapest; miniatura del 1358. (Budapest, Museo Nazionale Ungherese)

Vichinghi

Il termine deriva dalla parola scandinava *vik*, che significa «baia», «insenatura» – e rimanda all'abilità di queste popolazioni nella navigazione.

Le incursioni degli Ungari

▪ Gli Ungari (o Magiari) erano una popolazione nomade proveniente dalla regione degli Urali. Verso la fine del IX secolo giunsero in Pannonia, la regione che poi da loro prese il nome di Ungheria. Da lì, ogni anno, orde di guerrieri partivano diretti verso la Germania (la prima scorreria contro la Baviera avvenne nell'896), la Francia e l'Italia settentrionale in cerca di bottino. Gli Ungari erano ottimi cavallerizzi e l'uso di un'armatura leggera permetteva loro di muoversi più agilmente delle pesanti cavallerie dell'Europa occidentale. Ci volle tempo perché gli eserciti europei imparassero a contrastare efficacemente questi temibili avversari. Tuttavia, nel **955** il re di Sassonia Ottone I inflisse agli Ungari una cocente sconfitta nella **battaglia di Lechfeld**; da allora le scorrerie andarono diminuendo, fino a cessare del tutto. La loro fine, però, si deve soprattutto all'evoluzione della società degli Ungari, che nel corso del X secolo adottarono uno stile di vita sempre più sedentario e si convertirono al cristianesimo. L'esito di questo processo fu la nascita del regno di Ungheria e, nell'anno **1000**, la concessione da parte di papa Silvestro II della corona regia a re Stefano I.

Le spedizioni dei Vichinghi

▪ Dalle regioni della Scandinavia giunse invece la minaccia dei Vichinghi o Normanni. I Vichinghi erano agricoltori e pastori ma, soprattutto, abilissimi navigatori: a bordo delle loro imbarcazioni veloci e leggere, i *drakkar*, percorrevano il Baltico e il Mare del Nord, avventurandosi anche nell'oceano Atlantico, evitando le molte insidie che la navigazione alle latitudini più estreme comporta.

Le **spedizioni a scopo di razzia** dei Vichinghi cominciavano all'inizio della bella stagione, puntando in primo luogo verso le isole britanniche e la Francia settentrionale, ma, grazie alla loro abilità di navigatori, i Vichinghi raggiunsero anche il Mediterraneo, dove attorno all'860 saccheggiarono la città di Pisa.

A spingere i Vichinghi al di fuori della Scandinavia fu un aumento demografico che rese le già scarse risorse agricole insufficienti per una popolazione in crescita. Anche per questa ragione durante le loro incursioni i Vichinghi, a differenza di Ungari e Saraceni, cercarono nuovi territori dove stanziarsi: lungo le coste dell'Europa occidentale creavano degli accampamenti che, all'inizio dell'autunno, abbandonavano per rientrare in Scandinavia. Alcuni di questi accampamenti stagionali si trasformarono in insediamenti permanenti, che con il tempo ottennero anche un riconoscimento formale. Nel **911**, per esempio, il re franco Carlo III il Semplice concesse al capo normanno **Rollone** il titolo di **duca** e l'autorità sulla regione che, più tardi, avrebbe preso il nome di Normandia – i Vichinghi, infatti, venivano chiamati anche **Normanni**, ovvero «uomini del Nord».

Altri insediamenti stabili, per lo più a opera dei **Vichinghi danesi**, sorsero in Irlanda e in Inghilterra: lì, in particolare, si formò un'area di dominazione vichinga denominata **Danelaw**. Anche l'**Islanda** e la **Groenlandia** furono popolate da comunità di **Vichinghi** provenienti dalle coste **norvegesi**.

Nel corso del X secolo la pressione demografica diminuì e le incursioni vichinghe si ridussero progressivamente, fino a cessare del tutto; con tempi diversi le une dalle altre, le popolazioni si convertirono al cristianesimo.

^ **Il battesimo di Rollone** in una miniatura del XV secolo.

I Vareghi e la Rus' di Kiev ▪ I **Vichinghi svedesi**, detti anche **Vareghi**, indirizzarono invece le loro esplorazioni verso Oriente. Risalirono il corso dei fiumi Dvina e Dniepr, che sfociano nel Baltico, e poi proseguirono fino a raggiungere il Mar Nero e il Caspio. Alle razzie pure e semplici affiancarono ben presto il traffico dell'ambra, degli schiavi e delle pellicce, stringendo rapporti economici con i Bizantini e con il mondo musulmano, e creando un impero commerciale che dal Baltico giungeva sino a Costantinopoli. Alla fine del IX secolo i Vareghi si impossessarono delle città di Novgorod e di Kiev, e vi si stabilirono fondendosi con le popolazioni slave locali (che li indicavano con il termine *ros*, che significa «i rematori»). Nacque così il regno della Rus' di Kiev, che fu la culla della civiltà e della storia russa.

‹ A SINISTRA **Statuetta vichinga del dio Odino.** (Roskilde, Roskilde Museum)

A DESTRA **Un'ascia vichinga** risalente al 900. (Copenaghen, Museo Nazionale)

 ANIMAZIONE
Le difese del castello

> Il castello di Fénis, in Valle d'Aosta, fu costruito come fortezza nel 1242; agli inizi del XIV secolo fu trasformato in palazzo residenziale. Conserva importanti cicli di affreschi risalenti al XV secolo. (Shutterstock)

4 L'incastellamento e la signoria territoriale

Torri e castelli per difendersi ▪ A partire dalla fine del IX secolo, nei territori dell'Europa occidentale più esposti alle incursioni dei Saraceni, degli Ungari o dei Vichinghi, sorsero migliaia di torri e castelli fortificati. In caso di necessità, queste strutture potevano offrire protezione contro gli attacchi nemici non solo al signore, ma anche alle popolazioni che vivevano sul territorio da lui controllato.

Questo fenomeno, che prende il nome di **incastellamento**, portò alla sua punta estrema la disgregazione dei poteri centrali e finì per **moltiplicare i centri di potere locale**: nacquero infatti numerosissimi domini territoriali, a volte estesi solamente per poche decine di kilometri quadrati e in perenne lotta fra di loro.

Il signore esercita la giustizia sul territorio che amministra. A destra si può vedere l'imputato tenuto dalle guardie; in basso lo scriba. Miniatura del XIV secolo. (Torino, Biblioteca Nazionale)
∨

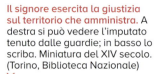

I signori esercitano poteri pubblici ▪ Nel Medioevo, come abbiamo più volte detto, si persero i concetti di Stato e di potere pubblico. Per questo motivo, i proprietari dei castelli iniziarono a chiedere ai contadini della zona di contribuire ai turni di guardia e alla difesa, imposero loro il pagamento di un tributo per coprire le spese di manutenzione della fortezza e cominciarono a esercitare la giustizia nei casi di controversie sorte nelle comunità locali. In poche parole, iniziarono a esercitare **poteri pubblici** – come la riscossione delle tasse o l'organizzazione della difesa – che avrebbero dovuto spettare esclusivamente allo Stato (o ai suoi rappresentanti) e che invece loro esercitavano, senza avere ricevuto l'autorizzazione da parte del sovrano. Ciò che giustificava la loro iniziativa era solamente il fatto di disporre della forza militare sufficiente a controllare un dato territorio e la comunità che lo popolava. Questa forma di autorità viene definita dagli storici **signoria territoriale** o **signoria di banno**.

Alla creazione di signorie territoriali parteciparono anche le strutture ecclesiastiche: vescovi e abati fecero erigere castelli e fortezze a difesa dei loro possedimenti terrieri; per fare un esempio, nel 1041 il vescovo di Asti possedeva nelle campagne piemontesi ben 37 fortezze.

Banno
Potere di un signore di emanare ordini e divieti, di imporre sanzioni, di comandare gli uomini che vivono sul territorio sottoposto al suo controllo.

Le guerre private

Le guerre private ▪ La nascita delle signorie territoriali aumentò i conflitti armati tra i signori – definiti dagli storici «**guerre private**». Infatti, se un signore tentava di estendere i propri domini impadronendosi di un nuovo territorio, spesso entrava in contrasto con un altro membro dell'aristocrazia militare, interessato a conquistare (o a non perdere) lo stesso territorio. Le guerre private non venivano combattute con vere e proprie battaglie, ma soprattutto attraverso **saccheggi** e **rappresaglie** compiute contro le terre del nemico, così che a pagarne le conseguenze erano soprattutto i contadini.

Lo svuotamento di significato del legame vassallatico, l'affermazione delle signorie territoriali e l'aumento delle guerre private resero evidente la crisi del potere centrale: i sovrani non riuscivano più a imporre il proprio controllo sull'aristocrazia feudale.

RIASSUMERE PER PUNTI

I motivi della crisi del potere centrale:
- il ....
  perde significato;
- si affermano le
  .... ;
- aumentano le
  ....

La commistione fra poteri privati e poteri pubblici ▪ Nelle campagne del X secolo ebbe luogo una seconda trasformazione di fondamentale importanza. Per capire che cosa avvenne è necessario ricordare che i proprietari dei castelli erano prima di tutto grandi proprietari terrieri: in quanto tali, esercitavano legittimamente un **potere sulle proprie** *curtes* (❯ Lez. 9) **e sugli uomini** – fossero essi liberi o schiavi – **che le lavoravano**; nei confronti dei propri uomini, ciascun signore aveva anche il **diritto di amministrare la giustizia**, per lo meno nelle controversie minori (come per esempio le liti fra vicini).

Queste prerogative costituivano il cuore del potere descritto dagli storici con l'espressione «**signoria fondiaria**»: un **potere personale**, **privato**, che ciascun possidente esercitava nei confronti dei contadini che lavoravano sulle sue proprietà. Costoro, come abbiamo visto, erano tenuti a corrispondere al signore un tributo annuale in denaro o in natura (cedendogli, per esempio, una parte dei raccolti), a prestare alcune giornate di lavoro gratuite (dette *corvée*) e a utilizzare le strutture produttive (frantoi, mulini e così via) che sorgevano nella parte della *curtis* detta dominicato.

I signori dei castelli non erano in grado di comprendere la differenza, piuttosto sottile, tra i **poteri privati** che esercitavano su quanti lavoravano le loro proprietà e i **poteri di natura pubblica** che avevano usurpato grazie al monopolio della forza militare e al controllo strategico dei territori attorno alle loro fortezze. Per questo motivo, iniziarono a **confondere tra loro tali poteri**, e a imporre gli uni e gli altri a tutti coloro che vivevano nell'area da loro controllata: ai propri schiavi e ai propri coloni, ma anche ai coloni e agli schiavi di altri signori e ai contadini liberi.

In questo modo, però, **si perse la distinzione giuridica** – fondamentale nel mondo antico – **tra schiavi e uomini liberi**, e **si formò un ceto unico di contadini** accomunati dalla stessa **condizione di semilibertà**, detta **servaggio**, che li rendeva tutti egualmente sottoposti all'autorità del signore.

Gli storici Alessandro Barbero e Chiara Frugoni riassumono bene questa situazione: «Tutti coloro che lavoravano la terra con le proprie mani, fossero servi [...], piccoli affittuari o addirittura piccoli proprietari, si ritrovarono sottomessi allo stesso modo al potere signorile, in misura così schiacciante che le differenze di condizione giuridica esistenti originariamente persero rapidamente ogni importanza». I servi non erano del tutto privi di libertà, ma neppure del tutto liberi: per esempio, avevano diritto alla proprietà privata, ma spesso erano «vincolati alla terra che coltivavano e che non potevano abbandonare».

5 Alle porte dell'Europa: l'impero bizantino

Una lunga crisi per l'impero ■ Come abbiamo visto (❯ Lez. 12), l'espansione araba aveva portato a un drastico ridimensionamento dell'impero bizantino, che nel giro di pochi anni aveva dovuto rinunciare all'Egitto, alla Siria, alla Palestina e al controllo sul Mediterraneo orientale. La sua estensione, alla fine del VII secolo, corrispondeva a circa un terzo di quella che aveva raggiunto durante il regno di Giustiniano.

Per giunta, i Bizantini si trovarono a fronteggiare anche un'altra minaccia: quella rappresentata dai **Bulgari**, una **popolazione slava** proveniente

Slava

Gli Slavi erano un gruppo di popolazioni che, principalmente fra il V e il VI secolo (per sfuggire alla minaccia rappresentata dalle invasioni unne), si erano stanziate nell'Europa centrale e orientale, e avevano poi occupato vasti territori.

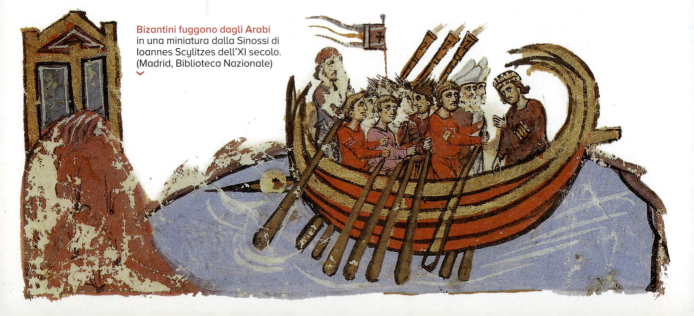

Bizantini fuggono dagli Arabi in una miniatura dalla Sinossi di Ioannes Scylitzes dell'XI secolo. (Madrid, Biblioteca Nazionale)

dalle steppe mongoliche, che attorno al 680 si stanziò lungo il Danubio, nella regione poi denominata Bulgaria. I conquistatori si fusero con le popolazioni locali e diedero vita a un regno estremamente aggressivo, che si estese su parte dei Balcani e giunse a minacciare direttamente Bisanzio (a partire dalla fine del V secolo, l'antico nome greco della città prevalse, nell'uso comune, rispetto al nome latino Costantinopoli).

Stretto tra la pressione dei Bulgari e quella degli Arabi, l'impero bizantino dovette a lungo combattere per la sua stessa sopravvivenza. Le già notevoli difficoltà furono acuite dalla crisi iconoclasta scoppiata nel 726 in seguito alla decisione dell'imperatore Leone III l'Isaurico di proibire il culto delle icone (**>** Lez. 10).

Una nuova dinastia guida la ripresa ▪ La crisi iconoclasta si concluse solo nell'843 con la vittoria della fazione favorevole alle immagini sacre. Pochi anni più tardi, nell'867, salì al trono **Basilio I**, primo imperatore della **dinastia macedone**. Basilio era un uomo energico, di umili origini ma estremamente capace. Grazie a lui, l'impero bizantino ritrovò la sua unità ed ebbe una guida autorevole: si aprì dunque un periodo di rinnovato splendore – un'età dell'oro per l'impero bizantino – destinato a durare fino al 1204.

Dopo essersi riorganizzati, i Bizantini passarono alla controffensiva nei confronti degli Arabi: l'imperatore **Niceforo II Foca** (in carica dal 963 al 969) strappò loro Creta, Cipro e Antiochia. All'inizio dell'XI secolo **Basilio II** detto **il Bulgaroctono**, ovvero «l'uccisore di Bulgari» (sul trono dal 976 al 1025), affrontò e sconfisse i Bulgari che nei decenni precedenti si erano spinti fino a occupare il Montenegro e la Bosnia. Grazie alle sue vittorie, l'intera penisola balcanica tornò sotto il controllo di Bisanzio.

L'evangelizzazione dei popoli slavi ▪ Alla ritrovata potenza militare e politica di Bisanzio fece seguito un'importante opera diplomatica, finalizzata ad **attrarre entro la propria orbita politica e culturale le popolazioni slave** stanziate a nord dell'impero e nelle steppe russe. In questo contesto, la religione ebbe un ruolo importante. Gli imperatori e i patriarchi di Costantinopoli promossero infatti diverse **missioni evangelizzatrici** per convertire gli Slavi, che non avevano ancora abbandonato il paganesimo.

Particolarmente rilevante fu l'opera di evangelizzazione intrapresa, a partire dall'860, da due monaci, i fratelli **Cirillo e Metodio**. A Cirillo, in particolare, si deve l'invenzione dell'alfabeto cirillico, ancora oggi in uso tra le popolazioni slave, che permise la traduzione in lingua slava delle Sacre Scritture.

I monaci Cirillo e Metodio in un affresco macedone del XIV secolo. Dal perfezionamento del primo alfabeto messo a punto da Cirillo trasse origine l'alfabeto cirillico, tuttora in uso in Russia, Ucraina, Bulgaria, Serbia e Macedonia. (Dracevo, Monastero di San Marco / Alamy)

L'impero bizantino tra IX e XI secolo

- 🟥 L'impero bizantino nell'867
- 🟧 Conquiste di Basilio I
- 🟨 Conquiste di Basilio II
- 🟩 Territori musulmani

6 L'impero tedesco degli Ottoni

L'affermazione dei Capetingi in Francia... ▪ Tra la fine del IX e la fine del X secolo i regni d'Italia, Germania e Francia, nati in seguito alla disgregazione dell'impero carolingio, seguirono un percorso analogo. In ognuno di essi, infatti, la corona finì per essere contesa tra le principali famiglie feudali locali e queste lotte acuirono la crisi dell'autorità regia. Nella seconda metà del X secolo, tuttavia, comparvero i primi segni di una **ricomposizione del potere regio**.

In **Francia**, nel **987**, fu incoronato re il conte di Parigi **Ugo Capeto** (sul trono dal 987 al 996): primo sovrano di una dinastia, quella dei **Capetingi**, destinata a reggere le sorti del paese fino al XIV secolo.

... e degli Ottoni in Germania ▪ In **Germania**, la corona fu acquisita nel 919 dal duca di Sassonia **Enrico I l'Uccellatore**, a cui succedette il figlio **Ottone I il Grande** (in carica dal 936 al 973). Ottone comprese che l'unico modo per rafforzare il potere regio era aumentare il controllo sui feudatari, cosa che fece soprattutto appoggiandosi alle strutture ecclesiastiche. Legò dunque a sé i vescovi tramite il giuramento vassallatico; a loro affidò il governo delle contee, creando così la peculiare figura del **vescovo-conte**, che univa alla carica religiosa quella politica.

Questa scelta era strategica: rappresentava da un lato il riconoscimento di un dato di fatto – da tempo, infatti, i vescovi amministravano le città (❯ Lez. 9) –, dall'altro era un modo per aumentare il controllo del sovrano sui propri domini. I vescovi erano obbligati al celibato e non potevano avere figli legittimi: alla loro morte sia la **carica** di conte sia i **feudi** ricevuti in temporanea concessione sarebbero automaticamente tornati nelle mani del sovrano.

Ottone I cominciò inoltre a intervenire nella scelta dei nuovi vescovi; la loro elezione spettava al clero e ai fedeli della città, ma il re esercitava forti pressioni perché si scegliessero persone a lui gradite.

In Europa rinasce l'impero ▪ Dopo aver rinsaldato il proprio potere in Germania, nel **951** Ottone I organizzò una **spedizione in Italia**. Qui la situazione politica era piuttosto confusa: il trono era stato inizialmente assegnato al marchese del Friuli **Berengario** (888-924), ma dopo la sua morte si era aperto un periodo di lotte, nel corso delle quali la corona era passata da una casata all'altra. Nel frattempo, anche a Roma si era creata una situazione molto tesa: il papato era diventato ostaggio della famiglia locale dei **Teofilatti**, che era riuscita a imporre come pontefici già due dei suoi rappresentanti – compreso un ragazzo poco più che ventenne, che prese il nome di Giovanni XI. Durante questa prima campagna, Ottone sconfisse i feudatari italiani e si appropriò del titolo di **re d'Italia**; tuttavia, dovette rientrare precipitosamente in Germania per

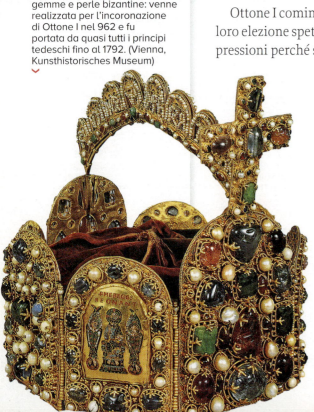

Corona del Sacro romano impero germanico in oro, smalto, gemme e perle bizantine: venne realizzata per l'incoronazione di Ottone I nel 962 e fu portata da quasi tutti i principi tedeschi fino al 1792. (Vienna, Kunsthistorisches Museum)

fronteggiare gli Ungari – che, come abbiamo visto, sconfisse definitivamente nel 955 a Lechfeld. Questa decisiva vittoria militare contribuì ad accrescere il prestigio di Ottone I. Negli anni successivi egli tornò in Italia e, dopo aver sconfitto le ultime resistenze dei feudatari locali, si spinse fino a Roma dove, nel **962**, si fece incoronare imperatore dal nuovo papa Giovanni XII (anch'egli appartenente alla casata dei Teofilatti).

Così – a poco meno di un secolo dalla fine dell'impero carolingio – si riformava un'entità politica che, almeno sulla carta, ambiva a governare l'intero continente europeo. Il nuovo **impero degli Ottoni** era molto diverso da quello carolingio: il suo baricentro era la Germania mentre la Francia ne restava esclusa.

Il controllo dell'impero sul papato
▪ Anche in Italia Ottone I cercò di indebolire la nobiltà feudale appoggiandosi ai vescovi; ne rafforzò l'autorità ma – tranne che in rarissimi casi – non attribuì loro il titolo di conte come aveva fatto in Germania.

Ottone I cercò anche di porre un freno alla crisi del papato sottoponendolo al proprio controllo. Nel 962 emanò un documento detto *Privilegium Othonis* («privilegio di Ottone»), con il quale confermò al papato tutte le donazioni ottenute da Carlo Magno, ma stabilì che **era necessario il consenso imperiale affinché l'elezione di un nuovo pontefice fosse ritenuta valida**.

Si trattava di una scelta obbligata: il potere imperiale era strettamente legato a quello ecclesiastico, sia perché l'incoronazione degli imperatori doveva avvenire per mano del pontefice, sia perché Ottone aveva rafforzato il proprio controllo sull'aristocrazia servendosi dei vescovi. Ottone non poteva permettere che le famiglie aristocratiche romane controllassero il papato: doveva invece assicurarsi che sul soglio pontificio sedessero uomini integerrimi e leali verso l'impero. Per questa ragione, nel 963 depose Giovanni XII (lo stesso da cui era stato incoronato) e lo sostituì con un papa che godeva della sua fiducia.

Negli anni successivi, Ottone I organizzò una campagna militare nell'Italia meridionale, con lo scopo di conquistare il ducato di Benevento e i territori ancora in mano ai Bizantini. La spedizione fallì, ma portò a un accordo diplomatico in virtù del quale Ottone I riuscì a ottenere il riconoscimento del proprio titolo imperiale da parte della corte di Bisanzio. L'accordo fu suggellato dalle nozze tra **Ottone II**, figlio di Ottone I, e la principessa bizantina **Teofano**.

Ottone III e il sogno di un impero universale
▪ Ottone II, salito al trono imperiale nel 973, riprese i progetti di espansione nell'Italia meridionale, ma nel **982**, nella **battaglia di Stilo**, subì una cocente sconfitta da

Il Sacro romano impero germanico

— Confini dell'impero
▨ Regno di Germania
▨ Regno d'Italia
▨ Regno di Boemia
▨ Marche di confine

Papa Giovanni XII incorona Ottone I a re d'Italia nel 962 in una miniatura del 1450.

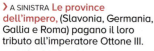
Ottone II e Teofano benedetti da Dio. I sovrani appaiono come due imperatori bizantini. Copertina di codice in avorio del 973. (Parigi, Museo Cluny)

parte degli Arabi che occupavano parte della Puglia e della Calabria. L'anno successivo Ottone II si spense a Roma: gli succedette il figlio **Ottone III**, che all'epoca aveva appena tre anni e che fu quindi affidato alle cure della madre Teofano e del monaco Gerberto di Aurillac, una delle persone più colte del tempo.

Sotto l'influenza della madre e di Gerberto, il giovane Ottone crebbe nel mito di Roma e della sua passata grandezza. Quando, nel 996, raggiunti i sedici anni, fu incoronato imperatore, si impegnò a realizzare un ambizioso progetto di *renovatio imperii*, ovvero di **rinnovamento e rinascita di un impero** che, come quello dei Cesari, avrebbe avuto **Roma per capitale** e che, sotto la guida congiunta dell'imperatore e del papa, avrebbe retto l'intera cristianità.

Per tramutare in realtà il proprio sogno Ottone III trasferì la propria corte a Roma, sull'Aventino, e fece nominare pontefice Gerberto di Aurillac; il nuovo papa assunse il nome di Silvestro II – un chiaro richiamo a papa Silvestro I, che aveva collaborato con Costantino alla cristianizzazione dell'impero romano.

Il progetto di Ottone III, però, destò sia l'opposizione dei feudatari tedeschi, preoccupati che la Germania perdesse la propria centralità all'interno dell'impero, sia dell'aristocrazia romana, poco disposta a sopportare la presenza in città dell'imperatore. Nel 1001 una rivolta costrinse Ottone III ad abbandonare Roma; un anno più tardi, il giovane sovrano, appena ventiduenne, morì di malattia: con lui tramontò anche il suo utopico progetto.

Alla morte di Ottone III i feudatari tedeschi assegnarono il titolo di re di Germania e di imperatore a **Enrico II di Baviera** (al potere dal 1002 al 1024); quelli italiani nominarono re d'Italia il **marchese Arduino d'Ivrea**. Nel 1014 Enrico II scese in Italia e sconfisse Arduino: le sorti della corona imperiale e del regno d'Italia erano indissolubilmente legate tra di loro.

Inoltre, il potere dell'imperatore dipendeva dalla legittimazione (e in parte dal sostegno) del pontefice. Questo spiega perché le vicende della Germania, dell'Italia e del papato rimasero profondamente intrecciate anche nei secoli successivi.

❯ A SINISTRA **Le province dell'impero,** (Slavonia, Germania, Gallia e Roma) pagano il loro tributo all'imperatore Ottone III.

A DESTRA **Ottone III in trono circondato dai grandi dell'impero.** Miniature dall'*Evangelario di Ottone*, fine del X secolo. (Monaco, Bayerische Staatsbibliothek)

7 Verso una nuova Europa

Le paci di Dio e la diminuzione della violenza

▪ Il X secolo, che vide la crisi dei poteri statali raggiungere il suo apice e fu caratterizzato dal proliferare delle guerre private, fu anche il periodo in cui si gettarono le basi per la rinascita dell'Europa.

Attorno all'anno Mille le guerre private iniziarono a diminuire grazie al movimento detto delle «**paci di Dio**». Soprattutto nella Francia meridionale gli abitanti delle campagne – stanchi delle violenze a cui erano continuamente sottoposti, e affiancati da vescovi e abati – posero un freno alla violenza esercitata dai signori territoriali. Lo fecero obbligandoli a giurare di non attaccare chi non era in grado di difendersi (per esempio le donne, i vecchi e i bambini), di non violare i luoghi consacrati come le chiese e i monasteri, e di limitare solo ad alcuni periodi dell'anno le proprie attività militari (fu proibito, per esempio, di combattere la domenica, giorno del Signore, e nei periodi che precedevano il Natale e la Pasqua). Chi infrangeva questi giuramenti veniva scomunicato; tuttavia, più che la sanzione spirituale, a contenere le violenze dei signori furono gli stessi contadini, che li costrinsero con la forza a mantenere la parola data.

Una cintura protettiva intorno all'Europa

▪ Ancor più importante nel porre un limite alle violenze, furono la sedentarizzazione e l'evangelizzazione dei popoli posti ai margini dell'Europa cristiana. Come abbiamo visto, nel corso del X secolo gli Ungari, i Vichinghi, i Bulgari e le popolazioni delle pianure russe si convertirono al cristianesimo. Alla conversione si accompagnarono la **sedentarizzazione**, la **nascita delle prime città** e la **formazione di regni** in un'area che sino a quel momento era stata abitata da popolazioni nomadi o seminomadi.

Si trattò di un processo di fondamentale importanza: la formazione di nuovi stati in Europa orientale – i regni di Bulgaria (681), Ungheria (1000) e Polonia (1025) e la Rus' di Kiev (ca. 860) – formò una sorta di **cintura protettiva** che avrebbe messo l'Europa centrale e occidentale al **riparo dalle invasioni dei popoli provenienti dalle steppe asiatiche**. Così, per esempio, nel XIII secolo i Mongoli di Gengis Khan non raggiunsero il cuore del continente (come invece avevano fatto, secoli prima, gli Unni e gli stessi Ungari), ma si arrestarono ai limiti di queste nuove periferie dell'Europa.

Le innovazioni in agricoltura

▪ Un'altra importante trasformazione si verificò nel settore agricolo a partire dal X secolo: iniziarono a diffondersi nuove tecniche – come la rotazione triennale, l'impiego di nuovi finimenti per gli animali da tiro, la ferratura dei cavalli – che consentirono un aumento della produttività. La popolazione ricominciò ad aumentare e all'incremento demografico corrispose un ampliamento dei terreni coltivati tramite il dissodamento e la bonifica di selve e paludi.

Dopo una stasi che si protraeva da secoli, le città si svilupparono e con loro anche i traffici commerciali. Il X secolo preannunciò la fine dell'Alto Medioevo e l'inizio della rivoluzione demografica e urbana, che avrebbe avuto luogo nei secoli successivi al Mille.

Cavalieri armati in una miniatura inglese. (Londra, British Library)

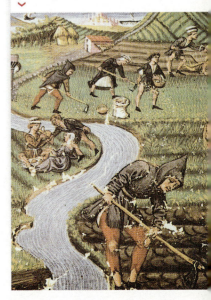

Contadini al lavoro nei campi. (Firenze, Biblioteca Riccardiana)

SINTESI

1 2 La disgregazione dell'impero carolingio / I motivi di una crisi

Dopo la morte di Ludovico il Pio, fra i suoi figli inizia una feroce lotta per il potere. Nell'843 Ludovico il Germanico e Carlo il Calvo costringono il fratello Lotario a firmare il trattato di Verdun; nascono così tre regni autonomi. Nell'884 Carlo il Grosso riesce a riunificare i territori che erano stati di Carlo Magno, ma solo due anni più tardi viene deposto. Tramonta così l'impero carolingio; la sua crisi è accelerata anche dall'evoluzione del legame vassallatico, che diviene di fatto ereditario e perde così la capacità di legare l'aristocrazia franca alla corona.

3 4 L'Europa sotto assedio / L'incastellamento e la signoria territoriale

Dal IX secolo Ungari, Vichinghi e Saraceni percorrono l'Europa in cerca di bottino. Le loro razzie proseguono per gran parte del X secolo e spingono i proprietari terrieri a costruire torri e fortezze: questo fenomeno è definito incastellamento. I proprietari dei castelli iniziano a esercitare la propria autorità su tutti i contadini che usufruiscono dalla loro protezione: in tal modo nasce la signoria territoriale o di banno. L'esercizio del potere del signore su tutti coloro che coltivano le sue proprietà si definisce invece signoria fondiaria. I signori esercitano contemporaneamente questi due tipi di autorità. Ciò porta alla scomparsa della distinzione tra schiavi e uomini liberi: si forma un unico ceto di servi, accomunati da una condizione di semilibertà.

5 Alle porte dell'Europa: l'impero bizantino

Nell'VIII secolo l'impero bizantino attraversa un periodo di profonda crisi a causa dell'avanzata araba, della pressione dei Bulgari nei Balcani e della crisi iconoclasta. Nel IX secolo la fine della crisi iconoclasta e l'ascesa al trono della dinastia macedone apre una nuova fase di splendore: l'impero sconfigge gli Arabi e i Bulgari, e avvia la conversione al cristianesimo delle popolazioni slave.

6 7 L'impero tedesco degli Ottoni / Verso una nuova Europa

Alla fine del X secolo, mentre in Francia si afferma la dinastia capetingia, in Germania Ottone I di Sassonia rafforza il potere regio appoggiandosi alla Chiesa e creando la particolare figura dei vescovi-conti. Grazie alla vittoria di Lechfeld sugli Ungari (955), Ottone gode del prestigio necessario per cingere la corona imperiale e rifondare l'impero. Dopo il breve regno di Ottone II, Ottone III cerca di ricostruire un impero universale, ma muore troppo giovane per realizzare il proprio sogno. Negli stessi decenni, il movimento delle «paci di Dio» pone un limite alla violenza dei signori. Contemporaneamente, la formazione di nuovi Stati in Europa orientale crea una sorta di cintura di sicurezza attorno all'Europa centro-occidentale.

Il IX secolo in Europa occidentale   ▶ MAPPA CONCETTUALE

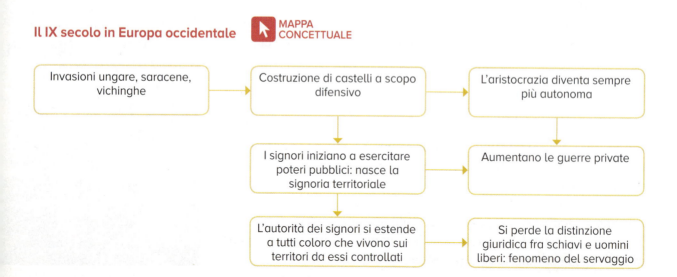

Invasioni ungare, saracene, vichinghe → Costruzione di castelli a scopo difensivo → L'aristocrazia diventa sempre più autonoma

I signori iniziano a esercitare poteri pubblici: nasce la signoria territoriale → Aumentano le guerre private

L'autorità dei signori si estende a tutti coloro che vivono sui territori da essi controllati → Si perde la distinzione giuridica fra schiavi e uomini liberi: fenomeno del servaggio

LEZIONE 14
VERIFICA

ZTE ONLINE 🛜
Mettiti alla prova con
gli esercizi interattivi

ORIENTARSI NEL TEMPO E NELLO SPAZIO

1 Cerca la data in cui si sono svolti i seguenti avvenimenti, quindi disponili nel corretto ordine crono-logico lungo la linea del tempo.

Ottone I imperatore • Giuramento di Strasburgo e trattato di Verdun • Incoronazione di Ottone III • Ugo Capeto diventa re di Francia • Morte di Carlo Magno • Carlo il Grosso ricompone l'impero

LAVORARE SUL LESSICO

2 Per ognuna delle seguenti coppie, chiarisci il significato dei termini e mettine in luce le differenze.
a. Scorrerie • invasioni
b. Feudi maggiori • feudi minori
c. Signoria fondiaria • signoria territoriale (o di banno)
d. Schiavitù (come nel mondo antico) • servaggio

ORIENTARSI NEL TEMPO E NELLO SPAZIO

3 Completa lo schema con le date o gli avvenimenti legati alla dinastia degli Ottoni.
a. 919 .... conquista la corona del regno di Germania.
b. .... Sale al trono ....
c. 951 Prima spedizione di Ottone I in ....
d. 955 Vittoria contro gli .... a ....
e. .... Ottone I ottiene la corona imperiale
f. 962 Viene emanato il ....
g. 982 Ottone II è sconfitto dagli .... nella battaglia di ....
h. 996-.......... Ottone III imperatore.

LAVORARE SUL LESSICO

4 Scrivi la definizione delle seguenti parole o espressioni. Poi, con ciascuna di esse, componi una fra-se da usare come possibile esordio per un'interrogazione.

Vichinghi, Normanni, Vareghi • pluralità degli omaggi • vescovo-conte • renovatio imperii • paci di Dio

VERIFICARE LE CONOSCENZE

5 Alcune di queste affermazioni dicono il falso. Individuale e correggile a voce.
a. Con il capitolare di Quierzy l'impero carolingio venne suddiviso in tre regni indipendenti.
b. Nell'846 i Saraceni saccheggiarono Pisa.
c. Il primo sovrano del regno di Ungheria fu Silvestro I.
d. Il primo duca della regione in seguito denominata Normandia fu Rollone.
e. Ottone I ebbe fra i suoi avversari la casata dei Teofilatti.
f. Ottone I riuscì a conquistare il sud della penisola italiana.
g. L'impero germanico fu retto per alcuni anni da una principessa bizantina.
h. La Rus' di Kiev era abitata da popolazioni slave e vichinghe.

Viaggiare nel Medioevo

Nel Medioevo le locande del mondo romano furono sostituite da ospizi condotti dai monaci.

Nell'Alto Medioevo il venir meno della sicurezza garantita dall'impero romano, la riduzione dei commerci e il degrado della rete viaria portarono a un calo nel numero dei viaggiatori e alla conseguente sparizione delle locande che, lungo le strade o nelle città, offrivano loro ospitalità a pagamento. In Europa ricomparvero forme di ospitalità gratuita, analoghe a quelle diffuse nel mondo greco nei primi secoli della sua storia.

Come accogliere gli stranieri

I codici emanati dai sovrani dei regni romano-barbarici riportano numerose disposizioni sull'obbligo di accogliere i viaggiatori e specificano anche il modo in cui dovevano essere trattati. Le leggi dei Burgundi, per esempio, stabilivano il diritto per chi proveniva da un altro regno di ricevere un tetto, un fuoco e il fieno per i cavalli. L'editto di Rotari, invece, stabiliva che ai forestieri in viaggio fosse permesso raccogliere la legna per riscaldarsi e far pascolare i propri cavalli, ma solo al di fuori delle zone recintate. Nelle regioni più calde, come nella Francia meridionale, l'obbligo di fornire un tetto valeva solo d'inverno o in caso di maltempo: d'estate i viandanti potevano anche accamparsi all'aperto. L'ospitalità "obbligatoria" durava al massimo tre giorni ma, a differenza di quanto avveniva nell'antica Grecia fino al VI secolo a.C., non comprendeva il vitto: i forestieri dovevano provvedere da sé al proprio cibo.

L'ospitalità nelle strutture religiose

A fornire ospitalità ai viaggiatori medioevali erano soprattutto le strutture ecclesiastiche. A partire dal IV-V secolo le chiese si dotarono di xenodòchi (dal greco *xénos*, «ospite», e *dòchêion*, «rifugio»), ovvero ospizi in cui i pellegrini diretti verso i principali luoghi di culto potevano trovare un tetto e un po' di cibo. Con il passare del tempo, per conformarsi al precetto evangelico della carità verso i più deboli («sono stato ospite e mi avete accolto», si legge nel Vangelo di Matteo 25, 35), queste strutture vennero aperte, oltre che ai pellegrini, anche ai mercanti e ai comuni viaggiatori. Molti xenodochi sorsero nelle città, presso le cattedrali, ma ad accogliere i viandanti furono soprattutto i monasteri, che spesso sorgevano in località isolate, dove i viaggiatori non avrebbero potuto trovare altro riparo. Per esempio, il monastero di Novalesa, posto ai piedi del Moncenisio, o quello del Gran San Bernardo, in prossimità dell'omonimo passo, ospitarono durante il Medioevo migliaia di viaggiatori. Alcuni monasteri, come i due appena ricordati, si dotarono di vere e proprie foresterie, ovvero dormitori destinati ad accogliere i viandanti; altri, più semplicemente, mettevano a disposizione degli ospiti solo alcune stanze.

Il costo dell'ospitalità

Fornire ospitalità ai viaggiatori di passaggio era un obbligo ribadito anche dalla regola benedettina: al suo arrivo presso un monastero, l'ospite doveva essere accolto dall'abate e dai monaci, e salutato con il bacio della pace; i monaci erano tenuti a fornirgli «una camera con letti arredati» e l'abate (che in questo particolare caso era esentato dal digiuno) doveva pranzare con lui. Nel VI secolo, quando san Benedetto stabilì queste norme, i monasteri sorgevano in località isolate e difficili da raggiungere, e i viaggiatori che vi giungevano erano pochi. In seguito, quando le strutture per l'ospitalità a pagamento scomparvero e i monasteri divennero punti di riferimento per chi percorreva le principali vie di comunicazione, rispettare tali precetti divenne sempre più difficile. L'alto numero di ospiti cominciò a gravare troppo sul bilancio di alcune comunità monastiche; tanto che, nel IX secolo, di fronte al continuo afflusso di viandanti, l'abate di un monastero benedettino affermò: «Se san Benedetto fosse qui, ci direbbe di chiudere le porte!».

Distintivo in piombo di un pellegrino con immagine di un santo coronato. Oggetti come questo venivano acquistati dai pellegrini come ricordi dei luoghi santi che avevano visitato; XIII secolo. (Baltimora, The Walters Art Museum)

ATTIVITÀ

a. Quali erano le norme che regolavano l'ospitalità gratuita nel mondo greco prima del VI secolo a.C.? Se non lo ricordi, recupera le informazioni nel Volume 1 (❯ Unità 4) o attraverso una ricerca su Internet.

b. Svolgi una ricerca per scoprire se, nel territorio in cui vivi, esistevano strutture religiose che durante il Medioevo (o nei secoli successivi) offrivano ospitalità ai viandanti.

I *drakkar* vichinghi

ANIMAZIONE
Le imbarcazioni vichinghe

Abilissimi navigatori, i Vichinghi erano in grado di affrontare le tempeste dell'Atlantico grazie alla particolare forma delle loro navi.

La chiglia con drago di una nave vichinga in una miniatura inglese del X secolo. (Londra, British Library)

Le navi da guerra dei Vichinghi, chiamate *drakkar*, derivavano il loro nome dalla polena, di forma mostruosa e solitamente rappresentante un drago che ne decorava la prua. Tali raffigurazioni avevano uno scopo apotropaico: dovevano servire, cioè, a spaventare e tenere lontani gli spiriti maligni che si credeva potessero nuocere ai naviganti.

Navi affusolate, veloci... Lo scafo di queste imbarcazioni era eccezionalmente lungo e stretto: le navi potevano raggiungere i 35 metri di lunghezza, una dimensione eccezionale per l'epoca, contro i 4-6 metri di larghezza. Le traversine di legno disposte lungo le fiancate ne irrobustivano la struttura, aumentando la resistenza ai violenti marosi dell'oceano Atlantico.

La forma affusolata, molto idrodinamica, permetteva ai *drakkar* di fendere le onde e di procedere rapidamente. A garantire la velocità era anche la grande vela quadrata – che poteva raggiungere i 100 m² – posta sull'unico imponente albero della nave. La vela non era in cotone, come quelle in uso nel Mediterraneo, ma di lana rinforzata da cuoio, così da offrire maggiore resistenza agli impetuosi venti del Mare del Nord.

In caso di bonaccia o di vento contrario, i *drakkar* procedevano a forza di remi: le navi più grandi potevano contare anche trenta coppie di vogatori. Sfruttando la navigazione a remi, i predoni Vichinghi riuscivano ad avvicinarsi alle coste anche di notte, quando la brezza soffia da terra verso il mare, e a sorprendere nel sonno le popolazioni dei paesi costieri.

... e facilmente manovrabili A differenza di quanto avviene abitualmente, la struttura dei *drakkar* era simmetrica: le due estremità erano infatti molto simili – con le due prue che si alzavano imperiose al di sopra della linea di galleggiamento – e l'unico albero era posizionato proprio a metà della nave. Tale simmetria rendeva possibile invertire immediatamente la rotta in caso di necessità e garantiva ai *drakkar* una manovrabilità che le navi franche erano ben lungi dal possedere. Queste imbarcazioni, inoltre, avevano un pescaggio scarso: la parte dello scafo che rimaneva sommersa, cioè, era piuttosto ridotta. Tale caratteristica permetteva ai Vichinghi di portarsi vicinissimo alle coste, anche in as-

senza di un porto che consentisse un attracco agevole. Cosa ancora più importante, lo scarso pescaggio rendeva i *drakkar* adatti anche alla navigazione fluviale: ecco perché i Vichinghi poterono risalire i fiumi del nord della Francia e raggiungere le città dell'entroterra – compresa Parigi, che fu saccheggiata più di una volta. Oltretutto, in caso di necessità, durante le incursioni nell'entroterra i Vichinghi potevano trarre in secco le navi e, dopo aver deposto l'albero, trasportarle sino a un altro corso d'acqua facendole scivolare su tronchi posti sotto la chiglia e utilizzati come rulli.

ATTIVITÀ

a. Oltre ai *drakkar*, i Vichinghi disponevano di altri tipi di navi, utilizzate per la pesca e il trasporto, che avevano caratteristiche differenti rispetto alle navi da guerra. Utilizzando Internet, svolgi una ricerca comparativa su queste imbarcazioni. Puoi documentarti anche visitando il sito del *Viking Ship Museum* di Oslo, dove sono conservate due delle navi rinvenute dagli archeologi negli ultimi decenni.

Scrivere nel Medioevo

Come altre creazioni culturali, anche la scrittura evolve nel tempo, assume forme diverse a seconda del contesto in cui viene utilizzata e ha una storia affascinante.

A partire dal II secolo d.C. gli antichi Romani utilizzarono, oltre alla scrittura maiuscola, una scrittura detta minuscola corsiva (o minuscola imperiale), impiegata per lo più per i testi manoscritti e che corrisponde a quello che noi impropriamente chiamiamo «stampatello». Durante l'Alto Medioevo, il frazionamento politico dell'Europa e la maggior difficoltà negli scambi culturali fecero sì che, a partire da questa comune matrice, nelle diverse regioni del continente si sviluppassero numerosi stili di scrittura, ciascuno diffuso in un ambito geografico ristretto: questo fenomeno è definito «particolarismo grafico». In Gallia si diffuse la scrittura merovingica, in Irlanda l'elegante semionciale, in Spagna la scrittura visigotica, nell'Italia meridionale la beneventana. Per la maggior parte queste scritture erano involute, manierate per l'aggiunta di orpelli e svolazzi e, quindi, difficili da leggere.

Un unico stile di scrittura per l'impero carolingio

Uno dei principali risultati della «rinascita carolingia» fu l'introduzione di uno stile di scrittura chiaro e di facile leggibilità: la minuscola carolina, che si ispirava alla minuscola imperiale dei Romani e si affermò in tutti i territori dell'impero, ricreando un'unità grafica nel continente. La sua adozione favorì la comunicazione e gli scambi culturali fra i vari regni d'Europa, oltre che lo scambio di codici manoscritti fra i principali monasteri. All'inizio del XII secolo dall'evoluzione della minuscola carolina si sviluppò la scrittura gotica – molto elegante, ma caratterizzata dall'angolosità del tratto e, nelle sue versioni più estreme, scarsamente leggibile.

La *littera antiqua* degli umanisti

Giudicando la scrittura gotica inutilmente artificiosa, gli umanisti fiorentini crearono, fra il XIV e il XV secolo, un nuovo stile di scrittura, di grande leggibilità. Fu denominato *littera antiqua*: ci si voleva infatti richiamare alla minuscola corsiva degli antichi Romani. La sua messa a punto, però, fu dovuta a un clamoroso equivoco. Proprio in quegli anni, infatti, erano stati rinvenuti numerosi codici di epoca carolingia contenenti le opere di autori classici. Gli umanisti ritennero che quei manoscritti risalissero agli ultimi secoli dell'impero romano. Disegnarono dunque i caratteri della loro nuova scrittura a partire da quel riferimento, senza comprendere che stavano riportando in vita non lo stile dei Romani, ma quello della Scuola Palatina di Aquisgrana.

Nel XV secolo la *littera antiqua* fu utilizzata per i primi volumi realizzati con la nuova tecnica di stampa a caratteri mobili inventata da Gutenberg: divenne così il modello di riferimento per i tipografi. Molti dei più importanti caratteri tipografici tuttora usati sono rielaborazioni della scrittura minuscola degli umanisti, e dunque, della minuscola carolina.

Un esempio di: **1** minuscola carolina (dal *Freisinger Denkmäler*, X secolo); **2** *littera antiqua* (dal *Libro delle Ore* di Giovanni II Bentivoglio, 1497). (Marjan Smerke; New York, Morgan Library)

ATTIVITÀ

a. La storia della scrittura tra la fine dell'impero romano e la nascita dell'impero carolingio si svolse parallelamente a quella delle istituzioni politiche: ricostruisci il parallelo sviluppo di questi due ambiti.

b. Cerca su Internet le immagini delle altre scritture citate nel testo, oltre a quelle qui illustrate: quali ti paiono più leggibili e perché?

PROVA AUTENTICA

Competenze chiave Asse storico sociale	Competenze chiave di cittadinanza correlate
• Comprendere il cambiamento e la diversità dei tempi storici in una dimensione diacronica, attraverso il confronto fra epoche, e in una dimensione sincronica, attraverso il confronto fra aree geografiche e culturali.	• Individuare collegamenti e relazioni • Progettare • Comunicare

CONSEGNA

Nel Medioevo il latino era la lingua parlata dai dotti di tutta Europa: in questo modo, malgrado la frammentazione politica, gli intellettuali dell'epoca poterono continuare a dialogare. Il latino restò la lingua della cultura alta e della diplomazia anche dopo la fine del Medioevo. Oggi l'inglese ricopre un ruolo analogo, ma altre lingue – come il tedesco o lo spagnolo – giocano un ruolo fondamentale nei commerci, nella cultura e nelle relazioni internazionali.

Scrivi un testo sull'importanza delle lingue straniere come mezzo per veicolare conoscenze e favorire il contatto tra le nazioni. Il testo dovrà essere suddiviso in due parti: una relazione che esamini la diffusione delle varie lingue nel mondo, e un testo argomentativo sulla necessità nel mondo odierno di conoscere le lingue straniere e, in particolare, di parlare un inglese fluente.

RISORSE A DISPOSIZIONE

1. Libri di testo e materiale bibliografico da reperire in biblioteca
2. Computer con connessione a Internet e software di videoscrittura

VINCOLI DA RISPETTARE

Si prevede una relazione di circa 3000 battute, implementata da almeno due grafici o tabelle; il testo argomentativo non dovrà superare le 2000 battute. Assegnare a ognuno un titolo rappresentativo del contenuto.

SUGGERIMENTI OPERATIVI

Per valutare l'importanza delle varie lingue puoi usare alcuni parametri, per esempio: diffusione delle varie lingue nel mondo o sul web; loro impiego da parte delle principali istituzioni internazionali; richiesta della conoscenza delle lingue nel mondo del lavoro.

Prima di procedere alla stesura del testo argomentativo, individua la tua tesi e gli argomenti a sostegno di essa. Crea inoltre una scaletta da seguire nella scrittura.

CRITERI DI VALUTAZIONE

Il tuo lavoro verrà valutato in base alla tua capacità di collegare e confrontare fenomeni culturali e linguistici lontani nel tempo e nello spazio, sulla base della seguente griglia.

PUNTEGGI CRITERI	1	2	3	4
EFFICACIA COMUNICATIVA	Scarsa ☐	Parziale ☐	Accettabile ☐	Elevata ☐
SELEZIONE E RIELABORAZIONE DELLE INFORMAZIONI	Inadeguata e non pertinente ☐	Adeguata ma non del tutto pertinente ☐	Adeguata ma superficiale ☐	Pertinente e approfondita ☐
CAPACITÀ CRITICA E ARGOMENTATIVA	Scarsa ☐	Parziale ☐	Accettabile ☐	Elevata ☐

Punteggio complessivo: ..../12 (valutare i singoli criteri e sommarli per assegnare il punteggio globale)

LABORATORIO DELLE COMPETENZE

INTERPRETARE LE FONTI

1 Leggi questo testo in cui lo storico Mario Ascheri, esperto di storia del diritto, riflette sulla commistione fra la figura privata del vassallo e la figura pubblica del conte.

Honor e *dignitas* indicavano «incarichi pubblici».

Anche il *ministerium* indica una funzione, un impiego pubblico.

La distinzione tra i ruoli di vassallo e conte non era chiara, tanto meno per la popolazione, poco istruita.

La mancata distinzione dei ruoli porta a considerare il titolo di conte come una ricompensa per il controllo sul feudo.

Si pensa che, se i feudi possono passare di padre in figlio, lo stesso dovrebbe avvenire per le contee.

Il rapporto vassallatico cessa di essere basato sulla fedeltà reciproca e viene trasmesso agli eredi in modo pressoché automatico.

I rappresentanti dell'aristocrazia franca.

«L'unità-base dell'uniforme sistema di governo carolingio fu il conte. Personaggio istituzionalmente bifronte, perché era al tempo stesso pubblico funzionario, legato a un ufficio – l'*honor*, la *dignitas* (nozioni romane!), cui erano connessi certi diritti e doveri – ma anche un fedele del re, di nuovo con certi diritti e doveri, incaricato di volta in volta di un *ministerium*. Doppiezza più rilevante, tuttavia, per la nostra cultura intrisa di aspirazione alla razionalità amministrativa che non per la popolazione oggetto allora della sua attività di governo. [...] Perciò anche il suo operato complessivo poté configurarsi unitariamente come servizio vassallatico, perché sarebbe stato troppo sottile distinguere quel che faceva in quanto vasso e quel che faceva in quanto ufficiale pubblico. Si aprì la strada, in questo modo, a considerare l'*honor* stesso, la carica, come un *beneficium*, concesso per remunerazione di servizi resi. Con la grave conseguenza, però, che se si ammetteva l'ereditarietà dei benefici, per questa via si sarebbe conseguita anche l'ereditarietà degli uffici.

Chiaramente, uno sviluppo del genere avrebbe però alterato sostanzialmente il rapporto del re con colui che agiva per suo conto, perché in questo modo si sarebbe passati da un rapporto basato sulla fiducia fondata sulla specifica conoscenza delle qualità del vasso (*intuitu personae*, come si dice tecnicamente), a un rapporto impersonale, automatico, indipendente dalle qualità del vasso, dacché il suo erede ne prendeva automaticamente il posto pur non possedendone eventualmente le qualità e i meriti. Era quindi un passaggio che avrebbe alterato gravemente la natura del rapporto d'ufficio, configurandosi come una deviazione dalla naturale logica di questi rapporti personali: possibile quindi solo in presenza di una caduta verticale del potere centrale. Cosa che si verificò puntualmente nel corso dell'esperienza carolingia. Prima di avviarsi verso l'Italia per ricevere com'era ormai tradizionale la corona imperiale dal papa – perché rimase compito precipuo dell'imperatore proteggere il Papato – Carlo il Calvo dovette acconsentire a rassicurare i suoi "grandi", che temevano eventuali novità durante la loro assenza. Emanò così il famoso capitolare [...] di Quierzy [...] (877), che formalmente non sanciva l'ereditarietà, ma la garantiva di fatto. [...] Ma siamo ormai alla fine del grande impero. Per tanto tempo invece il rapporto vassallatico non aveva indebolito l'impero. Anzi, per suo mezzo il re aveva frenato le tendenze autonomistiche dei "grandi". Esso fu strumento giuridico di coesione finché il potere centrale fu capace di controllarne politicamente l'uso. Ma si trattava d'uno strumento pericoloso, che sfuggì di mano a chi se ne era avvantaggiato, perché il re non poté impedire che ne facessero uso a loro volta i "grandi" del regno, creandosi così clientele armate che consentirono loro un'autonomia completa, da utilizzare anche contro il potere centrale.»

(M. Ascheri, *Istituzioni medievali*, Il Mulino, Bologna 1994)

a. Chi erano e quali funzioni svolgevano i conti? Perché all'inizio del brano l'autore li definisce «personaggi istituzionalmente bifronti»?

b. Spiega, esemplificando anche tramite l'impiego dei documenti presentati a pagina 295, perché e in che modo i rapporti vassallatici persero progressivamente forza.

c. Completa la frase seguente scegliendo la conclusione adatta; poi motiva la tua scelta ricostruendo la struttura argomentativa di questo brano.
Secondo Ascheri, la crisi dell'impero carolingio va addebitata soprattutto:
☐ al rapporto vassallatico.   ☐ all'ereditarietà dei feudi.
☐ alla mancata distinzione tra poteri pubblici e privati.   ☐ all'impiego dei conti.

d. Secondo te, l'autore intende sostenere che il rapporto vassallatico ebbe solo conseguenze negative? Motiva la tua risposta.

COMPRENDERE IL CAMBIAMENTO

2 Leggi i brani proposti, osserva la carta e rispondi alle domande.

A Strasburgo, nell'842, Carlo il Calvo e Ludovico il Germanico si allearono contro il fratello Lotario scambiandosi un giuramento di reciproca fedeltà di fronte ai rispettivi vassalli. Ciascuno dei due sovrani giurò in una lingua diversa: il latino non era più una lingua comune, e i nobili dei domini occidentali e orientali usavano idiomi fra loro differenti. Per essere compreso dai vassalli di Carlo il Calvo, Ludovico utilizzò una lingua romanza, dalla quale si sarebbe poi evoluto il francese; Carlo invece parlò in una lingua germanica, progenitrice dell'odierno tedesco. Riportiamo il testo dei due giuramenti e la loro traduzione.

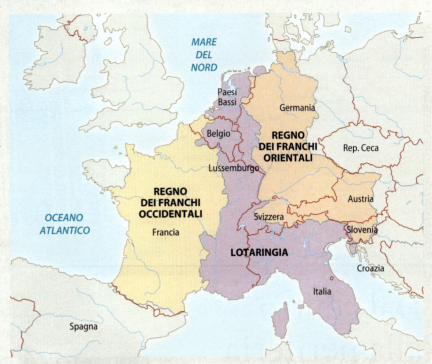

«Pro Deo amur et pro christian poblo et nostro commun salvament, d'ist di in avant, in quant Deus savir et podir me dunat, si salvarai eo cist meon fradre Karlo et in aiudha, et in cadhuna cosa, si cum om per dreit son fradra salvar dift, in o quid il mi altre si fazet; et ab Ludher nul plaid numquam prindrai qui, meon vol, cist meon fradre Karle in damno sit.»

«Per l'amore di Dio e per la comune salvezza del popolo cristiano e nostra, da oggi in poi, in quanto Dio mi possa dare sapere e potere, io m'impegnerò a soccorrere questo mio fratello Carlo nel caso [abbia bisogno] di aiuto o di qualsiasi altra cosa, così come è giusto che si debba soccorrere il proprio fratello, purché egli faccia altrettanto verso di me. E con Lotario non concluderò mai nessun accordo che, me volente, possa essere di danno a questo mio fratello Carlo.»

«In Godes minna ind in thes christiānes folches ind unsēr bēdhero gehaltnissī, fon thesemo dage frammordes, sō fram sō mir Got gewizci indi mahd furgibit, sō haldih thesan mīnan bruodher, sōso man mit rehtu sīnan bruodher scal, in thiu thaz er mig sō sama duo, indi mit Ludheren in nohheiniu thing ne gegango, the mīnan willon imo ce scadhen werdhēn.»

«Per l'amore di Dio e del popolo cristiano e per la salvezza di entrambi, da oggi in poi, in quanto Dio mi concede sapere e potere, così aiuterò io questo mio fratello, così come è giusto, per diritto, che si aiuti il proprio fratello, a patto ch'egli faccia altrettanto nei miei confronti, e con Lotario non prenderò mai alcun accordo che, per mia volontà, possa recar danno [a Ludovico].»

a. Sottolinea nei due testi originali i termini (per esempio «Dio», «popolo», «cosa» o «fratello») che, in quanto molto prossimi agli odierni vocaboli francesi, inglesi o tedeschi, sono facilmente identificabili.
b. Il giuramento di Strasburgo è la prima attestazione della divisione dell'Europa occidentale in due aree linguistiche ben riconoscibili. Di quali aree si tratta? E quali nazioni odierne appartengono all'una o all'altra area?
c. Quali altre aree linguistiche sono oggi presenti in Europa? Documentati su Internet.
d. Alla divisione linguistica delle due aree corrispose anche una divisione politica: in che modo nei decenni successivi i destini dei due regni si allontanarono l'uno dall'altro?

UNIONE EUROPEA

Nucleo originario:

Ingressi nel:
- 1973
- 1981
- 1986
- 1995
- 2004
- 2007
- 2013

La sede del Parlamento europeo a Strasburgo.

Dal centro alla periferia

Se si mette a confronto la carta del Sacro Romano Impero con quella dell'Unione europea, si può osservare che il territorio occupato dai paesi che hanno dato vita a quest'ultima coincide approssimativamente con quello occupato dall'impero carolingio. Non è un caso che Carlo Magno sia stato considerato, forse un po' forzatamente, il padre dell'Europa, così come in un certo senso possono essere considerati tali i sei Stati fondatori della UE.

Dalle rivalità alla collaborazione Per secoli il nostro continente è stato teatro di sanguinosi conflitti e in parte, purtroppo, lo è ancora oggi. Tuttavia, all'indomani della seconda guerra mondiale, lo scenario di morte e distruzione diede finalmente ampio respiro all'idea che fosse possibile vivere pacificamente, collaborando insieme per il benessere comune. Fu proprio la volontà di voltare pagina per avviare un futuro di pace e di collaborazione fra i popoli europei a ispirare il trattato di Parigi del 1951 fra la Repubblica federale tedesca, la Francia, l'Italia, il Belgio, i Paesi Bassi e il Lussemburgo. Con tale trattato si diede vita alla Comunità europea del carbone e dell'acciaio (CECA), il cui obiettivo era quello di favorire la libera circolazione del carbone e dell'acciaio per impedire che qualsiasi paese potesse diventare troppo forte in un settore dal quale dipende la produzione delle armi. Poteva sembrare un mero accordo economico, invece pose le premesse per la smilitarizzazione e la pace.

Il trattato di Roma Il passo successivo fu compiuto a Roma, nel 1957, quando gli stessi sei paesi sottoscrissero altri due trattati che diedero vita alla Comunità economica europea (CEE): l'Euratom, per la collaborazione nel campo dell'energia nucleare, e il Mercato comune europeo (MEC), con il quale si avviò la libera circolazione delle merci e poi delle persone entro i confini degli Stati firmatari. In pochi anni furono aboliti i dazi doganali che ostacolavano l'import-export internazionale e che nel passato erano stati persino all'origine di conflitti.

Nuovi settori furono disciplinati da normative comunitarie, a partire da quello agricolo. Bisognava regolare l'esodo di milioni di contadini che lasciavano i campi, dare una pensione agli anziani che vi restavano, un'istruzione alle centinaia di migliaia di bambini che vivevano nelle cascine, talvolta non allacciate alla rete elettrica o prive di servizi igienici. Nell'arco di un ventennio l'arretratezza delle campagne fu colmata: una conquista straordinaria che va riconosciuta anche alla Comunità europea. I valori unitari stavano imponendosi e altri paesi chiesero di aderire alla CEE: la Danimarca, il Regno Unito e l'Irlanda nel 1973, la Grecia nel 1981, la Spagna e il Portogallo nel 1986. Con l'ingresso dell'Austria, della Svezia e della Finlandia nel 1995, gli Stati membri diventarono quindici.

Il nuovo scenario Nel frattempo, caduto il Muro di Berlino nel 1989, riunificatasi la Germania l'anno successivo e discioltasi l'Unione Sovietica nel 1991, lo scenario politico internazionale cambiò radicalmente: l'Europa non era più divisa da una cortina di ferro fra i paesi del blocco sovietico e quelli del blocco occidentale. Alcuni credevano che fosse possibile costituire gli Stati uniti d'Europa, sul modello degli Stati Uniti d'America, ma troppe erano, e sono tuttora, le difficoltà. Gli USA erano nati dalla federazione di ex colonie dove si parlava una sola lingua – l'inglese – e che non avevano alle spalle storie e culture secolari come i paesi del Vecchio mondo. Nondimeno a Maastricht, nel 1992, si fece un passo importante in questa direzione, sostituendo la Comunità economica europea con un'Unione europea: l'aggettivo "economica" era caduto per indicare la volontà di non limitarsi a quel solo ambito di integrazione. Inoltre, in quella sede si decise anche l'adozione di una moneta unica, l'euro.

L'ampliamento a est Con la caduta del Muro di Berlino, il ritorno alla democrazia e all'economia di mercato in tutti i paesi ex socialisti si pose il problema della loro adesione all'Unione europea. Alcuni temevano che l'allargamento a est comportasse un eccessivo ingrandimento dell'Unione. La riunificazione tedesca aveva anticipato l'ingresso di un ex paese socialista – la Repubblica democratica tedesca – e non pochi temevano che la Germania unita, con 80 milioni di abitanti e l'economia più forte del continente, potesse diventare troppo potente. L'allora presidente francese François Mitterrand sosteneva che la Germania aveva a disposizione "un'arma atomica economica": il marco tedesco. L'euro servì anche a costringere il paese economicamente più forte a rinunciare alla sua moneta, che era la più solida.

Un'Unione sempre più ampia Oggi l'Unione conta 28 paesi e più aumenta il numero degli aderenti, più diventa difficile mettere tutti d'accordo. Le istituzioni, a partire dal Parlamento, devono essere composte da un maggior numero di rappresentanti ed è inevitabile che i tempi delle decisioni si allunghino e che si complichino le procedure: in una parola, c'è il rischio che la burocrazia prenda il sopravvento. In positivo, però, c'è da registrare come l'ampliamento a est abbia effettivamente consolidato la pace e la collaborazione fra i membri dell'Unione. Inoltre occorre considerare un altro fatto: se fino alla fine del secolo scorso ben quattro Stati europei – Germania, Regno Unito, Francia, Italia – facevano parte del G7, ossia del gruppo dei paesi economicamente più forti del mondo, negli ultimi decenni le cose sono cambiate e gli Stati europei, da soli, non sono più in grado di reggere il confronto con i giganti che stanno avanzando.

Sopra: la sede della Banca centrale europea a Francoforte. *A sinistra*: la firma del trattato di Maastricht nel 1992. *A destra*: una riunione del Consiglio d'Europa nel 2009.

GERMANIA

MARE DEL NORD · MAR BALTICO · Wismar · Amburgo · Brema · POLONIA · Berlino · Hannover · Essen · GERMANIA · Lipsia · Colonia · Dresda · BELGIO · Francoforte sul Meno · REPUBBLICA CECA · LUSSEMBURGO · Mannheim · Norimberga · Stuttgart · FRANCIA · Rottweil · Augusta · Monaco · PAESI BASSI

Confine fra RFT e RDT fino al 1990

La Porta di Brandeburgo a Berlino. *Sotto*: la cancelliera tedesca Angela Merkel.

Deutschland über alles

L'impero germanico costituito da Ottone I aveva come baricentro la Germania, il cui regno aveva all'incirca i medesimi confini dell'odierno Stato tedesco. Rispetto a quest'ultimo si estendeva su territori che oggi appartengono ad altri Stati, ma non comprendeva le regioni a oriente dell'Oder, dove in seguito sarebbe nata la Prussia, il regno da cui nel corso dell'Ottocento sarebbe partito il processo dell'unificazione tedesca.

L'anima renana e l'anima prussiana Molti paesi hanno più di un'anima e ciò dipende dalla loro geografia e dalle vicende storiche che talvolta hanno unito popoli con caratteri in parte diversi o separato popolazioni con identità simili. È proprio il caso della Germania che, occupando il cuore dell'Europa continentale, nel corso del tempo è stata attratta di volta in volta sia dalla cultura occidentale, romano-latina, sia dal mondo slavo, a oriente dei suoi confini. A est dell'impero germanico si estendevano regioni su cui, secoli più tardi, si costituì la Prussia, dominata da un'aristocrazia militare di grandi proprietari terrieri, gli *junker*. Poco sensibili al mondo culturale dell'Europa occidentale, gli *junker* continuarono sempre a guardare a oriente, verso la Lituania, la Lettonia e soprattutto la Polonia, dove si insediarono. Le regioni della Germania occidentale, invece, quelle che gravitano sul Reno, intrecciarono rapporti di scambio intensi con i mercati e i porti francesi, olandesi, belgi e italiani. A fianco dell'agricoltura si affermarono i commerci, le attività artigianali e con questi una bor-

ghesia urbana, mentre a est continuarono a prevalere lo sfruttamento della terra sotto il potere dei nobili, proprietari terrieri. Una Germania con due anime, dunque, diverse da sempre.

Dal primo al terzo *Reich* La Germania rimase a lungo frammentata in tanti piccoli Stati, governati da sovrani gelosi della propria autonomia. Solo nel 1871 si approdò all'unificazione in un unico Stato nazionale: il secondo *Reich* (il primo era stato quello fondato da Ottone I). A guidarlo fu il *kaiser* (imperatore) Guglielmo I, che promosse un intenso sviluppo con l'obiettivo di fare del suo paese una grande potenza. La Germania recuperò il ritardo rispetto a quelli economicamente più sviluppati e li superò in molti campi, soprattutto nella manifattura e nei settori tecnologicamente avanzati, grazie a una lungimirante politica dell'istruzione che privilegiava le specializzazioni tecniche e professionali.
Le classi dominanti tedesche erano animate da un'ansia di competizione nei confronti dei principali rivali –

A sinistra: un momento della caduta del Muro di Berlino. *A destra*: la cerimonia per la riunificazione delle due Germanie nel 1990. *Sotto*: una catena di montaggio della Volkswagen.

Francia, Gran Bretagna, Stati Uniti, Russia – che sfociò nella prima guerra mondiale. Sconfitta e umiliata da un trattato di pace pesantissimo, la Germania maturò un sentimento di rivalsa nei confronti delle grandi potenze, rivalsa di cui si fece portavoce Adolf Hitler, salito al potere nel 1933, il quale riprese con forza l'idea della supremazia tedesca. Fondò il terzo *Reich*, basato addirittura sull'idea di superiorità della razza ariana da cui sarebbe disceso il diritto tedesco di sottomettere i popoli considerati inferiori, fra cui gli Ebrei. Prese il sopravvento la mentalità militarista prussiana e nulla sembrò sopravvivere della cultura democratica della Germania renana. Lo sbocco finale di un simile delirio di onnipotenza fu la seconda guerra mondiale: un immane conflitto, costato oltre 50 milioni di vittime e circa sei milioni di Ebrei uccisi nei campi di concentramento.

La spartizione della Germania

Il regime nazista fu sconfitto e, tornata la pace, la Germania pagò caramente le proprie responsabilità. Venne divisa in una Repubblica federale tedesca (RFT), a occidente, e una Repubblica democratica tedesca (RDT), coincidente più o meno con la vecchia Prussia, a oriente. La divisione imposta dalle potenze vincitrici rafforzò le diversità fra le due regioni del paese. Anche la città di Berlino fu divisa e la sua parte occidentale annessa alla Germania ovest. Fino al 1990, quando avvenne la riunificazione, le due repubbliche vissero storie molto diverse. La RFT entrò a far parte di un'alleanza militare, la NATO, guidata dagli Stati Uniti. La RDT, invece, fu coinvolta nel Patto di Varsavia, l'alleanza militare dei paesi che facevano capo all'Unione Sovietica. Se la RFT si riprese velocemente dalle distruzioni belliche e tornò a essere la prima potenza economica del continente, la RDT sperimentò uno sviluppo lento, povero sul piano dell'innovazione tecnologica, con imprese poco efficienti, mentre la popolazione percepiva redditi modesti.

Il crollo del Muro di Berlino

Nel 1989 i Berlinesi abbatterono pacificamente il muro che divideva la città. La guerra fredda era finita e le due repubbliche potevano tornare a unirsi. Certo, l'idea di una grande Germania spaventava sia a occidente sia a oriente, soprattutto la Francia, attaccata ben tre volte nell'arco di altrettante generazioni: nel 1870, nel 1914 e durante il secondo conflitto mondiale. Il paese tedesco, però, era cambiato profondamente. Per quasi mezzo secolo la RFT aveva guardato all'Ovest, voltando le spalle ai regimi autoritari dell'Est e alla sua stessa anima prussiana. L'alleanza militare e le strette relazioni economico-politiche con l'Occidente, l'adesione convinta alla Comunità europea avevano fatto prevalere l'anima democratica renana. Quella stessa anima ha guidato il periodo della riunificazione e oggi il paese è senza ombra di dubbio il motore economico dell'Europa, ha un'alta qualità della vita, una bassa disoccupazione, una grande attenzione verso l'ambiente e le energie rinnovabili, una rinnovata capacità di attrarre giovani dal resto d'Europa ed è una meta ambita per milioni di immigrati.

CITTADINANZA E COSTITUZIONE
L'Unione Europea

Cittadini d'Europa

Ogni cittadino italiano è anche un **cittadino dell'Unione Europea** (UE).

Questa affermazione significa qualcosa di più del fatto di vivere in un Paese o una regione che geograficamente appartiene al continente europeo.

Essere cittadino è una condizione che **comporta** sempre **diritti** e **doveri**, **vantaggi** e **obblighi**. Significa essere inseriti in una comunità che condivide principi e leggi e che si pone degli scopi comuni.

La legge fondamentale che è alla base dell'Unione Europea è il **trattato di Lisbona** entrato in vigore il 1° dicembre 2009. Esso è stato preceduto da altri trattati, come quello firmato nel 1951, che stabilì la creazione della Comunità Europea del Carbone e dell'Acciaio (CECA), e quello del 1957, che fece nascere la Comunità Economica Europea (CEE) per agevolare gli scambi commerciali tra i Paesi membri. Riguardo alla cittadinanza europea, il trattato afferma:

> L'Unione rispetta, in tutte le sue attività, il principio dell'uguaglianza dei cittadini, che beneficiano di uguale attenzione da parte delle sue istituzioni, organi e organismi. È cittadino dell'Unione chiunque abbia la cittadinanza di uno Stato membro. La cittadinanza dell'Unione si aggiunge alla cittadinanza nazionale e non la sostituisce. (art. 9)

Una lunga storia alle spalle

I **progetti** per creare un'entità politica europea sono molto antichi. In questa unità hai studiato per esempio come durante il Medioevo sia nata in Europa l'idea di ricostruire un impero di grandi dimensioni, da parte prima di Carlo Magno e poi della dinastia degli Ottoni. Nel corso dei secoli successivi altri re e imperatori hanno sognato di unire il continente. Coloro che lo hanno fatto hanno sempre ricercato alcuni **elementi di aggregazione**, come la **storia passata** o la **medesima religione**, che a loro sembravano importanti come radici su cui costruire una nuova realtà. Quello che è sicuro è che tutti i popoli dell'Europa hanno **una lunga storia comune**, determinata dalla **condivisione di esperienze sia positive** – come la diffusione di modelli di vita civile e sociale e gli scambi culturali e artistici – **sia negative** – come le guerre, i pregiudizi reciproci e gli antichi rancori.

Un progetto in costruzione

L'Europa unita è un **progetto in costruzione**, che è nato e cresciuto attraverso accordi stipulati guardando soprattutto al futuro piuttosto che al passato.

Tutto è iniziato dopo la seconda guerra mondiale (1939-1945), quando la motivazione più profonda dei fondatori dell'Europa unita era **evitare** il ripetersi di **guerre** sanguinose, come quella che si era appena conclusa, e **garantire** una **pace duratura** tra i loro popoli attraverso la collaborazione economica, politica e sociale, attuata stabilendo scopi comuni e aiuti reciproci.

Oggi i **Paesi membri** della UE sono **28**. Altri Stati del continente sono **candidati all'adesione**, ossia hanno presentato domanda di ingresso. Per entrare nell'Unione, infatti, ogni Paese deve dimostrare di possedere alcuni requisiti. Quelli fondamentali sono: istituzioni stabili e democratiche; rispetto dei diritti umani; tutela dei diritti delle donne, dei minori e delle minoranze; un'economia libera; la capacità di rispondere alle richieste che l'Europa pone ai Paesi membri; il consenso dei loro cittadini all'Unione. I Paesi membri restano autonomi in alcuni aspetti essenziali e possono anche decidere di uscire dall'Unione, seguendo una procedura stabilita.

Insieme al trattato di Lisbona, l'altro documento che definisce la cittadinanza europea è la **Carta dei diritti fondamentali dell'Unione Europea**, firmata per la prima volta a **Nizza** nel **2001** e poi riaffermata nel **2007**. Un altro accordo valido per quasi tutti i cittadini dell'Unione (non hanno aderito Irlanda e Gran Bretagna, e altri Paesi devono ancora applicarlo) è il **trattato di Schengen**, che contiene norme sulla libera circolazione dei cittadini e delle merci. Infine, un passaggio fondamentale, ma solo per alcuni Stati, è stata l'**Unione monetaria**, che trova la sua base nel **trattato di Maastricht** del 1992. I Paesi che l'hanno accolta hanno l'euro come moneta unica e sono sottoposti alla vigilanza della Banca Centrale Europea (BCE) per la politica economica. Una sintesi degli obiettivi fondamentali dell'Unione Europea è contenuta nell'art. 3 del trattato di Lisbona:

> 1. L'Unione si prefigge di promuovere la pace, i suoi valori e il benessere dei suoi popoli. 2. L'Unione offre ai suoi cittadini uno spazio di libertà, sicurezza e giustizia senza frontiere interne, in cui sia assicurata la libera circolazione delle persone [...].

FISSARE I CONCETTI

1 **Rispondi alle domande scrivendo un testo breve (5 righe al massimo).**

a. Qual è il trattato che oggi è a fondamento dell'Unione Europea?

b. Chi sono i cittadini europei?

LAVORARE SULLE FONTI

2 **Leggi i materiali proposti e componi un testo di 30 righe seguendo la traccia indicata.**

L'Italia è uno dei Paesi fondatori dell'Unione. La base della sua adesione si trova nella Costituzione, in particolare nell'art. 11, dove si afferma che lo Stato italiano può accettare limitazioni alla propria sovranità (ossia al proprio potere di decidere e di emanare le leggi) in base ad accordi paritari con altri Stati.

Per rispondere alle domande puoi consultare i documenti fondamentali dell'Unione Europea sul sito della UE: http://europa.eu/index_it.htm.

> L'Italia ripudia la guerra come strumento di offesa alla libertà degli altri popoli e come mezzo di risoluzione delle controversie internazionali; consente, in condizioni di parità con gli altri Stati, alle limitazioni di sovra-nità necessarie ad un ordinamento che assicuri la pace e la giustizia fra le Nazioni; promuove e favorisce le organizzazioni internazionali rivolte a tale scopo. (art. 11)

a. Spiega quali erano gli scopi dei fondatori dell'Unione. Li puoi ritrovare in questo articolo della Costituzione?

b. Indica quali sono i requisiti fondamentali richiesti a uno Stato per far parte dell'Unione Europea.

c. Hai già incontrato alcuni di questi principi/requisiti studiando la Costituzione italiana? Quali sono e quali ambiti riguardano?

PREPARARARE UNA RICERCA

3 **Svolgi una ricerca in biblioteca o su Internet partendo dagli spunti proposti. Poi prepara un documento riassuntivo seguendo la traccia indicata.**

L'Europa non ha una politica di istruzione unica, poiché nel continente esistono tradizioni pedagogiche diverse e differenti organizzazioni e programmi di studio. L'Europa però ha istituito dei progetti per agevolare lo studio all'estero degli studenti dei Paesi membri, per facilitare lo scambio culturale e didattico, per permettere l'apprendimento delle lingue, per favorire la conoscenza tra i giovani europei. Dal 1987 esiste un programma per gli studenti universitari (Erasmus) che dal 1994 è stato inglobato in un progetto più ampio (Socrates). Un film del 2002, *L'appartamento spagnolo* del regista Cédric Klapisch, per esempio, racconta con i toni di una commedia l'incontro e la convivenza di un gruppo di studenti Erasmus a Barcellona.

a. Inizia la tua ricerca raccogliendo informazioni sui progetti europei, il numero di partecipanti, le opportunità che offrono per i ragazzi della tua età, e verificando se la tua scuola ha mai aderito a qualcuno di essi.

b. Prosegui guardando se esistono progetti a cui potresti partecipare, singolarmente o insieme alla tua classe.

c. Concludi con una tua valutazione su questi progetti. Ti sembrano interessanti? Quali sono le opportunità e i vantaggi che offrono? Secondo te, ci possono essere anche difficoltà e aspetti negativi da considerare?

Uno sguardo oltre l'Europa

LEZIONE 15
Le civiltà
extraeuropee

Verso la fine del primo millennio d.C., le civiltà urbane dei diversi continenti vivono ancora, per larga parte, in maniera indipendente l'una dall'altra, senza avere significativi contatti fra loro. Nonostante le distanze e le difficoltà legate agli spostamenti, solo quelle dell'Eurasia intrattengono rapporti culturali e commerciali, proseguendo un'interazione che risale a tempi antichissimi. L'isolamento geografico di alcune parti del pianeta – o di interi continenti – favorirà lo sviluppo di culture e civiltà molto diverse, ciascuna con le proprie tradizioni, credenze, conoscenze tecnologiche. Solo a partire dalla fine del XV secolo, quando si aprirà l'epoca delle grandi esplorazioni geografiche, i diversi mondi dell'uomo entreranno in contatto.

VIDEO

Oltre l'Europa

1. Chi era Qin Shi Huangdi e per quale grande opera è ricordato?
2. Quale fu la più antica civiltà dell'America precolombiana?

⧗ IERI/OGGI

Nel corso dei millenni l'uomo ha dato vita a culture e civiltà molto diverse le une dalle altre: stili di vita, credi religiosi, persino livelli di progresso differenti.
Non sempre queste civiltà si sono incontrate o integrate in modo lineare e pacifico, ma, quando questo incontro è avvenuto, ha sempre portato a un generale progresso e, nello stesso tempo, è stato fonte di arricchimento e di scambio prezioso.
L'incontro con l'altro può però avvenire anche all'insegna dello scontro, della contrapposizione, e colorarsi così di pregiudizio, quasi ad asserire la superiorità di una cultura e di una civiltà sull'altra. Ecco così che tradizioni o culture differenti o "altre" rispetto a quella

◁ Terracotta del periodo Tang. (Xi'an, Museo di Storia del Shaanxi)

∧ Corteo di guardie d'onore, bronzo del periodo Han. (Lanzhou, Collezione Museo Provinciale del Gansu)

∨ Samantha Cristoforetti a bordo della Stazione Spaziale Internazionale. (Corbis)

dominante sono state etichettate come "barbare" o "selvagge".

Il pregiudizio, però, e la chiusura nei confronti di ciò che è diverso ostacolano il confronto, impediscono quella ricchezza che nasce invece dall'integrazione e dallo scambio libero di esperienze, tradizioni, modi di vivere.

a. Nel corso di questi due anni hai studiato civiltà differenti, sorte in luoghi e momenti diversi della storia. Sapresti individuare i contributi che esse hanno dato allo sviluppo dell'umanità?

b. Ritieni che il processo di globalizzazione (l'infittirsi delle relazioni economiche, commerciali e culturali su scala planetaria) possa mettere a rischio la sopravvivenza delle culture locali?

LEZIONE 15
Le civiltà extraeuropee

 **IL LUOGO**

LA MESOAMERICA
In quest'area del continente americano si sviluppano civiltà urbane culturalmente raffinate ma tecnologicamente arretrate (che ignorano, per esempio, la ruota e la lavorazione del ferro).

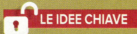 **LE IDEE CHIAVE**

GRANDI TRADIZIONI SPIRITUALI
In Asia nascono dottrine filosofiche e morali di grande valore: il confucianesimo, l'induismo e il buddhismo. Con il tempo, le ultime due diventano vere e proprie religioni.

 **IL PROTAGONISTA**

QIN SHI HUANGDI
È il primo imperatore cinese: crea un sistema politico destinato a durare duemila anni. Per difendere la Cina dai nomadi del Nord, fa costruire il primo tratto della Grande Muraglia.

 **L'EVENTO**

AŚOKA CREA UN REGNO UNITARIO
Nel III secolo a.C. il capostipite della dinastia Maurya unifica quasi l'intera India sotto il suo dominio: anche se di breve durata, è una tappa fondamentale della storia indiana.

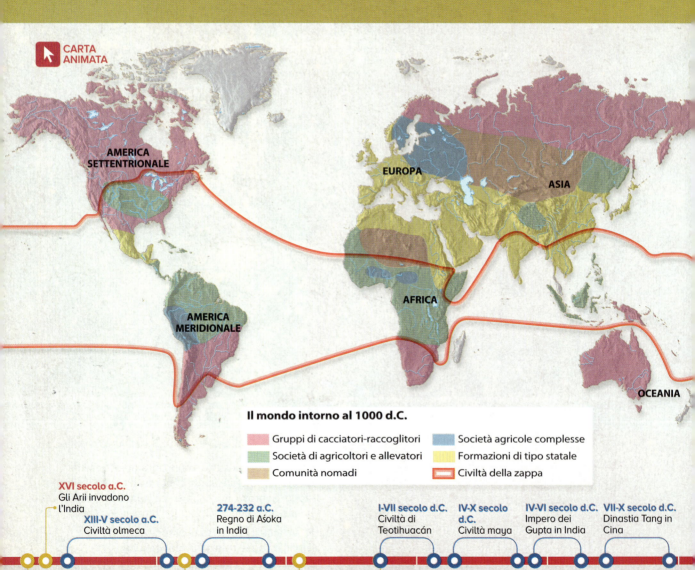

CARTA ANIMATA

AMERICA SETTENTRIONALE

AMERICA MERIDIONALE

EUROPA

ASIA

AFRICA

OCEANIA

Il mondo intorno al 1000 d.C.

- Gruppi di cacciatori-raccoglitori
- Società di agricoltori e allevatori
- Comunità nomadi
- Società agricole complesse
- Formazioni di tipo statale
- Civiltà della zappa

XVI secolo a.C.
Gli Arii invadono l'India

XIII-V secolo a.C.
Civiltà olmeca

274-232 a.C.
Regno di Aśoka in India

I-VII secolo d.C.
Civiltà di Teotihuacán

IV-X secolo d.C.
Civiltà maya

IV-VI secolo d.C.
Impero dei Gupta in India

VII-X secolo d.C.
Dinastia Tang in Cina

XVII secolo a.C.
Inizio del periodo storico cinese

551 a.C.
Nasce Confucio

221 a.C.
Qin Shi Huangdi imperatore della Cina

I secolo d.C.
Prime attestazioni dell'impero di Aksum
Impero dei Kushan nell'India settentrionale

Il tempio di Borobudur, il santuario buddhista dell'isola di Giava. Probabilmente costruito nell'800 d.C., è caratterizzato da 1460 rilievi raffiguranti la vita di Buddha e da 504 statue a grandezza naturale del Buddha. (Shutterstock / Dmitry Zimin)

1 Agricoltori, nomadi, cacciatori

Un mondo non urbanizzato ▪ Attorno all'anno Mille le aree urbanizzate coprivano solo una ridottissima parte del pianeta. In America settentrionale e meridionale, in Oceania, nell'Africa subsahariana e in una parte considerevole dell'Asia non vi erano centri urbani, ma civiltà primitive che si trovavano a uno stadio di sviluppo tecnologico analogo a quello raggiunto nell'area del Mediterraneo durante l'età del ferro se non addirittura durante il Paleolitico. Sotto questo profilo, dunque, il mondo del 1000 d.C. non era così diverso da quello del 3500 a.C.

Gli etnologi individuano diversi gradi di sviluppo delle popolazioni primitive e distinguono tra chi conosce l'uso dell'**aratro a trazione animale**, gruppi **nomadi** e popolazioni di **cacciatori-raccoglitori**.

Le «civiltà della zappa» ▪ La fascia colorata in rosso nella cartina che apre questa lezione corrisponde alle regioni dove si svilupparono quelle che gli etnologi definiscono «civiltà della zappa»: civiltà in cui si praticavano **forme primitive di agricoltura**, dato che l'uso dell'aratro a trazione animale era sconosciuto. I contadini, infatti, utilizzavano solo la zappa, o uno strumento chiamato bastone seminatore, per scavare nel terreno piccole buche destinate a ospitare le sementi, che poi venivano ricoperte con un po' di terriccio.

Queste civiltà avevano un livello di **sviluppo tecnologico nettamente inferiore** rispetto a quello raggiunto dalle civiltà urbane: sapevano produr-

Etnologi

L'etnologia è la scienza che studia l'origine e la diffusione delle culture dei vari popoli.

❯ Un vasaio al lavoro, antica statuetta di terracotta.

re vasellame di terracotta; utilizzavano telai piuttosto rudimentali; in genere sapevano lavorare alcuni metalli (come il rame, l'oro e l'argento), ma non il bronzo e il ferro. Utensili e armi erano realizzati utilizzando la pietra o tipi di legno molto resistenti, resi affilati attraverso lavorazioni particolari. La maggior parte di queste civiltà non conosceva l'uso della scrittura.

L'**agricoltura** che praticavano era di tipo **itinerante**: si disboscava con il fuoco un tratto di foresta o di boscaglia, quindi lo si coltivava fino a quando esso non diventava improduttivo (a causa dell'uso intensivo e del mancato impiego di sostanze fertilizzanti). A quel punto la comunità si spostava in un altro territorio e il processo ricominciava.

Fra le civiltà appartenenti a questo gruppo, solo pochissime – per esempio quelle sviluppatesi nell'America centrale, fra il Messico e il Guatemala – conobbero uno sviluppo urbano ed elaborarono culture sofisticate, capaci di pervenire ad alti livelli nelle arti e nelle scienze matematiche.

Gli allevatori nomadi

▪ Gli ampi spazi delle steppe euroasiatiche e le savane dell'Africa erano abitati da popolazioni nomadi di allevatori che **si spostavano periodicamente seguendo la transumanza delle greggi** e che all'allevamento univano spesso un'agricoltura relativamente avanzata. Molti di questi popoli integravano i magri profitti della pastorizia con le **razzie** ai danni delle popolazioni sedentarie delle aree vicine. Possiamo includere in questo gruppo i Berberi del Sahara, i pastori del Pamir (nell'Asia centrale), gli allevatori di renne delle regioni subartiche, le molteplici popolazioni che gravitavano tra la Mongolia e il deserto del Gobi (per esempio gli Unni) e i popoli germanici che fra il V e VI secolo si erano riversati nei territori appartenuti all'impero romano.

❯ **Calderone unno in bronzo** del IV-V secolo. (Budapest, Museo Nazionale)

Il livello tecnologico delle società di allevatori nomadi era estremamente variabile e spesso dipendeva dai contatti avuti con le civiltà urbane: alcune di esse conoscevano l'uso del ferro, dell'aratro e della scrittura.

I cacciatori-raccoglitori

▪ All'inizio dell'XI secolo ampi gruppi umani vivevano a uno stadio tecnologico ancora più arretrato rispetto a quello delle «civiltà della zappa». Molte aree della Terra erano infatti abitate da gruppi di cacciatori-raccoglitori, che **non avevano ancora sviluppato né la pastorizia né l'agricoltura**. I cacciatori-raccoglitori abitavano le foreste del Canada e dell'Amazzonia, gli ampi spazi dell'Australia e le lande ghiacciate poste alle estremità dei due emisferi. In questi ambienti inospitali, la loro era una lotta quotidiana con la natura per trarre da essa il necessario alla sopravvivenza.

Alcune di queste popolazioni, come gli Inuit dell'America settentrionale o le popolazioni della Terra del Fuoco, hanno mantenuto il proprio stile di vita immutato fino al XX secolo. Il contatto con la civiltà industriale ha purtroppo avuto esiti distruttivi su queste civiltà, molte delle quali sono state letteralmente spazzate via nel giro di pochi decenni. Solo piccole comunità che vivono in condizioni di estremo isolamento – come avviene per esempio in alcune zone dell'Africa, in Papua Nuova Guinea o

 RIASSUMERE PER PUNTI

L'agricoltura praticata dalle «civiltà della zappa» è:
• .... : le comunità si spostano di frequente;
• .... : si sfruttano fino in fondo i territori coltivati.

✔ **CONOSCERE**

Uno dei popoli di cacciatori-raccoglitori ancora oggi presenti è quello degli Yanomamö. Con una ricerca su Internet, scopri dove vivono e quanti sono.

nella foresta amazzonica – basano ancora oggi il proprio sostentamento sulla caccia e sulla raccolta dei frutti spontanei.

Civiltà lontane, che non comunicano fra loro

Come abbiamo visto, alla fine del primo millennio dopo Cristo le civiltà urbanizzate erano poche e occupavano una piccola parte del nostro pianeta. A questo bisogna aggiungere che i contatti tra di loro erano molto radi; non a caso, lo storico francese Pierre Chaunu le ha definite «**universi-isole**».

A separare fra loro le civiltà urbane erano soprattutto le **distanze**: spazi enormi spesso disabitati, nei quali avventurarsi era difficile oltre che pericoloso. La civiltà cinese era separata da quella europea dalle immense e desolate steppe euroasiatiche: un enorme spazio di 35 milioni di km² popolato da meno di 2 milioni di persone.

Alla distanza si aggiungevano quei **confini naturali** (mari, deserti, catene montuose) che i mezzi di trasporto disponibili al tempo rendevano difficile se non impossibile superare: la civiltà cinese e quella indiana, per esempio, si svilupparono con caratteri fortemente distinti perché erano separate dalle aspre catene himalayane. Il Sahara costituì per secoli un ostacolo ai contatti tra l'Africa centro-meridionale e il bacino del Mediterraneo. Fino ai viaggi di esplorazione inaugurati da Cristoforo Colombo nel XV secolo, le popolazioni amerindie si svilupparono nella totale assenza di contatti col resto del mondo.

Alla luce di queste considerazioni, assume ancor maggiore rilevanza l'impresa di Alessandro Magno: le sue conquiste misero per la prima volta in contatto diretto il Mediterraneo con l'India; per un breve periodo, si ritrovarono unite all'interno di un'unica entità statale le popolazioni di un'area vastissima; che dalla Grecia e dall'Egitto giungeva sino alla pianura dell'Indo passando per la Mesopotamia, gli altopiani iranici e l'attuale Pakistan.

Il Mediterraneo: una fortunata eccezione

In questo mondo di civiltà lontane, lo sviluppo a stretto contatto della civiltà europea e di quella islamica rappresentò una fortunata eccezione: infatti, malgrado i frequenti conflitti tra cristiani e musulmani, **la vicinanza permise il reciproco scambio di conoscenze e di saperi**. Il Mediterraneo è sempre stato ed è ancora oggi un elemento unificante per le molte culture che vi si affacciano: il suo stesso nome – che deriva dell'espressione medioevale *medium terrarum*, ossia in «mezzo alle terre» – richiama alla sua funzione di tramite tra paesi diversi. Come ha scritto nel XIX secolo il filosofo tedesco Georg Wilhelm Friedrich Hegel, «per i tre continenti il mar Mediterraneo è fattore di unificazione e il centro della storia mondiale. Qui c'è la Grecia, il punto luminoso nella storia. In Siria, Gerusalemme è poi il centro del giudaismo e del cristianesimo, a sud-ovest sorgono La Mecca e Medina, sede originaria della fede musulmana. Verso occidente si trovano Delfi, Atene, ancora più a ovest Roma; inoltre giacciono sul Mediterraneo Alessandria e Cartagine. [...] Senza di esso sarebbe impossibile rappresentarsi la storia, sarebbe come immaginare l'antica Roma o Atene senza il foro, dove tutti si radunavano».

L'imponente Imja Tse, una delle vette della catena montuosa dell'Himalaya. (V. Petrakov / Shutterstock)

Placca in giadeite su cui è incisa una delle più antiche datazioni del calendario maya, che riguarda l'ascesa al trono di un re. Pur nel loro isolamento geografico, i Maya svilupparono ampie conoscenze matematiche e astronomiche.

2 Le civiltà dell'Africa subsahariana

L'isolamento geografico dell'Africa nera ▪
Le scoperte e le innovazioni tecnologiche realizzate in quella vasta area che dall'Europa raggiungeva la Cina non si diffusero a sud del deserto del Sahara, che costituì per secoli una barriera geografica invalicabile e separò nettamente l'Africa centro-meridionale dal bacino del Mediterraneo. Attorno all'anno Mille l'Africa subsahariana (o Africa nera, perché abitata da popolazioni di colore) ospitava in prevalenza tribù di cacciatori-raccoglitori, o di agricoltori che ignoravano l'uso dell'aratro e utilizzavano esclusivamente la zappa o il bastone seminatore. Il loro livello tecnologico era analogo a quello raggiunto nell'area mediterranea durante l'età del ferro.

Il regno di Aksum ▪
Malgrado l'arretratezza tecnologica dell'Africa nera, nel Corno d'Africa – crocevia di importanti rotte commerciali – a partire dal I secolo d.C. fiorì il **regno di Aksum** (o Axum), così chiamato dal nome della sua capitale, che sorgeva, a circa 2000 metri di altitudine, nella regione etiopica del Tigrè. Nel porto di **Adulis**, la seconda città per importanza, venivano smistate le merci che provenivano dall'interno dell'Africa (ebano, avorio, schiavi) e quelle che dall'Oriente viaggiavano verso il Mediterraneo (spezie, incenso, seta, pietre preziose).

A partire dal II secolo i sovrani di Aksum riuscirono ad assumere il controllo delle rotte commerciali del Mar Rosso ed estesero il proprio dominio alle regioni circostanti, fino a raggiungere il fiume Nilo. La notizia dell'esistenza di un grande regno a sud dell'Egitto raggiunse anche Roma: l'imperatore Costantino indirizzò al sovrano di Aksum una missiva nella quale caldeggiava lo sviluppo di rapporti amichevoli tra i due regni e l'intensificarsi degli scambi commerciali e culturali. I contatti con il mondo greco-romano portarono all'evangelizzazione delle popolazioni locali – che, tuttavia, si convertirono al cristianesimo nella sua forma monofisita (❯ Lez. 6). Nel VII secolo l'espansione islamica isolò l'Etiopia dal bacino del Mediterraneo, portando a una progressiva decadenza del regno di Aksum, che però sopravvisse sino al X secolo.

Quella aksumita fu una civiltà urbanizzata e prospera – lo testimoniano i suoi grandiosi resti architettonici, fra cui molti colossali obelischi in pietra – e si dotò di un proprio alfabeto. Il regno di Aksum fu anche l'unico fra quelli dell'Africa subsahariana a coniare monete, a partire dal III secolo d.C.

Il regno del Ghana ▪
A partire dal IV secolo si sviluppò un altro importate regno

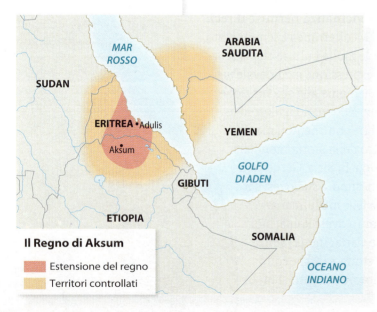

MAR ROSSO

ARABIA SAUDITA

SUDAN

ERITREA • Adulis

Aksum

YEMEN

GOLFO DI ADEN

GIBUTI

ETIOPIA

SOMALIA

OCEANO INDIANO

Il Regno di Aksum

▮ Estensione del regno

▮ Territori controllati

africano: il **regno del** Ghana (chiamato anche Wagadù), sorto in un'area grossomodo corrispondente all'attuale Mauritania. La sua capitale sorgeva presso la città oggi chiamata Kumbi Saleh.

Fra l'VIII e l'XI secolo questo regno conobbe una grande espansione, arrivando a coprire parte dell'Africa occidentale. La sua ricchezza poggiava sul controllo delle rotte commerciali che attraversavano il deserto del Sahara e sul monopolio dei traffici di oro e sale.

3 Le civiltà delle Americhe

Il Nordamerica ▪ Nel continente americano, anche a causa della grande varietà di habitat, nacquero culture e civiltà molto differenti fra di loro. Il Nordamerica era popolato, specialmente nelle sue propaggini più settentrionali, da cacciatori, pescatori e raccoglitori – come i **Tlingit**, una popolazione stanziata lungo le coste dell'Alaska, del Canada occidentale e dell'attuale Stato di Washington, la cui economia si basava soprattutto sulla pesca del salmone e dei mammiferi marini (come foche, ma anche balene).

Nelle pianure centrali degli attuali Stati Uniti si formarono società agricole semplici, ossia basate sull'impiego della zappa: per esempio la **cultura Hopewell**, sviluppatasi tra il II secolo a.C. e il V d.C. nella regione oggi compresa tra Ohio e Illinois. Gli Hopewell coltivavano il mais, il girasole e alcune piante alimentari locali, avevano raggiunto un buon livello nella lavorazione del rame e della ceramica e seppellivano i defunti in tumuli di pietra.

Nelle aree semidesertiche grossomodo corrispondenti agli attuali Utah, Colorado, Nuovo Messico e Arizona, sorse attorno al I secolo d.C. – per raggiungere la sua piena fioritura fra l'VIII secolo e l'XI secolo – la **cultura Pueblo** (o Anasazi). Questo popolo viveva in villaggi addossati a scoscese pareti di roccia, le cui abitazioni erano costruite usando mattoni di *adobe* – un impasto di argilla, sabbia e paglia fatto essiccare al sole.

Dov'è il Ghana?

GOLFO DI GUINEA

Ghana

Nella lingua locale, questo termine significava «re guerriero». L'antico regno del Ghana non va confuso con l'attuale Stato che dal 1957 porta lo stesso nome.

Anasazi

Termine che nella lingua navajo significa «la vecchia gente», ovvero gli abitanti dei primi villaggi (in spagnolo, *pueblos*) situati in quella zona del continente americano.

✔ **CONOSCERE**

Riesci a cogliere e a definire la differenza fra «cultura» e «civiltà»? In caso contrario, aiutati con un dizionario.

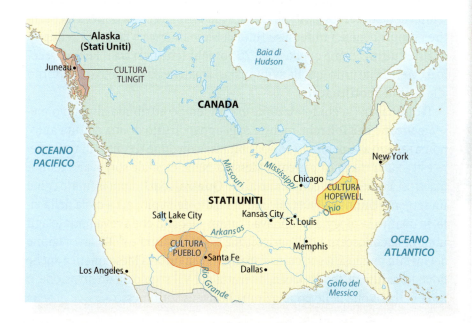

❯ Il sito archeologico di Teotihuacán in una veduta aerea.

Mesoamericane

La Mesoamerica (dal greco *mesos*, «che sta nel mezzo») è la regione del continente americano che comprende il Messico meridionale, i territori di Guatemala, El Salvador e Belize, e la parte occidentale dell'Honduras, del Nicaragua e della Costa Rica. È dunque una porzione di quella che i geografi definiscono America centrale.

Quetzalcoatl, il serpente piumato, raffigurato in un antico manoscritto. (Madrid, Biblioteca Nazionale)
˅

Le civiltà della Mesoamerica ▪ Le civiltà urbane mesoamericane furono ricche ed estremamente raffinate dal punto di vista culturale: nella matematica, nell'architettura e nell'astronomia raggiunsero risultati eccellenti, in alcuni casi superiori a quelli ottenuti dalle civiltà euroasiatiche. Nonostante questo, esse furono caratterizzate da uno scarso sviluppo tecnologico: basti pensare che alla fine del XV secolo, quando Cristoforo Colombo raggiunse il continente americano, i popoli che incontrò praticavano l'agricoltura della zappa e non conoscevano né l'uso della ruota né la lavorazione del bronzo e del ferro: ai *conquistadores*, venuti dall'Europa armati di spade e archibugi per sottometterli, gli indigeni non poterono che opporre armi con punte di selce o di ossidiana.

La civiltà olmeca e quella di Teotihuacán ▪ Tra il XIII e il V secolo a.C. fiorì la prima grande civiltà precolombiana: quella degli **Olmechi**, sorta nel Messico centro-meridionale e i cui centri principali furono La Venta e San Lorenzo. Gli Olmechi furono il primo popolo americano a usare la scrittura. Della loro arte restano statue colossali in pietra e grandi templi dalla tipica forma di piramide a gradoni. La civiltà olmeca fece sentire i propri benefici influssi su tutta la Mesoamerica e favorì lo sviluppo di altre culture, come quella degli **Zapotechi** (che fiorì tra il I e il VI secolo d.C.) e, soprattutto, quella sviluppatasi a partire dal I secolo d.C. attorno alla città di **Teotihuacán**.

Teotihuacán (la cui fondazione era un tempo attribuita al popolo mesoamericano dei Toltechi, mentre oggi appare frutto di una cultura autonoma) arrivò a superare i 100.000 abitanti e divenne il centro di un impero esteso alla maggior parte del Messico. Nella capitale sorgevano templi maestosi, come quello consacrato al dio **Quetzalcoatl**, rappresentato come un serpente piumato. Quetzalcoatl era il dio della pioggia – ossia della vita, in quanto la pioggia fecondava i campi – e colui che aveva portato agli uomini la conoscenza dell'agricoltura, della scrittura e della lavorazione dei metalli preziosi; il suo culto si mantenne in tutta la Mesoamerica anche dopo la caduta di Teotihuacán, distrutta nel VII secolo da un'invasione, o forse dalla rivolta delle popolazioni che aveva sottomesso.

Le civiltà mesoamericane

La civiltà maya ▪ Fra il IV e il X secolo d.C. fiorì la **civiltà maya**, la più evoluta e articolata tra le civiltà precolombiane. I Maya dominarono una vasta aera compresa tra la penisola messicana dello Yucatán e il Guatemala. Non diedero vita a un impero unitario, ma a una serie di **città-stato autonome** – tra le quali spiccavano i centri di **Tikal**, **Copán** e **Chichén-Itzá** – attorno alle quali si aggregavano le comunità contadine dei villaggi circostanti. La civiltà maya decadde nel X secolo, a causa degli attacchi di popolazioni provenienti da nord; sui territori che aveva controllato sorsero, alcuni secoli dopo, le civiltà dei **Toltechi** e degli **Aztechi**.

La prima cultura del Sudamerica ▪ Come l'America settentrionale, anche quella meridionale era abitata prevalentemente da comunità di cacciatori-raccoglitori o di agricoltori che, con strumenti di lavoro rudimentali, si dedicavano alla coltivazione della manioca, del mais e delle patate. Nell'area andina corrispondente all'attuale Perú si sviluppò, tra il I e il VII secolo d.C., la **cultura Nazca**. I Nazca, pur non raggiungendo un livello di sviluppo tecnologico e culturale paragonabile a quello dei popoli mesoamericani, furono in grado di creare un articolato sistema di canalizzazione delle acque per irrigare i campi e di raggiungere ottimi risultati nella produzione della ceramica e dei tessuti.

Sul territorio occupato dai Nazca si sviluppò poi, a partire dal XII secolo, l'importante civiltà degli **Inca**.

Dov'è Nazca?

4 La Cina

Le prime civiltà urbane e lo sviluppo della scrittura ▪ In Cina e in India sorsero fin dalla prima antichità civiltà urbane estremamente articolate, analoghe e spesso superiori per complessità e traguardi raggiunti a quelle fiorite attorno al bacino del Mediterraneo.

Le prime città cinesi furono fondate attorno al 3000 a.C. (quasi contemporaneamente a quelle sumere ed egizie) – dalle popolazioni raccolte lungo le rive del Fiume Giallo (o Huang He). Tuttavia, la civiltà cinese entrò

Un cavaliere della dinastia Zhou: sia il soldato sia il cavallo indossano un'armatura di placche metalliche. (Xi'an, Istituto di Archeologia del Shaanxi)

Il regno della dinastia Shang

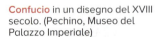

Confucio in un disegno del XVIII secolo. (Pechino, Museo del Palazzo Imperiale)

nel periodo storico solamente più tardi, con l'ascesa della **dinastia Shang** (XVII-XI secolo a.C.) e la formazione di un primo Stato unitario esteso sino al corso del Fiume Azzurro (o Chang Jiang).

Durante il periodo Shang si diffusero la **lavorazione del bronzo**, l'**uso del cavallo** e soprattutto la **scrittura ideografica**, che rimase poi uno dei tratti distintivi della civiltà cinese. Tale scrittura prevedeva l'impiego di migliaia di simboli: era dunque molto più complessa rispetto alle scritture basate su alfabeti fonetici messe a punto nel bacino del Mediterraneo. Gli ideogrammi, tuttavia, potevano essere letti e compresi dalle molte popolazioni che abitavano la Cina e parlavano lingue anche molto diverse fra loro.

Nell'XI secolo a.C. la **dinastia Zhou** spodestò quella Shang. Gli Zhou, provenienti dalla Cina del Nord, governarono sulla Cina fino al 256 a.C.; tuttavia, già nell'VIII secolo a.C. il regno perse la sua unità e si divise in Stati più piccoli, che riconoscevano solo nominalmente la supremazia del sovrano Zhou. Fu durante questo periodo della storia cinese – che è detto «delle primavere e degli autunni» – che si diffusero le tecniche di **lavorazione del ferro** e si cominciò a utilizzare il bambù come materiale scrittorio.

Confucio ▪ Durante il periodo «delle primavere e degli autunni» visse Kong Fuzi (551-479 a.C.), ovvero «il maestro (*fuzi*) Kong», più noto in Occidente con il nome latinizzato di Confucio.

Confucio era un importante funzionario del principato di Lu, ma rinunciò a ogni carica di governo perché stanco della corruzione a cui assisteva ogni giorno. Dopo aver trascorso anni a peregrinare tra diverse corti, in cerca di un sovrano disposto a governare secondo giustizia, si ritirò nella propria provincia natale per dedicarsi all'insegnamento.

La dottrina da lui messa a punto prese il nome di **confucianesimo**: non si trattava di una religione – nel pensiero di Confucio non ci sono richiami al mondo soprannaturale –, ma di una **dottrina filosofica**, cioè un insieme di precetti morali ed etici che dovevano guidare la vita sociale di ogni individuo e, in particolare, dei governanti. Secondo Confucio, le responsabilità di governo non devono essere tramandate per via ereditaria, ma

L'impero Qin
- Capitale dell'impero
- ---- Grande Muraglia nel III secolo

devono essere attribuite ai saggi, ossia a coloro che al sapere uniscono una forte moralità. Solo costoro, sostenuti dalla propria rettitudine, possono esercitare il potere in modo equo ed equilibrato e al tempo stesso offrire ai sudditi un esempio di comportamento a cui conformarsi.

Gli insegnamenti di Confucio, tramandati sotto forma di brevi aforismi, si diffusero soprattutto a partire dal III secolo a.C., influenzarono profondamente sia la società cinese sia l'organizzazione dello Stato, portando alla nascita di un sistema di reclutamento dei funzionari imperiali basato non sul rango sociale, ma sul superamento di esami altamente selettivi.

Qin Shi Huangdi, primo imperatore della Cina

• Fra il VI e il III secolo a.C. la crisi della dinastia Zhou raggiunse il suo apice e portò al formarsi di sette regni tra di loro contrapposti in lunghe guerre fratricide (periodo «dei regni combattenti»).

Il paese fu unificato a metà del III secolo a.C. dal sovrano del regno di Qin, che nel 221 si proclamò imperatore e assunse il nome di **Qin Shi Huangdi** («primo imperatore della dinastia Qin»). Nacque così l'impero cinese, che si sarebbe mantenuto in vita per oltre duemila anni, fino al 1911, sotto la guida di diverse dinastie.

Qin Shi Huangdi divise il territorio cinese in trentasei province, che governò in modo autoritario. L'agricoltura risentì positivamente della costruzione di imponenti opere di canalizzazione. I commerci trassero notevole beneficio dalla realizzazione di nuove strade e dall'unificazione delle unità di misura e dei sistemi monetari e di scrittura. Il regno di Qin Shi Huangdi è ricordato anche per due opere colossali: nella sua capitale Xianyang (poco lontano dall'attuale città di Xi'an) l'imperatore fece costruire un enorme palazzo e un mausoleo sotterraneo – ancora oggi non del tutto riportato alla luce – dove le sue spoglie potessero riposare, protette da un esercito di migliaia di statue in terracotta a dimensione naturale. Inoltre, per proteggere l'impero dalle incursioni dei popoli nomadi delle steppe, Qin Shi Huangdi fece costruire il primo tratto della **Grande Muraglia**, un'immensa opera difensiva che noi conosciamo nella forma assunta durante l'epoca Ming (XIV-XVII secolo).

RIFLETTERE E DISCUTERE

Documentandoti su Internet o in biblioteca, trova almeno tre aforismi di Confucio che ritieni interessanti e discutili insieme alla tua classe.

Qin

Secondo un'etimologia non comprovata, proprio da questo nome (che si può pronunciare anche *ch'in*, con la c dolce) deriverebbe il nome «Cina».

Una moneta Ban Liang. In cinese Ban Liang significa «mezza oncia», la misura corrispondente al peso della moneta. Durante il suo regno, con l'obiettivo di costituire uno Stato unitario, l'imperatore Qin Shi Huangdi uniformò il sistema monetario, stabilendo che in tutto l'impero le monete avessero lo stesso peso. (Londra, British Museum)

L'Esercito di Terracotta

Nel 1974, mentre scavavano un pozzo nelle campagne attorno all'antica capitale Xi'an, sei contadini rinvennero numerosi frammenti di terracotta. Credettero di essersi imbattuti in un'antica fornace, ma gli archeologi giunti dalla vicina città capirono subito di essere di fronte a qualcosa di molto più importante. Quei contadini avevano ritrovato la tomba di Qin Shi Huangdi, il primo imperatore della Cina: un'immensa necropoli estesa per ben 56.000 m².

A più di quarant'anni dalla sua scoperta, solo una piccola parte di questo vasto complesso monumentale è stata riportata alla luce: i lavori per giungere alla vera e propria tomba dell'imperatore, per esempio, non sono neppure iniziati, ma sono state state dissotterrate solo alcune delle tombe destinate ai dignitari di corte e ai membri della famiglia imperiale. Eppure quello che è stato restituito alla luce basta a fare di questo sito uno spettacolo che supera ogni immaginazione. Dal terreno è infatti emerso un vero e proprio esercito di terracotta, replica perfetta di quello dell'imperatore: soldati, arcieri, ufficiali, carri da guerra, cavalli: migliaia di statue a grandezza naturale che proteggono l'eterno riposo di Qin Shi Huangdi.

Al momento del ritrovamento, molte statue giacevano infrante: l'Esercito di Terracotta era infatti custodito all'interno di un edificio il cui tetto crollò a causa di un incendio. Solo un paziente e meticoloso restauro ha permesso di riportare le statue al loro splendore originario.

Un tesoro ancora inesplorato La sepoltura di Qin Shi Huangdi giace ancora inesplorata. Secondo lo storico cinese Sima Qian, vissuto cento anni dopo il primo imperatore, la tomba avrebbe le dimensioni di un palazzo colossale e conterrebbe preziosi tesori protetti da trappole mortali per chi osasse violarla. Se gli archeologi cinesi non hanno ancora completato gli scavi non è certo per paura delle maledizioni, ma perché attendono di perfezionare i metodi di preservazione dei manufatti, così da essere sicuri che nessun reperto vada perduto.

La veduta panoramica di una delle fosse dedicate al reparto di fanteria. (Xi'an, Museo dei guerrieri e dei cavalli di terracotta di Qin / Sihasakprachum / Shutterstock)

L'Esercito di Terracotta è disposto all'interno di tre enormi fosse. La prima, lunga 210 metri e larga 62, ospita la fanteria: migliaia di soldati (finora ne sono stati dissotterrati circa 1300, ma sono solo una parte del totale), per lo più armati di lancia, allineati in perfetto ordine e comandati da ufficiali riconoscibili dalle vesti e dalla particolare acconciatura dei capelli.

Nella seconda fossa sono schierati i reparti speciali dell'esercito di Qin Shi Huangdi, pronti a intervenire a rincalzo della fanteria: balestrieri, arcieri e cavalieri per un totale – finora – di 100 soldati, 400 cavalli e 40 carri. Nella terza fossa, invece, sono state attualmente rinvenute 68 statue che riproducono lo stato maggiore dell'esercito: i soldati di guardia e, soprattutto, gli alti ufficiali in attesa degli ordini dell'imperatore.

Un arciere inginocchiato. (Xi'an, Museo dei guerrieri e dei cavalli di terracotta di Qin)

Tutte le statue hanno lo stesso aspetto marziale, ma sembianze differenti. Ogni individuo, infatti, è ritratto con lineamenti propri. Gli artisti hanno dedicato molta attenzione alla resa delle acconciature, della barba e dei baffi – particolari che in epoca Qin servivano a indicare lo status sociale. I generali, per esempio, sono identificabili dalle loro pettinature particolarmente elaborate.

Il volto di un guerriero. Ogni statua è ben definita in ogni particolare, sia per renderne riconoscibile il ruolo, sia per esprimere l'intensità di ogni personaggio. (Xi'an, Museo dei guerrieri e dei cavalli di terracotta di Qin)

Originariamente tutte le statue erano dipinte con colori vivaci: gli incarnati erano rosei, gli occhi scuri, vesti e corazze erano decorate con rossi, verdi e porpore brillanti. Tranne poche eccezioni il tempo ha però distrutto la pellicola pittorica: nei rari casi in cui essa si era mantenuta, lo strato di lacca a cui aderivano i colori si seccava e sfaldava in appena 4 minuti quando esposto all'aria. Solo negli ultimi anni, tecniche di restauro più sofisticate hanno permesso di salvaguardare i colori originali dei nuovi reperti rinvenuti.

Un esempio di statua ritrovata nella originaria versione a colori. (Xi'an, Museo dei guerrieri e dei cavalli di terracotta di Qin / Imaginechina / Corbis)

I guerrieri erano armati con vere armi in bronzo – archi, spade e lance – che probabilmente furono rubate pochi anni dopo la morte di Qin Shi Huangdi nel corso delle ribellione che portò alla fine della dinastia Qin. Del corredo funebre facevano parte anche due carri di bronzo trainati da quattro cavalli. I carri, che al momento del ritrovamento erano rotti in più di tremila pezzi, erano riprodotti sin nei più minimi particolari.

Uno dei numerosi carri che facevano parte dell'esercito. (Xi'an, Museo dei guerrieri e dei cavalli di terracotta di Qin / B. Krist / Corbis)

Due funzionari di governo.
Statuette del periodo Tang.
(Lanzhou, Museo Provinciale
del Gansu)

Le dinastie Han e Tang ▪ Malgrado gli indubbi risultati, la politica dispotica e fortemente accentratrice di Qin Shi Huangdi destò un malcontento, che sfociò in numerose rivolte. Dopo la morte del primo imperatore (210 a.C.), la dinastia Qin fu rapidamente sostituita al potere dalla **dinastia Han** (202 a.C.-220 d.C.). Gli Han espansero l'area di influenza cinese alla Birmania, al Vietnam e alla Corea; tuttavia, dovettero fronteggiare la minaccia rappresentata dagli **Hsiung-nu**, un popolo nomade abilissimo nel cavalcare che premeva sui confini settentrionali del regno. Tale minaccia fu sventata sia grazie alla protezione garantita dalla Grande Muraglia, sia grazie a un'accorta politica matrimoniale che legò i capi degli Hsiung-nu alla dinastia imperiale. In Europa, dove arrivarono nel IV secolo, gli Hsiung-nu furono noti come **Unni**.

Dopo la scomparsa della dinastia Han, l'impero cinese si divise in tre regni: la frammentazione politica favorì una ripresa degli attacchi degli Hsiung-nu, che riuscirono a stanziarsi nel nord del paese creando dei regni autonomi. Questa lunga crisi politica ebbe termine solo all'inizio del VII secolo d.C. con l'affermazione della dinastia **Tang**, che riunificò il paese e governò sino al 907.

☰ LEGGERE LA STORIA

L'educazione dell'individuo secondo Confucio

In questo brano la studiosa franco-cinese Anne Cheng spiega come Confucio ascrivesse un enorme importanza all'istruzione.

❝L'apprendere è il tema della frase d'apertura dei *Dialoghi*. [Scrive Confucio:] «Apprendere qualcosa per applicarlo costantemente nella vita non è forse fonte di grande piacere? Ricevere un amico che venga da lontano non è forse la più grande gioia? Esser misconosciuti dagli uomini senza adombrarsene non è forse la condotta propria dell'uomo di valore?».

Confucio non inizia con una qualche dottrina, ma con la decisione di apprendere assunta dall'essere umano che si impegna nel cammino dell'esistenza. Non si tratta di un procedimento intellettuale, quanto piuttosto di un'esperienza di vita. Di fatto, non v'è cesura fra i due ambiti, fra la vita dello spirito e quella del corpo, fra la teoria e la pratica, poiché il processo del pensiero e della conoscenza impegnano la persona nella sua totalità. L'apprendimento è un'esperienza che si pratica, che si condivide con altri e che è fonte di gioia, in se stessa e di per se stessa. Altrove, Confucio afferma che «gli antichi apprendevano per se stessi e non per gli altri», nel senso che non cercavano né il prestigio né l'approvazione altrui. L'apprendere trova dunque in se stesso la propria giustificazione, e implica l'accettazione dell'eventualità di rimanere «misconosciuto dagli uomini senza adombrarsene». Si tratta di apprendere,

non per gli altri, ma dagli altri. Qualsiasi circostanza può offrire l'occasione, poiché si apprende innanzitutto nello scambio reciproco: «Il Maestro disse: "Persino se si viaggia soltanto in tre, ognuno può esser certo di trovare nell'altro un maestro: assumerà dal buono quanto v'è da imitare, e vedrà nel malvagio quanto deve correggere in se stesso"» (VII, 21).

L'educazione, secondo Confucio, non può quindi essere meramente libresca. Certamente il suo insegnamento dà grande rilievo allo studio dei testi antichi, ma ciò che conta non è tanto una conoscenza di ordine teorico che valga in sé e di per sé, quanto le sue implicazioni concrete e pratiche. L'importante dunque è «sapere come» piuttosto che «sapere cosa», poiché la conoscenza consiste innanzitutto nello sviluppo di un'attitudine piuttosto che nell'acquisizione di un contenuto intellettuale.❞

(A. Cheng, *Storia del pensiero cinese*, Einaudi, Torino 2000)

a. L'atteggiamento di Confucio nei confronti delle capacità dell'uomo ti appare fiducioso o pessimista? Motiva la tua risposta.

b. Perché l'autrice sostiene che per Confucio l'educazione «non può essere meramente libresca»?

5 Le civiltà dell'India

Le invasioni dell'età antica ▪ Attorno al 1500 a.C. il popolo indoeuropeo degli **Arii** invase la valle dell'Indo distruggendo la preesistente civiltà di Harappa. Nei secoli successivi gli Arii colonizzarono il resto dell'India settentrionale, giungendo nella prima metà del I millennio a.C. sino alla pianura del Gange e al Bengala. Crearono una società divisa in **caste** rigidamente separate e ordinate gerarchicamente: al vertice vi era la casta sacerdotale dei brahmini, seguita da quelle dei guerrieri, degli artigiani e dei contadini; gli individui più miseri, infine, erano considerati *paria*, o «senza casta».

Gli Arii erano un popolo seminomade che non conosceva la scrittura e che non diede mai luogo a uno Stato unitario. Le prime formazioni statali relativamente estese iniziarono a sorgere solo a partire dal VI secolo a.C.: tra queste assunse un rilievo particolare il **regno di Magadha**, situato nell'area compresa tra il Gange e l'Indo, e nel quale visse e operò il Buddha. Contemporaneamente, nelle regioni nordoccidentali, iniziò a farsi sentire più forte l'influenza dell'impero persiano, i cui possedimenti, durante il regno di Dario I (550-486 a.C.), si estesero sino all'odierno Pakistan.

Nel 327 a.C. **Alessandro Magno**, nel corso del suo lungo viaggio verso Oriente, valicò la catena montuosa dell'Hindukush e arrivò in India, dove sconfisse il re Poro, spingendosi poi sino alle foci dell'Indo. Prima di far ritorno in Occidente, il condottiero macedone affidò il controllo delle regioni conquistate ai suoi luogotenenti. Nei quindici anni successivi questi territori furono riassorbiti all'interno dei vari regni indiani; tuttavia, l'influenza della cultura greca continuò a farsi sentire per molti secoli – anche grazie al formarsi, nella Battriana, di un regno ellenistico che, oltre ad assicurare i collegamenti commerciali tra il subcontinente indiano e il bacino del Mediterraneo, svolse una fondamentale opera di mediazione culturale.

❮ **Una piattaforma per macinare i cereali** ritrovata nel sito archeologico di Harappa. (DeAgostini Picture Library / Scala, Firenze)

Un esempio di arte del periodo gupta. Statua del V secolo a.C.

Dal regno di Aśoka all'impero dei Gupta

■ Dopo la fine dell'epopea di Alessandro, si affermò in India la **dinastia Maurya** (321-185 a.C.). Il suo principale rappresentante fu il re **Aśoka** (al potere dal 274 al 232 a.C.), che per la prima volta unificò l'intera India settentrionale in un unico regno. L'unità politica ebbe però breve durata: dopo la morte di Aśoka il regno Maurya andò verso una progressiva frammentazione, accelerata sia dagli attacchi dei sovrani ellenistici della Battriana, sia dalle scorrerie delle popolazioni nomadi provenienti dall'Asia centrale. Una di queste popolazioni, quella dei **Kushan**, nel I secolo d.C. diede vita a un impero che per più di due secoli assicurò pace e unitarietà a un'area che dal Gange giungeva sino al Turkmenistan e al Kashmir.

A partire dal IV secolo d.C. si affermò nell'India settentrionale l'**impero dei Gupta**. Il periodo gupta fu contrassegnato da un particolare fervore culturale, che portò alla costruzione di splendidi monumenti e a un notevole sviluppo delle scienze matematiche e dell'astronomia. Verso la fine del V secolo d.C. gli attacchi dall'esterno e una serie di disordini interni portarono a una rapida crisi dell'impero, che scomparve attorno alla metà del VI secolo.

Si aprì dunque un periodo di frammentazione politica che, nell'VIII secolo, favorì la formazione di **principati islamici** nel Sindh e nel Punjab. La penetrazione islamica rimase comunque limitata sino al 1192, quando la conquista dell'intera valle del Gange da parte dei principi musulmani cambiò per sempre la storia dell'India.

Samsara e *nirvana*

■ Il vasto subcontinente indiano è una terra dalla profonda spiritualità, dove sono nati numerosi sistemi filosofici e spirituali che, pur nella loro profonda diversità, sono accomunati da alcune caratteristiche. Condivisa da molte religioni indiane, per esempio, è la dottrina della **metempsicosi**, ossia della reincarnazione dell'anima in un continuo ciclo di morti e rinascite che prende il nome di *samsara*. Da questo ciclo è possibile liberarsi accedendo al *nirvana* (termine che in sanscrito significa «spegnimento», «annullamento») attraverso la rinuncia ai beni terreni e la meditazione.

Monete di epoca gupta. (Nuova Delhi, Museo Nazionale)

Il regno di Aśoka (274-232 a.C.)

L'induismo ▪ La parola «induismo» fu coniata nel XIX secolo dagli Inglesi (che all'epoca controllavano buona parte del subcontinente indiano) per indicare un vasto insieme di credenze religiose e comportamenti sociali. A stretto rigor di logica, l'induismo non è quindi una religione, ma un insieme di modi di concepire l'esistenza e di disciplinarla secondo dei precetti etici e morali che hanno in comune il rimando ai *Veda* – un insieme di testi sacri risalenti al periodo compreso tra il XX e il XVI secolo a.C., dunque precedenti allo stanziamento degli Arii.

Condivisa dagli induisti è la credenza in un principio cosmico (*Brahman*) che si manifesta nella **Trimurti**, la triade divina formata dagli dei **Brahma**, **Vishnu** e **Shiva**, rispettivamente simboli della creazione, della conservazione della vita e della sua distruzione. La *Trimurti* rappresenta il perenne perpetuarsi della vita per cui le anime dopo la morte si reincarnano in nuovi corpi. La reincarnazione è regolata dal *karma* del defunto, ossia dall'insieme dei meriti e delle colpe assommati nel corso delle vite precedenti. Se i meriti superano le colpe, l'anima si reincarna in una casta superiore a quella a cui apparteneva il defunto; se invece sono prevalenti le colpe, l'anima si reincarnerà in una forma di vita inferiore, ossia in una casta più bassa, se non addirittura tra i senza casta. Solo i brahmini, i membri della casta superiore, possono sperare attraverso la meditazione di sfuggire al perpetuarsi delle reincarnazioni e di riunirsi al principio creatore primigenio.

Il buddhismo ▪ Il buddhismo è nato dagli insegnamenti di Siddharta (565-485 a.C.), un nobile indiano che, dopo una giovinezza passata in mezzo agli agi, rinunciò alle sue ricchezze per indagare sulle cause delle sofferenze umane. Secondo la tradizione, Siddharta comprese come accedere al *nirvana*, e superare la condizione di dolore connaturata nell'esistenza umana mentre rifletteva ai piedi di un fico: in quel momento egli divenne il Buddha, ovvero «il Risvegliato», «l'Illuminato». Buddha scelse però di non accedere immediatamente al *nirvana*, ma di diffondere tra gli uomini il proprio insegnamento. Iniziò dunque a predicare, formando una piccola comunità di discepoli che con il tempo si ingrandì. Secondo quanto raccontano i testi buddhisti, solo nel 485 a.C. Buddha decise di lasciare il piano dell'esistenza terrena per accedere al *nirvana*.

All'inizio il buddhismo era essenzialmente una disciplina spirituale; tuttavia, i culti tributati a Buddha lo trasformarono in una vera e propria religione. A partire dal III secolo a.C. monaci buddhisti la diffusero in tutti i paesi dell'Asia orientale. In India, invece, il buddhismo si estinse quasi completamente nel XIV secolo, a causa della concorrenza dell'induismo e, soprattutto, dell'islam.

▲ **La ruota del divenire:** il ciclo di nascita, morte e rinascita che costituisce il *samsara* viene identificato con la ruota dell'esistenza. (Parigi, Museo Guimet)

✔ **CONOSCERE**

Con una ricerca su Internet, scopri qual è oggi la percentuale di fedeli buddhisti in India.

❮ **Buddha in preghiera,** statuetta in bronzo del VI secolo d.C. (D. Khera)

Siddharta scopre il male

Secondo la tradizione buddhista, un indovino predisse al padre di Siddharta che il giovane era destinato a diventare non un re, ma un asceta. Per questo motivo il padre lo isolò dal mondo e dalle sue brutture e lo crebbe in un palazzo pieno di ricchezze. Tuttavia, quattro incontri spinsero Siddharta a intraprendere la sua ricerca spirituale.

"La vita a palazzo era comoda ma non appagava la profonda aspirazione di Buddha a un modo di vita più soddisfacente sul piano spirituale. Le leggende tarde descrivono questo malcontento con un racconto in cui Buddha fa quattro visite fuori del palazzo sul suo cocchio. Il padre, esageratamente protettivo, temendo che il figlio lasciasse la sua casa per adempiere al proprio destino di maestro spirituale, fece in modo che le strade fossero piene di gente sorridente e in buona salute perché Siddharta non venisse turbato dalla vista di alcunché di spiacevole. Tutte le persone anziane e inferme furono allontanate dal percorso, ma per caso – o secondo fonti meno antiche, per l'intervento delle divinità – Buddha incontrò un vecchio. Fulminato dalla scoperta della vecchiaia, ordinò al suo cocchiere di rientrare immediatamente a palazzo, dove rifletté sul significato del diventare vecchi. Durante la seconda uscita Buddha incontrò una persona malata e durante la terza vide un cadavere che veniva trasportato al luogo della cremazione. Queste esperienze lo costrinsero a prendere atto della natura transitoria dell'esistenza umana, e Buddha si rese conto che nemmeno le mura del palazzo potevano tenere a bada la sofferenza e la morte. Durante la quarta uscita Buddha incontrò un mendicante religioso, che gli ispirò l'idea di cercare una soluzione spirituale ai problemi dell'esistenza umana. Quella stessa notte decise di lasciare il palazzo e, dopo aver osservato per l'ultima volta la moglie e il figlio addormentati, partì per diventare un mendicante senza dimora.

Questa storia semplice e intensa non è probabilmente vera in senso letterale. È forse più utile leggere il racconto come una parabola in cui la vita di palazzo rappresenta il compiacimento e l'autoinganno, e la visione dei quattro segni il primo sorgere di una presa di coscienza sulla natura della vita umana. La parabola sembra suggerire che, sebbene i segni si trovino ovunque, la maggior parte delle persone, come il giovane Buddha, creano barriere mentali (le mura del palazzo) per proteggersi da realtà spiacevoli."

(D. Keown, *Buddhismo*, Einaudi, Torino 2010)

a. Spiega che cosa rappresentano simbolicamente i quattro incontri fatti da Siddharta.

b. La tradizione buddhista più tarda ha collegato alla nascita di Siddharta una serie di eventi miracolosi: svolgi una ricerca su Internet per scoprire quali sono.

Il principe Siddharta affronta Mara, lo spirito del Male; manoscritto birmano. (Londra, British Library)

6 Le civiltà dell'Oceania

Un continente, un insieme di isole

Un continente, un insieme di isole ▪ L'Oceania è un continente particolare. È estesissimo, ma scarsamente popolato. È formato da un'enorme isola – l'Australia –, da alcune isole di dimensioni ragguardevoli – quelle della Nuova Zelanda, la Tasmania, la Nuova Guinea – e da migliaia di isole piccolissime, raggruppate in numerosi arcipelaghi, e distribuite nelle macroregioni della Melanesia, della Micronesia e della Polinesia. Tutto attorno, l'oceano Pacifico: un'immensa barriera naturale, che ostacolò ma non impedì il popolamento di quei territori.

Dall'Asia meridionale partirono, circa 40.000 anni fa, gruppi di esploratori che colonizzarono le isole minori. L'Australia fu raggiunta da popolazioni di origini diverse (provenienti dall'India, dall'Asia meridionale e dalle isole melanesiane) circa 30.000 anni fa. Da questi primi visitatori discendono gli **aborigeni australiani**, che non costituirono un gruppo omogeneo e non formarono una civiltà coesa, suddividendosi in varie comunità, ciascuna con lingua e tradizioni proprie.

Per millenni gli aborigeni vissero praticando la caccia e la raccolta, conducendo un'esistenza nomade o seminomade, e senza creare strutture politiche paragonabili a quelle sorte in altre zone del pianeta. Nonostante questo, svilupparono una ricca cultura orale, forme artistiche di pregio e tradizioni spirituali per lo più basate sulla venerazione degli elementi naturali.

Gli aborigeni rimasero pressoché isolati rispetto alle altre civiltà del pianeta fino alla fine del XVIII secolo, quando cominciò l'esplorazione dell'Australia da parte dei conquistatori britannici.

Una storia analoga di isolamento e autonomia è quella del popolo **Maori**, discendente degli esploratori che per primi, dalle isole del Pacifico, raggiunsero e colonizzarono la Nuova Zelanda attorno al X secolo d.C. Come tutti i popoli polinesiani, anche i Maori vivevano di pesca, caccia e raccolta; praticavano forme molto semplici di agricoltura; non conoscevano la metallurgia e le tecniche di lavorazione della ceramica, ma lavoravano sapientemente il legno, la pietra, l'osso.

^
Ornamento maori simbolo di fecondità ed espressione del culto degli antenati. (Londra, Museum of Mankind)

❮ **Un esempio di pittura aborigena.** La pittura aborigena è molto varia, ma con alcune caratteristiche ricorrenti che si trovano quasi ovunque nell'arte tradizionale e antica del continente, come la presenza di figure stilizzate e di elementi geometrici, e alcuni stili tipici ben riconoscibili, come la pittura cosiddetta «a raggi X», dove figure antropomorfe e animali sono raffigurati mostrandone lo scheletro, come in una sorta di radiografia.

SINTESI

1 Agricoltori, nomadi, cacciatori

Alla fine del I millennio d.C. le «civiltà della zappa» prevalgono nelle Americhe, nell'Africa subsahariana e in buona parte dell'Asia. Ampie zone del pianeta sono popolate da gruppi di nomadi allevatori, mentre altri gruppi umani sono composti da cacciatori-raccoglitori fermi a uno stadio di sviluppo tecnologico corrispondente a quello del Paleolitico.

2 3 Le civiltà dell'Africa subsahariana e delle Americhe

L'Africa subsahariana è, per millenni, abitata da popolazioni di cacciatori-raccoglitori o da comunità che praticano l'agricoltura «della zappa». In Etiopia nasce l'impero di Aksum. Un altro regno importante è quello del Ghana.

Le civiltà americane sono molto differenti fra di loro. Nel Nordamerica si sviluppano società di cacciatori-raccoglitori o di agricoltori «della zappa»; lo stesso accadde nel Sudamerica, dove alla cultura Nazca seguì la civiltà degli Inca. Nella Mesoamerica nascono civiltà urbane più raffinate, ma caratterizzate da uno scarso sviluppo tecnologico come i Maya.

4 5 La Cina e le civiltà dell'India

Le civiltà urbane dell'Oriente sorgono a partire dal 3000 a.C. In Cina durante la dinastia Shang (XVII-XI secolo a.C.) si diffonde l'uso del bronzo e della scrittura a ideogrammi. All'epoca della dinastia Zhou, la Cina vive un lungo periodo di disunione. Fra il VI e il V secolo a.C. Confucio sviluppa la sua dottrina filosofica. Nel III secolo a.C. Qin Shi Huangdi unifica la Cina e se ne proclama primo imperatore. Poco dopo la sua morte, si afferma la dinastia Han, che governa sino al 220 d.C.

Gli Arii conquistano l'India settentrionale nel XVI secolo a.C. e creano una società basata su una rigida suddivisione in caste. Nel III secolo a.C. il re Aśoka (271-232 a.C.) unifica l'India per un breve periodo. L'India ritrova una certa unitarietà solo nel IV secolo d.C. con l'impero dei Gupta. In India nascono due importantissime tradizioni spirituali: l'induismo e il buddhismo.

6 Le civiltà dell'Oceania

L'Oceania rimane a lungo isolata a causa delle sue caratteristiche geografiche. In Australia vivono gli aborigeni, popolazioni di cacciatori-raccoglitori seminomadi, che non creano una civiltà urbana. In Nuova Zelanda si sviluppa la cultura dei Maori.

Le principali civiltà extraeuropee

Area geografica	Attività praticate	Principali culture / Principali civiltà urbane*
Africa subsahariana	Caccia e raccolta; agricoltura «della zappa»	Regno di Aksum (I-X secolo d.C.)* Regno del Ghana (IV-XI secolo d.C.)*
Nordamerica	Caccia e raccolta (specie al nord); agricoltura «della zappa»	Cultura Tlingit; cultura Hopewell; cultura Pueblo
Mesoamerica	Agricoltura «della zappa»	Civiltà olmeca (XIII-V secolo a.C.)* Civiltà di Teotihuacán (I-VII secolo d.C.)*
Sudamerica	Caccia e raccolta; agricoltura «della zappa»	Cultura di Nazca (I-VII secolo d.C.)
Oceania	Caccia e raccolta; agricoltura «della zappa»	Cultura aborigena in Australia Cultura maori in Nuova Zelanda
Cina	Agricoltura dell'aratro / Civiltà urbane (dal 3000 a.C.)	Civiltà urbana del Fiume Giallo* Dinastia Shang (XVII-XI secolo a.C.)* Dinastia Zhou (XI-III secolo a.C.)* Dinastia Qin (III secolo a.C.)
India	Agricoltura dell'aratro / Civiltà urbane (dal 3000 a.C.)	Cultura degli Arii Dinastia Maurya (IV-II secolo a.C.)* Dinastia Gupta (IV-VI secolo d.C.)*

LEZIONE 15

ONLINE 📶
Mettiti alla prova con
gli esercizi interattivi

343

VERIFICA

LAVORARE SUI CONTENUTI

1 **Completa il brano con le parole dell'elenco.**

terracotta • rame • primitiva • civiltà della zappa • basso • rudimentali • bronzo • scrittura • legni • pietra • bastone seminatore

Gli etnologi definiscono «.............................» le civiltà in cui si praticava un'agricoltura itinerante e .... , basata sulla zappa, o su uno strumento chiamato .... , per scavare piccole buche che ospitavano le sementi. Queste civiltà avevano un livello di sviluppo tecnologico piuttosto .... : producevano vasellame di .... ; utilizzavano telai .... ; lavoravano alcuni metalli (come il .... , l'oro e l'argento), ma non il .... e il ferro. Gli utensili e le armi erano realizzati con la .... o .... resistenti. La maggior parte di queste civiltà non conosceva l'uso della ....

ORIENTARSI NEL TEMPO E NELLO SPAZIO

2 Servendoti della carta qui accanto, scrivi un testo di 20 righe al massimo, in cui dovrai descrivere in maniera efficace tutti gli elementi evidenziati graficamente.

VERIFICARE LE CONOSCENZE

3 **A partire dagli indizi forniti, individua le culture o le civiltà a cui ci si riferisce.**

a. Caccia, pesca e raccolta • Nordamerica • manufatti in osso di balena **>** Cultura dei ....

b. Kumbi Saleh • monopolio sui traffici carovanieri di oro e sale **>** Regno del ....

c. Caccia, pesca e raccolta • Nuova Zelanda • metallurgia sconosciuta **>** Cultura ....

d. Valle dell'Indo • società divisa in caste • popolo seminomade e senza scrittura **>** Cultura degli ....

e. Area andina • agricoltura rudimentale ma efficace • senza scrittura **>** Cultura ....

f. Yucatán e Guatemala • conoscenze matematiche eccellenti • Tikal **>** Cultura ....

VERIFICARE LE CONOSCENZE

4 **Alcune di queste affermazioni dicono il falso. Individuale e correggile a voce.**

a. La capitale del regno di Aksum era Adulis.

b. Il regno di Aksum è anche chiamato Wagadù.

c. I villaggi in *adobe* sono tipici della cultura Hopewell.

d. Prima del XVI secolo, i popoli mesoamericani non conoscevano l'uso della ruota.

e. La prima civiltà mesoamericana a usare la scrittura fu quella maya.

f. Quetzalcoatl era una divinità adorata da molti popoli dell'America centrale.

g. Aśoka fu il capostipite della dinastia indiana dei Gupta.

h. Il ciclo di morti e rinascite in cui credono induisti e buddhisti prende il nome di *karma*.

La Grande Muraglia

Costruita per proteggere il paese dalle scorrerie dei popoli nomadi, è uno dei simboli della Cina e della sua civiltà.

Nel corso della sua storia millenaria la Cina dovette spesso fronteggiare le scorrerie delle popolazioni nomadi provenienti dalle steppe asiatiche – tribù come i Kiang, gli Yueh, i Tung-hu e, soprattutto, gli Hsiung-nu, noti in Occidente come Unni. Le prime strutture difensive realizzate per tentare di fermare queste incursioni risalgono al periodo dei «regni combattenti» (VI-III secolo a.C.); si trattava di muraglie presumibilmente lunghe alcune decine di kilometri, come quella fatta costruire nel 307 a.C. ai piedi dei monti Yin-Shan dal principe Wu-ling. Con l'unificazione della Cina da parte dell'imperatore Qin Shi Huangdi il problema della difesa si pose su basi differenti rispetto al passato: ora era necessario proteggere l'intero paese, e non solo una sua porzione. Per questo motivo Qin Shi Huangdi elaborò un progetto grandioso: unificare le strutture già esistenti all'interno di un unico sistema difensivo lungo circa 3600 kilometri. Nacque così la Grande Muraglia, che era però molto diversa da quella che conosciamo noi: infatti consisteva in un semplice terrapieno di altezza variabile fra i 5 e i 10 metri, intervallato da piccoli fortilizi. Malgrado la sua semplicità, la costruzione della Grande Muraglia richiese dieci anni di lavoro e l'opera di migliaia di contadini, molti dei quali morirono a causa delle fatiche inumane a cui erano sottoposti: uno sforzo enorme che non tutti approvarono, e infatti vi fu chi accusò Qin Shi Huangdi di aver costruito un'opera «senza riguardo alle sofferenze del popolo».

Un'opera in continuo mutamento La dinastia Han, ascesa al potere alla fine del III secolo a.C., ampliò verso ovest il tracciato della Grande Muraglia portandolo sino a raggiungere il deserto del Gobi. Inoltre il terrapieno fu rinforzato con l'impiego di pietre o legno; nei tratti in cui questi materiali non erano disponibili, la difesa fu assicurata non da un muro difensivo, ma da un fossato scavato nel terreno. Anche le dinastie successive intervennero su questa barriera, modificandone il tragitto o la conformazione a seconda delle necessità belliche. Per esempio, durante l'epoca Song (X-XII secolo d.C.) furono piantati presso le linee difensive, quando possibile, boschi di salici: una misura tanto semplice quanto efficace per rallentare gli attacchi dei cavalieri delle steppe lanciati al galoppo.

La Grande Muraglia assunse la sua conformazione attuale durante l'epoca Ming (1368-1644). Il suo tracciato fu modificato: in alcuni tratti corrispondeva a quello immaginato da Qin Shi Huangdi; in molti altri, le fortificazioni – questa volta realizzate in pietra – correvano più a sud e si snodavano sulle creste delle colline, così da poter sfruttare a scopi difensivi anche gli elementi del paesaggio.

Un suggestivo scorcio della Grande Muraglia. (Shuttestock)

ATTIVITÀ

a. Anche l'impero romano dovette fronteggiare le incursioni di popoli nomadi. Confronta le soluzioni difensive ideate dai Romani con quelle messe a punto dai Cinesi, evidenziando analogie e differenze.

b. Oltre che alla Grande Muraglia, il nome di Qin Shi Huangdi si lega a un altro importante monumento: quale?

Contadini cinesi al lavoro in una risaia. (Shutterstock)

Il riso e l'alimentazione nelle società dell'Oriente

Mentre in Europa il principale alimento era il frumento – affiancato da cereali minori come l'avena o la spelta – in Oriente era il riso a costituire la fonte primaria di sostentamento.

Forno del I secolo in bronzo per cuocere il riso al vapore. (Parigi, Museo Cernuschi / Scala)

l riso è un cereale originario dell'Asia sudorientale. Nella sua versione selvatica, era consumato già 13.000 anni fa. Probabilmente iniziò a essere coltivato insieme al miglio, al grano e al sorgo attorno al 7000 a.C. lungo il corso del Fiume Giallo; da qui, attorno al 3500 a.C., si diffuse nella Cina meridionale, nella penisola indocinese, in Giappone e in Corea, fino a raggiungere nel secondo millennio a.C. l'India e il Pakistan.

A partire dal 3000 a.C. il riso – che inizialmente veniva fatto crescere sul nudo terreno – iniziò a essere coltivato nella maniera che oggi ci è familiare, ossia in terreni costantemente coperti dall'acqua. Questo tipo di coltivazione rendeva infatti possibile ottenere due raccolti ogni anno, e per giunta molto più abbondanti. Fu allora che le campagne dell'Asia sudorientale iniziarono a essere solcate da un fitto reticolo di risaie.

Molto riso, poca carne, niente latticini

Mentre nella Cina settentrionale l'alimentazione continuò a basarsi sul sorgo e sul miglio, il riso, grazie al suo elevato valore nutritivo, divenne presto l'alimento principe dei regimi alimentari nelle regioni del sud e dell'intera Asia meridionale.

Rispetto a quelle europee, le civiltà asiatiche erano (e sono ancor oggi) poco inclini al consumo di carne. Il pasto tipico di un Cinese del sud prevedeva riso accompagnato da altri vegetali. Era abbastanza frequente il consumo di pesci, granchi e gamberi, che crescevano liberamente nelle risaie. La carne, invece, faceva la sua apparizione quasi solo in occasione delle feste; a essere consumate erano soprattutto quelle di maiale e di pol-

lo (mentre, per esempio, quella di coniglio era proibita, perché questo animale veniva considerato sacro in quanto "raffigurato" sulla superficie della Luna). La carne bovina era utilizzata molto di rado: i Cinesi, a differenza degli Europei, non si dedicarono all'allevamento dei bovini, così da poter destinare alle risaie i terreni che avrebbero dovuto essere adibiti a pascolo. I pochi bovini allevati servivano come animali da tiro e non a scopo alimentare: si spiega in questo modo la totale assenza nella cucina cinese del latte e dei latticini, che invece hanno sempre avuto un ruolo fondamentale sulle tavole europee.

Anche nell'antica cucina indiana il riso ebbe un ruolo centrale. In India lo scarso consumo di carne tipico delle civiltà asiatiche fu rafforzato dalle credenze religiose, che imponevano il rispetto di ogni forma di vita: l'India induista e quella buddhista furono quindi per lo più vegetariane, con consumi di carne estremamente ridotti. La carne tornò a essere un piatto usuale solo dopo la diffusione dell'islam, che però impose il divieto di cibarsi di maiali.

ATTIVITÀ

a. Illustra in un breve testo le differenze nei regimi alimentari tra il mondo orientale e quello occidentale, e mettine in evidenza l'origine.

b. In Occidente il riso arrivò molto tardi e solo attraverso la mediazione araba. Utilizzando Internet, scopri quali furono le prime risaie italiane, a quando risalgono, e quali territori sono attualmente dedicati a questa coltivazione.

LABORATORIO DELLE COMPETENZE

INTERPRETARE LE FONTI

1 Leggi il brano seguente, in cui lo studioso francese André Bareau ripercorre l'evoluzione delle comunità monastiche buddhiste (dette *sangha*). Poi rispondi alle domande.

«Una predicazione molto attiva, sorretta dalla fama di santità e di sapienza dei monaci buddhisti nonché dalla generosa protezione di potenti sovrani – come Aśoka – procacciò ben presto alla Comunità considerevoli ricchezze. Dal momento che i religiosi avevano l'obbligo di rinunciare a tutti i beni privati e di vivere in povertà, nell'austerità e nella purezza, queste ricchezze non potevano essere distribuite tra i monaci stessi se non in minima parte. Inoltre, perché i donatori non perdessero i propri meriti spirituali, i religiosi erano tenuti ad accettare e a custodire tutti i doni che venivano fatti loro, quale che ne fosse la natura o il valore, restando fermo che questi sarebbero stati immediatamente riversati tra i beni indivisi della Comunità. Per queste e altre ragioni, la vita dei monaci buddhisti subì ben presto delle trasformazioni. La vita sostanzialmente errabonda dei primi discepoli venne abbandonata e i religiosi si sistemarono in monasteri costruiti in materiale durevole, alcuni dei quali furono in grado di ospitare centinaia e persino migliaia di monaci. La pianta di questi edifici si fece evidentemente sempre più complicata e i vasti parchi recintati da mura entro i quali venivano costruiti racchiudevano non solo le dimore dei monaci e le sale di predicazione, ma anche gli *stupa* e i *caitya*, un fico che richiamava l'albero del Risveglio, cappelle che racchiudevano immagini del Buddha alle quali veniva tributato un culto, sale di studio, biblioteche, refettori, cucine, magazzini in cui si depositavano i beni della comunità, piscine per bagnarsi, a volte un'infermeria, pozzi e varie edicole. [...]
Poco dopo gli inizi della nostra era, vediamo i principali monasteri cominciare a prestare a interesse o ad affittare i beni che non potevano consumare (le terre, i campi, i giardini, i prati, i boschi, gli stagni, gli schiavi, le botteghe, i laboratori e persino il denaro) ricavandone vantaggi sostanziali, che non fecero che accrescerne ulteriormente le ricchezze. [...]
I grandi monasteri non erano solo centri di vita spirituale spesso intensa, ma anche centri di attività culturale, dal momento che l'insegnamento destinato ai novizi e ai giovani abbracciava i più svariati ambiti del conoscere: oltre alla dottrina e alla disciplina buddhista, riguardava la grammatica del pali e del sanscrito, la metrica, la logica, la medicina e talvolta le tecniche architettoniche, pittoriche, scultoree, nonché l'alchimia e l'astrologia.»

(A. Bareau, *Il buddhismo indiano*, in *Storia del buddhismo*, a cura di H.-C. Puech, Laterza, Roma-Bari 1984)

Annotazioni a margine:

Fare beneficenza era un modo per espiare le proprie colpe, nella speranza di sottrarsi alla ruota del *samsara*.

I discepoli di Buddha e i primi monaci non avevano una dimora fissa, ma erano predicatori itineranti.

L'albero sotto il quale Siddharta aveva raggiunto l'illuminazione.

Dopo essersi convertito al buddhismo, Aśoka ne favorì la diffusione nel suo regno.

Le ricchezze ricevute non sarebbero andate ai singoli monaci, ma sarebbero state di proprietà dell'intera comunità.

Edifici buddhisti destinati rispettivamente a custodire le reliquie e a ospitare i fedeli raccolti in preghiera.

Lingue indoeuropee parlate nell'India antica; furono usate per scrivere i principali testi buddhisti.

a. L'evoluzione dei monasteri buddhisti e il ruolo da loro ricoperto nelle società orientali ricorda l'evoluzione del monachesimo cristiano. Confronta i due fenomeni facendo risaltare gli aspetti comuni e quelli divergenti.

b. Utilizzando Internet, cerca alcune immagini di monasteri buddhisti. Descrivi la loro collocazione e identifica gli ambienti da cui sono composti, quindi cerca similitudini o analogie coi monasteri benedettini.

INDIVIDUARE COLLEGAMENTI E RELAZIONI

2 Leggi il brano seguente, in cui lo studioso americano Jared Diamond sostiene che la formazione di entità statali complesse è possibile solo nelle civiltà stanziali caratterizzate da un'agricoltura evoluta. Osserva anche la cartina che lo accompagna. Poi rispondi alle domande.

«Un'altra conseguenza della vita sedentaria è data dai cosiddetti surplus alimentari. Un nomade può, di tanto in tanto, portare con sé più cibo di quanto non riesca a consumare in pochi giorni; ma alla lunga questa abbondanza non gli è utile perché non ha i mezzi per conservarla e custodirla. Un sedentario invece può immagazzinare molto cibo e fare la guardia perché non glielo rubino. Il surplus alimentare è essenziale per la nascita e la proliferazione di quelle figure sociali non dedite in permanenza alla produzione di cibo, figure che una popolazione nomade non può permettersi.

Tra questi nuovi "specialisti" ci sono gli uomini di governo. Nelle società di cacciatori-raccoglitori, che sono in genere egualitarie, non si trovano né monarchie ereditarie né apparati burocratici, e l'organizzazione politica non va oltre il livello della banda o della tribù. Tutti gli adulti abili al lavoro sono impegnati in permanenza a procacciarsi cibo, e non hanno tempo per altro. Viceversa, dove le risorse alimentari si accumulano, può accadere che un'*élite* riesca ad affrancarsi dalla necessità di produrre, e che anzi ottenga il controllo del lavoro altrui, imponendo tasse o altro e dedicandosi così a tempo pieno al governo. Ecco perché le società agricole di medie dimensioni si organizzano in potentati vari, e quelle più grandi diventano veri e propri stati. Queste strutture politiche complesse sono certo in grado di organizzare una guerra di espansione meglio di quanto non possa fare una banda di nomadi. In alcune zone particolarmente ricche, come la costa nordoccidentale americana e la costa dell'Ecuador, i cacciatori-raccoglitori riuscirono a diventare sedentari, ad immagazzinare il surplus alimentare e a darsi una struttura politica, ma rimasero ben lontani dal diventare un vero stato.»

(J. Diamond, *Armi, acciaio e malattie*, Einaudi, Torino 1998)

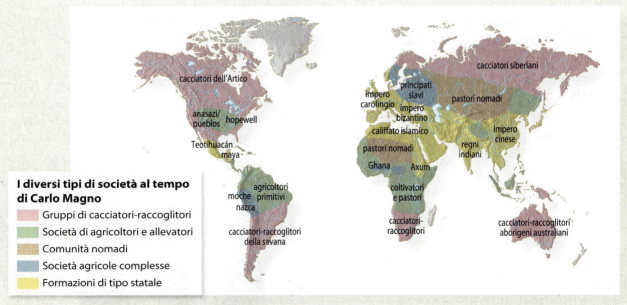

I diversi tipi di società al tempo di Carlo Magno

- Gruppi di cacciatori-raccoglitori
- Società di agricoltori e allevatori
- Comunità nomadi
- Società agricole complesse
- Formazioni di tipo statale

a. Aiutandoti con la cartina qui proposta, prova a verificare la correttezza della tesi esposta da Diamond: le formazioni di tipo statale si sono effettivamente sviluppate nelle zone del pianeta caratterizzate da un'agricoltura evoluta?

b. Perché, secondo Diamond, le popolazioni nomadi non possono creare strutture statali? Tale affermazione è confermata da quanto hai imparato quest'anno sulle popolazioni nomadi e sulle loro usanze?

c. All'inizio del IX secolo nell'Europa orientale non esistevano ancora vere e proprie formazioni statali. In seguito a quali eventi nacquero? Questa evoluzione è coerente con quanto sostenuto da Diamond?

Maps of STATI UNITI and CINA at top of page.

Una lotta fra titani

Nel continente americano si affermarono soprattutto culture di popoli nomadi e seminomadi, la cui economia era basata sulla caccia, la pesca, la raccolta di frutti spontanei e l'agricoltura itinerante. Fino all'arrivo degli Europei il Nordamerica non conobbe la civiltà urbana: non c'erano né città, né strade, né porti. Viceversa, in Cina le prime città sorsero già attorno al 3000 a.C., anche se la civiltà cinese prese il via solamente con la dinastia Shang, nel XVII secolo a.C., dando vita a un impero la cui superiorità entrò in crisi solo nel Settecento, ma che si mantenne in vita fino all'inizio del secolo scorso.

La trasformazione della Cina Se negli anni Cinquanta nelle città cinesi viveva solo il 13 per cento della popolazione, oggi la quota ha raggiunto il 50 per cento circa, con conseguente nascita di immense megalopoli. Da anni, moltissimi prodotti che acquistiamo sono *made in China*, segno dell'enorme crescita della produzione industriale cinese. Gli investimenti in infrastrutture (strade, ferrovie, ponti, aeroporti) stanno trasformando il territorio, anche se con costi pesantissimi per l'ambiente, mentre lo sviluppo del settore energetico, di quello turistico, delle telecomunicazioni, ma anche del terziario avanzato – dalla ricerca biomedica alle attività bancarie e finanziarie – ha prodotto milioni di posti di lavoro, facendo crescere il potere d'acquisto dei cittadini. Per avere un'altra idea dei mutamenti in atto, si consideri che nel 2013 le persone con un patrimonio superiore al miliardo di dollari erano oltre 150, facendo della Cina la seconda nazione al mondo, dopo gli USA, in questa classifica. I primati fioccano anche negli ambiti legati al tempo libero, che normalmente sono caratteristici delle società più sviluppate, come lo sport. Dopo decenni di assenza dai vertici sportivi mondiali, le Olimpiadi di Pechino 2008 hanno visto per la prima volta il trionfo del dragone nel medagliere, con ben 51 medaglie d'oro, davanti alle 36 degli USA e alle 23 della Russia.

L'incontro tra Obama e il presidente cinese Xi Jinping in California nel 2013.

Il sorpasso

Nel 2014 su tutti i giornali del mondo si è diffusa la notizia che il PIL della Cina stava per superare quello degli Stati Uniti, i quali detenevano la supremazia a livello mondiale dalla fine dell'Ottocento, superando il Regno Unito. Si tratta di un evento di portata storica, che testimonia l'effettiva realizzazione del "grande balzo in avanti", espressione coniata dal regime cinese per descrivere le riforme economiche degli anni 1958-1960, che pure si rivelarono disastrose. Gli ultimi 25 anni hanno infatti visto la Cina trasformarsi da paese prevalentemente agricolo e povero in una superpotenza economica, politica, militare. Per molti anni questo colosso è cresciuto a ritmi persino superiori al 10 per cento annuo e ha conosciuto cambiamenti impressionanti: fra il 1978 e il 2005 il reddito nazionale complessivo è più che quadruplicato, segnando il più grande progresso economico nella storia dell'uomo, visto che mai una percentuale così grande della popolazione mondiale si era sollevata in un solo quarto di secolo al di sopra della soglia di povertà.

La Cina sarà la nuova superpotenza?

La Cina, dunque, supererà gli Stati Uniti come superpotenza globale? Circa 30 anni fa la stessa domanda si pose rispetto al Giappone, che si trovava al culmine di un percorso di crescita economica formidabile e che si pensava potesse diventare il paese più potente al mondo. Ma dal punto di vista economico la Cina non è paragonabile al Giappone di allora, e nemmeno agli USA: dividendo la ricchezza complessiva per una popolazione di 1,35 miliardi di persone (rispetto ai 315 milioni di Statunitensi), il reddito medio pro capite non arriva ai 10 mila dollari annui, rispetto agli oltre 50 mila che si registrano negli USA. Ma la questione è soprattutto culturale, più che economica. Se oggi sembra che quasi tutto ciò che acquistiamo sia fabbricato in Cina, ben pochi dei prodotti *made in China* sono concepiti lì, mentre la superiorità industriale degli Stati Uniti è consistita soprattutto nella capacità di progettare le cose che venivano fabbricate e vendute.

Non basta la superiorità economica

Alla supremazia materiale gli USA hanno rinunciato da tempo, dopo avere scoperto che produrre all'estero anziché in patria (delocalizzazione) è il modo più efficace per mantenere alti i profitti, abbassare i salari e tenere sotto controllo l'inflazione. Gli Stati Uniti non hanno più i grattacieli più alti, gli *shopping center* più sfarzosi o giganteschi, i ponti e le gallerie più lunghi. Anche i jeans sono fabbricati altrove. Ma una nazione diventa una vera potenza quando è un modello di riferimento per gli altri in tutti (o quasi) i campi e proprio su aspetti come il rispetto dei diritti umani e delle libertà individuali, o come la tutela dell'ambiente e degli animali, la strada da fare per la Cina appare oggi ancora molto lunga.

Come ha scritto il giornalista Vittorio Zucconi, «fino a quando le idee che fanno funzionare i computer fabbricati in Cina e ci fanno comunicare senza censura dall'India alla Grecia saranno idee americane, fino a quando la lingua parlata dai robot e dai gadget che usiamo è quella dei Gates, dei Jobs, dei Brin, le filande, le acciaierie, le catene di montaggio cinesi potranno, in forza dei grandi numeri, scavalcare facilmente le altre ex regine della fabbrica. Ma soltanto quando insieme con un milione di tonnellate di schermi per la tv la Cina saprà produrre un grammo di libertà politica, potrà essere raccontata come il nuovo arsenale, se non della democrazia, almeno della speranza».

A sinistra: il centro commerciale "Galaxy Soho" a Pechino. *A destra*: uno snodo autostradale a Los Angeles. *Sopra*: una fabbrica cinese per la produzione della seta.

CITTADINANZA
E COSTITUZIONE

I diritti
umani

Che cosa sono i diritti umani

Quando parliamo di «diritti umani» noi intendiamo dire che **ogni essere umano**, qualsiasi sia la sua età, nazionalità, colore della pelle, sesso, religione, lingua o opinioni, è **uguale agli altri** e **deve essere rispettato**, per il solo fatto di essere al mondo. Non sono quindi una concessione che viene fatta da uno Stato, ma un **riconoscimento** dell'**esistenza**, dell'**uguaglianza** e della **dignità** di ogni uomo, donna, bambino o bambina che appartiene alla «famiglia umana».

I diritti umani possono essere catalogati in quattro grandi gruppi; avremo dunque:

- quelli relativi alla **tutela della vita umana** – contro tutto ciò che può umiliarla o danneggiarla (uccisioni, tortura, schiavitù, privazione della libertà) – e **delle condizioni elementari di vita** (come l'accesso all'acqua o al cibo);
- quelli relativi alla **tutela dei diritti civili** contro tutte le discriminazioni (per motivi di razza, nazionalità, etnia, religione, opinioni, sesso), contro i regimi autoritari e dittatoriali e contro gli abusi giudiziari e carcerari;
- quelli relativi alla **tutela dei diritti politici** (diritto di associazione, di voto, di opposizione ecc.);
- quelli relativi alla **tutela dei diritti sociali fondamentali** (alla salute e alle cure mediche, al lavoro e alle libertà sindacali, all'abitazione e all'istruzione).

I diritti umani nelle civiltà non occidentali

L'idea che tutti gli esseri umani siano uguali e abbiano gli stessi diritti è comparsa nell'antichità e fuori dalla società europea occidentale in alcuni testi religiosi o dottrine spirituali. Ma, come hai studiato quest'anno, nei millenni della storia delle civiltà umane è stata molto più comune la visione opposta: il rifiuto del diverso, i pregiudizi, la creazione di gerarchie sociali che distinguevano nettamente chi aveva dei diritti e chi no.

Nella lunga storia del mondo i sentimenti di **solidarietà** e di **fratellanza** sono stati per lo più limitati ai membri del proprio gruppo e della propria comunità, della propria casta o della propria religione, e solo in **rari casi** sono divenuti una **concezione universale**, ossia rivolta a tutti.

Ci sono stati sovrani che hanno promulgato leggi tolleranti e uguali per tutti i propri sudditi, come per esempio il re indiano Aśoka che si ispirò ai principi del buddhismo. Ma perché si parli di dottrina dei diritti umani bisogna arrivare in Europa nel XVII secolo, quando alcuni filosofi e giuristi sostennero che tutti gli uomini hanno alcuni diritti **fondamentali** e **inalienabili**, ossia a cui non potrebbero rinunciare neppure se lo volessero.

Costituzioni moderne e diritto internazionale

I primi documenti pubblici che parlano di diritti umani sono state le carte e le costituzioni moderne approvate a partire dalla fine del XVIII secolo.

All'inizio il numero dei diritti umani riconosciuto da questi documenti era piuttosto limitato: per esempio, nel Preambolo della *Dichiarazione di indipendenza degli Stati Uniti* del 1776 si dice:

> «Noi riteniamo che le seguenti verità siano di per se stesse evidenti; che tutti gli uomini sono stati creati uguali, che essi sono dotati dal loro Creatore di alcuni Diritti inalienabili, che fra questi ci sono la Vita, la Libertà e la ricerca della Felicità»

Una definizione già più chiara e completa caratterizzava la *Dichiarazione dei diritti dell'uomo e del cittadino*, elaborata in Francia nel 1789, che ispirò molte delle successive carte costituzionali.

Ma il cambiamento più importante è avvenuto quando, durante il XX secolo, è nato il diritto internazionale contemporaneo, che ha posto il tema dei diritti umani al **centro del dibattito pubblico mondiale**.

Il documento fondamentale è stato la *Dichiarazione universale dei diritti dell'uomo*, approvata dall'Assemblea dell'Onu nel 1948: non una legge, ma **un impegno per il futuro**:

> «un ideale comune da raggiungersi da tutti i popoli e da tutte le Nazioni, al fine che ogni individuo e ogni organo della società, avendo costantemente presente questa Dichiarazione, si sforzi di promuovere [...] il rispetto di questi diritti e di queste libertà e di garantirne [...] l'universale ed effettivo riconoscimento e rispetto [...].»

FISSARE I CONCETTI

1 Rispondi alle domande scrivendo un testo breve (5 righe al massimo).

   a. Quali sono i diritti umani fondamentali?

   b. Quando e dove è nata la teoria dei diritti umani?

LAVORARE SULLE FONTI

2 Leggi i materiali proposti e componi un testo di 30 righe seguendo la traccia indicata.

L'affermazione dei diritti dell'uomo è stata assunta da ambedue le istituzioni fondamentali della nostra vita pubblica e civile, la Repubblica italiana e l'Unione Europea. Nel momento in cui il riconoscimento dei diritti umani entra nelle costituzioni e negli atti di un organismo politico, esso si rafforza, divenendo un fondamento della cittadinanza.

> *La Repubblica riconosce e garantisce i diritti inviolabili dell'uomo, sia come singolo sia nelle formazioni sociali ove si svolge la sua personalità, e richiede l'adempimento dei doveri inderogabili di solidarietà politica, economica e sociale.* (art. 2, Costituzione italiana)
>
> *L'Unione si fonda sui valori del rispetto della dignità umana, della libertà, della democrazia, dell'uguaglianza, dello Stato di diritto e del rispetto dei diritti umani, compresi i diritti delle persone appartenenti a minoranze. Questi valori sono comuni agli Stati membri in una società caratterizzata dal pluralismo, dalla non discriminazione, dalla tolleranza, dalla giustizia, dalla solidarietà e dalla parità tra donne e uomini.* (art. 2, Trattato di Lisbona)

   a. Spiega quali sono le affermazioni comuni ai due articoli.

   b. Indica quali doveri hanno assunto, nei confronti dei loro cittadini, lo Stato italiano e l'Unione Europea, inserendo questi principi nei loro atti fondativi.

PREPARARARE UNA RICERCA

3 Svolgi una ricerca in biblioteca o su Internet partendo dagli spunti proposti. Poi prepara un documento riassuntivo seguendo la traccia indicata.

Tra i documenti sui diritti umani dell'ONU c'è anche la *Dichiarazione dei diritti del fanciullo* del 1959. Qui nell'articolo 7 si dice che ogni bambino o ragazzo «ha diritto a godere di una educazione che contribuisca alla sua cultura generale e gli consenta [...] di sviluppare le sue facoltà». In molte parti del mondo però questo è un diritto negato, soprattutto alle bambine e alle ragazze. Un caso recente di lotta per questo diritto è quello di Malala Yousafzai, la persona più giovane a ricevere il premio Nobel per la pace (nel 2014), che ha rischiato di essere uccisa per il suo impegno in Afghanistan. A lei è stato dedicato anche un documentario dal titolo *Donne nel Mito - Malala Yousafzai* (2014).

   a. Inizia guardando il documentario. Su questo tema puoi trovare facilmente on line anche il video del discorso tenuto da Malala alla cerimonia di consegna del Nobel.

   b. Cerca altre informazioni sul problema del diritto all'istruzione, verificando in quali Paesi esso viene negato e per quali motivi.

   c. Rielabora i materiali trovati e scrivi un commento sull'importanza di questo e di altri diritti umani per la vita e lo sviluppo dei bambini e dei giovani.